阪口英毅 著

古墳時代甲冑の技術と生産

同成社

目　次

序　章 ……………………………………………………………………………………1
　第1節　古墳時代の甲冑　1
　第2節　研究動向　1
　第3節　本書の射程と構成　5
　第4節　用語の問題　7
　第5節　本書の輪郭　11

第Ⅰ部　甲冑研究の枠組

第1章　甲冑副葬の意義 ………………………………………………………15
　第1節　「表象」としての甲冑副葬　15
　第2節　研究者の甲冑観からみた既往の研究　16
　　　　　―過去の研究において副葬された甲冑はどのようにイメージされてきたか―
　第3節　「前提」甲冑観の検討　18
　第4節　甲冑のライフサイクルと研究方法　21
　第5節　甲冑副葬の意義　24
　第6節　本書の指針　30

第2章　系譜論 …………………………………………………………………33
　第1節　系譜論の目的　33
　第2節　甲冑の基本構造と連接技法　33
　第3節　甲冑の分類　39
　第4節　連接技法の系譜　42
　第5節　甲冑の系譜　44
　第6節　形式と技術系譜　―「横矧板革綴短甲」を題材として―　45
　第7節　系譜論の成果　54

第3章　型式論・編年論 ………………………………………………………57
　第1節　型式論・編年論の目的　57
　第2節　型式論・編年論をめぐる研究史　57

第3節　変遷の概要　59

第4節　型式論・編年論の諸相　62

第5節　古墳広域編年への接合　67

第6節　型式論・編年論の成果　72

第4章　製作工程論　…………………………………………………………… 75

第1節　製作工程論の目的　75

第2節　製作工程の概要　76

第3節　製作工程と属性の対応関係　79

第4節　製作工程論の成果　84

第Ⅱ部　革綴短甲生産の展開

第5章　鉄製短甲の出現　……………………………………………………… 89

第1節　古墳時代前期の鉄製甲冑　89

第2節　紫金山古墳出土甲冑をめぐる研究史　89

第3節　縦矧板革綴短甲の型式学的検討　92

第4節　紫金山古墳出土籠手の綴技法　97

第5節　鉄製甲冑出現期における生産状況と技術交流　98

第6章　帯金式短甲の成立　…………………………………………………… 101

第1節　帯金式短甲成立前史　101

第2節　前期甲冑の資料状況　101

第3節　縦矧板革綴短甲・方形板革綴短甲の変遷　104

第4節　帯金式短甲の成立過程　112

第5節　帯金式短甲の成立　120

第7章　帯金革綴短甲の変遷と特質　………………………………………… 123

第1節　長方板革綴短甲・三角板革綴短甲への視点　123

第2節　長方板革綴短甲・三角板革綴短甲をめぐる研究史　124

第3節　長方板革綴短甲の変遷と特質　127

第4節　三角板革綴短甲の変遷と特質　138

第5節　長方板革綴短甲と三角板革綴短甲　159

第6節　裾板・帯金分割比の検討　165

第7節　三角板革綴襟付短甲の設計系統と特質　168

第8節　頸甲とのセット関係　171

第 9 節　成果と課題　176

第Ⅲ部　革綴短甲生産体制の評価

第 8 章　鋲留技法導入期の評価　183
第 1 節　鋲留技法導入期の定義　183
第 2 節　鋲留技法導入期の研究史　183
第 3 節　鋲留技法導入期をめぐる諸問題　189
第 4 節　鋲留技法導入期の実像　198

終　章　革綴短甲生産の展開と特質　201
第 1 節　本章の目的　201
第 2 節　革綴短甲生産の展開　201
第 3 節　革綴短甲生産の画期　206
第 4 節　革綴短甲生産の特質　207
第 5 節　今後の課題　208

参考・引用文献　209

甲冑・古墳・遺跡報告文献　223

挿図出典一覧　245

あとがき　249

索　引　252

図目次

図1　末永雅雄氏による帯金式短甲部分名称図 ………………………………………………2
図2　橋本達也氏による帯金式甲冑部分名称図 ………………………………………………9
図3　古山遺跡第22号住居跡出土鉄板 …………………………………………………………19
図4　三角板鋲留衝角付冑にみる通有品と小型品 ……………………………………………20
図5　真野1号墳出土短甲形鉄製品 ……………………………………………………………20
図6　野毛大塚古墳出土頸甲・肩甲 ……………………………………………………………21
図7　意匠性からみた甲冑の変遷 ………………………………………………………………25
図8　装飾された甲冑 ……………………………………………………………………………26
図9　横矧板鋲留短甲の一例 ……………………………………………………………………27
図10　短甲の特徴的な出土状況 …………………………………………………………………28
図11　甲冑の諸例 …………………………………………………………………………………35
図12　綴技法の分類 ………………………………………………………………………………36
図13　鋲留技法の分類 ……………………………………………………………………………37
図14　威第2技法の分類 …………………………………………………………………………39
図15　甲冑の分類 …………………………………………………………………………………40
図16　日本列島出土甲冑にみる基本構造と連接技法の消長 …………………………………41
図17　雲部車塚古墳例実測図・展開図 …………………………………………………………48
図18　吉村和昭氏による「短甲系譜試案」 ……………………………………………………49
図19　小坂大塚古墳例の出土状況 ………………………………………………………………53
図20　小坂大塚古墳例の想定復元配置 …………………………………………………………53
図21　西都原207号墳例の出土状況 ……………………………………………………………53
図22　小林謙一氏による頸甲の変遷 ……………………………………………………………58
図23　甲冑の編年 ……………………………………………………………………………64・65
図24　川畑純氏による「短甲・衝角付冑・眉庇付冑・頸甲の変遷」 ………………………69
図25　鈴木一有氏による帯金式短甲の組立工程図 ……………………………………………77
図26　縦矧板革綴短甲の諸例 ……………………………………………………………………90
図27　紫金山古墳出土甲冑の複製品 ……………………………………………………………92
図28　紫金山古墳出土縦矧板革綴短甲内面にみる綴第1技法 ………………………………93
図29　福泉洞38号墳出土縦長板革綴板甲 ………………………………………………………94
図30　紫金山古墳出土縦矧板革綴籠手 …………………………………………………………96
図31　紫金山古墳出土縦矧板革綴籠手内面にみる綴第1'技法 ………………………………97

図32	高橋克壽氏による「4世紀の短甲」	107
図33	縦矧板革綴短甲・方形板革綴短甲・長方板革綴短甲	110
図34	上殿古墳出土方形板革綴襟付短甲	113
図35	鞍岡山3号墳出土方形板革綴短甲	113
図36	宋楨植氏による「縦長板甲の技術系統と展開様相」	118
図37	帯金式短甲の成立過程	119
図38	帯金式短甲各部名称	125
図39	長方板革綴短甲の分類	130
図40	長方板革綴短甲の諸例（1）	132
図41	長方板革綴短甲の諸例（2）	133
図42	三角板革綴短甲における2系統の竪上地板構成模式図	139
図43	三角板革綴短甲の分類	144
図44	三角板革綴短甲の諸例（1）	146
図45	三角板革綴短甲の諸例（2）	147
図46	三角板革綴短甲の諸例（3）	149
図47	鈍角系三角板革綴短甲の細分	153
図48	三角板革綴短甲の前胴地板配置類型	155
図49	長方板革綴短甲と三角板革綴短甲の変遷模式図	160
図50	野中古墳出土三角板革綴襟付短甲（8号短甲）	169
図51	藤田和尊氏による「頸甲型式分類図」・「頸甲の編年」	172
図52	藤田和尊氏による「中期型甲冑の編年」	173
図53	宇治二子山北墳出土頸甲	173
図54	七観古墳出土衝角付冑・短甲	185
図55	七観古墳出土馬具	191
図56	橋本達也氏による眉庇付冑庇部文様と帯金具文様の比較	192
図57	福泉洞10・11号墳出土襟甲	194
図58	変形板短甲の一例	195
図59	鋲留技法導入期のイメージ	198
図60	福泉洞64号墳出土方形板革綴短甲	202
図61	革綴短甲生産の成立と展開	204・205

表目次

表1	甲冑用語の対照	10
表2	古墳編年にみる甲冑編年の表現	71
表3	古谷毅氏による「鍛造製品の観察項目とそれにかかわる製作加工技術・技法・痕跡・工具など」	80
表4	帯金式短甲の製作工程と属性の対応関係	81
表5	縦矧板革綴短甲一覧	92
表6	縦矧板革綴短甲・縦長板甲の諸属性	95
表7	小札革綴冑・小札革綴甲一覧	102
表8	方形板革綴短甲・方形板革綴襟付短甲一覧	103
表9	縦矧板革綴短甲・方形板革綴短甲・方形板革綴襟付短甲の諸属性	109
表10	縦矧板革綴短甲・方形板革綴短甲・方形板革綴襟付短甲と鏡・石製品の組み合わせ	112
表11	帯金式短甲成立期のフレームと地板枚数の変化	118
表12	長方板革綴短甲一覧（1）	128
表13	長方板革綴短甲一覧（2）	129
表14	長方板革綴短甲の分類と共伴遺物の組み合わせ	135
表15	三角板革綴短甲一覧（1）	140
表16	三角板革綴短甲一覧（2）	141
表17	三角板革綴短甲一覧（3）	142
表18	三角板革綴短甲の分類と共伴遺物の組み合わせ	145
表19	鈍角系三角板革綴短甲の細分	152
表20	三角板革綴短甲を複数出土した埋葬・埋納施設	163
表21	長方板革綴短甲・三角板革綴短甲の裾板・帯金分割比	167
表22	襟付短甲一覧	168
表23	藤田和尊氏による「頻度によるセリエーションの検討による中期型甲冑編年の前提的作業1」	174
表24	長方板革綴短甲・三角板革綴短甲と頸甲・肩甲のセット関係	175
表25	変形板短甲一覧	196
表26	変形板短甲の諸属性	196

序　章

第1節　古墳時代の甲冑

　古墳時代の社会は、権力者の墳墓に武器や武具が副葬あるいは埋納される事例が多く認められることから雄弁に示されるように、その規定要素の一つとして軍事力に大きな比重が認められる社会であったと考えられる。したがって、武器や武具は、その軍事的重要性とそれに連動すると推測しうる政治的重要性の故に、古墳時代における社会の特質を把握し、考究していく上で有効な研究対象であるといえるだろう。

　武器や武具のなかでも、金属製甲冑は実用武具としての性格に加えて、古墳時代におけるもっとも大型の、かつもっとも複雑な構造をもつ金属製品であることから、その製作には当時の最新技術が駆使されたことが推測される。すなわち、古墳時代の金属製甲冑は、軍事的・政治的重要性と技術的先進性という二つの特性を備えた研究資料であると評価しうる。

　なお、古墳時代の甲冑には、金属製・木製・革製・植物繊維製のものが知られている。本書では、上述の理由により金属製甲冑のみを扱う。その大部分を鉄製品が占めるが、金銅製品や一部を金銅装とする製品も限定的に存在する。また、金属製甲冑には、主要な装具である甲と冑のほかに、頸甲・襟甲・肩甲・草摺・籠手・臑当などの付属具があるが、本書ではこれらすべてを含めて「甲冑」と呼称する。

第2節　研究動向

　古墳時代の甲冑の研究には、戦前からの100年を超える膨大な蓄積があり、論点もきわめて多岐にわたる〔内山 2000、橋本達 2012、橋本達・鈴木 2014 etc.〕。そのため、研究史の全般に言及しようとするならば、それのみで一書を編みうるほどの分量になりかねない。ここでは、きわめて便宜的な区分ではあるが、筆者が甲冑研究に接することとなった1990年代を境として、それ以前とその後に分け、研究動向の概略を論述するにとどめる。本書で扱う主要な課題については、後の各章において個別に研究史を検討する。

　先述したように、甲冑は軍事的・政治的重要性と技術的先進性という二つの特性を備える研究資料であると評価しているが、それと対応するように、甲冑の研究もまた「甲冑を材料とした研究」と「甲冑を対象とした研究」に大別することができる〔阪口 2000：p.32〕［第1章］。こうした視

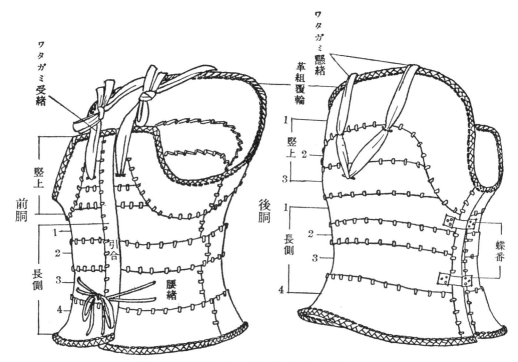

図1　末永雅雄氏による帯金式短甲部分名称図〔末永 1934〕

点も適用しつつ、研究動向を概観したい。

(1) 1990年代以前

1930年代～1970年代　現在まで直接的につながる研究の基礎は、1930年代に末永雅雄氏によって固められた〔末永 1934・1944・1981〕。部分名称の設定［図1］、資料の集成、形式の分類、復元品の製作など、すべてがこれまでの研究の出発点となっている。

1960年代から1970年代にかけては北野耕平氏、野上丈助氏、小林謙一氏を中心として、短甲や衝角付冑・眉庇付冑をおもな対象に、製作技術上の諸問題から形式の変遷、ひいては工人系統の把握にいたるまでの詳細な研究が進められた〔北野 1963、野上 1968・1975、小林謙 1974a・1974b〕。なかでも、技術史的な観点から体系づけられた形式の変遷については、すでにこの段階で大綱が確立したと評価されている〔小野山 1987：p.144、藤田 2006：pp.22-24〕。

これらの成果を含む「甲冑を対象とした研究」をふまえての、甲冑出土古墳の様相、攻撃用武器との相関関係、保有形態の変遷、軍事的組織成立の可能性などの諸問題を扱った、いわば副葬品としての甲冑のあり方を主要な分析対象とした「甲冑を材料とした研究」にも多くの蓄積がある。

1980年代　1980年前後からは、朝鮮半島において日本列島出土例と同形式のものも含めて甲冑出土例が増加してきたことを背景として、日韓両地域における甲冑の系譜関係や製作地にまつわる論文も数多く発表された。この頃から、資料の遺存状況による制約などのために従来あまり研究が進展していなかった小札威甲（挂甲）や付属具についても、積極的に検討が進められるようになっ

た〔末永・伊東 1979、藤田 1984、小林謙 1988、清水 1988、右島 1988、古谷 1988〕。

1990年代　　1990年前後からは、甲冑そのものの構造、また甲冑にみられる技術そのものについて、X線画像なども利用した詳細な観察に基づく精緻な検討が発表される一方〔高橋工 1987・1991、古谷 1990・1996、塚本 1993〕、装具や形式ごとの個別的な編年研究も一層詳細に試みられた〔吉村 1988、滝沢 1991、高橋克 1993、橋本清ほか 1993、内山 1994、小林謙 1995、鈴木 1995・1996、橋本達 1995・1996・1998・1999b、塚本 1997、阪口 1998〕。

　1990年代後半の研究動向でとくに特徴的なのは、甲冑出土古墳の検討を通じて古墳時代における軍事組織の問題に迫ろうとする試みがさかんになされたことである〔松木 1991・1992、田中晋 1993a・1993b、藤田 1993・1996、滝沢 1994・1995〕。このような方向性の研究について、方法論に関する問題も含めて活発に議論された〔松木 1994・1995、田中晋 1995、藤田 1995、考古学研究会 1995〕。東アジア全体に視野を広げた上で日本列島の甲冑を位置づけようとする論考が発表されるようになったこと〔高橋工 1995、清水 1996〕、甲冑がもつ象徴的な側面にも注目した研究が現れたこと〔森下 1997、阪口 1998、鈴木 1999〕も、この時期の特徴である。

　この時期の特記すべき事象として、1993（平成5）年の『甲冑出土古墳にみる武器・武具の変遷』をテーマとした埋蔵文化財研究集会の開催をあげることができる。日本列島と朝鮮半島の甲冑集成が、全国の研究者の協力によって大部な資料集〔埋蔵文化財研究会 1993a・1993b・1993c・1993d〕として結実したことは、研究環境を一新させる画期的な出来事であった。

1990年代当時の研究動向　　上述の研究史をふまえて、以下のように1990年代当時の研究動向を整理することができる。

① 甲冑出土古墳の検討から軍事組織の問題に迫ろうとする努力が積極的におこなわれた。
② 朝鮮半島出土例・報告例が増加し、日本列島出土例との直接的な比較検討が試みられはじめた。
③ 付属具も含めて、個別的な編年研究の蓄積が進められた。
④ 資料集成が進められ、資料の全体を把握することが可能な状況が整えられつつあった。

　こうした動向のもとで、筆者の甲冑研究にかんする問題意識は醸成され、以後の自身の研究の方向性を規定していった。

（2）2000年前後以降

研究動向の概要　　甲冑研究の当事者として筆者も従事している2000年前後以降は、執筆される甲冑研究論文の数がきわめて多くなっているため〔橋本達 2012b：p.567・2014b：p.3〕、ここでは個別の論文についての例示は割愛する。近年、甲冑研究論文の優れた集成がおこなわれているので、それらの成果を参照されたい〔橋本達 2012b・2014c〕。

　橋本達也氏による研究史整理では1993年以降が「Ⅶ・成熟期」として一括されている〔橋本達 2012b：pp.567-568・2014b：pp.5-6〕ことからもうかがえるように、研究動向全般としては1990年代から大きく変わるところはない。装具・形式・型式ごとの技術面での検討や編年は精緻化が進み、朝鮮半島出土甲冑のさらなる増加〔李賢珠編 2010〕が注意を引くが、これらは1990年代から

継続する潮流といえる。こうしたなかにあって特記すべき事象として、以下に4点をあげる。

未報告資料の報告　第一に、未報告であった重要資料の報告がさかんにおこなわれていることである。本書の主要な検討対象である革綴短甲を含むものに限定しても、静岡県千人塚古墳（1998年）、石川県下開発茶臼山9号墳（2004年）、大阪府紫金山古墳・大阪府御獅子塚古墳・福岡県稲童古墳群・福岡県月岡古墳（2005年）、兵庫県小野王塚古墳・奈良県五條大墓古墳（2006年）、岐阜県国分亀塚古墳（2007年）、京都府聖塚古墳・山口県天神山1号墳（2013年）、大阪府風吹山古墳（2014年）、静岡県細江狐塚古墳・福井県向山1号墳（2015年）、滋賀県真野1号墳（2016年）、京都府青塚古墳（2016・2017年）などをあげることができる。現在においても未報告の重要資料は多く存在してはいるが、1993年に埋蔵文化財研究会によって集成がなされた時点とは隔世の感がある。

既報告資料の再検討・再報告　第二に、かつて報告された重要資料について、現在の研究水準による再検討・再報告が進められていることである。こちらも、革綴短甲を含むものに限定しても、長野県桜ヶ丘古墳（2003年）、兵庫県雲部車塚古墳（2010年）、岐阜県長良龍門寺1号墳（2011年）、大阪府七観古墳（2012・2014年）、鳥取県古郡家1号墳（2013年）、奈良県五條猫塚古墳（2013・2014・2015年）、奈良県円照寺墓山1号墳（2019年刊行予定）などをあげることができる。これらには、甲冑研究史の上でも注目を集めてきた重要資料が多く含まれ、その全貌や詳細が研究における基本情報として共有されることには大きな意義がある。

資料集成の更新　第三に、2014（平成26）年に、1993年の集成を基盤として新出資料の追加や地域ごとの情報の精粗などの修正を経て、実に21年ぶりに甲冑集成がなされたことである〔橋本達・鈴木 2014〕。あわせて、甲冑研究文献の一覧、甲冑の一覧、時期・形式ごとの甲冑分布図、主要甲冑の実測図・写真の集成も提示され、基本情報が高水準で共有されることとなった。また、2015（平成27）年には、大韓民国の国立金海博物館で特別展『갑주．전사의상징（甲冑．戦士の象徴）』が開催され、朝鮮半島出土の甲冑が網羅的に展示されるとともに、未報告資料についての情報をも含む充実した図録が刊行された〔金赫中編 2015〕。これにより、朝鮮半島出土の甲冑についても基本情報が高水準で共有されることとなった。

研究者による単著の刊行　第四に、甲冑を主要な検討対象とし、一人の研究者によって執筆された学術書が刊行されるようになったことである。1930年代に『日本上代の甲冑』という大著はあったが、それ以降は長らく古墳時代甲冑研究の単著はなかった。田中晋作氏による『百舌鳥・古市古墳群の研究』（2001年）、藤田和尊氏による『古墳時代の王権と軍事』（2006年）、松木武彦氏による『日本列島の戦争と初期国家形成』（2007年）、滝沢誠氏による『古墳時代の軍事組織と政治構造』（2015年）、川畑純氏による『武具が語る古代史 古墳時代社会の構造転換』（2015年）と『甲冑編年の再構築に基づくモノの履歴と扱いの研究』（2016年）は、論述する対象としての甲冑の比重、甲冑を扱うにあたっての「甲冑を対象とした研究」と「甲冑を材料とした研究」の比重に大小の差はあれ、それぞれが積み重ねてきた甲冑研究をふまえて構成された労作である。いずれも、古墳時代の「政権構造」、「国家形成」、「社会構造」、「モノの履歴と扱い」などの課題に、最終的には「甲冑を材料とした研究」から迫っており、個人的な営為として通時的かつ汎日本列島的に甲冑資料を把握し、より高次な課題解明の材料として昇華させることが可能なことを示している。

現在の研究動向　　以上の４点をふまえて、先にみた1990年代当時の研究動向①～④に微調整を加えると、下記のようになろう。

① 甲冑出土古墳の検討から古墳時代のより高次な問題に迫ろうとする努力が、さらに積極的におこなわれている。
② 朝鮮半島出土例・報告例がさらに増加し、日本列島出土例との直接的かつ詳細な比較検討がおこなわれている。
③ 付属具も含めて、個別的な編年研究の精緻化が進められている。
④ 資料整備・集成の更新が進められ、資料全体の把握が可能な状況がさらに整えられている。

現在の研究動向を上記のように認識した上で、次節では本書の射程と構成について述べる。

第３節　本書の射程と構成

（１）本書の射程
①本書の課題

前節で述べたような研究状況にあって、優先的に検討すべき課題は、第一に甲冑の系譜論・型式論・編年論・製作工程論の総合化、第二に生産体制の具体相の解明であると考える。

先述の動向①は、甲冑研究の一部をなす「甲冑を材料とした研究」が古墳時代研究において一定の役割を果たしていく上で、きわめて重要な動向であると考えられる。ただし、これを着実に発展させていくためには、その基盤となる「甲冑を対象とした研究」としての系譜論・型式論・編年論・製作工程論の総合化が、先行して果たされるべきであろう。さらに、その成果をふまえ、生産体制の具体相が「甲冑を材料とした研究」の第一歩として十分に検討される必要がある。しかしながら、現状では各論が精緻化しつつも、総論としての体系化が不十分なままに研究が進められているように思われる。換言すれば、動向②・③の基盤をなす各論は着実に深化しているが、それらを有機的に総合化する試みは十分になされているとはいいがたい。

甲冑の各装具や各形式の間には相互の技術的連関が認められるのであり、それぞれが独立的に生産されていたのではない。緻密な観察や検討を通じて技術的連関の実相を明らかにすることにより、各論の蓄積が総合化され、動向②・③をより堅実に推進することができるであろう。このような手順を経ることによって、はじめて動向①が目指すような「甲冑を材料とする研究」の段階へと進むことができるだろう。その第一歩として、本書では甲冑生産体制の具体相の解明を課題としたい。そして、これらの研究を進めうる条件は、動向④によって整備されていると判断される。

甲冑の研究が歴史学たる考古学の成果として古墳時代研究に資するためには、冒頭にあげた軍事的・政治的重要性という特性に着目した研究を深化させることが不可欠である。そして、そのような研究の基礎となるのが、技術的先進性という特性に着目した系譜論・型式論・編年論・製作工程論であり、その総合化であると考える。

②本書が対象とする範囲

「甲冑を対象とした研究」である系譜論・型式論・編年論・製作工程論については、その総合化

を目指すためにも、日本列島出土甲冑の全体を対象とする必要がある。また、日本列島の甲冑生産に断続的に影響を及ぼしたと考えられる朝鮮半島の様相についても、適宜ふれなければならない。

「甲冑を材料とした研究」の第一歩として目指す、生産体制の具体相の解明にあたっては、おもに短甲を検討対象とする。甲冑の各装具のなかでもっとも大型で、かつ複雑な構造を備えていることから、技術的先進性をもっとも体現していると考えられるからである。また、日本列島における古墳出土資料をみても、短甲単独での副葬例は多数認められる一方、冑や付属具のみの副葬については確例はなく、甲冑セット関係において短甲が中心的装具であったことは明白であろう。

検討対象とする時期は、日本列島における鉄製短甲の出現期から鋲留技法導入期までとする。すなわち、革綴短甲が生産された時期ということになる。鉄製甲冑の生産体制の成立以降、最大の変革期かつ再編期となる鋲留技法導入期までを一区切りとし、生産体制の具体相をみていきたい。それはつまり、古墳時代中期の政権中枢によって最高位の権威を付与された器物といえる帯金式甲冑の成立・展開期の様相を追究するということでもある。

なお、生産体制の具体相に論及するにあたっては、製品である甲冑そのものに込められた技術に焦点を絞った型式学的検討を基盤とする。このような「甲冑を対象とした研究」によって得られた成果をふまえ、「甲冑を材料とした研究」である生産体制の具体相の解明に努めたい。

（2）本書の構成

本書では、上述の課題に取り組むための前提的な作業として、まず考古資料としての甲冑、副葬品としての甲冑をどのようなものとして認識・評価すべきかという基本的な立場について、「表象」という視角から検討を加え、指針を得る［第1章］。その上で、古墳時代甲冑の全体について系譜論［第2章］・型式論・編年論［第3章］・製作工程論［第4章］を検討する。それぞれについて、可能な限り丹念に研究史をたどることを意識しつつ、現在の資料状況および研究動向に即して私見を提示したい。これらを総合化するために、時間的・空間的に広範囲を扱う議論から検討をはじめ、次第に製品に密着した議論へと移行していく。前段での議論を前提とし、そこでの成果を踏襲して議論を進めていくことで、体系的に総合化していくことを目指す。すなわち、系譜論の検討により体系的な分類を提示し、その分類にそって型式論を吟味し、これらに立脚して編年論を概観する。最後に、もっとも製品と密接にかかわる製作工程論を検討し、これらの総体によって甲冑研究の枠組を示すこととする。これは、甲冑研究の現状を示すと同時に、筆者による甲冑研究の輪郭を示すものでもある。以上を第Ⅰ部とする。

第Ⅰ部で示した枠組のなかでも、革綴短甲が生産された時期に焦点を絞り、型式学的検討をふまえてその変遷を詳細にたどる。鉄製短甲の出現期（縦矧板革綴短甲）［第5章］、帯金式〔古谷1990：p.117・1996：p.65〕短甲成立への胎動期（方形板革綴短甲）［第6章］、帯金式短甲の成立・展開期（長方板革綴短甲・三角板革綴短甲）［第7章］に区分して、それぞれ「甲冑を対象とした研究」を推進する。以上を第Ⅱ部とする。

第Ⅱ部で論じた短甲の変遷とそれにまつわる諸相をふまえ、甲冑の生産体制の具体相を追究し、その評価をおこなう。まず、鉄製甲冑生産の開始以来、生産体制にもっとも大きな変革が生じ、再

編がなされたと考えられる鋲留技法導入期の諸問題を検討し、革綴短甲生産の終焉期の様相について整理する〔第8章〕。それをふまえ、革綴短甲生産の開始期から終焉期までの生産体制の変遷をたどるとともに、それを技術的視点と意匠的視点の二つの視点から評価することを試みる。最後に、革綴短甲生産の特質に論及し、総括とする〔終章〕。以上を第Ⅲ部とする。

第4節　用語の問題

　古墳時代甲冑の用語をめぐっては、有職故実や古代以降の甲冑を参考に「仮定」〔末永 1930・1934〕された独特の用語体系をもつことから、難解であるといった問題点がこれまでも指摘されてきた。ここでは、形式名称・部分名称・技法名称を取り上げ、こうした用語の問題について本書の立場を明らかにしておきたい。

（1）形式名称をめぐる用語
　分類において、階層的に上位に位置する語から述べる。
　「短甲」・「挂甲」　「短甲」・「挂甲」という用語は『東大寺献物帳』などの文献にみえる記載に由来するが、文献中でこれらの語が指し示す奈良時代甲冑の実態と、考古資料において「短甲」・「挂甲」と呼称される甲冑の構造が対応していないことが、これまでも指摘されてきた〔宮崎 1983、近藤 1985〕。現在では、文献中の「短甲」が胴丸式小札威甲を、「挂甲」が裲襠式小札威甲を指すことが明らかにされている〔宮崎 2006〕。
　近年では、橋本達也氏がこれらの用語の問題について詳述している。甲冑研究史から説き起こし、文献史や美術史からの批判もふまえ、「短甲」は「古墳時代前後の甲冑系譜の研究、とくに古代の甲冑に関する文献史・考古学それぞれの立場からの協業の障壁」、「挂甲」は「古墳時代における小札甲の東アジア的位置づけ、地域間交流を考える上で障壁」となると指摘し、「板甲」・「札甲（あるいはすでに一定の使用がなされている小札甲）」の使用を構想している〔橋本達 2009：p.30〕。
　「挂甲」については、橋本氏も述べているように、近年「小札甲」という用語にあらためられることが増えてきた。筆者もこの動向を基本的に支持するが、後述するように小札を使用した甲には、綴技法のみを使用するもの、綴技法と威技法の両方を使用するものの二者があり〔第2章〕、「挂甲」は後者にあたる。これらの区別を明確にするため、本書では前者を「小札綴甲」、後者を「小札威甲」と呼称する。
　一方、「短甲」については、先述したように橋本氏によって、すでに朝鮮半島で使用されている「板甲」の使用が適切であるとの提起がなされているが、そこでは「問題提起にとどめ、今後、さらに形式論を深めたい」との立場が示された〔橋本達 2009：p.30〕。以後、これまでに公表された報告書や論文において、「短甲」を「板甲」ないしほかの用語にあらためた事例はない[9]。本書では、第Ⅰ部において、日本列島出土甲冑の全体を対象に系譜論・型式論・編年論・製作工程論を検討し、第Ⅱ部以降においては、「短甲」を主要な対象として論及する。それらの検討を経た上で、本

書の終章において、「短甲」を継続して使用すべきか、「板甲」を採用すべきか、あるいは別の用語を提起すべきかの判断を下したいと考える。それまでは、暫定的に「短甲」を使用する。

「竪」と「縦」　　これまで、「竪矧板革綴短甲」、「竪矧細板革綴衝角付冑」、「竪矧広板鋲留衝角付冑」など、日本列島出土甲冑の形式名称においては「縦」ではなく「竪」と表記されることが一般的である。筆者は、3例が知られるのみの「竪矧板革綴短甲」を出土した大阪府紫金山古墳の報告〔阪口編 2005〕に携わった際を除き、「竪」を使用せずに「縦」と表記してきた。これは、字義の上から判断して「縦」の方が適切とする松木武彦氏による指摘〔松木 1992：註4〕に従ったものであるが、松木氏と筆者のほかには、使用例をほとんどみない。

これまで「字義の上」と記述するのみで、具体的な説明を省略してきたが、筆者のこれまでの理解を以下に述べる。「竪」は三次元における「上と下」をつなぐ鉛直方向を意味しており、「竪穴式石槨」、「竪穴式住居」、「竪眉庇」などの用例は、まさにこの意味を示す。対して、「縦」は二次元における「前と後」をつなぐ方向を意味する。そのため、「矧板」という平面的な部材を示す語と組み合わせる場合には、「縦」がよりふさわしいと考えてきた。

ただし、筆者のこのような理解が何を典拠としているかを失念したため、あらためて『大漢和辞典』（大修館書店）などにあたったが、そうした意味を示す記述をみいだすことができなかった。上述したような意味の違いを明示できない場合、これまでの慣例を放棄してまで「竪」よりも「縦」を優先する理由としては、「縦」が常用漢字であることをあげうる程度であろうか。このように、現状では必ずしも積極的に主張しづらいところではあるが、これまでの筆者自身の用例に従い、本書では「竪」を使用せず「縦」と表記する。

（2）部分名称をめぐる用語

帯金式短甲の各段　　甲冑の部分名称については、有職故実や古代以降の甲冑を参考に末永雅雄氏によって「仮定」されたものが多い〔末永 1930・1934〕。帯金式短甲の構造を示す「竪上」・「長側」も式正鎧に由来している。

「竪上」は「胸及背上部を擁護し、かつそれが左右に連続する事なく胸背各の独立の形式を成す」〔末永 1930：p.22〕、すなわち甲が一周せずに前後に分かれている短甲上半部を指す。「長側」は「竪上の下部に続いて腹部を廻るもの」〔末永 1930：p.22〕、すなわち甲が一周する短甲下半部を指す。それぞれを構成する部材について、段数と組み合わせることで部分名称として使用している。たとえば、竪上3段・長側4段からなる7段構成の短甲において、上から6段目の部材を、長側第3段地板と呼ぶ［図1］。

こうした部分名称がわかりにくいとの指摘は以前からなされていたが、近年、これに替わる部分名称が提起されている〔橋本達 2012a：pp.70-71〕。古墳時代の「短甲」と式正鎧に系譜的な関連性は認められず、竪上・長側という名称を「短甲」の構造の説明に使用する有意性は認められないとの立場から、帯金式短甲の特徴である帯金・地板の位置表現を重視したものである。すなわち、これまでは竪上第2段地板・長側第1段地板・長側第3段地板としていたところを、上段地板・中段地板・下段地板と呼称し、竪上第3段帯金・長側第2段帯金としていたところを、上段帯金・下

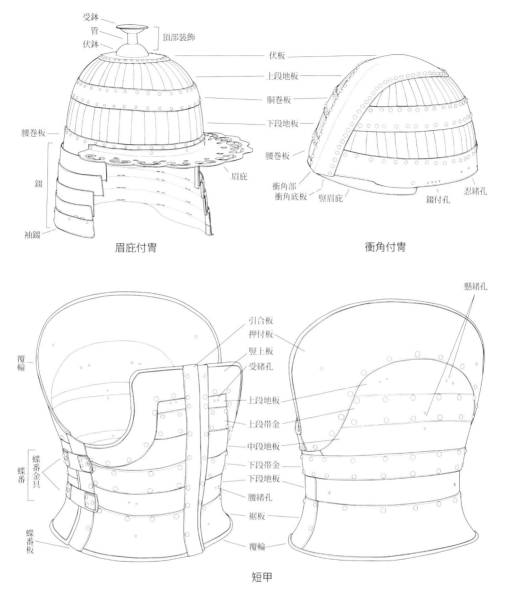

図2　橋本達也氏による帯金式甲冑部分名称図〔橋本達 2012〕

段帯金と呼称する［図2］。

　この新案は、典型的な7段構成の帯金式短甲を対象とする場合には、たいへんわかりやすい。短甲の構造に詳しくない場合でも、帯金と地板の区別さえつけば、どの部分を指し示しているのかを直観的に理解することが可能である。しかしながら、帯金式短甲には、7段構成をとらない事例も一定数認められる。たとえば、橋本氏も考慮しているように、長方板革綴短甲や横矧板鋲留短甲には、前胴のみ竪上第3段帯金が存在せず、6段構成をとる事例が少なからずある。この場合、前胴においては、上段帯金が存在しない一方で下段帯金のみが存在するという、かえってわかりにくい状況となる。また、鋲留技法導入期には9段構成や5段構成の事例も存在する。9段構成を例にと

表1　甲冑用語の対照

末永1930・1934				橋本達2009・2012			本書			
短甲				板甲			短甲			
	竪上	第1段	竪上板・押付板	〈7段構成〉		竪上板・押付板	〈7段構成〉	竪上（胸部・背部）	第1段	竪上板・押付板
	〈7段構成〉	第2段	地板			上段地板			第2段	地板
		第3段	帯金			上段帯金			第3段	帯金
		第4段	地板			中段帯金			第4段	地板
	長側	第1段	帯金			下段帯金		長側（胴部）	第1段	帯金
		第2段	地板			下段地板			第2段	地板
		第3段	裾板			裾板			第3段	裾板
	竪上	第1段	竪上板・押付板	〈9段構成〉		竪上板・押付板	〈9段構成〉	竪上（胸部・背部）	第1段	竪上板・押付板
	〈9段構成〉	第2段	地板			上段地板			第2段	地板
		第3段	帯金			上段帯金			第3段	帯金
		第4段	地板			中上段地板			第4段	地板
		第5段	帯金			中段帯金			第5段	帯金
		第6段	地板			中下段地板			第6段	地板
	長側	第1段	帯金			下段帯金		長側（胴部）	第1段	帯金
		第2段	地板			下段地板			第2段	地板
		第3段	裾板			裾板			第3段	裾板
挂甲				札甲（小札甲）			小札威甲			

れば、竪上第2段地板・竪上第4段地板・長側第1段地板・長側第3段地板をそれぞれ上段地板・中上段地板・中下段地板・下段地板と、竪上第3段帯金・竪上第5段帯金・長側第2段帯金をそれぞれ上段帯金・中段帯金・下段帯金と呼称するという〔橋本 2012：註（2）〕。おそらくは9段構成よりも多段となる事例が今後知られる可能性は低いとはいえ、体系性を欠く感は否めない。

　こうした点を考慮し、筆者は、短甲の上半部と下半部を、甲が一周しない（「竪上」）か一周する（「長側」）かによって区別し、それぞれの段に数字をつけて呼称する方法を、結果的にであれ短甲の構造に即しており、合理的と評価する。相対的な位置表現である「上・中・下」を使用するよりも、数字によって絶対的な位置を示す方が、より厳密的であり、どのような段構成の短甲に対しても対応可能な体系性を備えていると考える〔表1〕。

　式正鎧と系譜的な関連性のないことが明らかになっているにもかかわらず「竪上」・「長側」という名称を使用すること、あるいはこれらの名称が難解であることが問題であるとすれば、これらに替わる用語を新たに設定するのも一案であろう。たとえば、「竪上」の前胴側を「胸部」、「竪上」の後胴側を「背部」、「長側」を「胴部」とすることなどが考えられる。しかしながら、現時点では、筆者自身はこれらの部分名称の使用が、「短甲」・「挂甲」のように今後の研究の進展の障壁となる可能性があるとまでは認識しておらず、その必要性を積極的には感じていない。そのため、本書では、暫定的にではあるが「竪上」・「長側」という部分名称を使用する。

（3）技法名称をめぐる用語

　「縅」と「威」　これまで、筆者は「縅」との表記を使用してきた〔阪口 2001・2013 etc.〕。それは、日常的に「威」を「おどし」と読むことが一般的ではなく、ほかの意味で使用されることはないと考えられる「縅」を使用する方が、字義や文意が明瞭になるであろうと考えたからである。実際に部材として革紐・組紐が使用されることからも、糸偏を付す方が、技法を具体的にイメージ

しやすいと考えたからでもある。革紐・組紐を結合部材として使用する、もう一つの連接技法である「綴」と対で表記する上でも、収まりがよいように感じられた。

しかしながら、文献史学では「威」の用字が本来的であり、「縅」の用字は近世以降の所産であるとのご教示を、橋本達也氏よりいただいた。詳細については橋本氏が文章にされるのを待ちたいが、この見解に従い、本書では「縅」を使用せずに「威」と表記する。

第5節　本書の輪郭

本章では、考古学資料としての古墳時代甲冑の特性をふまえ［第1節］、その研究史をたどることによって現在の研究動向を整理するとともに［第2節］、それにそうかたちで筆者の問題意識に論及した［第3節（1）①］。

すなわち、第一の課題として甲冑の系譜論・型式論・編年論・製作工程論の総合化、第二の課題として生産体制の具体相の解明を掲げた。さらに、これらの課題の達成のために、本書が対象とする範囲［第3節（1）②］と議論の展開の筋道［第3節（2）］を示した。また、本書の前提として検討すべき用語の問題について、筆者の立場を明らかにした［第4節］。

以下、本章で示した立場・方針に基づき、第一の課題について第Ⅰ部で、第二の課題について第Ⅱ部・第Ⅲ部で論述を進める。

註
（1）冑・錣・頬当・頸甲・肩甲・甲・籠手・草摺・臑当などの品目を特定せずに、これらの品目に相当する分類階層の甲冑を指し示す場合、本書では「装具」という語句を使用する。
（2）たとえば、籠手において篠籠手・筒籠手といった基本構造の区別による大別分類名称を、本書では「形式」とし、形式をさらに細分した細別分類名称を「型式」とする〔小林行 1959：pp.296-297、横山 1985〕。ただし、冑と甲については、基本構造の区別による衝角付冑・眉庇付冑・短甲などの分類名称を「大形式」、それらをさらに地板形状や連接技法などによって区別した三角板革綴衝角付冑・小札鋲留眉庇付冑・方形板革綴短甲などの分類名称を「小形式」として扱い、ともに「形式」という概念を用いて表現する。
（3）古墳時代の甲冑についての研究史を総覧した橋本達也氏は、これ以前の17世紀〜19世紀後半を「Ⅰ・創成期」、19世紀後半〜20世紀初頭を「Ⅱ・揺籃期」と位置づけている〔橋本達 2012：pp.565-566・2014b：pp.1-2〕。これらの時期になされた研究の重要性を否定するものではないが、現在にまで直接的に継承される点をより重視して、本書では末永雅雄氏による研究以降を取り上げる。これ以降についても、参考までに橋本氏による研究史整理との対応関係を示しておく。おおむね、1930年代を「Ⅲ・確立期」、1950年代〜1960年代前半を「Ⅳ・熟成期」、1960年代前半〜1970年代を「Ⅴ・大成期」、1980年代〜1993年を「Ⅵ・展開期」、1993年以降を「Ⅶ・成熟期」としている〔橋本達 2012：pp.566-570・2014b：pp.2-6〕。
（4）主要な論文については『論集 武具』〔野上編 1991〕を参照されたい。
（5）同上。
（6）これら以外の事例については、別稿〔阪口 2017a〕や藤井陽輔氏による整理〔藤井陽 2018〕を参照

(7) 同上。
(8) 福井県法土寺22号墳では頸甲・肩甲のみが出土している。しかし、発掘調査時にはすでに埋葬施設が攪乱を受けていたことから、本来的に短甲が副葬されていなかったとは確言できない。むしろ、本来は短甲が副葬されていた可能性が高いと考えている。
(9) 筆者が研究分担者として参加した科学研究費基盤研究（B）「武装具の集積現象と古墳時代中期社会の特質」（研究代表者：上野祥史（国立歴史民俗博物館））が刊行を予定している奈良県円照寺墓山1号墳出土甲冑の報告においては、参加者による議論の結果、「板甲」を使用する予定である。

第Ⅰ部　甲冑研究の枠組

第1章　甲冑副葬の意義

第1節　「表象」としての甲冑副葬

　権力者の墓にさまざまな器物を副葬するという行為は、世界史上のさまざまな地域、さまざまな時代においておこなわれてきた。日本列島においては、そのような行為の痕跡は、古墳時代の厚葬墓—すなわち古墳—にとくに顕著に認められる。

　本章の目的は、第一に、そういった「副葬行為の痕跡を現代に生きるわれわれがどのように理解しうるのか」という方法にかかわる問題について、第二に、それをふまえて「古墳時代人は葬送儀礼の場において副葬という行為をどのような脈絡でおこなっていたのか」という解釈にかかわる問題について、甲冑を題材として「表象」という視角から考察することである。これにより、甲冑研究そのものや甲冑研究における自己の立脚点を俯瞰的にとらえることを意図するとともに、自己の甲冑研究の枠組を、その輪郭なりとも浮かび上がらせることを目指したい。

　考古学においては、「表象」とはなじみの薄い語であるかもしれない。しかしながら、研究対象である遺物が表象しているものを追究するという視角、さらに研究という行為で何を表象しようとするかという視角において〔河野・野島 2000〕、研究者が自己の研究を相対化する際には有効な概念となりうると考える。ここでは、佐藤啓介氏による概念整理〔佐藤 2000〕に従い、「表象」を「心的な表象（mental representation）」（以下「心的表象」）と「実際の表象（actual representation）」（以下「実際表象」）に分解して考えることとし、実際表象を甲冑の副葬行為としたとき、その心的表象を問うことを主眼とする。また、心的表象および実際表象と、その表象行為によって表象される指示対象（referent）、つまり実体そのもの（entity）との間に存在する身近な「しきたり」や「ならわし」などの間主観的存在を、「コード（code）」あるいは「信念体系」と仮称する〔野島 2000〕。

　具体的には、「古墳時代人［主体］が甲冑［指示対象］をXとしてイメージする［心的表象］」かつ「古墳時代人［主体］がX［指示対象］を甲冑（につながるもの）としてイメージする［心的表象］」という信念体系のもとに、「副葬儀礼執行者［主体］がX［指示対象］を甲冑としてイメージし［心的表象］、その表象行為として甲冑を副葬する［実際表象］」という図式に則ることとし、まずXの内容を明らかにすることを目指したい。その上で、古墳時代において、そのようなもの（X）として認識されていた甲冑という器物が副葬されることの意義について考えることとする。

　取り上げる時期は、本書で主要な検討対象とする、古墳時代前期から中期中葉の鋲留技法導入期

までに加え、帯金式甲冑が主要な品目として副葬された古墳時代中期〔橋本達 2005・2010〕がもつ時代相としての一貫性と重要性を考慮して、古墳時代中期後半をも含むこととする。

第2節　研究者の甲冑観からみた既往の研究
――過去の研究において副葬された甲冑はどのようにイメージされてきたか――

　ここでは、「古墳時代人の甲冑についてのイメージ」、すなわち先述のX（＝古墳時代人の甲冑についての心的表象の内容）に近づくための足がかりとして、これまでの研究史における「研究者の甲冑についてのイメージ」（＝研究者の甲冑についての心的表象の内容）を問題にしたい。この場合、「研究者」が主体、「甲冑」が指示対象、「研究者の甲冑についてのイメージ」が心的表象、「イメージが反映された研究」が実際表象ということになる。

　具体的な作業としては、研究者の心的表象の内容を実際表象として現前させている論文から、その中心的な論点にもっとも明確に反映されていると思われる「研究者の甲冑についてのイメージ」を抽出し、「研究者の甲冑観」として整理を試みる。この作業の最小単位は、「筆者」［主体］が「研究者の論文」［指示対象］を「研究者の甲冑についてのイメージ」として認識し［心的表象］、その認識に基づいて「研究者の甲冑観」として表現する［実際表象］、という図式で表せる。この積み重ねの結果である「研究者の甲冑観」の集合に対して、抽出・整理作業をおこなうということになる。したがって、筆者の認識の内容［心的表象］そのものが誤解に基づいている場合もありうる。また、そうではないにせよ、各研究者の本来の意に反した抽出・整理となっているおそれもあるが、これは筆者の責任であることは言を俟たない。

（1）「研究者の甲冑観」における二相

　甲冑に関連する諸研究を渉猟すると、研究のなかでの甲冑の扱い方という点において、それらを二群に大別できることに思いいたる。すなわち、「甲冑そのものの観察や分析から、その技術や編年や系統などを論じる研究」と、「甲冑のセット関係や出土古墳の分布の変遷などから、政権中枢と地方首長の政治的関係や軍事組織の形成などを論じる研究」の二群である。いわば、前者は「甲冑を対象とした研究」、後者は「甲冑を材料とした研究」であり、一般に前者を基礎として後者がおこなわれるべきであろう。これを「研究者の甲冑観」という視点に即して換言すると、前者によって一定の検証過程を経た甲冑観に基づいて後者が進められるべきである、ということになる。

　しかしながら、実際には後者のなかに、前者による検証が不十分な甲冑観を前提として議論を進めているものが、それなりに存在しているように思う。ここでは、前者によって一定の検証過程を経た甲冑観を「結論」としての甲冑観、それ以外の甲冑観を「前提」としての甲冑観として大別し、それぞれについて代表的なものを例示する。また、それぞれの甲冑観に表象されている（と筆者が認識する）「研究者の甲冑についてのイメージ」（＝研究者の甲冑についての心的表象の内容）をYとして、あわせて例示する。

（2）「結論」としての甲冑観

「ハイテク製品」、「一元的集中生産品」、「儀装武具」の三つを例示する。

ハイテク製品　おもに手工業製品としての甲冑に込められた技術などの評価を主題とする研究において検証されてきた甲冑観である〔北野 1963、野上 1968・1975、小林謙 1974a・1974b、高橋克 1993、塚本 1993b、橋本達 1995、古谷 1996　etc.〕が、甲冑に関連するほとんどの研究にみられるといってよい。たとえば「Y＝技術的先進性を表すもの」とすることができるが、より限定的に「Y＝大陸系の先進技術を表すもの」とイメージされる場合もあろうし、その傾向が強くなると「Y＝朝鮮半島や中国大陸との対外交渉を表すもの」とすることもできよう〔小林行 1982、福尾 1987、高橋エ 1995、清水 1995、清水・高橋エ 1998 etc.〕。

一元的集中生産品　甲冑の型式変化に大きな時間差・地域差が認められないことを論拠として提示された〔野上 1968〕甲冑観で、以後の甲冑に関するほとんどの研究にみられる。たとえば、「Y＝政権中枢による集中管理を表すもの」とすることができる。

儀装武具　「制度的儀装武具」、「観念的儀装武具」に細分する。

「制度的儀装武具」は、革製衝角付冑と襟付短甲のセット、変形板甲冑〔橋本達 2002b：p.5、阪口 2008：p.47〕、金銅装甲冑など、特殊な形態や装飾をもつ甲冑がほかと区別されていた可能性を指摘する研究によって提示された甲冑観である〔藤田 1996、森下 1997、田中晋 1998a etc.〕。たとえば「Y＝制度的視覚効果を表すもの」とすることができる。

「観念的儀装武具」は、三角板形式の甲冑の地板構成を図像としてとらえ、それが辟邪などのシンボリックな意味をもっていた可能性を想定するなど、技術的視点に加え、それ以外の点からも甲冑の評価を試みる研究によって提示された甲冑観である〔阪口 1998、橋本達 1999c、鈴木 1999a etc.〕。たとえば「Y＝観念的視覚効果を表すもの」とすることができる。

（3）「前提」としての甲冑観

「実用武具」、「威信財」の二つを例示する。

実用武具　政権中枢の政治的動向・地方政策、古墳被葬者の性格、軍事組織の形成などについての研究においてみられる甲冑観である〔小林行 1965、田中新 1975、田中晋 1981・1993a・1993b、川西 1983、都出 1991、藤田 1984・1988・1995、松木 1992・1994・1995、滝沢 1994 etc.〕。たとえば「Y＝軍事を表すもの」とすることができ、政治的諸関係における軍事の比重を重くみる立場であれば、「Y＝政治的関係を表すもの」とすることもできる。その場合、政治的関係が首長とその配下の間のものであれば「供献品」、政権中枢と首長の間のものであれば「権威の象徴」などの甲冑観として表現することもできよう〔北野 1969・1976、藤田 1988・1995、福永 1998 etc.〕。これらの甲冑観も、「実用武具」のバリエーションとして把握しておきたい。

威信財　国家の形成、政権中枢の構造、日本列島の政治的変動などについて言及する研究において、とくに特徴的にみられる甲冑観である〔橋本達 1995・1999c、松木 1996、河野一 1999、都出 1999、鈴木 1999a・1999b etc.〕。たとえば「Y＝物神性を表すもの」とすることができよう。

（4）甲冑観の多様性と重層性

　先述のとおり、ここに例示した甲冑観は、それぞれの研究にみられる多様な甲冑観のうち、その研究の中心的な論点にもっとも色濃く反映されていると筆者が認識したものを抽出しているにすぎない。したがって、それぞれの研究において、ここに例示した甲冑観は互いに排他的というわけではない。むしろ、各研究者が明確に示してはいなくとも、重層的に連関している場合の方が多いのが実際であろう。

　この点をふまえて、あらためて確認しておきたいのは、第一に各研究者がもつ甲冑観の多様性・重層性である。第二に、このように多様かつ重層的な甲冑観に基づいて「甲冑を材料とした研究」を進める場合、「前提」としての甲冑観の存在が問題になるということである。次節ではこの点についてもう一歩議論を進めたい。

第3節　「前提」甲冑観の検討

　前章で述べたように、「前提」としての甲冑観については、従来その当否があまり積極的に検討されてこなかった。一定の検証が果たされてきた「結論」としての甲冑観と同じ枠組のなかで議論を深めるためには、その検討がまず必要であると考える。ここでは、副葬された甲冑について、それらを実用武具とみなしうるのか、それらは威信財としての要件を備えているのか、の2点を「甲冑を対象とした」方法によって検討しておきたい。

（1）実用武具説の検討

　実用武具説を検討するにあたっては、それを肯定するにせよ否定するにせよ、決定的な証拠を提示することは困難である。ここでは、実用武具説に有利あるいは不利と考えうる状況証拠を俎上にあげ、検討することとする。

　有利な状況証拠　　まず実用武具説に有利と思われる状況証拠を列挙してみよう。

　もっとも基本的な事項として、構造や大きさの点で、ほとんどの製品が実際に人体に着装することが可能とみられることをあげることができる。後述するように例外的な事例は存在するものの、これまでに出土している製品の大多数が実際に着装可能であるという点は、重視すべきであろう。

　次に、さまざまな型式変化のなかに機能性の向上という視点から説明できる部分が認められることをあげられよう。たとえば、錣や肩甲における多段化の傾向〔古谷1988、右島1988〕は、生産性よりも可動性という機能性を重視した結果と考えられる。このような型式変化の方向性は、これらが実用武具として設計・生産されていた証左とみることができよう。

　さらに、補修の可能性のある製品や、補修をおこなっていた可能性のある集落遺跡が存在することもあげておきたい。岐阜県中八幡古墳出土の三角板鋲留短甲は、裾板に革組覆輪を施すための孔列をもちながら、それを使用せずに、その上に鉄包覆輪をかぶせている。これは製作時の設計変更による可能性もあるが、使用によって破損した革組覆輪を補修する際に鉄包覆輪に変更した可能性も考えられる。仮に使用による破損だとしても、使用の目的が戦闘とは限定できないため、実用武

具であったことを直接的に示すわけではないが、少なくとも実用品であった可能性を示す事例として注意しておきたい。また、千葉県古山遺跡第22号住居跡から、三角板革綴式の短甲あるいは衝角付冑の部材と思われる鉄板が5点出土している［図3］。これらについてはさまざまな解釈がありえようが、ここで補修や再利用がおこなわれていたという解釈もその一つとして可能であろう〔田中新 1995：p.278、内山 1998：p.308・2008a：p.380、鈴木 2012：p.114、橋本達 2015a：p.100〕。そのほか、千葉市鎌取遺跡044号住居跡出土の「小札状鉄製品」片2点、

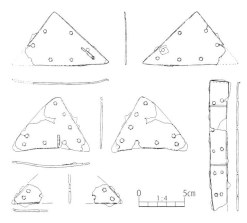

図3　古山遺跡第22号住居跡出土鉄板

奈良県南郷角田遺跡出土の「小札状の鉄板」1点があり、同様に補修や再利用に関連する遺物と考えられる。現在のところ、実戦での使用によって破損した部分を補修したことが確実な事例は、管見の限りでは存在しない。

不利な状況証拠　　反対に、実用武具説に不利な状況証拠にはいかなるものがあるだろうか。

まず、少数ではあるが、明らかに着装不可能でミニチュアとみなせる事例が存在することを明確にしておきたい。佐賀県西分円山古墳出土の三角板鋲留衝角付冑［図4-2］は、部材の点数や構造は通有の製品と同様であるものの、鉢部の最大幅が15cmに満たない小型品で〔鈴木 1999a：pp.496-497〕、成人がかぶることはまず不可能であろう。また、滋賀県真野1号墳出土の短甲形鉄製品は、押付板の最大幅で16cm程度という小ささで、まさにミニチュアと呼ぶにふさわしい。長方板革綴短甲をモデルとして、デフォルメを施した製品とみられる［図5］。こうした事例が確実に存在することは、少なくとも副葬される甲冑が必ずしも実用武具でなければならなかったわけではないことを示していよう。

次に、着装した場合に、構造上、戦闘はおろか通常の動作にも支障をきたす個体が存在することは看過できない。たとえば、襟付短甲［図8-1］を着装した場合、肩の後ろに大きく張り出し脇腹付近まで鰭状に垂下する大きな押付板によって腕の動きが、上方に突出した襟部によって頸の動きが、それぞれ大幅に規制される。また、東京都野毛大塚古墳出土の肩甲は、頸甲の内面に本来の天地とは逆さまに威しつけられており［図6］〔橋本達 1999a：pp.149-150〕、着装したとしても上腕の動きはままならない。こうした事例も、やはり副葬された甲冑の実用武具としての役割を疑わしめるものであろう。

課題設定の問題点　　以上の検討を通じて注意されるのは、実用武具説に有利な状況証拠は、製品としての甲冑そのものの構造から、あるいは副葬品ではない集落遺跡出土品から、つまり「副葬の場面」とは直接結びつかないところから導かれたものであるという点である。一方、実用武具説に不利な状況証拠は、いずれも稀少な副葬例からみいだされたものばかりである、という点にも注意しておきたい。

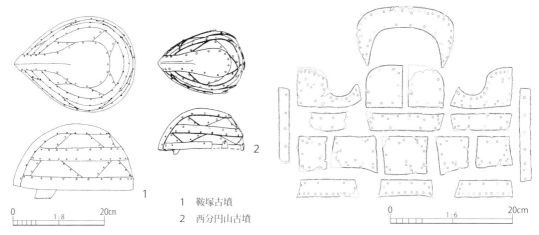

図4 三角板鋲留衝角付冑にみる通有品と小型品
1 鞍塚古墳
2 西分円山古墳

図5 真野1号墳出土短甲形鉄製品

　これらの点に留意しつつ、先に列挙した状況証拠を整合性をもって理解しようとするならば、以下のような解釈が可能であろう。すなわち、「大多数の甲冑は実用武具として製作されたが、古墳に副葬される場面においては、実用武具としてよりも葬送儀礼に対する道具立てという性格が意識されていた。なかにはそうした性格が第一義的なものへと変化して、そのような場面における使用を念頭に製作された「儀器」も存在した」という解釈である。
　この解釈に立つならば、「副葬された甲冑は実用武具であるか」という検討課題の設定そのものが不適当ということになろう。甲冑は製作されてから副葬されるまでの間、それが存在する場面によって第一義的な性格が異なるため、場面という要素を切り離してしまうと、実用武具であるかないかの判断は一概にはできないと考えられる。

（2）威信財説の検討

威信財の概念と考古資料　　まず、威信財の定義について明確にしておきたい。ここでは、古墳時代前・中期の経済システムを「威信財消費型経済システム」と規定する河野一隆氏による威信財の定義によることとする。やや長くなるが、以下に引用しよう。

> それを持つものと持たざるものとの間に、政治的・経済的格差を伴う、階層的な上下関係を社会的に取り結ぶ財、あるいは実体的ではなくともそのような交換価値を持つ財である。だとすれば、言葉上の意味では、財の交換価値の中に威信と権威とが表象されており、それが当事者間の社会的関係を規定するのが威信財ということになる。逆に言えば、威信財とは、奢侈品とは異なって、古典経済学における商品がそうであるように、物神的性格を持つ財なのである。
〔河野一 1998：p.58〕

　まず、確認しておきたいのは、ある考古資料を取り上げて、それがこの定義に合致するかどうかを検討するのは、方法論的にほとんど不可能に近いということである。たとえば、定義の冒頭にある「持つものと持たざるもの」を考古学的に認識することからして難しい。これを認識しようとする場合、われわれが判断基準としうるのは「副葬品として出土しているか、いないか」のみであ

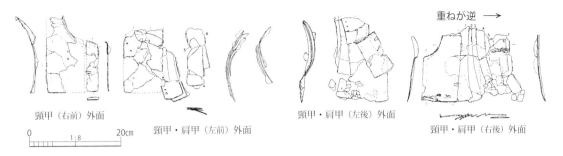

図6　野毛大塚古墳出土頸甲・肩甲

り、そこには「持ってはいたが副葬しなかったもの」が存在したかもしれないという問題が常についてまわる。「持つものと持たざるもの」を認識できない以上、その両者の間に「政治的・経済的格差を伴う、階層的な上下関係」が存在したかどうかも、当然検討することはできない。もっとも、甲冑に関しては「未調査ゆえに認知できないものも含めて、甲冑集中管理体制の存在を想定できるもの以外については、古墳に副葬された中期型甲冑は、被葬者が生前所有した甲冑の全てである、というのが実態に近い」〔藤田 1995：p.89〕という立場があるが、いずれにしても「副葬され出土した資料から考えるしかない」〔内山 2000：p.305〕のが考古学であるならば、定義上、財の機能時における「持つものと持たざるもの」を問題としなければならない威信財の概念には、考古資料のもつ性質は本来的にそぐわない。また、威信財の定義の上で、より本質的な「物神的性格」についても、その性格そのものを考古資料に即して証明することは困難であろう。

　威信財という概念が、もともと研究者の眼前に存在する社会を研究対象とする文化人類学の分野で提唱されたものであることを考えれば、これは至極当然のことであろう。現状では、考古資料に即してではなく各研究者の想定する理論的な政治的・経済的枠組に即して、換言すれば、威信財という概念をあてはめることにより、ある考古資料の動向をその枠組のなかで整合的に説明しうると判断された場合に、その考古資料が「威信財として機能した可能性がある」あるいは「威信財的な性格をもっていた」というような用いられ方をしているように思われる。つまりは、そのような方法によってのみ威信財という概念は考古学において有効なツールとなりうるということであろう。一方で、威信財という概念を導入することによって整合的な説明が可能となる事象が存在することもまた否定できない[11]。

　ここでは、ある考古資料を取り上げ、それが威信財として機能していたか否かを考古学的な方法で実証することは困難である、という理解をしておきたい。「甲冑を対象とした」方法による本節においては、そのことを確認するにとどめ、これ以上は威信財をめぐる問題に深入りしない。

第4節　甲冑のライフサイクルと研究方法

　前節では、副葬された甲冑を実用武具とみなしうるかどうかを検討した結果、「甲冑の第一義的な性格は場面に応じて変化する」という解釈を導き出した。この解釈に立つならば、甲冑が製作さ

れてから古墳に副葬されるまでの過程—ここでは甲冑のライフサイクルと呼ぶ—を、場面ごとに分解することによって、さらに詳細に検討する余地をみいだせよう。

なお、以後の検討については、前節で検討した「ハイテク製品」、「一元的集中生産品」、「儀装武具」、「実用武具」という、筆者自身がもつ甲冑観に即して進めていくこととする。

(1) 甲冑のライフサイクル

上述の甲冑観に基づくならば、甲冑のライフサイクルに、以下のように大きく四つの場面と、それぞれの場面における行為主体者を想定することができる。すなわち、「製作の場面」における製作工人、「配布の場面」における政権中枢、「使用の場面」における首長、「副葬の場面」における葬送儀礼執行者である。ただし、当初から葬送儀礼に対する道具立てとして製作されたと考えられるミニチュアなどの「儀器」の場合には、「使用の場面＝副葬の場面」となって、「使用の場面」が欠落することになる。

(2) 場面と「甲冑の性格」

場面と行為主体者の関係に注目しつつ、甲冑という指示対象についての行為主体者の心的表象である「甲冑の性格」に近づく方法を考えたい。

第2節において、研究者の甲冑観にみられる多様性・重層性を確認したが、これは「甲冑の性格」がライフサイクルにおける四つの場面に応じて変化していたこと、すなわち行為主体者が甲冑に対してその場面に応じた性格をイメージしていたことを、「場面≒行為主体者」という要素が欠落した、研究者側の視点から表現したものである。場面に応じて変化する「甲冑の性格」も、固定化された一様な視点から理解しようとするのではなく、場面ごとに切り離して理解することによって、より体系的に整理しえよう。

それぞれの場面において実際に行為がおこなわれる際には、「行為主体者が甲冑を「甲冑の性格」としてイメージする」という、その場面に即した信念体系のもとに、「行為主体者が「甲冑の性格」を甲冑（につながるもの）としてイメージし、その表象行為として場面に応じた行為をおこなう」という図式で表現できる。この図式の構造は、本章の冒頭で示した「副葬儀礼執行者［主体］がＸ［指示対象］を甲冑としてイメージし［心的表象］、その表象行為として甲冑を副葬する［実際表象］」という図式の構造と一致する。「Ｘ＝古墳時代人の甲冑についてのイメージ」［第2節］であったことから、「甲冑の性格＝Ｘ＝行為主体者の甲冑についてのイメージ」とすることができる。以下、場面が設定されると、自ずと実際表象である行為が決定されることを手がかりに、「Ｘ」を類推する。

製作の場面　実際表象が「製作する」ことであるから、「製作工人は、甲冑をたとえば「Ｘ＝技術・系統・流行などを表すもの」としてイメージする」という信念体系が存在した可能性がある。

配布の場面　実際表象が「配布する」ことであるから、「政権中枢は、甲冑をたとえば「Ｘ＝軍事・政治・階層・権威・職掌などを表すもの」としてイメージする」という信念体系が存在した可能性がある。

使用の場面　実際表象が「使用する」ことであるから、「首長は、甲冑をたとえば「X＝軍事・政治・階層・権威・職掌・辟邪などを表すもの」としてイメージする」という信念体系が存在した可能性がある。

　副葬の場面　実際表象が「副葬する」ことであるから、「葬送儀礼執行者は、甲冑をたとえば「X＝葬送儀礼を表すもの」としてイメージする」という信念体系が存在した可能性がある。

　ここで注意しておきたいのが、ここに示した「X＝行為主体者の甲冑についてのイメージ」は、現代に生きるわれわれの信念体系から類推した仮説にすぎないということである。この仮説は、考古資料としての甲冑をめぐるさまざまな要素を駆使して、検証に努められなければならない。

（3）場面と「研究者の甲冑観」

　「行為主体者の甲冑についてのイメージ［心的表象］」に「研究者の甲冑についてのイメージ［心的表象］」を近づけていくことが、考古学研究という営為の一面であるとするならば、研究者は各自の甲冑についてのイメージを表象している甲冑観を、そのイメージと同質の「行為主体者の甲冑についてのイメージ」が想定される場面に即して検証するべきである。以下に、行為主体者と研究者、両者の心的表象を介在させて、場面と第2節で例示した「研究者の甲冑観」の対応関係を示す。

　製作の場面　「ハイテク製品」、「一元的集中生産品」に対応する。

　配布の場面　「儀装武具」、「実用武具」、「威信財」に対応する。

　使用の場面　「儀装武具」、「実用武具」、「威信財」に対応する。

　副葬の場面　第2節に例示した「研究者の甲冑観」には対応するものがないが、所与のものとして例示しなかった「副葬品」がこれに対応する。

（4）場面と研究方法

　それぞれの場面に即した研究方法について言及しておきたい。考古遺物についての主たる検討材料として、遺物そのものと出土状況がある。本章の場合、遺物そのものは製品としての甲冑に固定されるが、それを分析する際に着目する属性が問われよう。それぞれの場面における「甲冑の性格」がもっとも色濃く反映されていると想定される属性をみきわめなければならない。一方、出土状況は場面によって異なる。以下に、それぞれの場面に即した出土状況について整理してみよう。

　製作の場面　「製作工房跡」において想定されるが、現状では確例はない。奈良県南郷角田遺跡にその可能性が指摘されているが〔内山 2008 a：p.380、鈴木 2012：pp.114, 118、坂 2012：p.173〕、甲冑製作工房が政権中枢の直轄的な管理下にあったと想定される一方で、南郷角田遺跡は有力豪族の管轄下にあったと考えられることから、その可能性に否定的な見解〔橋本達 2015 a：p.100〕も提示されている。百舌鳥古墳群の近傍に所在する大阪府陵南遺跡も有力候補とされる〔坂 2018：pp.37-38〕。

　配布の場面　おそらく考古学的には認識できない可能性が高い。

　使用の場面　「首長居館跡」や「補修工房跡」などにおいて想定されよう。前者の例としては、

小札威甲を着装した状態で榛名山の噴火に被災したと考えられる人骨が出土した群馬県金井東裏遺跡が唯一である。後者については、先述したように千葉県古山遺跡・鎌取遺跡、奈良県南郷角田遺跡が該当すると考えられる。

　副葬の場面　「古墳の埋葬施設」において認められ、甲冑出土例のほぼすべてが該当する。

　このように整理してみると、場面によって検討材料に多寡のあることがわかる。たとえば、「配布の場面」や「使用の場面」についてみると、現状において両者に即した出土状況は、金井東裏遺跡の唯一例を除いて確例が認められない。また、個体としての甲冑においても、両者に即した「甲冑の性格」が顕著に反映されていると想定される属性は、「製作の場面」と比較すると格段に少ないであろう[14]。このような場合には、次善の策として、ほかの場面に即した検討材料を用いて類推するなどの方法をとることになる。

第5節　甲冑副葬の意義

　前節までの検討によって得られた研究方法上の指針に基づき、甲冑副葬という行為について検討を進めたい。すなわち、副葬の場面に即して「製品としての甲冑」と「古墳の埋葬施設における出土状況」を検討材料とする。

（1）副葬の場面の検討

　甲冑副葬についての検討の前提作業として、「副葬の場面」のみにみられる特殊性について検討しておきたい。それは、甲冑の帰属する対象が、「製作・配布・使用の場面」においては行為主体者[15]であるのに対し、「副葬の場面」においては行為主体者たる葬送儀礼執行者ではなく、被葬者であるということである[16]。このことは、葬送儀礼執行者も含め、「副葬の場面」を見聞する人々の心的表象の指示対象が「被葬者の甲冑」として設定されることを意味し、「副葬の場面」の信念体系に影響を及ぼすであろう。

　前節において類推した「副葬の場面」における信念体系は、指示対象をたんに「甲冑」としたものであった。これを「被葬者の甲冑」に置換した場合、信念体系には、被葬者である首長の生前の「使用の場面」における信念体系の要素が付加されると考えられる。すなわち、「副葬儀礼を見聞する人々は、被葬者の甲冑をたとえば「X＝葬送儀礼・被葬者の軍事・被葬者の政治・被葬者の階層・被葬者の権威・被葬者の職掌・辟邪などを表すもの」としてイメージする」という信念体系が想定されることになろう。

（2）遺物からの検討—意匠性への注目—

　前項で検討した「副葬の場面」に即して、製品としての甲冑を材料に検討を進める。ここでは、「甲冑の性格」が反映されていると想定される属性として、「かたち」や「みため」として認識しやすい意匠性を取り上げたい[17]。装飾に優れた、意匠性の豊かな甲冑が、「副葬の場面」あるいは被葬者による「使用の場面」において古墳時代人の抱く心的表象に与えるインパクトには大きなものが

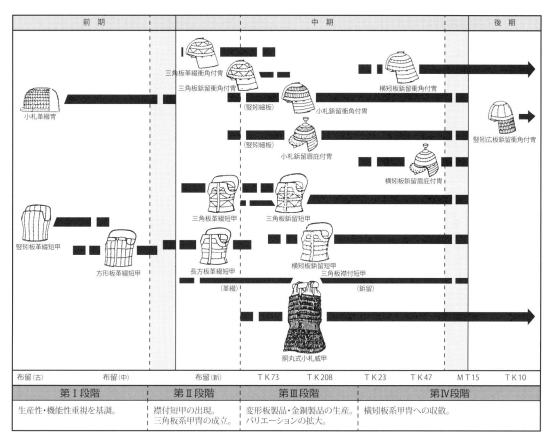

図7　意匠性からみた甲冑の変遷〔田中晋 1991 加筆〕

あったと考えられよう。なお、ここでは意匠性を、「純粋に戦闘を目的とした実用武具としての設計によるものとは認めがたい属性、その実現のために生産性が犠牲にされていると考えられる属性」として定義する。

意匠性からみた甲冑の変遷　甲冑の変遷については、技術史的視点から検討が進められ、その大綱はおおむね確立している[18]〔野上 1968、小林謙 1974a・1974b etc.〕。これを、甲冑の設計を規定する諸要素中における意匠性の比重の変化という視点から、以下のように区分する［図7］。

第Ⅰ段階　おもに生産性と機能性によって設計が規定されている段階。

第Ⅱ段階　設計規定要素に新たに意匠性が加わる段階。帯金式甲冑の成立期に相当する。襟付短甲［図8-1］の出現、三角板系甲冑［図8-2］の成立、鉄製付属具の出現などが特徴的な事象である。

第Ⅲ段階　設計規定要素に占める意匠性の比重が最大に達する段階。鋲留技法導入期に相当する。変形板甲冑［図8-3・4］の生産、眉庇付冑［図8-5］・革製衝角付冑・金銅装甲冑［図8-5・6］・小札威甲[19]の出現などが特徴的な事象である。

第Ⅳ段階　設計規定要素に占める意匠性の比重が小さくなり、生産性の比重が大きくなる段階。帯金式甲冑においては、横矧板系甲冑［図9］への収斂が特徴的な事象である。

26 第I部 甲冑研究の枠組

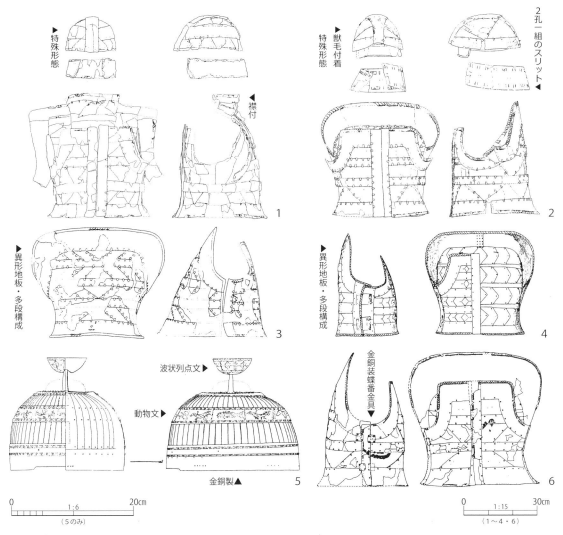

1　三角板革綴衝角付冑・錣・三角板革綴襟付短甲
　　（交野東車塚古墳）
2　三角板革綴衝角付冑・錣・三角板革綴短甲
　　（五ヶ山B2号墳）
3　三角板平行四辺形板併用革綴短甲（七観古墳）
4　菱形板矢羽根形板併用鋲留短甲（新開1号墳）
5　金銅製縦矧細板鋲留眉庇付冑（祇園大塚山古墳）
6　三角板鋲留短甲（坊主塚古墳）

図8　装飾された甲冑

意匠性の質の変化　これをみると、意匠性重視の度合いのみならず、意匠性の質も変化している様子がうかがわれる。第Ⅱ段階では全体のシルエットや地板の形状など、主として形態面における意匠性が指向され、第Ⅲ段階においても、変形板甲冑や眉庇付冑にみられるように、その傾向は引き継がれる。むしろ、蹴彫・透彫や歩揺などをともなう金工技術〔橋本達 1995 etc.〕が導入されることにより、その傾向が強まっているともいえる。ところが、次第に形態面における意匠性の度合いは低くなっていく。金銅装という要素のみが残り、ついには短甲の蝶番金具のみに施されるようになる［図8-6］。つまり、材質面における意匠性を重視する方向へと変化しているのである。

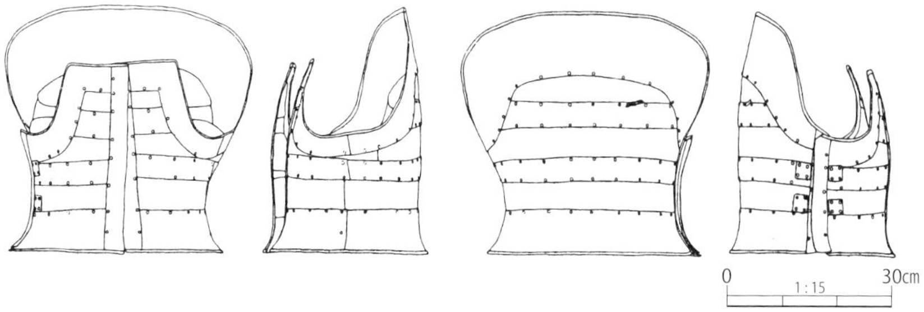

池殿奥5号墳

図9 横矧板鋲留短甲の一例

そして、第Ⅳ段階には、金銅装もほとんどみられなくなる。

変化の要因　意匠性重視の度合いが変化するという現象の要因としては、第Ⅲ段階における、とくに意匠性の豊かな製品の分布に偏りがあることから、「製作の場面」における製作工人の創意や技術的競合などは想定しづらい。[20]

「配布・使用の場面」にその要因を求めねばならないとするならば、そういった場面において甲冑が表象する指示対象（政権中枢・首長ひいては古墳時代人全体の甲冑についてのイメージ）のうち、強調されるものが変化している、あるいは新たな指示対象が加わっている可能性が考えられる。

たとえば、意匠的側面に表れやすい、換言すれば視覚的効果に訴えやすい指示対象として「階層・権威」などを想定しうるならば、第Ⅰ段階以来の「軍事・政治・階層・権威・職掌」などの指示対象のうち、第Ⅱ・Ⅲ段階では「階層・権威」といった指示対象が一層強調され、第Ⅳ段階では再びとりたてて強調されなくなる、といった解釈ができよう。また、三角形地板創出の契機を、辟邪の意味を甲冑に付加する必要性に求める見解〔阪口 1998：p.33〕に立つならば、第Ⅱ段階において、「辟邪」という指示対象が新たに加わったとみることができる。

一方、意匠性の質が変化することの要因としては、「階層・権威」といった指示対象に対して古墳時代人が抱く心的表象にも変化がみられた可能性が考えられよう。新たに大陸系の技術として導入された金工技術によって現前のものとされたきらびやかさが、新たな「階層・権威」の表象としてのインパクトに満ちていたことは十分に想定されてよい。

甲冑の役割の変化　こうした変化が意味するものは、古墳時代社会において甲冑に求められた社会的役割の変化であろう。前期に出現して以来、まさに「軍事・政治・階層・権威・職掌」といった指示対象の集合体といえる「首長の武人的性格」を表象する存在であった甲冑は、中期においては新たに強調された意匠性という要素によって、一層「階層・権威」を誇示する社会的役割を与えられたとみられる。また、現実的な武力としてのみならず観念的な武力、すなわち「辟邪」をも表象する役割を担うこととなった。まさに「武威」を表象する存在といえよう。そして、それはとりもなおさず、古墳時代中期社会が「武」によって権威づけられる社会だったことを示している。

ところが、中期後半になると甲冑のこうした社会的役割は薄らいでいく。ここで詳細に検討する余裕はないが、「階層・権威」を表象する存在としての社会的役割が飾り馬（装飾付馬具＋馬）や

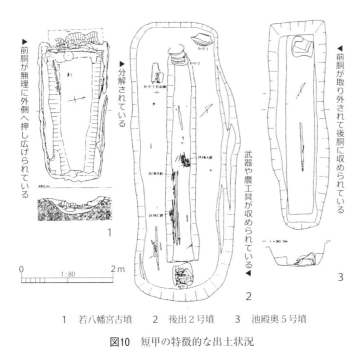

図10 短甲の特徴的な出土状況
1 若八幡宮古墳　2 後出2号墳　3 池殿奥5号墳

冠などに移ったためと考えられる。

「武威」の時代　以上の検討をふまえると、本章の冒頭に示した「古墳時代人［主体］が甲冑［指示対象］をXとしてイメージする［心的表象］」という図式におけるXは、古墳時代前期・中期社会においては「武威」に代表させることができよう。そしてまた、副葬の場面においては、「副葬儀礼を見聞する人々は被葬者の甲冑を「被葬者の武威」としてイメージする」という信念体系がはたらいていた蓋然性が高いと考えられる。

（3）出土状況からの検討

特徴的な出土状況例　本項では、「副葬の場面」に即して甲冑の「古墳の埋葬施設における出土状況」を検討し、古墳時代人が甲冑副葬という行為に抱く心的表象に近づくことを試みる。具体的には、葬送儀礼執行者も含めた葬送儀礼を見聞する人々［主体］の甲冑副葬行為［指示対象］についてのイメージ［心的表象］を反映している可能性のある、短甲の特徴的な出土状況例に目を向けてみたい。

　A．前胴が外側へ無理に押し広げられている。古墳時代前期の事例では、奈良県鴨都波1号墳（方形板革綴短甲）、福岡県若八幡宮古墳（方形板革綴短甲）［図10-1］、中期の事例では滋賀県大塚越古墳（三角板革綴短甲）などがある。

　B．分解されている。いずれも中期の事例として、静岡県林2号墳（三角板鋲留短甲）、兵庫県沖田11号墳（長方板革綴短甲）、奈良県市尾今田1号墳（三角板革綴短甲）・後出2号墳（横矧板鋲留短甲（短甲2））［図10-2］、香川県相作馬塚古墳（横矧板鋲留短甲）などがある。奈良県円照寺墓山2号墳（三角板鋲留短甲）、福岡県宮司井手ノ上古墳（三角板革綴短甲）・堤当正寺古墳（三角板革綴短甲）にもその可能性がある。

　C．開閉する側の前胴が取り外されて後胴に収められている。(21)または、開閉する側の前胴が反対側の前胴よりも内側へ無理に押し込まれている。石川県八里向山F7号墳（横矧板鋲留短甲）、奈良県後出2号墳（横矧板鋲留短甲（短甲3））［図10-2］・池殿奥5号墳（横矧板鋲留短甲）［図10-3］などがある。

D．内部に武器・農工具・馬具などの鉄製品が収められている。石川県和田山２号墳（横矧板鋲留短甲：ホコ・斧・轡・杏葉）・八里向山Ｆ７号墳（横矧板鋲留短甲：鉄鏃・鎌・鍬鋤先・斧・鉇・鑿）、奈良県ベンショ塚古墳（三角板革綴短甲：斧・鑿）・後出２号墳（横矧板鋲留短甲２点（短甲２・３）：剣・ホコ・鉄鏃・鎌・斧・鉇）、鳥取県倭文６号墳（三角板鋲留短甲：鉄鏃）、宮崎県島内地下式横穴墓ST―62（横矧板鋲留短甲：蛇行剣・鉄鏃）などがある。

　ＡからＣは、「破壊」というキーワードで一括することができる。「破壊的な饗宴儀礼」における威信財の「象徴的破壊行為」〔河野一 2000ｂ：pp.108-109〕とまでいえるかどうかは議論の分かれるところであろうが、そのままのかたちで副葬する場合よりも、「もはや使用できない」という状況を、葬送儀礼の上で過剰に演出する意図を示すものとみることはできよう。古墳時代前期以来、「葬送儀礼を見聞する人々［主体］が甲冑副葬行為［指示対象］を、「機能の否定」としてイメージする［心的表象］」という信念体系が存在していた可能性を示す事例とすることができる。副葬行為自体に「廃棄」という表現が使われることがあるが、副葬行為にみられるそのような性格が、これらの事例では一層顕著に示されているものと積極的に評価したい。

　Ｄは、副葬の場面において、「葬送儀礼を見聞する人々［主体］が甲冑副葬行為［指示対象］を、武器や農工具などの鉄製品の副葬行為と同等・同根の事象としてイメージする［心的表象］」という信念体系が存在していた可能性を示す事例としてとらえられよう。

　甲冑副葬の意義　前項の成果もふまえ、ここまでの検討によって想定しうることをまとめておく。古墳時代における甲冑副葬という行為は、第一義的には、甲冑に表象されている「被葬者の武威」の「解体」を表象している行為とみることができよう。そして、それが執行される脈絡においては、武器・農工具・馬具などの鉄製品に対してと同等・同根の意味をもっていたと考えられる。

　こうした行為がおこなわれる背景に論及するには、もはや甲冑のみを対象とした検討からは不可能であろう。ここでは、「被葬者の武威」などの「解体」という行為を遂行することが可能であるということを、葬送儀礼を見聞する人々に示すことは、とりもなおさず儀礼執行者（次代の首長）の権威を高めることそのものであると考えられることをもって、「首長権継承にともなう、首長を取り巻く世界の更新」という漠然としたイメージを記すにとどめておきたい。

　甲冑多量副葬・埋納の意義　ここまでに本章で想定した甲冑副葬の意義に即して、甲冑多量副葬・埋納がもつ意義について、一案を提示しておきたい。

　甲冑が４セット以上副葬・埋納されていたことが明確な事例として、滋賀県新開１号墳、京都府久津川車塚古墳、大阪府百舌鳥大塚山古墳・七観古墳・野中古墳・黒姫山古墳、兵庫県雲部車塚古墳、奈良県円照寺墓山１号墳、福岡県月岡古墳をあげることができる。

　これらの古墳に副葬・埋納されていた甲冑には、いずれも、変形板甲冑・襟付短甲・革製衝角付冑・金銅装甲冑・小札威甲など、意匠性に優れた製品が含まれている点が注意される。数量が多い点とあわせて考えるならば、質・量ともに荘厳化することによって、「被葬者の武威」とその「解体」を、「副葬・埋納の場面」においてとくに強調しているものとみたい。甲冑多量副葬・埋納事例の消長が、意匠性に優れた甲冑の消長とよく符合していることは、たんなる偶然ではないと考えられよう。

第6節　本書の指針

　本章では、考古学にとってなじみの薄い概念である「表象」という視角から、古墳時代人の心的表象に留意しつつ、甲冑および甲冑副葬について考察を試みた。その結果、それらは多様な「こと・もの」［指示対象］を表象していると考えられるが、それらのなかでも古墳時代社会においては、甲冑は「武威」、甲冑副葬はその「解体」をとくに強調して表象しているものと考えた。

　もとより、これは「意匠性に優れた甲冑」と「特徴的な出土状況」という、どちらも全体からみればごく少数の事例から導き出した解釈にすぎない。しかしながら、全体についての本質が、その少数に顕現していると判断したからこそ、あえて提示したものである。副葬品としての甲冑について考察を進めるに際しては、この理解を念頭に置きつつ臨むこととしたい。

　また、考察の過程において甲冑研究の動向を検討し、「甲冑を対象とした研究」と「甲冑を材料とした研究」の二相を認め、前者を基礎として後者が推進されるべきことを指摘した。さらに、甲冑のライフサイクルにおける各場面に即した甲冑の性格を意識し、場面に応じた適切な研究方法をとるべきことを提言した。

　本書では、「甲冑を材料とした研究」を推進する以前に「甲冑を対象とした研究」において解明すべき点がまだ多く残されているとの認識に立ち、まず「甲冑を対象とした研究」に資することを目的とする。具体的には、「ハイテク製品」・「一元的集中生産品」といった甲冑の性格を念頭に置きつつ、「製作の場面」に即して検討を進める。その際、「製作の場面」に即した出土状況の検討を望むことができない現状をふまえ、遺物そのもの、すなわち製品としての甲冑に焦点を絞りたい。

　以上を本書における甲冑研究の指針として、次章以降の研究を展開することとする。

註
（1）ここでは地下式横穴墓などを含めた広い意味で用いている。
（2）「表象」という語の定義・用語体系については本文においても最低限の説明を試みたが、詳細については『表象としての鉄器副葬』掲載の凡例〔野島 2000〕および特論〔佐藤 2000〕を参照されたい。
（3）ここで取り上げる研究は、本章の先行論文〔阪口 2000〕以前のものとする。先行論文以降も甲冑に関連する研究は数多く公表されている一方、その内容を吟味すると、先行論文で示した抽出・整理の結果は現在においても有効と考えられることから、いたずらに事例を増やすことは煩雑さを増すのみと判断するためである。
（4）「結論」としての甲冑観とみなす基準は、ある甲冑観が「甲冑を対象とした研究」における中心的な論点として検証作業の対象とされている、または分析の結果として提示されているかどうかに置く。したがって、「甲冑を対象とした研究」においても、実際表象としては明示されないまでも、研究者の心的表象として「前提」としての甲冑観に表象されるものがイメージされている場合は十分にありうると考えられる。実際のところ、そのような例はそれなりに存在するであろう。
（5）以下に例示したほかにも、注意されるべき「結論」としての甲冑観として、「舶載品」がある。しかしながら、筒形銅器を中心的題材とする論文において、それとの共伴関係に基づいて可能性を提示するにとどめているものであるため、ここでの分類対象からは除外する〔田中晋 1998b〕。また、検証の対象

（ 5 ）とならない所与の甲冑観として「副葬品」がある。
（ 6 ）「儀装武具」とは、さしあたって実際の戦闘に使用したかどうかは不明であるが、着用するなどして多くの人々に「みせる」ことによって、何らかの効果を得ようとする意図を想定しうる武具を指すこととする。
（ 7 ）純粋に実用武具としての性能にかかわる、たとえば可動性や堅牢性などの狭い意味で使用している。
（ 8 ）東京都御嶽山古墳出土の横矧板鋲留短甲においても、同様に裾板に孔列をもちながらその上に鉄包覆輪がかぶせられているが、蝶番板を裾板に鋲留する前に鉄包覆輪が施されていることが観察されるため、製作時の設計変更であると判断されている〔田中新 1978：pp. 33, 43〕。
（ 9 ）「小札状の鉄板」を実見した橋本達也氏は、帯板式付属具の肩甲片と理解している〔橋本達 2015 a：p. 100〕。
（10）福岡県永浦 4 号墳出土の三角板鋲留短甲の押付板に重ねて鋲留されている小型長方形鉄板について、ホコで突かれた穴を補修したものではないかとする新聞報道がなされた（読売新聞西部版1998年 7 月16日夕刊の記事、『月刊 文化財出土情報』1998年 9 月号（ジャパン通信情報センター）pp. 89-90に収録）が、観察の結果、補修によるものではないという認識に達した。また、朝鮮半島の陜川玉田68号墳出土の三角板革綴短甲の後胴押付板にも小型長方形鉄板が鋲留されている。こちらについても観察の機会を得たが、補修であることの積極的な証左は得られなかった。
（11）たとえば、甲冑が威信財であったという仮定に立った場合、「威信財は、威信が交換価値であるが故に規則的に更新されねばならない」〔河野一 1998：p. 63〕という理論的特性によって、中期末における短甲や眉庇付冑の急激な消滅という現象を説明できることなどは、鈴木一有氏も指摘するように注目すべきである〔鈴木 1999 b：p. 15〕。
（12）古墳における出土状況を検討すると、「副葬」ではなく「埋納」と解釈すべき場合があるが、表記が煩雑となるため、ここでは「副葬」という語で代表させる。同様に「埋納施設」との表記も使用せず、「埋葬施設」という語で代表させる。
（13）この信念体系（仮に信念体系 A とする）が存在するということは、同時に「行為主体者が「甲冑の性格」を甲冑（につながるもの）としてイメージする」という信念体系 B が存在したことを意味するが、記述が煩雑になるため、ここでは信念体系 A に即して記述を進める。
（14）このような「配布の場面」や「使用の場面」における検討材料の少なさが、威信財という概念の導入が試みられることの背景としてあるのではないかと考える。
（15）製作の場において甲冑が帰属する対象を、行為主体者である製作工人ではなく政権中枢とみなす向きもあるかもしれないが、その場合は行為主体者をも政権中枢とみなしていることになる。
（16）ここでいう「帰属する対象」とは、「所有者」、「管理者」など現実的な帰属を示す語とは同義ではない。副葬甲冑の現実的な帰属の対象については、これまで説かれてきた「被葬者」、「儀礼執行者（次代の首長）」、「儀礼参列者」のいずれとも確定はできず、また、「被葬者の死と同時に儀礼執行者に所有権が移動した」という解釈なども可能であろう。ここでは、その被葬者への副葬品目として甲冑が選択されたという事実を重視したい。そのような意味での「帰属する対象」である。
（17）先行論文〔阪口 2000〕では「装飾性」としていたが、この用語では「装飾性」を広義に解釈しすぎているきらいがあり、不適当と考えるにいたったため、「意匠性」に修正した〔阪口 2015〕。
（18）本来は自身の検討による変遷案を提示すべきであるが、それについては第 3 章で詳述するため［図23］、ここでは大綱をわかりやすく図示している田中晋作氏による変遷案〔田中晋 1991：pp. 44-45〕との対応関係を示すが、一部の形式の消長に対して私見に基づく改変を加えている。おおむね、第Ⅰ段階…第Ⅰ期、第Ⅱ段階…第Ⅱ―1 期、第Ⅲ段階…第Ⅱ―2 期の前半（TK 73型式〜TK 208型式併行期）、第Ⅳ段階…第Ⅱ―2 期の後半（TK 23型式〜TK 47型式併行期）以降に相当する。

(19) 小札威甲の外観については、塚本敏夫氏が武装のなかでの位置づけという視点を提示し〔塚本 1997：p.87〕、田中晋作氏も「金銅装甲冑に比肩しうるものかもしれない」と評価している〔田中晋 1998 a：pp.135-136〕。
(20) 変形板甲冑を、新来の技術に刺激を受けた旧来の工人によって製作された、鋲留技法導入期の試行品あるいは変形品などの特殊な製品とする見解〔野上 1968：pp.22-24〕がある。しかし、特異な形状の地板が鋲留技法の導入による刺激とどのように結びつくのかは明らかではない〔森下 1997：p.52〕ことからも、むしろこれらの製品は、甲冑にもっとも意匠性が重視された時期の所産であると考える。第8章で詳論する。
(21) 「開閉する側の前胴が取り外されて」いる事例のうち、後胴から離れた場所に前胴が配置された事例はBに含めている。「後胴に収められている」点に、たんなる「分解」とは異なる意図を想定したい。
(22) 竪櫛や玉など、鉄製品以外の品目も含め、短甲の内部に副葬品を収める事例が検討されている〔林 2004〕。
(23) 多量副葬という視点から、同様のことが指摘されている〔松木 1995：p.96〕。
(24) 本章では、ここまで「埋納」という語を使用せず「副葬」という語で代表させてきたが、甲冑が多量に出土した事例においては、とくに「埋納」とみられる事例が顕著であるため、以下では「副葬・埋納」と併記する。

第 2 章　系譜論

第 1 節　系譜論の目的

　序章で述べたとおり、古墳時代の甲冑は、軍事的・政治的重要性と技術的先進性という二つの特性を備えた研究資料である。本章では、「甲冑を対象とした研究」の視点から、このうちの技術的先進性に焦点を絞り、古墳時代の甲冑の系譜について検討する。それにより、本書でおもに取り扱う時期や形式に論を進めるための基盤を構築するとともに、系譜という視点から研究の枠組を定めたい。なお、ここで扱う「系譜」とは、日本列島で出土する甲冑がもつ諸属性について観察しうる共通性・連続性をたどった結果として把握される「つながり」ないし「まとまり」を指し示す概念である。甲冑が手工業生産品である以上、そこで重視されるのは製作技術にかかわる属性であり、それをふまえるならば、ここでいうところの「系譜」とは「技術系譜」とほぼ同義である。

　したがって、系譜を論じるにあたっては、その根拠となるべき製作技術の評価や、適切な形式名称による体系的な分類が必須である。本章では、まずそこから検討をはじめ、それらをふまえて古墳時代甲冑の系譜に一定のみとおしを提示する。また、最後に一節を設け、形式の一例として「横矧板革綴短甲」を取り上げ、現在みるかたちの形式設定に一応の決着をみるまでの研究史上の経緯を精査する。それによって、形式設定という資料操作が製作技術およびその系譜についての認識や評価ときわめて深くかかわることを示す。あわせて、現在まで一部で継続している「横矧板革綴短甲」という形式名称をめぐる研究史上の混乱を払拭することに努めたい。

第 2 節　甲冑の基本構造と連接技法

　甲冑の系譜について検討を進めるにあたり、日本列島で出土している古墳時代甲冑資料の全体を概観し、そこに込められた製作技術の内容と系譜を整理するとともに、その成果を基礎として体系的な分類の提起を目指す。この作業にあたっては、中国大陸・朝鮮半島をも視野に入れた技術系譜の検討に基づいて製品の位置づけをおこなう高橋工氏の視点に学び、系譜をもっともよく示す属性として、甲冑の基本構造と連接技法を重視したい〔高橋工 1995〕。

　この二つの要素に着目することによって、各製品に投入されている技術系譜が整理され、日本列島における甲冑の展開についての体系的な理解が可能になると考える。また、それによって日本列島製品と舶載品を弁別するみとおしを得ることにもなろう。

（1）基本構造

①割付系甲冑と単位系甲冑

　日本列島出土の甲冑を、各々の基本構造の特性によって、古谷毅氏の用語に従い「割付系甲冑」と「単位系甲冑」〔古谷 1996：p.63〕の二つに大別する［図15］。割付系甲冑とは「各部品の形状・大きさが個体毎にまちまちで、相互に交換することができない」甲冑であり、単位系甲冑とは「「札」ないしは小札を組み合わせて製作される」甲冑である。両者の決定的な差は、前者が特定の部位に特定の部品を使用するのに対し、後者は同一形状の部品を多用する点にある。この差が、部品の相互交換や製品のサイズ調整の不可能・可能の差となる。こうした甲冑に対する根本的な設計思想の相違が両者の本来的な系譜の違いを表しているという見解は定説化しているとみてよい。

　なお、古谷氏は帯金式甲冑〔古谷 1996：pp.64-65〕について「個体内ではそれぞれの部品の使用部位が特定されており、製品の大きさも自由に変えることはできない」とした上で、それをさらに「割付系甲冑」と「組合系甲冑」に細分した。「組合系甲冑」とは、小札鋲留眉庇付冑などを念頭に置きつつ、「同一規格の同一形式の個体間では個体毎の地板の大きさは類似し、相互に交換することが可能な場合」を想定し、そのような甲冑を仮称したものである。本書では「交換」という行為を前提とするような設計はおこなわれていなかった可能性が高いとの判断から、「組合系甲冑」という概念については採用を保留する。また、前述の割付系甲冑の概念規定は、帯金をもたない甲冑においてもあてはまる場合があることから、本書では帯金の有無とは別の位相の概念として用いる。

②割付系甲冑の細分

　割付系甲冑は、鉄板使用方法の差異によって、さらに細分が可能である。

　冑および甲については、帯金の有無により、帯金式甲冑［図11-5～12］と帯無式甲冑[1]［図11-1～4］に細分する。帯金とは、日本列島出土の甲冑に特徴的な水平方向に細長い帯状の部材であり、竪上板・押付板、裾板、引合板とともに帯金式甲冑の「フレーム」を構成する。

　また、付属具については、鉄板の形態的特徴によって、帯板式付属具［図11-13～16］と延板式付属具[2]［図11-17～26］に細分する。帯板式付属具とは、帯金と同様に細長い帯状の部材数点を、威技法により可動性をもたせて連貫した装具である。帯板錣[3]［図11-13］や帯板肩甲［図11-14］などが相当する。延板式付属具とは、防御する身体の部位ごとにそれぞれ異なる形状の部材からなる装具である。打延式頸甲［図11-18・20］や筒籠手［図11-21］などが相当する。

　帯金式甲冑や帯板式付属具のような、細長い帯状の鉄板を長軸方向に湾曲させて部材とする装具は日本列島に特徴的なものであることから、この点を評価して両者を同一の技術系譜に属する甲冑群として認識することができよう。

③単位系甲冑の細分

　単位系甲冑のうち、冑と甲については小札式甲冑、付属具については小札式付属具と呼称する。なお、先行論文〔阪口 2001：図1〕では、単位系甲冑の下位分類として篠札式付属具をも設定し

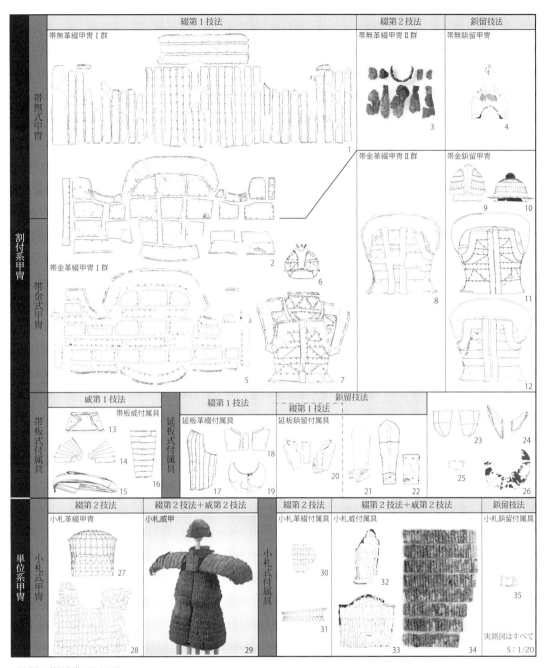

〈凡例〉：装具名称〈出土古墳〉
帯無式甲冑　1 縦矧板革綴短甲〈紫金山〉，2 方形板革綴短甲〈鞍岡山3号〉，3 縦矧板革綴冑〈美濃山王塚〉，4 縦矧板鋲留冑〈綿貫観音山〉
帯金式甲冑　5・10 長方板革綴短甲・小札鋲留眉庇付冑〈小野王塚〉，6・7 三角板革綴衝角付冑・三角板革綴襟付短甲〈豊中大塚〉，
　　　　　　8 横矧板革綴短甲〈西都原4号地下式〉，9 小札鋲留衝角付冑〈雲部車塚〉，11 三角板鋲留短甲〈稲童21号〉，
　　　　　　12 横矧板鋲留短甲〈マロ塚〉，29 横矧板鋲留衝角付冑〈長持山〉
帯板式付属具　13［帯］板錣〈豊中大塚〉，14［帯板］肩甲〈小野王塚〉，15［帯板］草摺〈野中〉，16［帯板］籠手〈老司〉
延板式付属具　17［縦矧板革綴］籠手〈紫金山〉，18 打延式革綴頸甲〈小野王塚〉，19・22 脇当状製品・［板］籠手〈新開1号〉，
　　　　　　　20 打延式鋲留頸甲〈正崎2号〉，21 筒籠手〈天狗山〉，23［板］頬当〈盾塚〉，24［板］肩甲〈老司〉，25［板］手甲〈武具八幡〉，
　　　　　　　26 胸当状製品〈綿貫観音山〉，29［板］襟甲〈長持山〉
小札式甲冑　27 小札革綴冑〈雪野山〉，28 小札革綴甲（札甲）〈別所城山2号〉，29 胴丸式小札［威］甲〈長持山〉
小札式付属具　29・34 小札［威］錣・［小札威］前垂・小札［威］肩甲・［小札威］膝甲〈長持山〉，30［小札革綴］頬当〈山の神〉，
　　　　　　　31［小札革綴］襟甲〈藤ノ木〉，32・33 篠籠手・［小札威］手甲・［篠］臑当〈綿貫観音山〉，35［小札鋲留］襟甲〈円照寺墓山1号〉

図11　甲冑の諸例

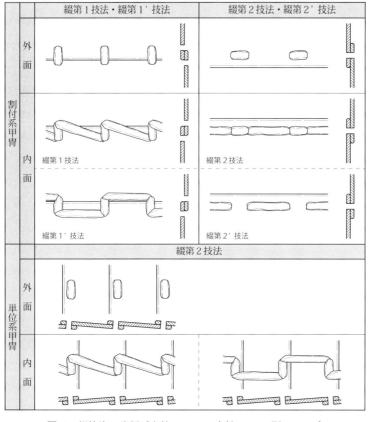

図12 綴技法の分類〔小林行 1964、吉村 1988、阪口 2005〕

たが、ここでは小札式付属具に含めた。また、小札威頬当の存在を認めていたが、小札式付属具の頬当はすべて小札革綴製品であると認識をあらためた〔阪口 2013：註（３）〕。これらの修正は初村武寛氏による指摘〔初村 2010：pp.95，98-101〕に従ったものである。

　上記の細分には多分に便宜的な側面もあるが、小札式付属具のなかには使用部位によって形態が決定された小札で構成される装具も存在することから、単位系甲冑としてより本来的な構成を示す小札式甲冑とは区別して扱おうとする意図に基づく措置でもある。

　使用部位によって形態が決定された小札で構成される小札式付属具としては、上端を山形にそろえるタイプの篠籠手〔図11-32〕や襟甲〔図11-31・35〕などがある。これらは、単位系甲冑の特徴である部品の相互交換が不可能な装具である。

（２）連接技法

　甲冑製作に使用された連接技法として、綴・鋲留・威の三つの技法がある。綴技法と鋲留技法が鉄板どうしを完全に固定する「固定連接」であるのに対し、威技法は連接する鉄板に可動性を与える「可動連接」である点で区分される。

①綴技法

　綴技法とは、鉄板の端部付近に連続的に設けた綴孔に革紐や組紐などを通していくことにより、重ねた２枚の鉄板を結びつけて固定する技法である。綴第１技法と綴第２技法の２種に分類される［図12］〔末永 1934：pp.83-84 etc.〕。綴技法に２種あることを指摘したのは末永雅雄氏〔末永 1934：pp.83-84〕であるが、それぞれ第１手法（技法）・第２手法（技法）と呼称したのは吉村和昭氏である〔吉村 1988：p.36〕。なお、橋本達也氏は、前者を直交綴、後者を平行綴と呼称してい

る〔橋本達 1996：pp.263-264〕。従来、革綴第1技法・革綴第2技法と表記されることが多いが、革紐ばかりではなく、第1技法においては植物性繊維質紐を使用する事例（滋賀県安土瓢箪山古墳出土方形板革綴短甲）〔橋本達 1998：p.56〕、第2技法においては菅糸を併用する事例（奈良県藤ノ木古墳出土小札威甲 etc.）も知られる。そのため、高橋工氏にならい、本書では綴第1技法・綴第2技法と表記する〔高橋工 1995：註(6)〕。

綴第1技法では、革紐や植物性繊維質紐を使用するが、以下の説明は革紐で代表させる。革紐は、外面では鉄板端部に直交する綴目となり（直交綴〔橋本達 1996：pp.263-264〕）、内面では鋸歯状を呈する。ただし、きわめて少数ではあるが、内面でクランク状を呈する事例も確認されており、これを綴第1'技法と呼称する〔阪口 2005：p.343〕。

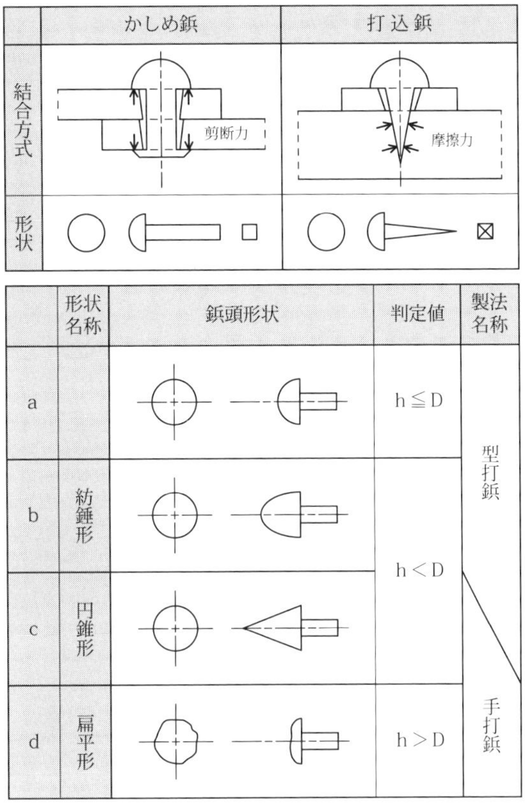

図13 鋲留技法の分類〔塚本 1993b 一部改変〕

綴第2技法では、革紐や菅糸を使用するが、以下の説明では革紐で代表させる。革紐は、外面では鉄板端部に平行する綴目となる（平行綴〔橋本達 1996：pp.263-264〕）。内面では、割付系甲冑の場合は、鉄板端部に平行する線状を呈する。革紐を綴孔に1回ずつ通すのみで綴目をつくらない事例（熊本県江田船山古墳出土横矧板革綴短甲）もあり〔吉村 1988：p.37〕、この場合の内面は鉄板端部に平行する破線状を呈する。これを綴第2'技法と呼称する。単位系甲冑の場合は、鋸歯状ないしクランク状を呈する技法を基本として、さまざまなバリエーションがある。藤ノ木古墳出土の小札威甲の場合、鋸歯状を呈する技法を基本に、革綴で2技法、革・菅糸綴で6技法が確認されている〔清水 1990a：pp.44-47〕。

綴第1技法と綴第2技法の大きな技術的差異として、鉄板の穿孔位置が一致しないかするか［図12］ということが指摘されてきた〔小林行 1964：pp.22-26〕。この点に関連して、綴第2技法と鋲留技法は、穿孔位置を一致させる必要のある点において、綴第1技法よりも高度な技術であるとする考えが強調される傾向があった〔野上 1991：p.14、高橋工 1993：p.17 etc.〕。しかし、穿孔位置を一致させることは、先に上重ねとなる鉄板にのみ穿孔しておき、それを下重ねとなる鉄板に重ね、穿孔すべき位置に先端のとがった工具で目印をつけるというような方法〔塚本 1993b：図2〕をとれば、さして高度な技術を必要とする作業とはいえない。甲冑の製作を例にとった場合、むしろ鉄板どうしの重なり幅を一定に保ち、かつ曲面を正確に一致させる必要のある〔塚本 1993

b：p.23〕綴第1技法の方が、綴第2技法や鋲留技法よりも、鉄板の裁断や部材の組上といった作業の上で格段に高い精度が求められ、熟練を要するといえる。

　②鋲留技法

　鋲留技法とは、鋲を使用することにより、2点以上の部材を結びつけて固定する技法である。鋲には、摩擦力を利用する「打込鋲」と剪断力を利用する「かしめ鋲」の2種がある〔図13〕〔塚本1993b：p.22〕。甲冑製作に使用されるのはかしめ鋲で、鉄板に設けた鋲孔に鋲脚を挿入し、端部を潰してかしめることにより固定する。わずかながら、鋲脚を折り曲げてかしめることにより固定する事例（栃木県益子天王塚古墳出土横矧板鋲留衝角付冑）も存在する。

　従来の研究史において、鋲留技法の採用は技術上の画期として注目され、馬具などとの技術的関連についても注意が向けられてきた。鋲留技法は朝鮮半島からの工人の渡来によってもたらされ、彼らが既存の革綴甲冑の生産体制に組み込まれることによって定着をみたという見解が定説化している〔野上編 1991 etc.〕。

　このように、朝鮮半島からの新来の技術であるという点が強調されることにより、鋲留技法は技術的難易度に関してやや過大な評価を与えられてきた感がある。一方で、鉄板どうしの重なり幅を一定に保つ必要がないこと、連接箇所が少数ですむことなどから、鋲留技法は生産効率が高く、大量生産に適した技術であるとの評価が可能であり、この点をこそ強調すべきと考える。すなわち、鉄板の裁断や部材の組上といった作業に省力化をうながす余地を多分にもつ点が、鋲留技法の技術的特性であるといえる。

　③威技法

　威技法とは、可動性をもたせつつ、革紐や組紐などによって板状の部材（帯板・小札列）どうしを結びつける技法である。帯板式付属具に使用される威第1技法と、小札威甲や小札式付属具に使用される威第2技法の2種に大別される〔阪口 2001：p.35〕。

　威第1技法は、原則として2孔一組の威孔を1単位として使用するため、みかけの上では威紐も2本一組が1単位となる。実際には2単位分を一連として、4連の威孔を備える例が多い。威紐は帯板の内面側に隠れて外面側からはみえない。

　威第2技法には、綴付威技法・通段威技法・各段威技法の3種類がある〔清水 1990b〕。綴付威技法と通段威技法は製品の上段から下段までを通して連貫するのに対し、各段威技法は2段ずつ連貫する。

　綴付威技法は、威帯を小札の外面にあて、別材の威紐で威帯と小札を綴じつけながら連貫する。

　通段威技法と各段威技法には、第3威孔を使用しないa類、第3威孔を使用するb類がある。さらに、通段威技法a類は、威紐のみで連貫するa−1類、威紐とは別に小札の外面に威帯をあてて連貫するa−2類に細分される〔松崎 2015a：p.271〕〔図14〕。

　第3威孔を使用する通段威b類・各段威b類では、威紐の大部分が小札の内面側に隠れて外面からはみえないのに対し、それ以外の技法では、威紐ないし威帯が小札の外面側に表出する。小札威甲の外観について、前者の技法からなる場合を「威紐背走式」、後者の技法からなる場合を「威紐表走式」とする分類が提起されている〔松崎 2015a：p.278〕。

第3節　甲冑の分類

(1) 同一技術品群の設定

ここまでみてきた、基本構造の分類、および連接技法の分類を組み合わせることにより、日本列島で出土する甲冑を概括的に分類することができる〔図15〕。

両分類を組み合わせるにあたっては、基本構造の分類を上位、連接技法の分類を下位に置いている。その理由は、設計の順序としては、まず基本構造があり、連接技法はそれに付随すると考えられるためである。帯板式付属具や小札式甲冑のように、基本構造に連接技法が規定されることはあっても、その逆は考えにくい。このことはまた、甲冑の技術系譜を検討するにあたっては、基本構造を優先させるべきことをも示していよう。

基本構造と連接技法を組み合わせた一群それぞれに対して、分類名称を設

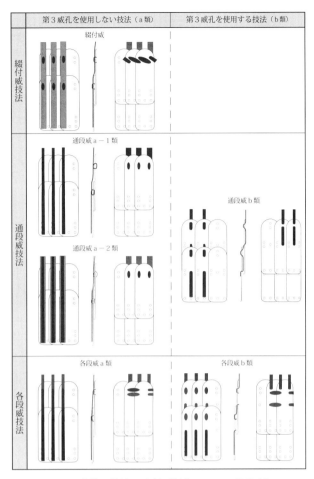

図14　威第2技法の分類〔松崎 2015 一部改変〕

定する〔阪口 2013：p.113〕。たとえば、帯金式甲冑で綴第1技法を使用する一群を「帯金革綴甲冑Ⅰ群」、小札式甲冑で綴第2技法を使用する一群を「小札革綴甲冑」などと呼称する。おおむね、これらの一群は、同一の技術系譜に連なる製品群のまとまりとみてよいため、分類上のこの階層に「同一技術品群」という名称を与えたい。割付系甲冑で9群、単位系甲冑で5群の同一技術品群を設定している。

同一技術品群は、各装具の共伴関係、連接技法の消長、技術交流の諸相などとあわせて検討することにより、武装や生産体制の変遷を復元していく上での基本的な単位となりうるものと考える。この同一技術品群を、地板形状などの属性によってさらに細分した階層が、「三角板革綴衝角付冑」や「横矧板鋲留短甲」など、これまで一般的に呼び慣わされている甲冑の「形式」に該当する。また、一定の基準のもとに、形式をさらに細分した階層を、本書では「型式」と呼称する。

(2) 基本構造・連接技法の組み合わせの時期的変化

基本構造および連接技法の分類の組み合わせの様相を概観する。各基本構造に対して組み合わさ

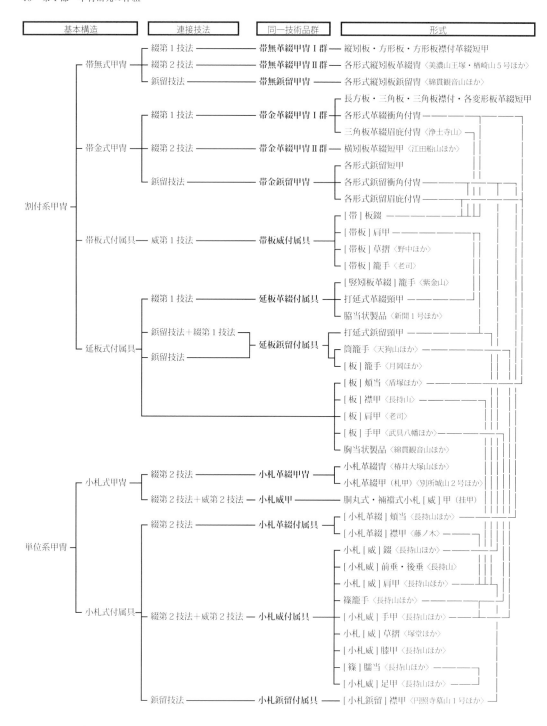

・[ ]内の語は、一般に呼び慣わされてはいないが、分類を明瞭にするために付加したものである。
・実際の製品として、各装具どうしが威技法によって連貫されているものについては、各形式名の右側を破線で結んだ。
・出土例の少ない装具については、形式名の右側の〈 〉内に出土古墳名を示した。

図15　甲冑の分類

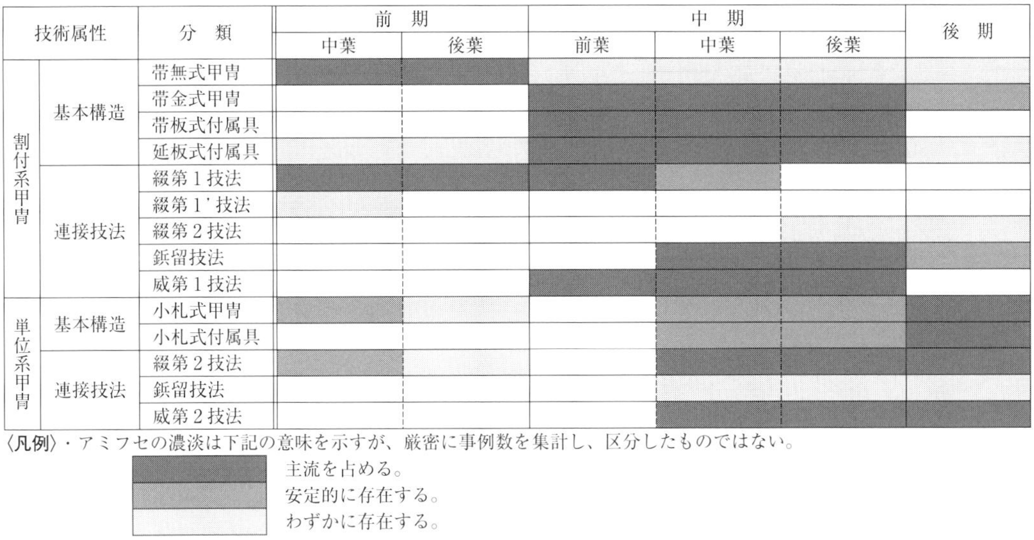

技術属性		分類	前期		中期			後期
			中葉	後葉	前葉	中葉	後葉	
割付系甲冑	基本構造	帯無式甲冑						
		帯金式甲冑						
		帯板式付属具						
		延板式付属具						
	連接技法	綴第1技法						
		綴第1'技法						
		綴第2技法						
		鋲留技法						
		威第1技法						
単位系甲冑	基本構造	小札式甲冑						
		小札式付属具						
	連接技法	綴第2技法						
		鋲留技法						
		威第2技法						

〈凡例〉・アミフセの濃淡は下記の意味を示すが、厳密に事例数を集計し、区分したものではない。
　　　　　主流を占める。
　　　　　安定的に存在する。
　　　　　わずかに存在する。

図16　日本列島出土甲冑にみる基本構造と連接技法の消長

る連接技法は始終一貫しているわけではなく、時期ごとに消長をみせるため、ここではその整理に主眼を置く［図16］。時期的変化についての、同一技術品群に即した記述は第3章でおこなう。

　割付系甲冑をみると、連接技法として綴第1技法・綴第1'技法・綴第2技法・威第1技法・鋲留技法と組み合う。これらのうち古墳時代前期からみられるのは綴第1技法・綴第1'技法のみであり、中期前葉に威第1技法、中期中葉に鋲留技法、中期後葉に綴第2技法が加わる。

　一方、単位系甲冑をみると、綴第2技法・威第2技法・鋲留技法と組み合う。このうち、綴第2技法は古墳時代前期～中期前半の舶載品にも認められるが、日本列島に製作技術として定着するのは、威第2技法・鋲留技法(7)とともに中期中葉以降である。基本構造と連接技法の消長が一致していることが注目される。

　このような様相から、連接技法は基本構造よりも消長のスピードが速いこと、単位系甲冑と組み合う連接技法はその基本構造と深く結びついており一体性が高いことがうかがえる。これらのことは、設計における基本構造の安定性・継続性の高さ、連接技法に対する規制力の強さを示していると考えられる。甲冑全体としての技術系譜を評価するにあたっては、まず第一に基本構造を重視すべきことが示唆されていよう。一方、連接技法の消長からは、技術交流の具体相を積極的に看取することが重要であろう。

（3）割付系甲冑と単位系甲冑の連接

　鋲留衝角付冑［図11-9・29］と小札威錣［図11-29］のセット、鋲留頸甲［図11-20］と小札威肩甲［図11-29］のセット、筒籠手と小札威手甲のセット［図11-21］のように、割付系甲冑と単位系甲冑が威第2技法によって連接される場合がある。これらの製品は、古墳時代中期中葉に綴第2技法・威第2技法・鋲留技法が新技術として導入されて一定の期間を経た後、これらの技術を使用して単位系甲冑を製作する渡来系の生産組織と、割付系甲冑を製作する在来系の生産組織が統合さ

れた結果、生産されるにいたったものと考えられる［第8章］。

　なお、これらの製品は、威孔の位置が一対一で対応することから明らかなように、製作時からセットとなることが決定されている。したがって、これらに検討を加える際にも、セットとして扱う必要がある。

第4節　連接技法の系譜

　第2節でみた連接技法については、一部について前節でもふれたように、それぞれの時間的・空間的な広がりや日本列島における消長などが先行研究によって明らかにされている。すなわち、連接技法ごとの系譜の検討が蓄積されてきており、これらの技法が使用された甲冑の全体としての技術系譜を推定するための大きな手がかりとなる。

（1）綴技法の系譜

　綴第2技法が中国大陸・朝鮮半島由来の技術であるのに対して、綴第1技法は日本列島独自の技術と考えられる〔高橋工 1993：pp.17-18〕という指摘は、日本列島で出土する甲冑の製作地や技術系譜を考える上で重要視されてきた。ところが、朝鮮半島出土の縦長板革綴板甲にも綴第1技法が使用されていることが示され〔宋桭植 2003：p.61〕、日本列島独自の技術との評価には再検討が求められるようになった〔阪口 2005：pp.341-342〕。

　その後、福泉洞38号墳出土縦長板革綴板甲が報告され、朝鮮半島初現期の鉄製板甲に綴第1技法・綴第1'技法・綴第2技法が併用されている状況が明らかにされた。朝鮮半島の縦長板甲の変遷を3段階に分けて把握する見解〔宋桭植 2003・2012〕を参照すると、綴第1技法を一部に使用する福泉洞38号墳・86号墳（A）例はⅠ段階、福泉洞42号墳・69号墳（A）例はⅡ段階に位置づけられている。福泉洞38号墳例を除けば製品中において主体的な連接技法ではなく、また事例も少数にとどまるとはいえ、初現期から一定期間にわたって使用されたことがうかがえる。こうした技法の継続性を勘案し、また朝鮮半島における鉄製板甲および日本列島における鉄製短甲の出現時期に大幅な時期差をみつもらないとすれば、両地域の初現期の鉄製甲冑において朝鮮半島の方が「より技術的なバリエーションの幅が広い」ことを指摘し、朝鮮半島から日本列島への技術的波及を想定する橋本達也氏の見解〔橋本達 2013：p.340〕は、妥当なものとして支持されよう。

　綴第1技法は鉄製短甲の初現期に朝鮮半島から日本列島に導入され、その後、朝鮮半島では主体的な連接技法とはならなかったが、日本列島では主体的な連接技法として定着したと考える。技術系譜としては朝鮮半島由来であるが、日本列島で主体的に使用された技法と評価したい。

　綴第2技法については、穿孔位置を一致させる技術の共通性を根拠に、横矧板革綴短甲に使用された綴第2技法は鋲留技法の影響下に成立したとする見解〔小林行 1962：pp.25-26〕がある。この見解によるならば、鋲留技法とほぼ同時期に導入されたと考えられる小札威甲や小札式付属具に綴第2技法が使用されていながら、これとは無関係に同様の技法が自律的に発案された状況を想定することになる。この想定は、鋲留技法は小札威甲の製作工人によって導入されたとの見解〔内山

2001b〕を支持する立場〔阪口 2008〕〔第8章〕からは整合的な理解が難しい。本書では、横矧板革綴短甲に使用された綴第2技法は、小札威甲や小札式付属具に使用された綴第2技法の技術系譜に連なるとする見解を支持する〔橋本達 1996：p.264〕。

なお、横矧板革綴短甲については、綴技法の評価とも連動するかたちで研究史上に形式名称をめぐる混乱が認められることを以前に指摘したが〔阪口 2007〕、現在においてもその影響は完全には払拭されていない。本章では、甲冑の基本構造と連接技法の検討に基づいて技術系譜を整理し、体系的な分類を提起することを目的としている。この目的にそって、第6節では横矧板革綴短甲の形式名称をめぐる問題について、あらためて詳論する。

（2）鋲留技法の系譜

鋲留技法は、朝鮮半島の「挂甲工人」ないし「甲冑工人」によって日本列島へもたらされたという見解が提示されている〔高橋工 1995：p.156、内山 2001b：p.68・2008a：p.381〕。遺物共伴状況から鋲留技法・小札威甲製作技術・金工技術などの新技術がほぼ同時期に日本列島へもたらされたと考えられること、日本列島の割付系甲冑に使用される鋲が朝鮮半島において小札威甲の付属具である襟甲に使用される型打半球形鋲と共通すること、一方、朝鮮半島の板甲に使用されている鋲が手打扁平形鋲であること、などを根拠としたこの見解は、妥当なものと考えられる。

また、襟甲に使用された鋲がかしめ鋲であるのに対して、馬具に主体的に使用された鋲が打込鋲である点〔塚本 1993b：p.22〕も、鋲留技法に小札威甲工人の関与を想定する見解に一層の妥当性を付与するものであろう。

（3）威技法の系譜

威第1技法については、朝鮮半島からの影響が漠然と想定されてきた〔小林謙 1974b：p.38〕。一方、日本列島で4世紀代から有機質製品に使用されていた可能性を指摘する見解〔高橋工 1993：p.19〕もあるが、その技術系譜については言及されていない。現状では帯板式付属具を威す技法としてのみ認められ、帯板式付属具が帯金式甲冑の成立と連動して出現することを考慮すれば、日本列島独自の技術と考えることができよう。帯金式甲冑を「帯板状鉄板を用いた甲冑セットを含む様式」〔橋本達 2013：p.340〕とする理解を積極的に支持したい。ただし、出土例は日本列島に限られるわけではなく、朝鮮半島においても「倭系甲冑」とされる資料の付属具として出土することがある。

一方、威第2技法については、それを使用した製品である日本列島出土の小札威甲が中国大陸北方由来・朝鮮半島経由の技術系譜に連なるものであることが指摘されている〔高橋工 1995：pp.152-155、清水 1995：pp.14-15〕。

第5節　甲冑の系譜

（1）技術系譜の混在

　前節までの検討の結果、日本列島出土の甲冑のあり方として、基本構造においても連接技法においても、日本列島独自あるいは日本列島において主体的とみられる技術系譜と中国大陸・朝鮮半島由来の技術系譜が混在し、複合的な様相を呈していることが、あらためて明瞭になった。また、甲冑全体としての技術系譜を検討するにあたり、基本構造と連接技法の関係性をどのように評価すべきかについて、指針を得ることもできた。

　上記の複合的な様相は、一つの製品内のレベルにおいても、装具どうしの組み合わせのレベルにおいても認められる。したがって、先行研究による指摘のとおり、甲冑生産においてさまざまなかたちで技術交流がおこなわれたことの証左と評価できよう。

（2）日本列島製品と舶載品

　このような複合的な様相のもとでは、製品レベルでいえば日本列島製品と舶載品とが混在している可能性が高い。甲冑の系譜について考究する上で、個別資料の評価は避けることのできない問題であるとの認識のもと、短絡的にすぎるとの批判を覚悟しつつ、あえて日本列島製品と舶載品の弁別について基本となる判断基準を提示する。弁別にあたっては、技術系譜のほか、日本列島における出土量も参考にする。前節までに得られた指針に基づき、基本構造ごとに検討を進める。

①帯無式甲冑

　帯無式甲冑は帯金式甲冑の対置概念として設定した分類であるため、それ自体に共通の技術系譜を想定できるものではない。したがって、各同一技術品群の基本構造と連接技法を個別に検討し、評価する必要がある。

帯無革綴甲冑Ⅰ群　帯無革綴甲冑Ⅰ群は、朝鮮半島由来の綴第1技法を使用する。しかしながら、基本構造に朝鮮半島の縦長板甲との共通要素がありつつも相違要素もあり明確に区分できること、帯無革綴甲冑（短甲）Ⅰ群のなかで型式変化を追うことが可能で帯金式甲冑（短甲）へと変遷をとげることを重視すれば、日本列島製品との評価が可能であろう〔高橋克 1993、橋本達 1996・1998・2013・2014、阪口 2009・2010〕。

帯無革綴甲冑Ⅱ群・帯無鋲留甲冑　帯無革綴甲冑Ⅱ群・帯無鋲留甲冑は出土量が少なく、製品ごとの個性が強い。朝鮮半島で出土する縦長板甲と基本構造の共通性が高いこと、綴第2技法・鋲留技法を使用することから、中国大陸・朝鮮半島からの技術的影響が強く認められるが、弁別にあたっては製品ごとに精査する必要があろう〔清水・高橋工 1998、徳江編 1999、内山 2001a、内山・穴沢 2002、横須賀 2005・2006・2007・2009〕。

②帯金式甲冑・帯板式付属具・延板式付属具

帯金式甲冑・帯板式付属具　帯金式甲冑と帯板式付属具は日本列島独自の基本構造をもつ製品であると考えられることから、これらの構造をとる装具については、いずれの連接技法を使用すると

しても、基本的に日本列島製品とみてよいと考える。

延板式付属具　延板式付属具のうち、帯板式付属具と威第1技法によって連貫される装具についても、日本列島製品とみてよいであろう。

一方、延板式付属具でも、ほかの装具と連貫されずに単体として使用されるものについては、個別に検討が必要となる。いずれも出土例は少ないが、朝鮮半島に類例がある板籠手〔初村 2010：pp.109-111〕［図11-22］や胸当状製品〔内山 2006：p.24、横須賀 2009：pp.20-21〕［図11-26］、朝鮮半島に祖型をたどることができるが日本列島で独自の変化をとげた板襟甲〔初村 2010：pp.103-104〕［図11-29］、朝鮮半島に類例をみいだせない板肩甲［図11-24］など、付属具をめぐる状況は多様である。

③小札式甲冑・小札式付属具

小札式甲冑・小札式付属具は綴第2技法・鋲留技法・威第2技法のみを使用し、基本構造・連接技法ともに中国大陸・朝鮮半島に淵源をたどれることから、これらの要素からだけでは日本列島製品か舶載品かの判断が難しい。このほかの要素も含め総合的に、製品ごとに検討する必要がある。

小札式付属具のなかには、小札威錣［図11-29］や小札威肩甲［図11-29］のように、鋲留衝角付冑や打延式鋲留頸甲といった日本列島製品と威第2技法によって連貫され、一つの製品として組み合わされる装具が存在する。これらの装具については、製作段階から日本列島製品と組み合わされる関係にあったことが明らかであることから、いずれも日本列島製品とみてよいと考える。

（3）甲冑系譜の展開

前項で示した日本列島製品と舶載品の弁別についての判断基準をふまえ、日本列島における甲冑系譜の展開を時間軸にそって略述する。これをもって、系譜という視点からの、日本列島出土の甲冑についての枠組とする。

古墳時代前期　少数の小札革綴甲冑が舶載される一方、日本列島内において帯無革綴甲冑Ⅰ群の生産が開始され、やがて古墳時代中期を特徴づける帯金式甲冑へと発展していく。あわせて、一部の延板式付属具の生産もおこなわれる。

古墳時代中期　帯金式甲冑・帯板式付属具・延板式付属具の生産が開始され、盛行する。中期中葉には鋲留技法を含む小札威甲・小札式付属具の技術が朝鮮半島の甲冑工人によって日本列島にもたらされ、帯金式甲冑・延板式付属具の生産に導入される一方、小札威甲・小札式付属具の生産も開始される。また、その過程においては、舶載された朝鮮半島製の帯無式甲冑Ⅱ群・小札威甲が日本列島の甲冑生産に影響を与えたことも想定される。

古墳時代後期　小札威甲・小札系付属具が主流を占め、帯金式甲冑・延板式付属具の生産は小規模化し、帯板式付属具の生産は断絶する。

第6節　形式と技術系譜─「横矧板革綴短甲」を題材として─

前節まで、日本列島出土甲冑の全体を対象に技術系譜を整理し、体系的な分類を提示した。本節

では、視点を変換して一つの形式—横矧板革綴短甲—を取り上げ、その研究史をたどるとともに、その分類上の位置を確定したい。形式の枠組が現在のかたちに定着するまでの経緯を、それが製作技術の評価と深く連動していたことも示しつつ、詳述する。この試みは以前にもおこなっているが〔阪口 2007〕、現在でも本形式をめぐる混乱に影響を受けた記述が散見するため、本書においても再論することとしたい。

「横矧板革綴短甲」について、現時点で平均的と思われる認識を提示するならば、おおむね「横矧板鋲留短甲に準じる地板構成をとり、連接に綴第2技法を使用する帯金式短甲」といったあたりに落ち着くであろう。さらに、「実例は福岡県塚堂古墳、熊本県江田船山古墳、宮崎県西都原4号地下式横穴墓出土の3例に限られる」ことも加えうるかもしれない。

こうした認識は、この形式が設定された当初から安定していたわけではなく、ここにいたるまでには、いわば混乱とも称すべき状況があった。あるいは、この形式名称の誤用が現在でも散見することを考慮すれば、混乱はなお継続しているとみることもできる。こうした点からすれば、冒頭の認識はあくまでも武器・武具研究者の間で共有されているのみであり、これを共通認識とみなすには、いまだ時期尚早といえるかもしれない。

本節では、「横矧板革綴短甲」をめぐって研究史上に生じた混乱の要因を探り、その解消をはかることによって、「横矧板革綴短甲」についての基礎的な再整理をおこなう。

（1）「横矧板革綴短甲」をめぐる混乱

研究史を詳細にたどる前に、あらかじめ「横矧板革綴短甲」をめぐる混乱の様相を具体的に確認しておく。それを明確にしておくことにより、混乱が生じた要因を研究史のなかにみいだす視点もまた明確になろう。混乱の具体相として、おもに以下の2点を指摘できる。

用語をめぐる混乱　第一は、長方板革綴短甲に対して「横矧板革綴短甲」という形式名称を誤用するという、用語をめぐる混乱である。後述するように、かつては「横矧板革綴短甲」として一括されていた資料群の一部を1960年代半ばから長方板革綴短甲として再定義することが一般化したという経緯があるため、それ以前の用例については当然ながら誤用とはいえない。しかしながら、再定義が一般化した後においても、一部の報告書や、一般化以前に刊行された報告書を引用した刊行物などで誤用を目にすることがある。検索の容易な事例として、1993（平成5）年に開催された第33回埋蔵文化財研究集会『甲冑出土古墳にみる武器・武具の変遷』の資料集に掲載された「甲冑型式種別一覧表 横矧板革綴短甲」〔埋蔵文化財研究会 1993a：p.411〕をみると、「横矧板革綴短甲」として13例があげられている。このうち、福井県天神山7号墳、静岡県細江狐塚古墳、滋賀県新開1号墳（南遺構）、奈良県新沢千塚166号墳、岡山県月の輪古墳・旗振台古墳（北粘土槨）の6例が、同時に配付された正誤表によって、長方板革綴短甲に訂正されている。

資料実態をめぐる混乱　第二は、「横矧板革綴短甲」の標識資料とされた事例の資料実態をめぐる混乱である。後述するように、「横矧板革綴短甲」には当初より、綴第1技法を使用する第一形式、綴第2技法を使用する第二形式の2種が設定されていた。しかしながら、第一形式の標識資料とされた雲部車塚古墳例の詳細がその後も長期にわたって明確にされなかったことや、推定に基づ

く復元品や復元図〔図1〕のみが一人歩きをしてしまったことなどから、第一形式は確実な資料実態をともなわないままに、実体があるものとして扱われることとなった。すなわち、「横矧板鋲留短甲に準じる地板構成をとり、連接に綴第1技法を使用する帯金式短甲」という要件を満たす「横矧板革綴短甲」が存在する可能性が、実際的な資料批判が実現されないまま、留保されてきたのである。雲部車塚古墳例に限らず、形式設定の当初に「横矧板革綴短甲」と認識されていた資料には、現在となっては詳細不明のものが多く、資料実態が不明なまま議論のみを先行させがちな状況を生みだした。

(2)「横矧板革綴短甲」の研究史

本項では、前項で指摘した混乱が生じた要因が明確となるよう、「横矧板革綴短甲」をめぐる用語と資料実態についての認識形成に影響を及ぼしたとみられる点を中心に、「横矧板革綴短甲」の研究史をたどりたい。

形式の設定と細分（1934年）　「横矧板革綴短甲」という形式の初現は古く、現在につながる甲冑研究の嚆矢といえる末永雅雄氏の『日本上代の甲冑』において、その形式分類中に「鐵横矧板革綴」としてすでにみえる〔末永 1934：p.27〕。そこでは、さらに第一形式と第二形式の2種に細分されており、前者の出土例として「各地」、後者の出土例として「肥後江田」との記載がある。

「鐵横矧板革綴」の解説〔pp.83-85〕では、「この短甲は、鋲留の技法を革綴に代へたに過ぎない」とされている。その前に記載のある「鐵横矧板鋲留」の解説〔pp.82-83〕には「すべて横矧にした材料板を交互に上下に矧ぎ合せて鋲留に」とあるため、両解説の記述を合成すると、横矧板革綴短甲とは「すべて横矧にした材料板を交互に上下に矧ぎ合せて革綴に」した短甲であると定義されたとみなすことができる。次いで、その細分が綴技法の差異に基づくことが述べられている。すなわち、第一形式は兵庫県雲部車塚古墳例をあげて「外表面では革が竪の一點となって現れ、内側では一種の鋸歯状になって、綴ぢ合されてゐる」もの（綴第1技法）とし、第二形式には江田船山古墳例をあげて「綴孔を二個づゝ並列せしめ、綴革は表面では横に一點となって現れ、内側では點續した横位置」を示すもの（綴第2'技法）と説明しており、それぞれについて復元品の製作もおこなっている〔図版第23・24〕。また、第一形式については、著名な部分名称図〔図1〕が作成された〔p.21〕。

ここで注意をしておきたいのは、末永氏が両例について「この二つの短甲は、全體の構成材料が整つてゐないから、他の完全な短甲から綜合して復原したので、胴の蝶番の部分等は幾分他の短甲を参酌してある」と明記している点である〔p.85〕。とくに、第一形式として例示された雲部車塚古墳例については、竪上板・押付板、裾板の実測図と展開図〔図17〕は提示されたものの〔p.84〕、「横矧板革綴短甲」の構成要件である「すべて横矧にした材料板」が使用されているかどうかは明確に示されなかった。

また、「各地」出土とされた第一形式であったが、雲部車塚古墳例以外の資料についても詳細が示されることはなかった。同書所収の「日本上代甲冑出土地名表」を参照すると、「横矧板革綴短甲」の出土地として、既出の二古墳のほかに「日向國兒湯郡西都原第二百號古墳」、「肥後國上益城

郡小阪村塚」、「河内國南河内郡錦郡村避病舎横」があげられている。第二形式の出土例として「肥後江田」とのみ記載されていることを勘案するならば、これらはすべて第一形式と認識されていたと考えられる。これらの資料実態については次項で検討することとするが、いずれも資料実態が明瞭な事例とはいえない。このように、「横矧板革綴短甲」は、その形式設定当初から内容に不確定要素を残すものであった。

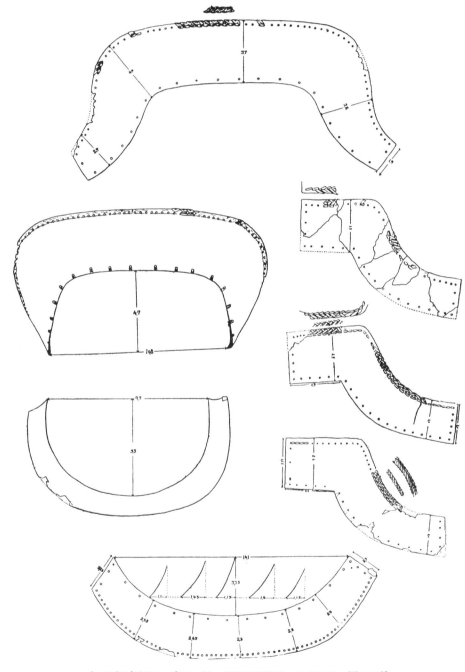

（第三七圖　短甲殘缺　鐵横矧板革綴　第一手法　（丹波雲部出土）

図17　雲部車塚古墳例実測図・展開図

第 2 章 系譜論 49

さらに、この後、第二形式については塚堂古墳例・西都原 4 号地下式横穴墓例という全体構成のほぼ明らかな資料が加わったのに対し、第一形式については、後に長方板革綴短甲として分離される事例を除いては、新たな資料が加わることはなかった。

長方板革綴短甲の分離（1960年代）　末永雅雄氏による「横矧板革綴短甲」の細分は、形態差としての綴技法の差異に着目したものであった。綴第 1 技法と綴第 2 技法の差異が根本的な穿孔結合法としての差異であることを指摘し、それを積極的に評価したのは小林行雄氏である〔小林行雄 1962：pp.25-26〕。小林氏は鋲留技法について検討を進めるなかで、「横矧板革綴短甲といわれているもの」を「長方板革綴のものと、横矧板革綴のものとに区別してとりあつかうことが必要である」として、前者は綴第 1 技法、後者は綴第 2 技法を使用したものと規定した。また、綴第 2 技法と鋲留技法との間に、鉄板の重ね方や穿孔位置の決定原理の面で共通性があること、さらに綴第 2 技法の実例が「5 世紀後半の古墳の出土品である」ことに言及し、「横矧板短甲のばあいには、革綴の技法が鋲留にあらためられたというよりも、はじめに鋲留短甲の形式として成立したものから、のちに革綴の形式が分岐したと見る可能性もあるように思われる」と述べた。

これにより、「横矧板革綴短甲」として 1 形式を構成してきた資料群は、技術的差異に基づいて 2 形式に分離されることとなった。ただし、このときに形式を分離する基準として問題にされたのは綴技法についてのみであり、地板構成については取り立てて言及されることはなかった。それまで「横矧板革綴短甲」第一形式とされてきた資料群のうち、後胴地板各段を 3 枚以上で構成する事例は明確に長方板革綴短甲として分離されたが、出土時期が古いなどの理由で詳細が明らかではない事例については、長方板革綴短甲であるのか、あるいは「横矧板革綴短甲」第一形式であるのかが検討されないままであり、結果として問題は先送りされることとなったのである。つまるところ、「横矧板革綴短甲」という 1 形式のなかに技術的差異をもつ 2 型式が併存するという構図に、実質的な変化は生じなかったといってよい。

なお、綴第 1 技法と綴第 2 技法の設

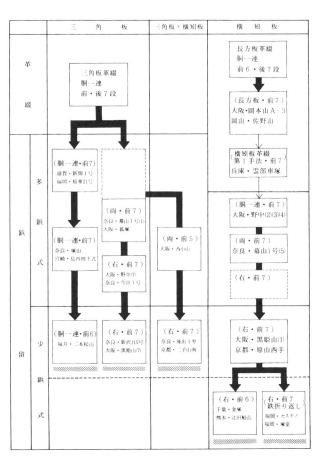

第 2 図　短甲系譜試案

┈┈、→は可能性を示す。右＝右前胴開閉式、両＝両前胴開閉式、（　）番号は短甲番号　稲童21号墳出土例の参考文献は〔大川1965〕。

図18　吉村和昭氏による「短甲系譜試案」〔吉村 1988〕

計上の差異について、小林氏は別の機会にもわかりやすく扱っている〔小林行 1964：pp.22-26〕。すなわち、綴第1技法は「一ヵ所の連結に必要な二孔間の距離が、鉄板の周縁から孔までの距離にひとし」く、一方、綴第2技法は「二孔間の距離が零になった」と説明したのである［図12］。この両技法に技術的にどのような違いがあるのかについて、「それぞれの鉄板に穿たれる孔の位置をただしく一致させねばならないという点に、技術的な困難をともなう」と述べ、綴第2技法がより進んだ技術であると想定した。[10]

認識の定着（1970年代）　これらの成果を受けて、小林謙一氏は「横矧板革綴短甲は、後胴の地板が一枚の横矧板からなり、開閉装置を備えている点で、長方板革綴短甲と異なってくる」と述べている〔小林謙 1974a：p.56〕。さらに、小林行雄氏が示した2種の綴技法の間にみられる技術的な差異について、「福岡県塚堂古墳出土例などは、兵庫県車塚古墳出土例や横矧板鋲留短甲より出現時期が遅れる」と述べ、これを時期差と解釈した。また、この記述からは雲部車塚古墳例を「横矧板革綴短甲」第一形式と認識しているように受け取れることにも注意したい。

この時点で、「横矧板革綴短甲」について、以下のような認識がほぼ一般化したと考えられる。すなわち、「横矧板鋲留短甲に準じる地板構成をとる革綴短甲で、雲部車塚古墳例などにみられる綴第1技法を使用する第一形式と、江田船山古墳例などにみられる綴第2技法を使用する第二形式の2種が存在する」という認識である。ただし、前者については依然として資料実態が明確にされないままであった。長方板革綴短甲の分離や2種の綴技法の技術的位置づけといった研究の進展があったにもかかわらず、「横矧板革綴短甲」設定当初と同様の枠組が温存されたといえる。

こうした状況のもと、吉村和昭氏は、横矧板鋲留短甲が長方板革綴短甲の系譜上に連なる可能性を指摘した際、この両形式の間をつなぐ存在が「横矧板革綴短甲」第一形式である可能性をも指摘している〔吉村 1988：p.34〕［図18］。

雲部車塚古墳例の公開（1997年）　長らく資料実態が明確にされてこなかった雲部車塚古墳例であったが、1997（平成9）年に京都大学総合博物館春季企画展『王者の武装―5世紀の金工技術―』が開催され、その詳細が公開された。竪穴式石槨の調査時に竪上板・押付板、裾板のみが取り出された革綴短甲について、「地板は従来横矧板とされてきたが、地板の形状を示す痕跡はない」ことが明らかにされた[11]〔京都大学総合博物館 1997：pp.111-112〕。これにより、雲部車塚古墳例を「横矧板革綴短甲」第一形式とみなす積極的な根拠は存在しないことが明確となったのである。すなわち、武器・武具研究者の間では「横矧板革綴短甲」といえば第二形式のみを想起するという段階にようやく到達したといえよう。しかしながら、この公開をふまえた上で、あらためて「横矧板革綴短甲」をどのように定義するかという議論が論考などのかたちで取り上げられたことはなく、冒頭に示した認識が共通認識として一般化する状況にはいたっていない。

分布をめぐる議論　これまで、「横矧板革綴短甲」をめぐる用語と資料実態についての認識形成に影響を及ぼしたとみられる点を中心に研究史をたどってきたが、それ以外の論点についても簡単にふれておきたい。

「横矧板革綴短甲」第二形式の分布が九州に限られることから、それを当時の九州地方の勢力の動向と結びつけて考える議論がある。小林行雄氏は、これらが九州の5世紀代の古墳から出土して

いる事実は、「五世紀という時期は、中部九州地方と畿内地方との交渉が、新しく成立した段階であったと考えることができる」ことの傍証であると述べている〔小林行 1966：p.34〕。また、北野耕平氏は、これらを「九州地方で甲冑の製作が始まった時期の製品とみたい」としている〔北野 1969：p.18〕が、これに対しては野上丈助氏の批判がある〔野上 1970：pp.7-9〕。

　近年では橋本達也氏が、連接技法以外の属性における横矧板鋲留短甲との共通性や金銅装蝶番金具の存在を根拠に、基本的に横矧板鋲留短甲と同一の工房での「横矧板革綴短甲」生産を想定し、「九州偏在をもって、地方生産などを想定できるものではない」と述べている。さらに、「各種の極めて多彩な副葬品を伴う九州内各地域の最有力古墳から出土している」点に注目し、「横矧板革綴短甲」が首長の「特殊な地位」を表象していたと解釈している〔橋本達 2002ｂ：p.6〕。

　小　結　ここまでの研究史の検討の結果、二つの混乱の要因は、つきつめれば「横矧板革綴短甲」第一形式とされる資料の実態が明確にされてこなかった点にあることが明らかである。

　第一の用語をめぐる混乱については、長方板革綴短甲の分離という研究成果が十分には吸収されなかったことが主たる要因であろうが、その背景には、長方板革綴短甲に該当する資料群を分離してもなお「横矧板革綴短甲」第一形式に該当する資料が存在するか否かという点にあいまいさを残したことに象徴されるように、資料群全体としての実態が明確ではなかったことも影響していよう。

　第二の資料実態をめぐる混乱については、まさに資料実態が明らかにされてこなかったことに直接的に起因していることが自明である。

（3）「横矧板革綴短甲」第一形式の資料実態

　前項における研究史の検討をふまえて、本項では「横矧板革綴短甲」第一形式に該当する可能性についていまだに結論が保留されている資料を検討し、資料実態に即したかたちで「横矧板革綴短甲」第一形式という型式が設定されうるのか否かを確認したい。

　検討対象資料　検討の対象とする資料は、前項でふれた「日本上代甲冑出土地名表」〔末永 1934〕に掲載された「河内國南河内郡錦郡村避病舍横」、「肥後國上益城郡小阪村塚」、「日向國兒湯郡西都原第二百號古墳」出土の３例である。このほか、第１項でふれた「甲冑型式種別一覧表横矧板革綴短甲」〔埋蔵文化財研究会 1993ａ：p.411〕に掲載された13例のうち、「横矧板革綴短甲」第二形式の３例、長方板革綴短甲に訂正された６例、形式不明の雲部車塚古墳例を除外した、大阪府川西古墳、福岡県月岡古墳、熊本県小坂大塚古墳の３例についても、あわせて検討する。

　ただし、このうち川西古墳は「河内國南河内郡錦郡村避病舍横」、小坂大塚古墳は「肥後國上益城郡小阪村塚」と同一古墳である。また、「日向國兒湯郡西都原第二百號古墳」は、宮崎県西都原古墳群における現在の呼称では西都原207号墳に該当する。したがって、現在の呼称で表記すると、検討の対象とする資料は川西古墳・月岡古墳・小坂大塚古墳・西都原207号墳出土の４例となる。

　大阪府川西古墳例　高橋工氏が指摘している〔埋蔵文化財研究会 1993ｃ：p.200〕ように、「日本上代甲冑出土地名表」にある「河内國南河内郡錦郡村避病舍横」の副葬品目などの記述〔末永 1934〕は、『富田林市史』における川西古墳についての記述〔北野 1985：p.410〕と一致しており、

両者は同一古墳を指しているとみることができる。また、末永雅雄氏が宇野傳三氏に鏡査を依頼した短甲資料のなかに「河内國錦郡古墳出土」とのキャプションが付されたものがある〔末永 1934：第147図（3）〕が、これは「河内國南河内郡錦郡村避病舎横」と同一の資料であると考えてよい。さらに、同じ挿図に鏡査前の前胴裾板の写真が掲載されており、こちらには「河内錦郡出土」との注記がなされている〔末永 1934：第147図（5）〕。この前胴裾板に鋲頭が認められることから、先述の「日本上代甲冑出土地名表」にある「横矧板革綴」は「横矧板鋲留」の誤記ではないかと推測される。

　ところで、京都大学総合博物館に「河内國南河内郡錦郡避病院西横手円形墳昭和五年八月採集」との札書きとともに保管されている資料がある。先述した前胴裾板に該当する破片は確認できないものの、出土地名の一致から、ほぼ確実にこの資料が川西古墳出土資料であるとみてよい。資料は小片と化しており、またとても1個体分には達しない分量しか遺存していないため、全形をうかがうことはできない。しかしながら、鋲頭や鉄板端部折り返し覆輪が観察される破片が含まれる一方、綴孔や革紐の遺存が観察される破片は皆無であり、これらの点は先の「河内國南河内郡錦郡村避病舎横」出土資料を鋲留製品とみる推測に合致する。

　こうした状況から、川西古墳例は、横矧板鋲留短甲と確定するには検討の余地を残すとはいえ、鋲留短甲であることは確実であり、少なくとも「横矧板革綴短甲」第一形式ではないことは明らかといえる。

福岡県月岡古墳例　　多量に出土している甲冑資料の全体像が長らく明らかではなく、破片中に「横矧板革綴らしきものもあり」と記載されたこともあった〔埋蔵文化財研究会 1993 b：p.107〕が、2005（平成17）年に正式報告書が刊行され、8個体が確認されている短甲の形式の内訳が明らかにされた。それによると、三角板革綴短甲4個体、三角板鋲留短甲2個体、方形・三角板革綴鋲留併用短甲1個体、地板形状不明革綴鋲留併用短甲1個体という構成となっている〔児玉編 2005：p.65〕。

　これらのうち、方形・三角板革綴鋲留併用短甲とされる資料については、類例がまったく確認されていないこと、少量の破片資料であることなどから、なお検討の余地が残されていると考えたい。しかしながら、少なくとも「横矧板革綴短甲」第一形式である可能性を想定しうる破片は、現存資料中には存在しないことが確定された。

熊本県小坂大塚古墳例　　1920（大正9）年に実施された発掘調査で出土したが、現在では資料は所在不明となっている〔埋蔵文化財研究会 1993 a：p.297〕。

　報告書には出土状況の写真〔図19〕と、鉄板の想定復元配置の写真〔図20〕が掲載されているのみで、詳細は不明である〔梅原・古賀・下林 1924〕。前者をみると、立位で副葬されていた短甲が綴革の腐朽にともなって崩壊している状況がよくわかる。長方板革綴短甲に特有の扇形に近い形状を呈する後胴竪上第2段地板が、押付板から遊離して崩落していることが観察される。また、後者に示された復元配置は、竪上板と推定される鉄板を後胴竪上第2段地板としているほか、先述の扇状の後胴竪上第2段地板を右前胴の最上段としているなど、明らかに不適当な点が看取されるが、個々の鉄板を観察すると、本例は長方板革綴短甲と判断して差し支えない。さらに、左前胴の上か

ら2段目に復元配置されている、本来は左前胴長側第1段地板とみられる鉄板の形状から判断すると、長側第1段を5枚の地板で構成する長方板革綴短甲Ⅲ式に該当する可能性が高い〔阪口 1998：pp.9-13〕〔第7章〕。

すなわち、『日本上代の甲冑』刊行当時の形式設定では「横矧板革綴短甲」第一形式に該当する資料であったが、現在では長方板革綴短甲に分類されるべき資料であるといえる。

宮崎県西都原207号墳例 1912（大正元）年に実施された発掘調査で出土したが、現在では資料は所在不明となっているようである〔埋蔵文化財研究会 1993 b：p.220〕。

報告書には出土状況の写真［図21］が掲載されているが、崩壊の状況から革綴短甲らしいということがわかるのみで、詳細は不明といわざるを得ない〔柴田 1915〕。「日本上代甲冑出土地名表」〔末永 1934〕に「横矧板革綴」とあるのが唯一の形式認定の根拠であるが、これが「横矧板革綴短甲」第一形式に該当する資料であったのか、あるいは長方板革綴短甲に該当する資料であったのか、現在は確認する術がない。

ただし、複数の出土状況写真の原版を詳細に検討した吉村和昭氏は、「実物の観察を欠く段階での断定は控えるべきだが、写真を見

図19　小坂大塚古墳例の出土状況

図20　小坂大塚古墳例の想定復元配置

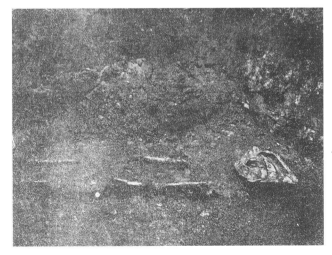

図21　西都原207号墳例の出土状況

る限り、長方板革綴短甲の可能性が高いものと考えられる」と指摘している〔吉村 2015：p.119〕。

なお、「日本上代甲冑出土地名表」の「本文對照頁」欄には「二五六」とあるが、該当頁に掲載されているのは衝角付冑形埴輪および短甲形埴輪を出土した「日向西都原第二百十號古墳」であり、西都原207号墳（旧「第二百號古墳」）についての記載はない。

　小　結　以上の検討の結果、対象とした４例のうちの３例について、「横矧板革綴短甲」第一形式ではないことが確定した。残る西都原207号墳例についても、「横矧板革綴短甲」第一形式と認定しうる積極的な根拠をみいだすことはできず、現在の資料状況から判断する限り、むしろ長方板革綴短甲であった可能性が高いと考えられよう。

（４）「横矧板革綴短甲」の再定義

　本節では、「横矧板革綴短甲」という形式をめぐる研究史上の、あるいは現在にまで継続する混乱を取り上げ、その混乱が生じた要因を研究史のなかに探った。その結果、「横矧板革綴短甲」第一形式が設定された当初から、その資料実態が不明瞭なまま研究が蓄積されてきたことに混乱の要因をみいだした。以上の認識に基づき、「横矧板革綴短甲」第一形式の定義を満たす可能性を残す４例の資料について、その資料実態を可能な限り検討した。実資料が所在不明となっているために、限られた二次的な情報に依拠するほかない資料も含まれるとはいえ、上記の可能性を積極的に認めうる資料は、現在のところ存在していないことを確認した。

　このように、「横矧板革綴短甲」第一形式が資料群として成立しないことがあらためて明らかとなった現在、本節で煩雑ながらも付してきた「　」を外し、横矧板革綴短甲という形式名称はその第二形式のみを指し示すものとして、本節の冒頭に示した認識のように再定義することが妥当であろう。すなわち、横矧板革綴短甲とは「横矧板鋲留短甲に準じる地板構成をとり、連接に綴第２技法を使用する帯金式短甲」である。本章における分類に照応すれば、帯金革綴甲冑Ⅱ群に属する唯一の形式ということになる。

　本節における検討をふまえ、形式の設定が製作技術の評価と不可分の関係にあることを、あらためて強調したい。

第７節　系譜論の成果

　本章では、古墳時代甲冑の系譜を明らかにすることを目的に、基本構造と連接技法をおもな対象として、技術的な視点から検討を加えた。これをふまえ、日本列島で出土している古墳時代甲冑の全体を包括する分類体系を提示した。その分類においては、基本構造と連接技法を組み合わせた一群を同一技術品群として設定し、同一の技術系譜に連なる製品群のまとまりと評価するとともに、それぞれの同一技術品群の系譜について整理を試みた。

　また、同一技術品群の下位分類である形式の一例として、「横矧板革綴短甲」を取り上げた。その用語と資料実態について研究史上に混乱を生じるにいたった経緯を精査するとともに、現状で確認しうる資料実態に基づいて形式名称を再定義し、その指し示す資料群の内容を確定した。これら

の作業により、形式の設定が製作技術の評価と不可分の関係にあることをあらためて示した。

　以上の検討により、系譜という視点から甲冑研究の枠組を定め、本書でおもに取り扱う時期や形式へと論を進めるための基盤を構築することができたと考える。

註
（１）この用語は、あくまでも「帯金式甲冑」の対置概念としてのみ存在する。分類名称として理想的とはいえないが、「帯金式甲冑」が日本列島における甲冑の主流であり特色であることから、それとの対比の上での用語設定もやむを得ないものと考える。
（２）この用語もまた、「帯板式付属具」の対置概念としての分類名称である。なお、延板式付属具に属する装具のなかで、先行論文〔阪口 2001：図１〕では筒籘当としていた資料群について、初村武寛氏による指摘〔初村 2010：pp.109-111〕に従い、板籠手と認識をあらためた〔阪口 2013：註（３）〕。
（３）一枚錣のように、一枚板で構成され威技法を使用しない製品もある。
（４）このほか、具体的内容にはふれていないが、末永雅雄氏に同様の主旨と思われる記述がある〔末永 1934：p.210〕。
（５）鋲留技法の導入については第８章で詳論する。
（６）帯無革綴甲冑Ⅱ群とした縦矧板革綴冑については、日本列島出土例では中期前半の京都府美濃山王塚古墳例〔図11-３〕、中期後半の山梨県かんかん塚古墳例、奈良県円照寺墓山１号墳例、熊本県楢崎山５号墳例と、後期以降の諸例との間に断絶があるが、朝鮮半島の事例を考慮すれば、共通の技術基盤に立つ製品群に属するとみて大過ないと判断する。
（７）単位系甲冑のうち、円照寺墓山１号墳〔図11-35〕および千葉県祇園大塚山古墳出土の襟甲では、小札どうしの連接が例外的に鋲留技法によってなされている。朝鮮半島出土例でも、単位系甲冑で小札どうしの連接に鋲留技法を用いる例は襟甲に限られるようである。この点については、第８章でも論及する。
（８）先述のとおり、本書では地板形状や連接技法によって分類される資料群、すなわち「横矧板革綴短甲」などを「形式」、それらを一定の基準のもとにさらに細分した資料群を「型式」と呼称する。この原則に従うと、後述する「横矧板革綴短甲」第一形式および第二形式は「型式」に相当する。研究史上の分類名称の表記と本書での原則に基づく表記が一致しないが、研究史上の経緯を重視し、あえて調整はおこなわない。
（９）資料調査の結果、新沢千塚166号墳例については、方形板革綴短甲である可能性が高いと考えるにいたった。第６章 註（１）で詳述する。
（10）第２節でも述べたように、現在では穿孔位置を一致させる作業が必ずしも困難ではないことが指摘されており〔塚本 1993ｂ：p.23〕、綴第１技法と綴第２技法の差異に技術的な高低差をみいだすよりも、むしろ系統差として評価する視点が主流となっている。
（11）こうした資料に対して、末永雅雄氏がなぜ「横矧板革綴短甲」との評価を与えたのか、疑問が残る。現存している資料のうち、「不明鉄板」〔京都大学総合博物館 1997：p.112〕あるいは「不明鉄製武具１」〔阪口編 2010：pp.81-82〕とされるものを地板と認識した可能性などが考えられる。この資料については、現在のところ一枚錣である可能性が高いと考えている〔阪口編 2010：p.82〕。また、これらの現存資料以外にも何らかの根拠があった可能性も否定することはできないが、現在のところ手がかりはない。

第3章　型式論・編年論

第1節　型式論・編年論の目的

　本章では、前章で設定した甲冑の分類を大枠として、そこで問題とした「形式」をさらに細分した階層である「型式」を検討の対象としていく。型式学的方法による編年研究のあゆみと現在の動向を整理することで、各装具についての型式論および編年論の到達点を概観したい。

　あわせて、前章で検討した甲冑の系譜を念頭に置きつつ、諸氏による編年研究の成果を援用することで、現段階における各装具の総括的編年案を提示する。また、そうした甲冑編年を古墳広域編年にいかに接続しうるかについて模索し、古墳時代研究へのより幅広い寄与へのみとおしを得ることを目指す。

第2節　型式論・編年論をめぐる研究史

　甲冑は古墳時代の金属製品のなかでも、もっとも大型で、かつ複雑な構造をもつことから、いわゆる型式学的方法による編年研究において着目しうる属性に恵まれている。ただし、型式学的方法を、「型式の設定」にはじまり、「変化の方向性に対する仮説の提示」、「型式組列の措定」、「一括遺物による仮説の検証」へといたる一連の手続をふむ、オーソドックスな研究方法〔モンテリウス／濱田訳 1932〕に限定するとすれば、必ずしもそれのみによって現在の編年体系が構築されてきたわけではない。あらゆる局面において型式学的方法が可能なわけではなく、また最適とも限らないであろう。それでもなお、型式学的方法に一定の有効性を認める立場から、甲冑の編年研究において型式学的方法がどのように適用されてきたかという視点で研究動向をたどる。

（1）1930〜1950年代

　本格的な甲冑研究の黎明期には、技法や構造の把握を目的として、積極的に復元研究が進められた〔末永 1934〕。型式学的方法は志向されなかったものの、地板形状・連接技法・材質などの区分により示された分類は、後の編年研究の基礎となった。

　1950年代の初期の編年研究では、甲冑の変遷は出土古墳の編年観に依拠して叙述された〔小林行 1959、大塚 1959〕。資料数がまだ少なく、とりわけ全体を復元しうる革綴製品や威製品は限定されていたため、型式学的方法を適用する環境はいまだ十分には整っていなかった。もっとも、モンテ

58　第Ⅰ部　甲冑研究の枠組

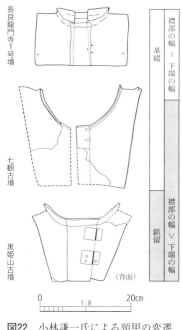

図22　小林謙一氏による頸甲の変遷
〔小林謙 1975 一部改変〕

リウスが型式組列の検証のために必要だと述べる、一括遺物[(1)]における共伴事例を30例以上提示することが困難な状況は、現在においても変わりはない。

（2）1960～1970年代

編年の大綱が定まったとされるこの時期も、引き続き形式を単位として、その変遷を把握することが志向された。短甲や衝角付冑・眉庇付冑を中心に、形式間の変化の要因や方向性について「鍛造技術の発達」や「省力化」などの説明が付与されるようになったものの、その変遷観はやはり基本的には出土古墳の編年観に依拠しており、一括遺物による検証を射程外としていた〔野上 1968、小林謙 1974a・1974b〕。参照すべき一括遺物たる共伴副葬品の編年の多くが、甲冑よりも未整備であったことが一因であろう。

一方、打延式頸甲に3型式が設定され、その変遷観が示されたこと〔小林謙 1975〕は、型式学的方法が部分的に適用された初期の研究事例として注意される［図22］。また、衝角付冑の衝角底板の連結方法の分類〔小林謙 1974a、野上 1975〕、鋲留短甲の連接位置の分類や地板裁断形状の観察〔田中新 1975・1978〕は、形式をこえて共通する属性を編年に利用しようとした初期の研究事例であり、後の編年研究に継承された。

（3）1980年代

各装具や各形式について個別に検討が深化していくなかで、形式を細分して型式を設定し、型式組列の変化の方向性について仮説を提示するという構成をとる研究が現れる。

代表的な研究事例として、打延式頸甲〔藤田 1984〕や板錣〔古谷 1988〕の編年がある。打延式頸甲については、プロポーションそのものにまで及ぶ型式変化をとげる唯一の装具であることが指摘され、その編年をすべての甲冑編年の基軸とするべきとの提言がなされている〔藤田 2006〕。

また、鋲留短甲に少鋲式と多鋲式が設定され、時期ごとの様相が示された〔吉村 1988〕ことは、以後の編年研究の枠組に大きな影響を与えた［図18］。

（4）1990年代

型式学的方法が明瞭に適用された編年研究が現れる。その先鞭をつけたのは、少鋲式・多鋲式の二大別を踏襲し、さらに分析視点・方法を整備した鋲留短甲の編年である〔滝沢 1991〕。そこでは、鋲留短甲を構成する複数の属性に型式を設定し、その変化の方向性についての仮説を提示した上で、短甲1個体を一括遺物とみなし、各属性の共伴状況によって型式組列を検証するという、鏡鑑研究などで適用されている方法も実践された。こうして設定された鋲留短甲の各型式について、

あらためて共伴副葬品などにより型式組列を検証している。

そのほかにも、眉庇付冑〔橋本達 1995〕、縦矧板革綴短甲と方形板革綴短甲〔橋本達 1996・1998〕、長方板革綴短甲と三角板革綴短甲〔阪口 1998〕などを扱った研究事例がある。

（5）2000年代以降

資料数の増大と観察視点の精緻化は、編年研究に新たな局面をもたらした。型式の細分化が進んだ結果、型式変化の時間幅が、共伴副葬品により検証しうる時間幅よりもミクロに想定される状況が生じている。そもそも、共伴副葬品はそれぞれ製作時期を異にするために、そこには一定の時間幅が内包されているのであり、検証対象となる遺物の型式変化がその時間幅に収まる速度で起こったものであるならば、型式組列の検証は不可能となる。

また、型式設定のための観察視点は製作技術に連動する変化に向けられることが多いために、措定される型式組列は製作順序に親和性が高くなる。一方、共伴副葬品によって検証しうる型式組列は必然的に廃棄順序に親和性が高いため、編年のスケールが細かくなるにしたがい、両組列の間には、いずれかを優先させなければ結論を提示するのが不可能な領域が顕在化することとなる[2]。これは、型式学的方法が本来的に内包している限界といえよう。

こうした状況のもと、衝角付冑の複数の属性について型式変化を詳細に検討し、究極的には1個体ごとの製作順序の復元までをも視野に入れた型式組列を構築する試みが提起された〔川畑 2011〕。そこでは、共伴副葬品による検証よりも、むしろ属性間での型式組列の整合性による検証を優先する立場を表明しており、製作順序に親和性の高い組列を重視する研究の典型例といえる。その後、眉庇付冑や鋲留短甲についても、同様の立場から、系統の積極的な認識とともに、系統ごとの型式組列の構築が追究されている〔川畑 2015〕。

より安定度の高い編年体系を構築していくためには、製作順序に親和性の高い組列および廃棄順序に親和性の高い組列のいずれかのみの重視に偏ることなく、目的や対象に即してより適切な方法を適用し、結果を比較検討しつつ総合化していくことが重要であろう。また、両組列に配慮した検討を重ねることで、編年だけではなく、「製作」と「廃棄」の間の段階、すなわち「流通」や「保有」の様相について考究する端緒となることも期待される〔川畑 2011・2014・2015・2016〕。

ここまでみてきたように、研究史の上では形式ごとに型式の細分化を志向する研究が主流を占めてきたといえる。一方、近年では、それらの研究成果を再統合しようとする試みも現れはじめた。各形式ごとに型式学的方法を適用した編年研究の蓄積がある帯金式短甲について、あらためて長側第1段の地板構成を指標に4群16型式を設定し、型式組列を措定した上で、共伴副葬品によりその妥当性を検証する試みがなされ、その結果に基づいた変遷観が提示されている〔松木 2010〕。

第3節　変遷の概要

前章で提示した分類に即して、古墳時代の甲冑の変遷の大要を概観し、その画期を確認する。ここでは、各形式の編年の詳細には立ち入らず、同一技術品群の消長や系譜関係に重点を置いて記述

する。

　なお、時間的な変化について言及するにあたり、本書では、帯金式甲冑の成立と衰退をもって中期を画する見解〔橋本達 1999c・2005・2010〕に従う。そのため、『前方後円墳集成』における共通編年〔広瀬 1991〕や『小羽山古墳群』における時期区分〔大賀 2002〕とは、中期についての認識を異にする。

（1）前　期

　小札革綴甲冑と帯無革綴甲冑Ⅰ群が存在する。

　小札革綴甲冑には小札革綴冑［図11-27］・小札革綴甲［図11-28］があり、中国大陸からの舶載品とみられる。小札革綴冑は14例、小札革綴甲は3例が知られるのみで［表7］、構造の判明する資料となるとさらに少なく、型式学的方法の適用は困難な状況にある〔橋本達 1996〕。小札革綴冑は前期前半から中期初頭まで副葬されるが、その舶載時期は前期中頃までとみる見解がある〔大賀 2002〕。

　帯無革綴甲冑Ⅰ群は、縦矧板革綴短甲［図11-1］・方形板革綴短甲［図11-2］を代表例とする。前期後半の所産で、朝鮮半島南部地域の技術的影響を受けた製品と考えられる〔橋本達 1998〕。その製作地については、日本列島〔高橋工 1995、橋本達 1996・1998、阪口 2001〕と朝鮮半島〔藤田 1985、宋桂鉉 1993、田中晋 2001〕の2説がある。

　小札革綴冑と縦矧板革綴短甲・方形板革綴短甲は、京都府瓦谷1号墳を除き、同一埋葬施設では共伴しない。

（2）中　期

　帯金革綴甲冑Ⅰ群が成立する。中期前半を中心に盛行するが、中期後半に副葬される例も一定量ある。前期の帯無革綴甲冑Ⅰ群と同様に綴第1技法を使用しており、同一技術系譜に連なるものと考えられる〔高橋克 1993〕。長方板革綴短甲［図11-5］・三角板革綴短甲・三角板革綴襟付短甲［図11-7］・三角板革綴衝角付冑［図11-6］が代表的な形式である。

　長方板革綴短甲と三角板革綴短甲については、前者から後者へと一系列的に変遷するとみる見解〔野上 1968・1975〕、前者から後者へと変遷するが、小型三角板革綴短甲（等角系三角板革綴短甲）のみ前者と併行するとみる見解〔藤田 1988・2006〕、前者がわずかに先行するが両者とも中期中頃まで併行するとみる見解〔小林謙 1974a、阪口 1998〕、前者よりも後者が先行するとみる見解〔田中晋 2003、松木 2010〕がある。

　三角板革綴短甲・三角板革綴衝角付冑の成立時には、打延式頸甲［図11-18］・肩甲［図11-14］などの延板革綴付属具・帯板威付属具も出現するとみられる〔橋本達 2005〕。

　中期中頃、朝鮮半島南部より、下記のとおり大別3種の新技術が導入される。

　第一に、鋲留技法が導入され、中期後半には帯金鋲留甲冑が主流を占める。三角板鋲留短甲［図11-11］・横矧板鋲留短甲［図11-12］・小札鋲留衝角付冑［図11-9］・小札鋲留眉庇付冑［図11-10］・横矧板鋲留衝角付冑などが代表的な形式である。在来系甲冑〔内山 2001b〕である短甲・衝

角付冑に導入されただけではなく、眉庇付冑という新形式が成立していることが注目される。鋲留技法は生産性の向上に大きく寄与し、帯金式甲冑の生産量は飛躍的に増大した。三角板鋲留短甲と横矧板鋲留短甲についても、両者が併行したとみる見解〔吉村 1988、滝沢 1991、川畑 2015・2016〕、前者から後者へ一系列的に変遷したとみる見解〔野上 1968・1975、藤田 2006〕がある。なお、帯金鋲留甲冑の生産開始後も、帯金革綴甲冑Ⅰ群の生産は一定期間継続する〔阪口 2008、鈴木 2008 a〕。

　第二に、綴第 2 技法および威第 2 技法の併用を基調とする小札威甲〔図11-29〕・小札革綴付属具〔図11-30・31〕・小札威付属具〔図11-32～34〕・小札鋲留付属具〔図11-35〕が導入される。綴第 2 技法は前期の小札革綴甲冑でも使用されていたが、一定期間の断絶の後、別経路で再び流入したことになる。この綴第 2 技法が帯金式甲冑の製作に応用されることにより〔橋本達 1996〕、少数ながら帯金革綴甲冑Ⅱ群の横矧板革綴短甲〔図11-8〕〔第 2 章第 6 節〕が生産された。さらに、延板鋲留付属具と小札威付属具で一具をなす製品の存在などからも、在来系生産組織と外来系生産組織が統合されていったことがうかがえる〔内山 2008、阪口 2008〕〔第 8 章〕。

　第三に、鍍金や彫金などの金工技術が導入される〔橋本達 1995〕。割付系甲冑・単位系甲冑ともに、全体あるいは一部を金銅製や鉄地金銅張とする、意匠性の高い製品が限定的に生産された。

　中期後半に盛行した帯金鋲留甲冑のうち、短甲・眉庇付冑は、ある段階に急激に生産を停止する。ここでは、この現象をもって中期の終焉ととらえる見解〔橋本達 2010〕に従う。

（3）後　期

　小札威甲・小札威付属具が盛行する。小札威甲は、中期以来、綴付威技法・通段威技法を使用する製品が継続するが、後期中頃には各段威技法や綴付威技法を部位ごとに使い分ける製品や、高句麗地域の山城出土資料に類例をもつ新系列の製品が主体的となる〔内山 2006〕。

　冑には、後期まで存続する唯一の帯金鋲留甲冑として横矧板鋲留衝角付冑がある〔鈴木 2010〕。後期中頃には、朝鮮半島系の縦長板冑の地板構成を採用して、縦矧広板鋲留衝角付冑が成立する〔内山 1992・2001 a〕。そのほか、帯無革綴甲冑Ⅱ群である縦矧板革綴冑や、帯無鋲留甲冑である縦矧板鋲留冑〔図11-4〕も少数ながら存在する。これらは、伏鉢付・突起付など、さまざまな頂辺部形状をとる〔横須賀 2009〕。

（4）画　期

　上述の変遷について、日本列島の武装を特徴づける帯金式甲冑の盛衰や、武装にバリエーションをもたらした新技術の導入などを重視して、下記の様相をもって画期を設定する〔図23〕。

　第 1 の画期　　帯金式甲冑の成立〔橋本達 2005、阪口 2010〕。
　第 2 の画期　　鋲留技法および小札威甲・付属具の導入〔阪口 2008、初村 2011〕。
　第 3 の画期　　短甲・眉庇付冑の急激な消滅〔橋本達 2010〕。
　第 4 の画期　　縦矧広板鋲留衝角付冑の成立と各段威技法の主流化〔内山 2006〕。

　以上の画期の設定は、第 1 ～第 3 の画期については田中晋作氏〔田中晋 1991・2003〕、第 4 の画

期については内山敏行氏〔内山 2006〕による変遷観を追認するものである。田中氏は第1の画期までをⅠ期、第1の画期から第2の画期までをⅡ―1期、第2の画期から第3の画期までをⅡ―2期、第3の画期以降をⅢ期と呼称している。これをふまえ、ここでは第3の画期から第4の画期までをⅢ―1期、第4の画期以降をⅢ―2期と呼称することとしたい。

第4節　型式論・編年論の諸相

　型式設定の現状と編年研究の到達点を概観するために、主要な編年研究を一覧できるかたちに統合して提示する［図23］[5]。ただし、これまでみたとおり、現行の編年は多様な立場や方法による見解が相関しつつ複雑に展開しており、統一的な基準のもとで再構成するのは至難である。ここでは、諸見解の引用を基本とするため、細部での整合性などに多くの課題を残している。また、本来はすべての装具を扱うべきであるが、煩雑となるため、冑・錣・頸甲・甲の4種に限定する。

　以下、基本構造による分類ごとに、型式と編年の概要を記述する。

（1）割付系甲冑の型式と編年
①帯無式甲冑

　Ⅰ期の縦矧板革綴短甲と方形板革綴短甲については、前者から後者へと変遷し、その技術系譜上に帯金革綴甲冑Ⅰ群の長方板革綴短甲が成立するとの見解〔高橋克 1993〕が提出され、その枠組が精緻な分析によって追認・補強されてきた〔橋本達 1996・1998〕。それらを基礎に、方形板革綴短甲には、地板の形態・配置、押付板構造などを指標に大別2群・細別6型式が設定されている〔阪口 2009・2010〕。

　縦矧板革綴冑にはⅡ―1期に京都府美濃山王塚古墳例、Ⅱ―2期に山梨県かんかん塚古墳例・奈良県円照寺墓山1号墳例・熊本県楢崎山5号墳例があるが、孤立的な事例であり、朝鮮半島からの舶載品とみられる。

　Ⅲ期以降の縦矧板革綴冑・縦矧板鋲留冑については、1990年代以降、資料化や研究の進展が著しい。朝鮮半島や中国大陸を含めた系譜関係や同時期の衝角付冑との属性の交流が考究されている〔内山 1992・2001a、横須賀 2009〕が、製品ごとの個性が強く、日本列島出土例のみに対して型式学的方法を適用するのは難しい状況にある。

②帯金式甲冑

　Ⅱ―1期の長方板革綴短甲には、地板枚数を主要な指標として5～9型式が設定されている〔阪口 1998、橋本達 1999b・2002a、鈴木 2015〕［第7章］。鍛造技術の発達にともなって機能性・生産性の向上を目的とした地板枚数の減少が進行するとみる。

　Ⅱ―1期からⅡ―2期の前半にまで及ぶ三角板革綴短甲には、脇部の地板形状などを指標に等角系2型式・鈍角系4型式が設定されている〔阪口 1998〕。基本的には地板枚数の減少傾向を認めるが、機能性・生産性よりも三角形の連続という意匠性が重視されたと解釈した。三角板系短甲については、前胴地板配置と長側地板枚数による6型式の設定を基礎として、革綴・鋲留短甲をとおし

ての地板構成の変遷や、前胴に長方形地板を使用する一群の地板構成の変遷も検討されている〔鈴木 2004・2005・2008〕。近年では、これらの型式の統合も試みられている〔阪口 2015〕。また、三角板革綴襟付短甲・三角板鋲留襟付短甲についても、地板構成の変遷が示された〔加藤 2010、鈴木 2012・2013・2014 a〕。

　以上のような地板構成を指標とした編年のほか、近年では革綴・鋲留の両方に共通する帯金式短甲の編年指標として、新たに裾板・帯金分割比が提案されている〔川畑 2016〕。長方板革綴短甲と三角板革綴短甲の時間的関係に諸説あるのは、先述のとおりである。

　鋲留技法導入以後、Ⅱ—2 期に盛行する鋲留短甲には、形式を横断するかたちで大別 2 型式〔吉村 1988〕・細別 5 型式〔滝沢 1991・2001〕が設定され、生産の省力化を目的に大型鋲への変化および少鋲化が進行するとの変遷観が示された。そこでは、型式設定の指標として後胴竪上第 3 段帯金の鋲数が重視されているが、必ずしもこの部位の鋲数の多少が全体の鋲数の多少を反映していないとの指摘がなされている〔平野 2008〕。内面で観察される地板の裁断形状〔田中新 1978、川畑 2015〕、各段の幅〔滝沢 1991・1996、片山 2006〕なども新古を示す指標として注目される。近年の成果において注目されるのは、「甲冑同工品論」の語に端的に示されるように、生産単位を射程に入れた系統識別が積極的に追究された点である。蝶番金具と覆輪に着目して分析が進められた結果、鋲留短甲に 6 グループが認識され、横矧板鋲留短甲に二つの技術系統が想定された〔滝沢 2008・2015〕。また、さまざまな属性のまとまりが胴開閉の有無や蝶番金具の種類ごとのまとまりに対応することから、革綴短甲と鋲留短甲の全体を七つの系統に識別して把握する見解も示されている〔川畑 2016〕。

　Ⅱ—1 期から古墳時代以降まで存続する衝角付冑には、衝角底板の連結手法を基軸として型式設定がなされ、大別 6 型式・細別 7 型式とする見解〔鈴木 2009〕、大別 9 型式・細別13型式とする見解〔川畑 2011・2015〕がある。革綴製品では三角板形式が主流を占め、鋲留製品では鋲留技法導入期に試行錯誤的に成立する諸形式から小札形式に収斂し、やがて横矧板形式と併行する。横矧板形式のみが後期以降も存続し、後期には縦矧広板形式と併行する〔鈴木 2009・2010〕。縦矧広板形式には、衝角底板の連結手法のほか、衝角部と伏板の製作方法、鋲の間隔、地板枚数を指標に大別 3 型式・細別 7 型式が設定されている〔内山 1992、鈴木 2010〕。

　Ⅱ—2 期に限定される眉庇付冑には、庇部の文様を指標に 5 系統・12型式〔橋本達 1995〕とする見解、4 系統・16型式〔川畑 2015〕とする見解がある。成立期には縦矧板形式と小札形式が併存し、やがて小札形式に収斂し、衰退期に横矧板形式が加わるという変遷観が示されてきたが、福岡県永浦 4 号墳例の出土により、横矧板形式も成立初期から存在していたことが明らかとなっている〔橋本達 2004〕。

③延板式付属具・帯板式付属具

打延式頸甲・肩甲・板鎧の検討がある。

　Ⅱ—1 期からⅡ—2 期まで存続する打延式頸甲には、正面立面形と連接技法を指標に、大別 3 類・細別12型式が設定されている。防禦性重視から可動性重視へという方向性のもと、横長長方形革綴式のⅠ類から、逆台形革綴式のⅡ類を経て、逆台形鋲留式のⅢ類へ変遷したとされ、主系列と

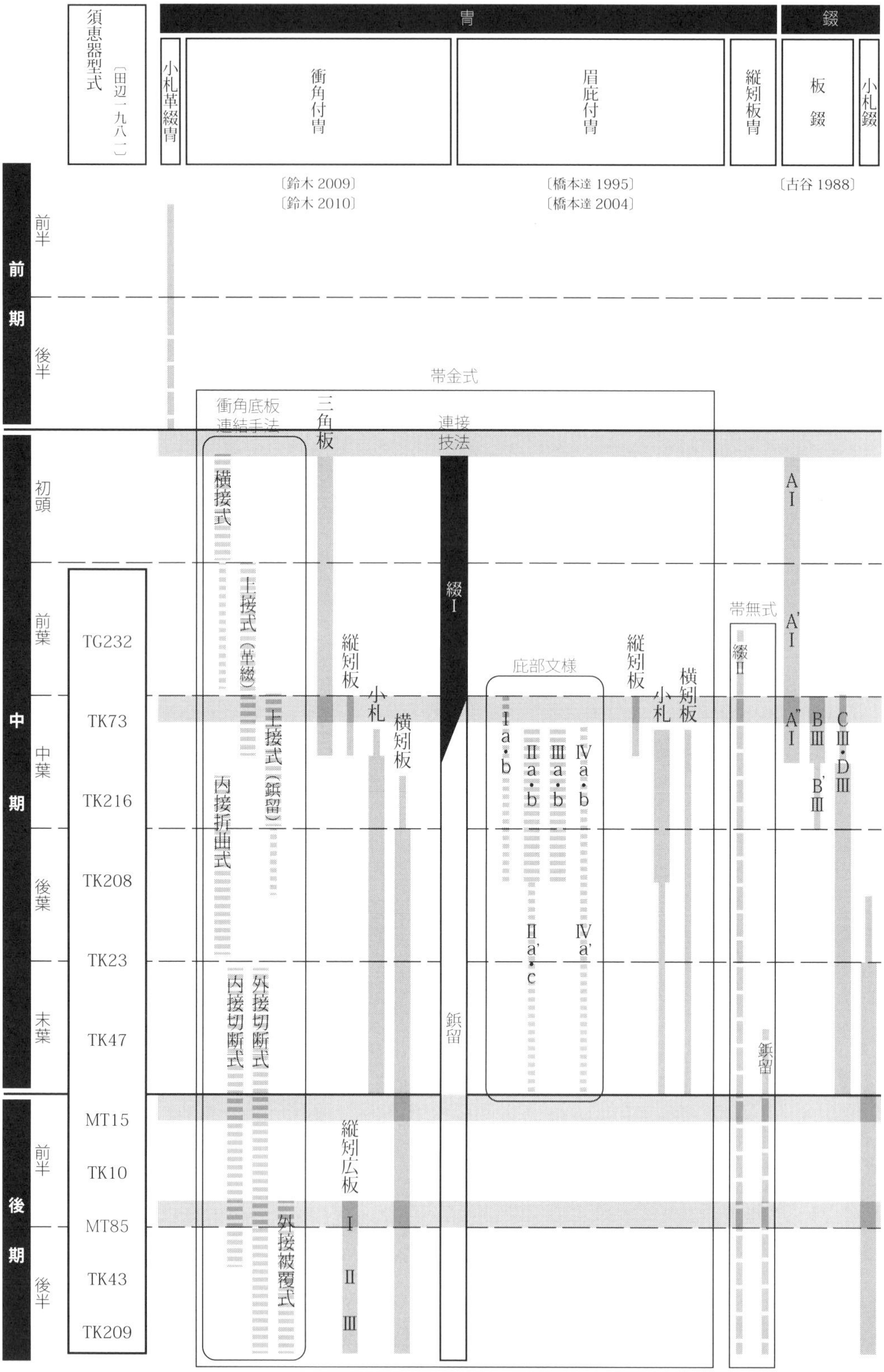
冑
錣
須恵器型式
〔田辺一九八一〕
小札革綴冑
衝角付冑
眉庇付冑
縦矧板冑
板錣
小札錣
〔鈴木 2009〕
〔鈴木 2010〕
〔橋本達 1995〕
〔橋本達 2004〕
〔古谷 1988〕
前期
前半
後半
中期
初頭
前葉
中葉
後葉
末葉
後期
前半
後半
TG232
TK73
TK216
TK208
TK23
TK47
MT15
TK10
MT85
TK43
TK209
帯金式
衝角底板
連結手法
三角板
連接
技法
横接式
上接式（革綴）
上接式（鋲留）
内接折曲式
内接切断式
外接切断式
外接被覆式
縦矧板
小札
横矧板
綴Ⅰ
鋲留
縦矧広板
Ⅰ
Ⅱ
Ⅲ
庇部文様
Ⅰa・b
Ⅱa・b
Ⅲa・b
Ⅳa・b
Ⅱa'・c
Ⅳa'
帯無式
綴Ⅱ
AⅠ
A'Ⅰ
A"Ⅰ
BⅢ
B'Ⅲ
CⅢ・DⅢ

図23　甲冑の編年

第3章 型式論・編年論

表: 甲冑編年対照表

頸甲	甲								甲冑の時期区分	甲冑の段階設定〔川畑二〇一六〕	前方後円墳集成編年〔広瀬一九九二〕	小羽山古墳群編年〔大賀二〇〇二〕
	短甲							小札威甲				
打延式	縦矧板革綴	方形板革綴	長方板革綴	三角板革綴	三角板鋲留	横矧板鋲留	横矧板革綴	襟付	胴丸式				
〔藤田1984〕〔藤田2006〕			〔阪口1998〕〔阪口2010〕本書		〔滝沢1991〕〔滝沢2001〕				〔清水1993a〕〔内山2006〕〔初村2011〕		1期	前I期
												前II期
											2期	前III期
										1期	3期	前IV期
	帯無式 I群 II群											前V期
										2期		前VI期
第1の画期			帯金式						方形板 連接技法 三角板 綴I	I期	3期	4期	前VII期
Ia・b	Ia・b	TI	DI TII	IIIa・b								
IIc	IIa・b		DII・III							II-1期	4期	
第2の画期			DIV	Ia・b IA IIA IIB	Ia IIA IIB IIC		I類		鋲留		5期	5期	中I期
IIIc・d											6期	6期	中II期
											7期		
							III類			II-2期	8期		中III期
											9期	7期	中IV期
											10期		
							IV類 II類		天ノ宮型 稲荷山型・沢野村六三号型 天狗山型		11期	8期	後I期
第3の画期										III-1期	12期	9期	後II期
第4の画期									小針鎧塚型 富木車塚型 金鈴塚型 藤ノ木型	III-2期		10期	後III期
													後IV期

※ 各型式の詳細については各引用文献を参照されたい。

される6型式を軸に、8期の編年が提示された〔藤田 1984・2006〕。頸甲については、長らく研究の新展開をみなかったが、近年、型式設定に大きく関係する打延式頸甲本体板の設計展開図に新たな見解が提示された〔古谷 2012〕。さらに、その成果をふまえ、あらためて10型式を設定し、8段階の変遷を想定する編年案が提示されている〔川畑 2016〕。

打延式頸甲に威される肩甲には、分析対象となる属性が少ないこと、細片化して復元の困難な資料が多いことなどから、型式学的方法はほとんど適用されていないが、既往の報告例から帯板幅の減少傾向、帯板長の縮小傾向、段数の増加傾向が指摘されており、技術的進展により着装性・動作性の向上が可能になったと解釈されている〔右島 1988〕。そこでも指摘されているとおり、肩甲は製作段階から打延式頸甲と威技法で連貫され、一体の装具として機能するものであるため、その編年研究も打延式頸甲・肩甲を総合して進めるべきであろう。冑・板錣についても同様と考える。

Ⅱ-1期からⅡ-2期まで存続する板錣には、段数と威孔の位置を指標に、大別4形式・細別10型式が設定されている。一枚錣（A形式）は三角板革綴衝角付冑とセットになるのが通有であり、鋲留技法導入以後のⅡ-2期に多段式（B～D形式）へと移行する〔古谷 1988〕。

（2）単位系甲冑の型式と編年
①小札式甲冑

Ⅰ期の小札革綴冑には、小札法量の多様性の有無を指標に複種タイプと単種タイプが設定されているが、それらは技術系統差を示すものと理解されている〔橋本達 1996〕。

Ⅱ―2期に出現する小札威甲は、本来の構造を看取しうる良好な遺存状態の出土例が限られることから、そうした資料の復元研究〔小川良 1980、清水 1990、塚本 1997 etc.〕の蓄積を通じて研究が進展してきた。本格的な編年研究は、小札の頭部形状・小札の威孔列・威技法に着目した10型式の設定を嚆矢とする〔清水 1993a・1993b〕。Ⅱ―2期以来の稲荷山型・沢野村63号型などから、Ⅲ―2期に小針鎧塚型や藤ノ木型に主流型式が変遷するなど、おもに後期の事例について研究が蓄積されてきた〔内山 2006・2008b〕。

近年では中期の事例についても研究が蓄積しつつあり、Ⅱ―2期の小札威甲には、腰札・裾札の形状を指標に4類が設定されている。朝鮮半島に類例の多いⅡ類を異なる系譜とし、湾曲した小札を使用しないⅠ類から、Ω字形腰札を使用するⅢ類を経て、Ω字形裾札を使用するⅣ類への変遷が説かれている〔初村 2011〕。この4類の設定は、従来の稲荷山型などの型式を横断するかたちでなされており、さらなる体系化へ向けて今後の展開が注目される。

また、小札威甲の外観を重視し、威紐・威革が小札の内面側に隠れるか外面側に表出するかによる分類も提起されている〔松崎 2015a〕。

②小札式付属具

小札式甲冑と同様に、構造を復元しうる資料が少ないため、型式学的方法を適用した編年研究はほとんどおこなわれていない。遺存状況の良好な資料の検討を通じて構造についての理解が進んできたが〔清水 1990、塚本 1997〕、そうした蓄積と広汎な資料に対する緻密な観察に基礎を置いた検討により、これまで明確な評価がなされていなかった資料をも含め、各装具についての認識が深

まりつつある〔初村 2010〕。延板式付属具と一つの装具をなす事例などを定点に、型式学的方法を適用した研究の今後の進展が期待される。

第5節　古墳広域編年への接合

　前節まで、甲冑の「型式」と「編年」をめぐる研究史をたどってきた。その到達点を視覚化するため、さまざまな課題を残しつつも、主要な編年研究を統合した編年図〔図23〕を提示した。本節では、このような甲冑編年が古墳広域編年[(6)]〔和田 1987、広瀬 1991、大賀 2002・2013、岸本 2011、鈴木 2014ｂ etc.〕にいかに寄与しうるか、また甲冑編年を古墳広域編年に接合するにあたってはいかなる方法をとるべきかなど、甲冑編年と古墳広域編年との関係について省察したい〔阪口 2017ｂ〕。

　古墳時代研究に古墳広域編年が果たす役割はきわめて大きいとはいえ、甲冑編年は必ずしも古墳広域編年への接合を射程に入れて構築されているわけではない。本書においても優先的な課題とするものではないが、甲冑編年をほかの器物編年と比較する、古墳時代研究全体のなかで適切に位置づけるなど、甲冑編年の相対化を志向する際には、その前提的な作業として必要なことは疑いない。なお、ここでは甲冑編年がもっとも精緻に、かつ多種の装具にわたって実施されている古墳時代中期に対象を絞ることとする。

（１）古墳広域編年の指標としての中期甲冑

　古墳広域編年の指標として有効な器物の条件として、Ａ．広域に分布している、Ｂ．型式変化が一律で地域様式がない、の２点が少なくとも必要と考えられる。さらに、Ｃ．地域的・階層的に普遍性が高い、Ｄ．編年が安定している、との条件が加わるならば、なお適格といえよう。これらの条件に中期甲冑がどの程度合致しているかを、まず検討しておきたい。

　広域性　　Ａについては、北は福島県四穂田古墳、新潟県牡丹山諏訪神社古墳[(7)]から、南は鹿児島県唐仁大塚古墳まで、比較的広域に分布しているといえる。現状において、北限域は大型前方後円墳の分布域に及ばないが、南限域は一致している。

　一律性　　Ｂについては、各地出土の帯金式甲冑が一律に型式変化をとげていること、地域生産を想定しうる製品がほとんど認められないこと[(8)]を論拠として、後の「畿内」地域における一元的生産および政権中枢による配布が想定されており〔野上 1968〕、定説化している。

　普遍性　　Ｃについては、出土する地域が限定的であるほか、出土する地域においては比較的上位階層の古墳から出土することが多い。地域的にも階層的にも普遍性が高いとはいいがたい。

　安定性　　Ｄについては、主要な装具には系統差や時間差を検討しうる属性が多いこと、さらにそれらのセット関係から各装具編年を相互に検証しうることから、安定性の高い編年を構築することが可能である。また、資料数がそれなりに多いことも、編年の安定性に寄与している。

　以上にみたように、Ａ・Ｂ・Ｄを資料的特性として備えることから、中期甲冑は古墳広域編年の指標として有効に機能しうる器物であるといえるだろう。Ｃに合致しない点については、ほかの器

物との共伴関係を介在させることによって、補完することが十分に可能であると考えられる。むしろ、古墳時代中期にみられる器物、とりわけ副葬品においては、古墳広域編年の指標としてもっとも適格な品目の一つであるといえるだろう。

（2）甲冑編年と古墳広域編年の相違
①「製作順序」・「廃棄順序」と編年研究

　第2節において、甲冑編年に「製作順序」に親和性の高い編年と「廃棄順序」に親和性の高い編年の両者があることを述べた。しかしながら、後者の場合であっても、共伴遺物によって検証されるべき型式組列は製作技術による痕跡の観察に基づいて措定されることが多いため、巨視的にとらえるならば、基本的には「製作順序」に規定された編年といえよう。それに対して、古墳広域編年は一括資料として出土した器物などの様式的理解に基づいて構築されるため、当然ながら「廃棄順序」に規定された編年となる。

　「製作順序」と「廃棄順序」が必ず一致するならば編年上の問題は生じないが、実際には器物が製作されてから廃棄にいたるまで、器物ごとに多様なプロセスがあり、その時間幅もそれぞれである以上、当然ながら「製作順序」と「廃棄順序」には逆転も起こりうる。われわれが認識している古墳出土の一括資料は、そうした「順序の乱れ」が集積したものということになろう。とはいえ、実際の運用の上では、古墳広域編年との接合にあたり、器物編年のスケールを現段階の到達点よりもやや粗く設定することで、上記のような「順序の乱れ」が顕在化しないように「調整」していると考えられる。そのため、伝世とみなしうるほどに製作時期と廃棄（副葬）時期に長大な時間幅を想定しうる事例のみが例外として扱われることになる。また、前節で主要な編年研究を統合する際の方法論的な問題点とした、それぞれの編年研究どうしの整合性にかかわる課題についても、スケールを粗く設定することにより、実質的に「調整」しているということになろう。

②甲冑編年と古墳広域編年のスケール幅

　近年の甲冑研究における重要な成果として、滝沢誠氏と川畑純氏による、甲冑を主要な分析対象とした単著〔滝沢 2015、川畑 2015・2016〕の刊行をあげることができる〔阪口 2017a〕。これらの分析過程で注目されるのは、「甲冑同工品論」〔滝沢 2008〕の語に端的に示されるように、生産単位を射程に入れた系統識別が積極的に追究された点であろう。この点は、編年研究にも多大な影響を及ぼす。

　とくに川畑氏は、属性分析を徹底するとともに新たな編年指標を導入し、各装具について系統識別と編年構築を推進した。衝角付冑・眉庇付冑・鋲留短甲〔川畑 2015〕に加え、革綴短甲・頸甲の検討も進め、それらを統合して12期に及ぶ段階設定を提示している〔川畑 2016〕［図24］。小札式甲冑を対象外とするものの、各装具についてのきわめて一貫性の高い緻密な型式学的分析をふまえ、それぞれの変遷観の整合性に配慮しつつ、総合的な甲冑編年を構築した。もちろん、提示された編年に対しては、研究者ごとに支持できる部分と支持できない部分があろうが、上述のような総合的な甲冑編年が個人による研究成果として公表された例は研究史上になく、画期的な労作といえよう。本来的には、個別の装具編年の統合といったかたちではなく、このように一貫性の高い総合

的な甲冑編年が古墳広域編年の構成要素として参照されるのが理想的であるが、川畑氏本人によっては古墳広域編年への積極的な接合検討はなされていない。

　前節では、型式設定の現状と編年の到達点を概観するために、冑・錣・頸甲・甲の主要な編年研究を統合するかたちで図示した［図23］。その初版図〔阪口 2013〕を作成した際は、刊行企画の性格から予測するならば古墳広域編年との接合が期待されているだろうとの想定のもと、先述のとおり、須恵器の陶邑編年〔田辺 1981〕のほか、代表的な古墳広域編年である『前方後円墳集成』の共通編年〔広瀬 1991〕、『小羽山古墳群』の時期区分〔大賀 2002〕との概括的な対応関係を示した。前節では、参考として、あくまでも概括的にではあるが、川畑氏による12期に及ぶ段階設定との対応関係をも示した。試みに、川畑氏による段階設定を『前方後円墳集成』の共通編年と対照すると、3期～8期の6期分に相当する。前項で述べたとおり、両者のスケールの幅には相違があることが了解される。

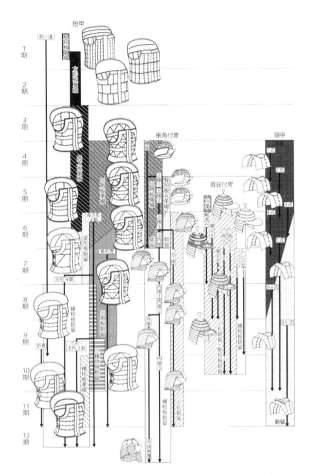

図24　川畑純氏による「短甲・衝角付冑・眉庇付冑・頸甲の変遷」〔川畑 2016〕

　先にもふれたとおり、細部における整合性などに課題を残したまま甲冑編年を古墳広域編年に接合することは、矛盾を増幅させる危険性をはらんでおり、方法論的に問題がある。そもそも、上述の編年図に引用した編年研究には、筆者による革綴短甲の編年も含め、古墳広域編年との接合を射程外としているものも多い。その理由は、少なくとも筆者に関しては、両者の接合に一定の手続が必要であることもふまえ、自身の研究目的の上ではそこまで検討を進める必要がなかったためである。しかしながら、古墳広域編年への接合が考慮されている編年研究として甲冑編年を参照したい研究者にとっては、こうした研究成果は参照しづらいものであるといわざるを得ないであろう。

　一方、古墳広域編年との接合を積極的に提示する編年研究もある〔鈴木 2009 etc.〕。鈴木一有氏は、土師器・須恵器や鉄鏃などの様式的理解から中期を6期に区分し〔鈴木 2005〕、その枠組のなかに甲冑編年を位置づけている。これは、本来的には自身の研究目的のためであろうが、上述のような観点への配慮も意図されているのかもしれない。ただし、鈴木氏も、鋲留技法導入期を古墳広域編年に位置づけるにあたり、「古墳の様式編年が示す段階区分は、甲冑の型式学的配列から導き

出される「鋲留技法導入期」の理解と厳密な意味において一致しない」〔鈴木 2014 b〕と述べており、前提として両者の相違に配慮を示している。上述の編年図〔図23〕の作成に際しては、鈴木氏などによる古墳広域編年との接合を積極的に提示する編年研究に依拠することにより、須恵器編年や古墳広域編年との対応関係を措定したことを明記しておきたい。

③古墳広域編年における甲冑編年の表現

ここまで、甲冑研究の視点から古墳広域編年への接合について言及してきたが、ここでは古墳広域編年において甲冑編年がどのように参照され、表現されてきたかを瞥見しておきたい〔表2〕。これは、古墳広域編年において実用的な甲冑編年のスケールが、実際のところどの程度の幅であるのかを確認することでもある。

各古墳広域編年における甲冑編年の表現を概観すると、甲冑の個別形式の消長を示す方法〔和田 1987、大賀 2002〕、個別形式の出現や出土傾向を記述する方法〔広瀬 1991、岸本 2011〕、甲冑を個別形式ではなく一定の特徴を共有する形式群として把握しその消長を示す方法〔大賀 2013、鈴木 2014 b〕に大別できる。最近の編年研究が後者の方法によるのは、甲冑編年の精緻化が進み、各形式の出現順序や型式変化の様相が細かく示される一方で、そうした甲冑編年のスケールが古墳広域編年のスケールに一対一で対応するものではないと判明してきたこと、多系統的な甲冑編年観が受け入れられてきたこと、「製作順序」に親和性の高い編年と「廃棄順序」に親和性の高い編年の相違が認識されてきたことなどが理由であると考える。

また、近年の古墳広域編年においては、中期の開始と終焉をいかに設定するかにより、中期を4期区分とするか6期区分とするかについて研究者ごとに見解の相違が生じているが、帯金式甲冑の成立期から衰退期を6期区分とする点では共通している。ほかの器物も含めた様式的理解において、この程度のスケールが安定的であるとの認識が定着してきているといえるだろう。

（3）甲冑編年と古墳広域編年の接合

①画期の接合

現況の編年図〔図23〕をみる限り、中期の古墳広域編年に直接的に接合しうる甲冑編年上の画期は限定的であり、帯金式甲冑の成立〔橋本達 2005、阪口 2010〕、鋲留技法および小札威甲・付属具の導入〔阪口 2008、初村 2011〕、短甲・眉庇付冑の急激な消滅〔橋本達 2010〕をあげうる程度であろう。これらはそれぞれ、第3節で設定した甲冑の変遷における第1の画期・第2の画期・第3の画期と一致する事象であり、多くの形式の消長が連動する、いわば「大きな」画期である。これらのほかに接合検討の対象となりうる「小さな」画期として、大賀克彦氏〔大賀 2012〕や鈴木一有氏〔鈴木 2014 b〕が提示するように、鋲留短甲における多鋲式から少鋲式への変化〔吉村 1988〕、変形板甲冑〔橋本達 2002・2014、阪口 2008〕の消長などの事象が候補となろう。

上述の画期のうち、第2の画期については、初期の鋲留製品の検討をふまえて、須恵器の陶邑編年の「TK 73型式併行期の中に収まる」と結論づけたことがある〔阪口 2008：p.43〕。鋲留技法導入期を「初期の鋲留製品が生産された時間幅」と定義するならば、ほぼTK 73型式併行期に相当するとの見解は、既往のいずれの古墳広域編年とも一致している。これらのことから、この併行関

表2 古墳編年にみる甲冑編年の表現

			前期		中期			後期
		様　式	四	五	六	七	八	九
和田 1987		円筒埴輪	Ⅱ		Ⅲ		Ⅳ	Ⅴ
		須恵器					TK73-TK208	TK23-TK47
	短甲	長方板革綴短甲						
		三角板革綴短甲						
		三角板鋲留短甲						
		横矧板鋲留短甲						
	挂甲							
	冑	革綴衝角付冑						
		鋲留衝角付冑						
		眉庇付冑						

			4期	5期	6期	7期	8期
広瀬 1991		円筒埴輪	Ⅱ式	Ⅲ式	Ⅳ式		Ⅴ式
		須恵器			TK73型式	TK216～208型式	TK23・47型式
	武具			長方板革綴短甲・三角板革綴短甲・革綴衝角付冑などが出現			
					短甲は三角板革綴・長方板革綴型式がそれぞれ主体を占める		
						三角板鋲留短甲・鋲留衝角付冑・鋲留眉庇付冑・挂甲などが出現	
						横矧板鋲留短甲や挂甲が一般化	

			前Ⅶ期	中Ⅰ期	中Ⅱ期	中Ⅲ期	中Ⅳ期	後Ⅰ期
大賀 2002		円筒埴輪	川西Ⅱ	川西Ⅲ		川西Ⅳ		川西Ⅴ
						須恵器系埴輪		
		須恵器 陶邑編年			TK73	TK216	TK208	TK23・TK47
	武具	三角板革綴衝角付冑						
		小札鋲留衝角付冑						
		横矧板鋲留衝角付冑						
		小札鋲留眉庇付冑						
		竪矧板鋲留眉庇付冑						
		長方板革綴短甲						
		三角板革綴短甲						
		三角板鋲留短甲						
		横矧板鋲留短甲						

			中1期	中2期	中3期	中4期	中5期	中6期
岸本 2011		須恵器	≒TG232型式	≒TK73型式期	≒TK216型式	≒TK208	≒TK23・TK47	
	武具		三角板・長方板短甲および頸甲・肩甲・衝角付冑の出現					
					三角板鋲留短甲・眉庇付冑・挂甲の出現			
						横矧板鋲留短甲の出現		
							横矧板鋲留衝角付冑の出現	

			前Ⅶ期	中Ⅰ期	中Ⅱ期	中Ⅲ期	中Ⅳ期	後Ⅰ期
大賀 2013	円筒埴輪	川西編年	Ⅱ期	Ⅲ期		Ⅳ期		Ⅴ期
		埴輪検討会編年	Ⅲ-1	Ⅲ-2	Ⅳ-1	Ⅳ-2・Ⅳ-3		Ⅴ-1
	須恵器	陶邑編年		TG232	TK73	TK216	TK208	TK23・TK47
	甲冑			帯金式甲冑（革綴）				
						帯金式甲冑（鋲留・多鋲式）		
								帯金式甲冑（鋲留・少鋲式）

			中1期	中2期	中3期	中4期	中5期	中6期
鈴木 2014	時期区分							
	須恵器			TG232	TK73	TK216(ON46)	TK208	TK23・TK47
	甲冑	冑		革綴冑				
						鋲留冑		
		革綴短甲		革綴短甲				
						新式革綴短甲		
		鋲留短甲				鋲留短甲		
						多鋲式		
					変形板		少鋲式	
		小札甲				小札甲		

係を定点とすることができるだろう。また、絶対年代については、さらに別の手続が必要な課題ではあるが、鋲留技法導入期を5世紀第2四半期でも前半頃と推定している〔阪口 2008〕。あわせて、古墳広域編年と絶対年代を照応させるにあたっての定点ともなるだろう。

②ほかの器物との様式的関係

ここまで、甲冑編年と古墳広域編年との接合をめぐって既往の研究成果を概観するとともに、その方法について若干の考察をおこなった。その結果、現状における古墳出土の一括資料を様式的理解に基づいて区分していくと、中期甲冑を代表する帯金式甲冑の成立期から衰退期までを6期区分とする枠組が安定的であること、それらの区分のなかでは須恵器のTK 73型式併行期に相当する鋲留技法導入期が甲冑編年と古墳広域編年を接合する定点となりうることを確認した。

精細なスケールをもつ甲冑編年を、古墳広域編年にさらに資料的具体性を付与する要素として接合しうるか否かについては、甲冑編年におけるそのほかの「小さな」画期が古墳出土の一括資料を構成するほかの器物とどのような様式的関係にあるのかを、一括資料群の集成から丹念に整理していくなかで判断を進める必要がある。その際には、ほかの器物についても、甲冑編年における川畑氏による段階設定と同様に、一貫性の高い視点による編年が確立されていることが理想的であろう。しかしながら、現況においてそこまで総合的に検討を進める力量が筆者にはないため、本書では方法ないし方針を示すのみにとどまざるを得ない。そうした編年研究の実践例として、中期中葉の鋲留技法導入期前後から後期初頭までを検討した、鈴木一有氏による成果がある〔鈴木 2014・2017〕。

（4）小　結

本節では、古墳広域編年における指標としての中期甲冑の有効性を確認することからはじめ、甲冑編年と古墳広域編年の相違を念頭に置きつつ、研究動向を整理するとともに、両者をいかに接合しうるかについて省察を試みた。とはいえ、これまでに編年研究を推進してきた先学からみれば、きわめてありきたりのことをあらためて述べたにすぎないであろう。また、資料に即した検討作業を経た上で新たに一貫性の高い総合的な甲冑編年を提示したわけではなく、ましてや独自の古墳広域編年を提示してもいないため、理念先行型のきわめて中途半端な内容にとどまっていることも自覚している。これらの点については、今後検討を重ねていき、いずれ私案を提示することで責を果たしたい。

第6節　型式論・編年論の成果

古墳時代甲冑の全体を対象として、「型式」と「編年」をめぐる論点に焦点を絞り、研究の現状を概観した。多様な立場や方法による見解が相関しつつ複雑に展開していることをあらためて確認するとともに、甲・冑・頸甲・錣の4種に限定しながらも既往の編年研究を統合した編年図［図23］を提示した。また、その編年図に、古墳広域編年〔広瀬 1991、大賀 2002〕や一人の研究者による一貫性の高い視点で構築された最新の甲冑編年〔川畑 2016〕とのおおよその対応関係を組み

込むことで、現時点における編年研究の到達点を示した。

また、古墳時代研究へのより幅広い寄与を念頭に置き、甲冑編年と古墳広域編年をいかに接合しうるかについて、研究動向を整理しつつ省察を試みた。

以上を、本書における「型式」と「編年」の枠組とする。第Ⅱ部では、そのなかでもⅠ期からⅡ－2期にかけて消長する革綴短甲を取り上げ、その展開を論じる。

註
（1）ここでいう「一括遺物」とは、古墳の同一埋葬施設から出土した副葬品群を念頭に置いており、その同義語として「共伴副葬品」を使用する場合もある。なお、同一埋葬施設においても副葬品配列に段階差のあることが指摘されている〔今尾 1984〕が、ここでは問題にしない。
（2）たとえば、大別2群・細別6型式を設定しうる方形板革綴短甲の型式組列について共伴副葬品などによる検証を試みると、おおむね整合的であるものの、明確な対応関係を認めにくい品目や、わずかに齟齬が生じる品目も認められる〔阪口 2010〕。こうしたとき、まずは型式組列を再検討するのが常道であるが、齟齬を生じている共伴副葬品目に長期保有を想定しうる場合などは、本文で述べたような状況を示している可能性も考えられよう。
（3）この系譜の変遷過程をさらに詳細に跡づける糸口となる短甲が、2010（平成22）年に京都府鞍岡山3号墳で出土した。方形板革綴短甲から長方板革綴短甲への過渡的な特徴を備える〔大坪 2011〕。第6章第4節で詳論する。
（4）前期においても、有機質製付属具として革製漆塗草摺が奈良県東大寺山古墳・上殿古墳、京都府瓦谷1号墳で報告されている。東大寺山古墳例では帯板を何段にも重ねる状態が観察されているが、威技法が使用されていたかどうかは判断できない。前期に威技法の存在を想定する見解〔高橋エ 1995：p.19〕もあるが、現在までの出土例をみる限り、威技法は鉄製付属具にともなって出現するものと考えておきたい。なお、上殿古墳例については、木甲とする見解がある〔橋本達 1996：p.273〕。
（5）先行論文〔阪口 2013〕掲載の図を訂正・加筆した。まず、小札威甲の型式設定について筆者の理解が誤っていたことに起因する、型式の消長の誤表現を訂正した。ご指摘をいただいた内山敏行氏に感謝申し上げたい。また、第5節で詳述するが、川畑純氏による短甲・衝角付冑・眉庇付冑・頸甲の変遷についての12期に及ぶ段階設定〔川畑 2016〕〔図24〕とのおおよその対応関係を新たに示した〔図23〕。
（6）古墳時代の時期区分を目的として、埴輪・土器・副葬品・墳丘形態などの消長や変遷を様式的かつ広域的に整理した研究成果を、ここでは古墳広域編年と呼称する。
（7）岩手県上田蝦夷森1号墳から横矧板鋲留衝角付冑が出土しているが、7世紀代の末期古墳からの出土例であり、ここでは除外する。
（8）滋賀県北山古墳から出土した甲は、横矧板鋲留短甲に類するものではあるが、通有の帯金式短甲とは著しく特徴を異にする。横矧板鋲留短甲を模倣して在地で製作された可能性も想定しうる。

第4章　製作工程論

第1節　製作工程論の目的

　これまで言及してきた系譜論・型式論・編年論を「甲冑を対象とした研究」として進めていくためには、各資料のいかなる属性に製作技術の変化を読み取り、型式組列を組み立てるのかを体系的に整理しておく必要がある。そのために、本章では製作工程の検討に基づいて、製品に表れる変化はどのような技術変化に対応するのか、また、その技術変化は製作工程においてどのように位置づけられるのかについて考察する。

　甲冑の製作工程については、末永雅雄氏の先駆的な業績がある〔末永　1934：pp.207-217〕。末永氏は、復元製作を通して得られた知見に基づき、短甲・小札威甲（挂甲）の製作工程の考察を試みた。小札威甲については『延喜式』の「挂甲」製作にかかわる記述をも参考にしている。

　1990年前後には、高橋工氏によって革綴甲冑における綴革の進行方向が着目され、製作手順の復元に新たな視角が提起された〔高橋工　1988・1991・1993〕。それ以降、遺存状況の良好な革綴甲冑の報告においては、綴革の進行方向の提示は一般的となり、「分析視角の共有と記録・伝達方法の拡充には眼を見張るものがある」〔古谷　2009 p.5〕と評価されるにいたっている。

　古谷毅氏は製作工程全般を扱い、なかでも帯金式甲冑について詳細に検討を進めた〔古谷　1996：pp.62-70〕。後にはこれをふまえ、奇跡的ともいえる良好な遺存状況を保ち、製作時の痕跡を詳細に観察しうる熊本県マロ塚古墳出土資料の報告にあたり、製作工程とそれに対応する技術群や観察項目について体系的に論述している〔古谷　2012 a・2012 b〕。

　塚本敏夫氏は、小札威甲・小札式付属具の全体を良好に観察しうる事例としてはほぼ唯一といえる大阪府長持山古墳出土甲冑を題材に、やはり『延喜式』を参考にしつつ、小札威甲の製作工程について考察を進めた〔塚本　1997：pp.64-68〕。

　近年では、博物館における展示資料の作成や実験考古学を目的とした甲冑の復元製作といった事業に際し、その詳細な報告がなされる機会が増えてきたことにより、製作工程の実態を考察する上で、より実証的なデータがそろいつつある[1]〔塚本　2010・2012、松崎　2015 b etc.〕。

　ここでは、帯金式甲冑についてはおもに古谷氏の成果、小札威甲についてはおもに塚本氏の成果を参照しつつ製作工程を概観し、各工程の位置づけを検討する。その上で、甲冑の各形式について、いかなる属性に着目して型式組列を組み立てるべきかを考察する。

第2節　製作工程の概要

　先行研究による成果をふまえ、甲冑製作工程の概要を整理する。研究蓄積の豊富な帯金式甲冑と小札綴甲に焦点を絞り、それぞれ割付系甲冑と単位系甲冑を代表させる。なお、用語については、一部を本書での体系に即したものに改変している。

（1）帯金式甲冑
①製作工程の復元
　古谷毅氏は鉄製甲冑の製作工程を「設計段階」と「製作段階」に区分し、製作段階を次のように復元した[2]〔古谷 1996：p.64〕。

- 部品成形工程（第Ⅰ工程）：打延→板金作出（→板金分割）
- 部品整形工程（第Ⅱ工程）：仮組→整形（叩き・カット・追加）→穿孔
- 組　立　工　程（第Ⅲ工程）：地板結合→帯金など結合→調整
- 仕　上　工　程（第Ⅳ工程）：覆輪の施工[3]→塗装→貫緒・付属具の着装

　このうち、組立工程（第Ⅲ工程）については、帯金式甲冑の場合として、さらに次のように工程を細分している〔古谷 1996：p.66〕。この工程については、鈴木一有氏によってたいへんわかりやすい工程図が提示されているため、これも参照する［図25］。

- 段内結合：各段の地板を結合し、地板列を形成する。
- 各段結合：段内結合の成果品（各段の地板列）と帯金を結合する。
- 通段結合：各段結合の成果品（地板列と帯金を結合したもの）と各段にまたがる部材、すなわち衝角付冑であれば伏板、短甲であれば押付板・竪上板・引合板などを結合する。

　内面の綴革の遺存状況が良好な資料に対する観察事例の蓄積により、こうした製作工程の妥当性が検証されるとともに、段内結合における綴革の短型・長型〔古谷 1996：p.65〕、短甲の各段結合における起点の背面中央への集中などの指摘がなされている。

②製作工程の検討
　上記の製作工程は、基本的には妥当と考えられ、支持しうる。しかしながら、工程の内実の評価について古谷氏の見解と相違する点があるため、ここで整理しておきたい。

鉄板の分割　古谷氏は、「帯金革綴式甲冑の地板は第Ⅰ工程において、帯金と同一の板金を分割して製作された可能性がきわめて高い」と考察している〔古谷 1996：p.68〕。筆者も同一の段に属する地板については、同一の鉄板（板金）を分割した可能性が高いと考えているが、異なる段の帯金までも同一の鉄板から分割されたとの推定については懐疑的である。重ね合わせの幅の分だけ地板列の横幅が短くなるために帯金の横幅と離齬をきたすことは自明であること、押付板の大きさを超えるほどの大型の鉄板を準備することは困難であったと考えられることが、その理由である。

「設計」の概念　古谷氏は、上述の鉄板の分割についての見解をふまえ、地板構成における型式変化は第Ⅰ工程に起因し、「工人の自律的な創意を反映」したものととらえている〔古谷 1996：p.

① 地板どうしの連接（段内結合）　　③ 押付板・竪上板の連接（通段結合）

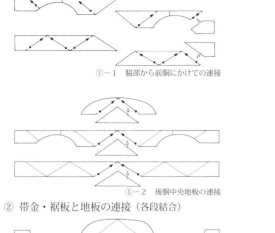
①-1　脇部から前胴にかけての連接

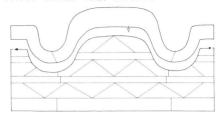

④ 覆輪の施工

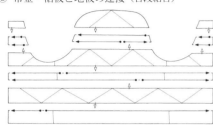
①-2　後胴中央地板の連接

② 帯金・裾板と地板の連接（各段結合）

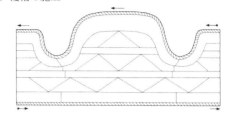

⑤ 引合板の連接

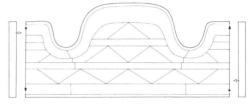

石川県下開発茶臼山9号墳

図25　鈴木一有氏による帯金式短甲の組立工程図〔鈴木 2004〕

68〕。筆者はそうした型式変化は設計段階に起因すると考えており、「設計」という用語で指し示している作業内容の範囲に古谷氏とは相違があるとみられる。本書では、製品の完成形を念頭に最終的には立体となる各部材を平面的に構成する作業として、「設計」を規定する。

（2）小札威甲
①文献の記述

　これまでも紹介されているように〔末永 1934：p.195 etc.〕、『延喜式』巻四十九（兵庫寮）には「挂甲」の製作工程や修理についての記述がある。10世紀に編纂された『延喜式』は同時代の史料ではないとはいえ、古墳時代の小札威甲と同一の系譜に連なる「挂甲」についての記述は、記載されている小札の枚数が岡山県天狗山古墳出土小札威甲の小札枚数とほぼ一致することなどからも〔末永 1934：p.212〕、大枠において製作工程復元の参考としてよいだろう。

　　挂甲一領、札八百枚
　　長功百九十二日、中功二百廿日、短功二百六十五日。打札廿日、䃣磨卅日、穿孔廿日、錯穴并
　　裁札卌五日、錯稜十三日、砥磨青砥磨并瑩卌日、横縫并連七日、縫頸牒并繼著二日、著縁一
　　日、擊拘并裁韋四日、中功日打札廿三日、䃣磨卅六日、穿孔廿三日、錯穴裁札五十二日、錯稜
　　十五日、砥磨青砥磨并瑩卌六日、横縫并連八日、縫頸牒并繼著二日、著縁一日、擊拘并裁韋四

日、短功日打札廿七日、靃磨五十六日、穿孔廿八日、錯穴裁札六十三日、錯稜十八日、砥磨青砥磨幷瑩五十六日、横縫幷連九日、縫頸牒幷繼著二日、著縁一日、擎拘幷裁韋五日。

もっとも短期間で完成する季節（長功：4月・5月・6月・7月）のペースで製作を進めたとしても半年を超える製作期間が必要であること、そのうちの9割以上の日数を小札の製作工程に費やしていることがわかる。

また、修理について以下の記述があり、漆・紐・布・革など材料の詳細がわかる。

修理挂甲一領料、漆四合、金漆七勺六撮、緋絁二尺五寸、緋絲三銖、糸五銖、調綿一屯六兩、商布一丈三尺、洗革四張半、掃墨一合、馬革一張半、絲一兩三銖、單功冊一人。

②製作工程の復元

上記の『延喜式』の内容と資料観察に基づいて、塚本敏夫氏は「小札の製作工程」と「甲の組上工程」の2工程に大別した上で、前者を6工程に、後者を5工程に細別し、合計11工程の製作工程を復元した〔塚本 1997：pp.64-72〕。ここでは、先にみた古谷氏による製作工程の区分に、塚本氏による復元案を対応させ、下記のように再構成する。

小札の製作工程　「部品成形工程」と「部品整形工程」に対応する。第1工程～第6工程は、それぞれ塚本氏による「第一工程」～「第六工程」に対応する。

・部品成形工程（第Ⅰ工程）

　第1工程　〈鍛　　造〉小鍛冶により、材料鉄から小札の粗外形を製作する。
　第2工程　〈粗　　磨〉バリ・「かえし」(4)・厚みの補正などを目的とした粗い磨きを施す。

・部品整形工程（第Ⅱ工程）

　第3工程　〈穿　　孔〉雛形にならって規格的に孔の位置を罫描き、ポンチ状の工具で表面から穿孔する。
　第4工程　〈裁断整形〉粗外形から、正確な小札の形状に裁断する。このとき、代形を用いた罫描きをおこなっていたことも想定されている。また、「きめだし」(5)の存在から、製品小札と類似した形状の鍛造用下型（既型）の使用も指摘されている。
　第5工程　〈小札周縁の面取〉小札の周縁にヤスリによる面取(6)、ないし鍛打による面取や角潰しをおこなう。
　第6工程　〈仕上研磨〉砥石による磨き仕上をおこなう。

塚本氏は、穿孔の工程と裁断整形の工程の前後関係については明確にできないとしながらも、孔の位置と寸法をチェックした後にもっとも手間のかかる裁断整形をおこなう方が合理的であるとの考えに基づき、上述の前後関係を想定した。小札威甲に使用された小札には、短甲や小札革綴冑と比較して穿孔のやりなおしが少ないことを、こうした製作工程が反映したものと推定している〔塚本 1997：p.68〕。この前後関係は、『延喜式』の「錯穴幷裁札」という記述順とも整合する。なお、上述の裁断整形の工程には、部品の立体整形（Ω字形腰札・裾札などの整形）も含まれることにも注意しておく必要がある。

このように、裁断整形の工程が部品成形工程（第Ⅰ工程）に含まれず、穿孔の工程が必ずしも部品整形工程（第Ⅱ工程）の最終工程とならない点は、帯金式甲冑の製作工程と大きく異なる点であ

り、同種多量の部材を使用する単位系甲冑ならではの特徴といえるだろう〔古谷 1996：p.62〕。

甲の組上工程　「組立工程」と「仕上工程」に対応する。第7工程～第11工程は、それぞれ塚本氏による「第一工程」～「第五工程」に対応する。

・組立工程（第Ⅲ工程）

　第7工程　〈小札の綴〉小札どうしを順々に横方向に綴じ、板状の小札列を組む。

　第8工程　〈小札列の下搦〉小札列の下端部を横方向に螺旋状に綴じていき、下搦を施す。
　　　　　　綴の機能とあわせて、保護材としての機能をもたせる。

　第9工程　〈小札列の威〉小札列どうしを威す。

・仕上工程（第Ⅳ工程）

　第10工程　〈端部の覆輪〉組み上がった端部に保護材を取りつける。

　第11工程　〈装着部材の取付〉綿噛と引合緒を取りつける。

以上の製作工程は、大阪府長持山古墳出土小札威甲の検討に際して復元されたものであるが、後に大阪府今城塚古墳出土小札威甲の復元製作に際して実践されている〔塚本 2012〕。

第3節　製作工程と属性の対応関係

上述の製作工程に照らして、これまでに甲冑の系譜論・型式論・編年論において注目されてきたさまざまな属性の変化が、どの工程に起因するものかを整理する。各属性の変化が起因する工程の違いが、技術変化を示す指標としての各属性の有効性と深く関係すると考えられるためである。

たとえば、古谷毅氏は、設計段階における属性の変化と製作段階における属性の変化とを明確に区分し、前者を「工人の創意による自律的な改良の努力だけでは対応することが不可能な変化」、後者を「工人の創意による自律的な改良」と位置づけている〔古谷 1996：p.64〕。本書とは「設計」の用語の上で相違があることに注意しなければならないが、参考にすべき見解と考える。

近年、古谷氏により、先にみた各工程に対応する技術群と観察項目が体系的に整理されている［表3］〔古谷 2012a〕。まず、この体系に先行研究の視点を位置づけていく。その上で、各工程に起因する各属性の変化の方向性が、生産性や機能性の向上を目指した改良であると判断できるかどうかを考察する。こうした作業により、甲冑の系譜論・型式論・編年論を検討するにあたって注目した属性の妥当性を検証したい。

（1）帯金式甲冑

帯金式甲冑のうちでも、もっとも研究の蓄積がある帯金式短甲を例として記述する。製作工程と属性の対応関係の整理にあたっては、第2章で検討した連接技法の特性の違いによって区別を設ける。連接技法が綴第1技法であるか、あるいは鋲留技法であるか[7]によって短甲の設計原理が異なり、それにともなって各工程に起因する属性の表れ方が異なるためである。以上の点をふまえて製作工程と属性（観察項目）の対応関係を整理する［表4］。

表3 古谷毅氏による「鍛造製品の観察項目とそれにかかわる製作加工技術・技法・痕跡・工具など」
〔古谷 2012a 一部改変〕

工程	技術群	観察項目	金属加工分類（大）	技術分類（小）	技法	痕跡・遺存物	想定工具・材料	備考
部品成形工程	技術群A	①輪郭形状	塑性（変形）加工	板金加工	切断技法,自由鍛造技法	切断工具痕・切断痕跡	タガネ・金槌・金床・金鉗	
		②断面形状		曲加工	丸曲加工,折曲加工,型鍛造技法	均一厚み,不均等厚み	当具・金槌・木槌,倣型・打込型	cf. 槌起技法
		③内（裏）面形状				凹凸（鍛打痕）		「花弁状打痕」
		④立体形状				亀裂・工具(当具)痕,歪み		
部品整形工程	技術群B	⑤縁部形状	鍛冶・金工技術 機械加工	縁部加工（切削加工）	面取技法	面取（切削痕）	キサゲ・セン様工具	
		⑥孔形状		孔加工（孔あけ加工）	穿孔技法,透彫技法	円筒状孔・鼓状孔,メクレ（バリ・カエリ）	穿孔具(ドリル様工具,キリ様工具)・ヤスリ・キリ様工具	「用途不明孔・未使用孔」cf. 透彫技法,糸ノコ様工具
		⑦外（表）面形状		表面加工（研削加工）	研磨技法	平滑（擦痕）	砥石・砥粒	
組立工程	技術群C	⑧連接形態	付加加工（金工）技術	機械的連接加工	革綴・鋲留・カシメ技法,威（縅）・蝶番連結技法	綴革,鉄鋲,(鉄釘),鋲頭当具痕,鋲脚打当痕	ハンマー様工具,打撃補助工具,鋲頭受金具,引合受金具	
		⑨接着形態		接着（熱）的接合加工	鑞接（接着）技法,鍛接技法	(金属鑞)	銀鑞など	
仕上工程	技術群D	⑩外周部処理	非金属工芸技術	覆輪技法	革組・革包・鉄包・鉄折返技法	覆輪圧着痕	革紐・鉄板ほか,（ヤットコ様工具）	
		⑪表面処理		塗装・被覆技法	漆塗・焼付技法,錫箔技法	塗膜・金属箔ほか	漆ほか	
		⑫装飾・装着		装飾・装着	金銅装技法,彫金技法,染織技術	蹴彫・列点ほか	アマルガム・タガネ・布・紐ほか	cf.タガネ様工具

〈凡例〉・表の組方向および一部の列の順序を変更し、用語の一部を本書における表記へと改変した。
・「痕跡・遺存物」項目で、下線はポジティブな痕跡（実物が鉱物化したものを含む）、下線のないものはネガティブな痕跡（工具痕など）を示す。

①設計段階

　先に作業内容の規定をおこなった設計段階は、製品の基本構造を決定する上でもっとも重要な工程である。この工程に起因する属性として、綴第1技法の場合は段構成〔吉村 1988：p.34、小林謙 1991：pp.153-154 etc.〕、地板構成〔増田 1966：p.94、高橋エ 1987：p.144、田中晋 1988：p.36、滝沢 1988：pp.950-951、阪口 1998、橋本達 1999、鈴木 2004・2005・2008〕が、鋲留技法の場合は段構成〔吉村 1988：p.29〕、胴開閉〔小林行 1982〕が該当する。

　一般的傾向として、「過去の製作における経験が次の設計に活用される」という立場をとることが容認されるならば、設計段階においてこそ製品に対する自律的改良の意図が発揮されやすいものと考えられる。そうした意図は、予期せぬ不都合に対応するために製作途中で当初の設計から仕様を変更するといった、短期的な改良（解決策）やそこで発揮される創意とは区別すべきものと考える。本書では、生産性や機能性の向上を目指した改良、なかでも基本構造にかかわる改良は、原則

表4 帯金式短甲の製作工程と属性の対応関係

製作工程			連接技法	
			綴第1技法	鋲留技法（綴第2技法）
設計段階			段構成，地板構成	段構成，地板構成
製作段階	部品成形工程	第Ⅰ工程	補助板の有無	不整形地板（①輪郭形状）
	部品整形工程	第Ⅱ工程		
	組立工程	第Ⅲ工程	綴の順序・進行方向（⑧連接形態）	鋲頭径，鋲留数，鋲留位置（⑧連接形態）
	仕上工程	第Ⅳ工程		蝶番金具（⑧連接形態）
			覆輪技法（⑩外周部処理）	覆輪技法（⑩外周部処理）

的には設計段階に起因する属性についての変化としてもっとも表れやすいとする立場をとる。

②製作段階

部品成形工程・部品整形工程　部品成形工程（第Ⅰ工程）・部品整形工程（第Ⅱ工程）は、設計段階の作業成果を立体として構成する工程である。この工程に起因する属性として、綴第1技法の場合は補助板〔古谷 1996：p.66〕[8]の有無が、鋲留技法の場合は不整形地板（①輪郭形状）〔田中新 1978：p.39、塚本 1993b：p.23、古谷 1996：pp.69-70、滝沢 2008：pp.16-18、西嶋 2012：pp.389-396、川畑 2015：pp.196-198・2016：p.16〕[9]が該当する。

この工程は、設計における不備を調整する工程でもあるため、そこに起因する属性にはそうした調整の結果が反映されているものと考えられる。

組立工程　組立工程（第Ⅲ工程）に起因する属性として、綴第1技法の場合は綴の順序と進行方向（⑧連接形態）〔高橋工 1987：pp.146-148・1991：pp.308-310〕が、鋲留技法の場合は鋲頭径、鋲留数、鋲留位置（⑧連接形態）〔吉村 1988、滝沢 1991〕が該当する。これらの属性は、連接技法ごとに特性が大きく異なる。

綴第1技法の場合は、設計段階からの一連の作業成果が、組立工程における作業性に密接にかかわってくる。すなわち、綴第1技法という連接技法を採用する限り、組立工程は設計段階の規制を強く受けているといえる。したがって、組立工程に起因する属性が、設計段階に起因する属性以上に生産性や機能性の向上を目指した改良を反映する可能性は低いと考えられる。先にあげた属性は綴革の遺存状態が良好でなければ観察することができず、そうした制約のため、検討例は増加しつつあるとはいえ、全出土例に対する比率としては依然として低い。綴の順序には原則ないし規範ともいいうる傾向があることが判明しているが、革紐における長型・短型の存在〔古谷 1996：p.65〕、起点や終点の処理方法などには工人の流派や工人個人の癖などが反映されている可能性があり、さらなる検討例の蓄積が期待される。

一方、鋲留技法の場合は、設計段階以下の作業成果が組立工程に及ぼす直接的影響は綴第1技法の場合に比べて小さく、組立工程において生産性や機能性の向上を目指した独自の改良がなされる余地が多い。つまり、組立工程で使用する連接技法そのものについての型式変化を想定することが可能であり、その結果を製品の型式変化を検討するための属性として援用することができる。鋲頭径、鋲留数、鋲留位置という連接技法についての属性が、製品全体のレベルではそのまま組立工程に起因する属性であり、これらは生産性や機能性の向上を目指した改良を反映すると考えられる。

仕上工程　　仕上工程（第Ⅳ工程）に起因する属性として、綴第1技法の場合は覆輪技法（⑩外周部処理）〔小林行 1982：pp.28-32、高橋工 1991：pp.298-308〕、鋲留技法の場合は覆輪技法（⑩外周部処理）〔小林行 1982：pp.28-32、高橋工 1991：pp.298-308、滝沢 1991・2008・2015、川畑 2015〕、蝶番金具（⑧連接形態）〔小林行 1982：pp.29-32、滝沢 1991・2008・2015、川畑 2015〕が該当する。

　この工程は製品の基本構造に直接的に影響を与える工程ではないため、そこに起因する属性の変化は生産性や機能性の向上を目指した基本構造にかかわる改良を反映する可能性は低いといえる。一方、近年における鋲留短甲の属性分析の深化により、覆輪技法や蝶番金具が系統差を反映している蓋然性の高いことが指摘されている〔滝沢 2008・2015、川畑 2015・2016〕。生産体制を復元的に考察していく上で、きわめて重要な着眼点といえる。

　なお、古谷氏による施工段階（工程）の整理では、蝶番金具の取付、すなわち開閉する前胴部とそれ以外の部分を連結する作業は、組立工程（第Ⅲ工程）に位置づけられている〔古谷 2012：p.75〕。しかしながら、開閉する前胴部に取りつけられた蝶番板の端部に覆輪が施されている事例があることから、蝶番金具の取付に先行して覆輪が施された場合があることは確実である。むしろ、覆輪を施す際の作業性を考慮するならば、覆輪の施工が蝶番金具の取付に先行することが一般的であった可能性も考えられる。そのため、本書においては蝶番金具の取付は仕上工程（第Ⅳ工程）に属する作業と位置づけることとする。

　蝶番金具の取付工程については、「鉄地金銅張蝶番金具で革帯鋲留結合を行う技術」に着目し、これらの作業に慣れている馬具・胡籙などの工人が部材を供与、あるいは工程を分担したとみる見解がある〔内山 2008a：pp.387-388〕。また、蝶番金具に釣壺形式や鉄地金銅張などの「鉄製甲冑の製作技術とはやや異質の要素」がみられること、蝶番金具を固定する鋲が鉄板の連接に使用される鋲とは異なる場合があること、「短甲の全体的な部材構成から逸脱した位置」に蝶番金具の取付がなされる事例があることから、蝶番金具の取付は「短甲本体の製作工房から離れた場所」でなされ、それは馬具製作工房であった可能性が高いとの見解も提示されている〔鈴木 2012：pp.116-117〕。これらの見解からも、蝶番金具の取付は組立工程（第Ⅲ工程）よりも仕上工程（第Ⅳ工程）に属する作業とみる方が妥当であろう。

（2）小札威甲

　小札威甲について、その系譜論・型式論・編年論において注目されてきた属性（観察項目）は、小札の威孔配置〔清水 1993・1996、塚本 1997、内山 2001b・2006・2008b、初村 2011・2015〕、小札の縦断面形（②断面形状）〔塚本 1997、初村 2011・2015〕にほぼ集約される。前者は威孔が1列であるか2列であるか、また第3威孔の有無など、威技法の種類と密接に関係する。また、後者は縦断面Ω字形・S字形の腰札、縦断面Ω字形の裾札の有無であり、甲の構造に深くかかわる。いずれも、技術系統差をも反映していると考えられ、きわめて重視される属性である。

　小札に威孔が穿孔されるのは、先にみた部品整形工程（第Ⅱ工程）の穿孔の工程（第3工程）である。しかしながら、その穿孔位置については設計段階において威技法が選択された際に連動して

決定されているため、属性の変化が起因する工程は設計段階ということになる。また、小札の縦断面形は、部品整形工程（第Ⅱ工程）の裁断整形の工程（第4工程）で整形される。しかし、これについても、そうした縦断面形の小札を製作するかどうかは設計段階で決定されていると考えられる。したがって、小札の縦断面形についても属性の変化が起因する工程は設計段階ということになる。

（3）各属性の検討

ここまでの検討をふまえて、甲冑の系譜論・型式論・編年論を深めていく際に注目すべき属性とその序列についてまとめる。

①帯金革綴短甲

綴第1技法によって連接される帯金革綴短甲[10]の場合、設計段階に起因する属性として段構成と地板構成があるが、これらの変化の方向性として生産性や機能性の向上を目指した改良が想定できるだろうか。以下、研究史に照らして検討する。

段構成　長方板革綴短甲における前胴竪上第3段の帯金の有無についての議論がある。その有無によって前胴が7段構成の製品と6段構成の製品が存在するが、出土古墳からみて新相を示すと考えられる事例に、より製作コストのかかる7段構成の製品が多いことから、そこに生産性や機能性の向上を目指した改良を想定することは困難である。

また、前胴・後胴とも9段構成の製品が2例ある。平行四辺形と三角形の地板を備える大阪府七観古墳例、襟付短甲にみられるものと同様のU字形帯金を備える宮崎県上ノ坊2号墳例の2例で、特殊な段構成と地板構成をとることから「変形板短甲」〔橋本達2002b〕と呼称される製品である。鋲留技法導入期の所産であることが指摘されており〔野上 1968 etc.〕、その生産は意匠性重視の製品によるバリエーションの拡大を目的としていたと考えられ〔阪口 2008〕、生産性や機能性の向上を目指したものとは評価しえない。

地板構成　長方板革綴短甲・三角板革綴短甲のいずれについても、地板の大型化とそれにともなう地板の減少という傾向が指摘されてきた。先行研究が示すとおり、そこに鍛造技術の発達を背景とした生産性の向上を目指した改良を想定することができる。

小　結　以上より、綴第1技法によって連接される帯金革綴短甲においては、地板構成がもっとも重視すべき検討属性であるといえる。段構成、補助板の有無、綴の順序・進行方向、覆輪技法については、補助的な属性として検討することになろう。

②帯金鋲留短甲

帯金鋲留短甲の場合、設計段階に起因する属性として、段構成、地板構成、胴開閉がある。

段構成　帯金革綴短甲でもふれた「変形板短甲」に属する9段構成や5段構成の製品とは別に、おもに横矧板鋲留短甲に前胴のみ6段構成をとる製品が存在する。これは長方板革綴短甲の場合とは異なり、生産性の向上を目指した改良と想定できる。しかし、7段構成の製品が大多数を占め、6段構成の製品は少数であることから、主要な検討属性とはできない。

地板構成　三角板鋲留短甲と横矧板鋲留短甲が主要な形式であるが、前者については三角形地

板の特性により地板構成が必ずしも有効な検討属性とならないことが三角板革綴短甲の検討から指摘されていること〔阪口 1998・2015、鈴木 2004・2008〕、後者についても形式の特性により地板構成にほとんどバリエーションが認められないことから、有効な検討属性とはならない。

胴開閉　胴開閉の出現は設計上きわめて大きな変化ではあるが、備えていなくても着装の上でとくに問題のない機能であることが指摘されている(11)。着装の利便性の向上には資する可能性が高いが、武具としての機能の上ではむしろ防御性を損なうともいえる。その変遷には、生産性や機能性の向上を目指した改良が一定程度反映されていると考えられるが、変化の方向性を一方向的に措定しづらいという難点があることからも、補助的な属性として検討すべきであろう。

不整形地板　上記のほか、部品成形工程（第Ⅰ工程）に起因する不整形地板の出現の背景にも、生産性の向上を目指した改良を想定できる。その程度を客観的基準で示すことは困難であるが、近年ではこの属性の分類案を提示した研究もなされている〔滝沢 2008：pp.16-18・2015：pp.61-62、川畑 2015：pp.196-198・2016：p.16〕。

小結　以上より、先行研究が示し、前節で言及したとおり、その変化に生産性や機能性の向上を目指した改良を想定できる属性として、鋲頭径、鋲留数、鋲留位置を重視すべきといえる。段構成、胴開閉、不整形地板という属性についても考慮しつつ、覆輪技法、蝶番金具を補助的な属性として検討することになろう。

③小札威甲

小札威甲の場合、設計段階に起因する属性として、小札の威孔配置・縦断面形がある。

前節でも言及したとおり、威技法の種類や甲の構造に密接にかかわる属性であり、生産性や機能性の向上を目指した改良が反映されると考えられる。先行研究が示すとおり、これらの属性を重視すべきといえる。

第4節　製作工程論の成果

本章では、甲冑製作工程の概要を整理し、各工程とそこで使用される製作技術、またその製作技術の痕跡が観察される属性の対応関係をふまえ、系譜論・型式論・編年論を深化する上で重視すべき属性について検討した。その結果、帯金革綴甲冑については地板構成、帯金鋲留甲冑については鋲頭径、鋲留数、鋲留位置、小札威甲については小札の穿孔配置・縦断面形を重視すべきとの認識を得るにいたった。

これらの認識は、研究史上でも重視されてきた属性であり、本書ではその検証作業をおこなったにすぎないが、製作工程のなかでの位置づけを検討することにより、なぜその属性に着目すべきであるのかを、より論理的に、より明瞭に示すことができたと考える。本章における成果を、第Ⅱ部における「甲冑を対象とした研究」の指針としていきたい。

本章まで、日本列島出土甲冑の全体を視野に入れつつ、系譜論・型式論・編年論・製作工程論の研究史と現状を整理するとともに、私見を加味し、相互を連関させることによって、総合化を試みてきた。この作業はまた、現在における甲冑研究の枠組を提示することともなったと考える。この

枠組のなかで、第Ⅱ部では革綴短甲を取り上げることにより、「甲冑を対象とした研究」を深めていくこととしたい。

註

（１）先述の末永雅雄氏による復元製作とその報告のほか、復元製作にかかわる先駆的な業績として、群馬県長瀞西古墳出土三角板革綴短甲の復元報告がある〔青木・小沢 1974〕。

（２）後に、「工程」を「段階」に置き換え、それぞれの名称を「成形段階」・「整形段階」・「組立段階」・「仕上段階」に変更している〔古谷 2012：p.75〕。

（３）引合板などの通段結合の前に覆輪を施工していることが明らかな資料が存在しており、若干の補足・修正が必要である。たとえば、鉄折覆輪を施す場合、その構造上の特性から通段結合の前に施工しておく必要がある。また、そのほかの技法の覆輪を施す製品にも、石川県下開発茶臼山9号墳出土三角板革綴短甲（革組覆輪）〔図25〕、熊本県マロ塚古墳出土横矧板鋲留短甲（鉄包覆輪）のように、覆輪の施工が先行することがうかがえる事例がある。

（４）小札の底辺縁部を1〜2mm表側に折り返すように打ち出す端面加工である。身体との接触面をなめらかにするために施されたと考えられる〔塚本 1997：pp.67-68〕。

（５）小札の底辺を除く周縁部を1〜2mm裏側に折り返すように打ち出す端面加工である。横方向の小札列の動きによる威紐への摩擦を減らす、収納時に小札列が何重にも重なる際の損傷を防ぐ、小札どうしの接触面を少なくしつつ小札列を湾曲させる、小札列の外側への無理な湾曲を防ぐ、などのために施されたと考えられる〔塚本 1997：pp.67-68〕。

（６）小札の周縁部および孔の周縁部の厚み方向の角を落とす端面加工である〔塚本 1997：pp.67-68〕。

（７）穿孔原理が一致することから、綴第2技法は鋲留技法に準じるものとする〔第2章〕。

（８）ただし、古谷氏が例として提示した、大阪府和泉黄金塚古墳例などの三角板革綴短甲の長側第3段における、引合板に隣接する小型台形地板は、当初からの設計に基づくものと考える。その存在は長側第3段における三角形地板の連続のなかで理解できるものであり、また竪上第2段や長側第1段にも同様の小型台形地板が存在しながら長側3段の地板のみを「補助板」としてとらえることにも疑問が残る。本書では、岐阜県長良龍門寺1号墳例や石川県柴垣円山1号墳例などの長方板革綴短甲や、栃木県佐野八幡山古墳出土の三角板革綴短甲などの長側第3段における引合板際にみられる小型長方形地板が、古谷氏のいう「補助板」にあたるものと考える。

（９）帯金などに対して下重ねとなるために、地板の裁断ラインは外面からはみえない。第2章で述べたとおり、綴第1技法で連接する場合には地板の裁断に帯金などと同程度の精度が要求されるが、鋲留技法で連接する場合には地板の裁断はある程度ルーズでも問題がないために、生産時期の新しい鋲留短甲ほど地板が不整形になる傾向がある。

（10）古谷毅氏は「帯金革綴式短甲」・「帯金鋲留式短甲」とするが〔古谷 1996：pp.65, 68〕、本書では「帯金革綴短甲」・「帯金鋲留短甲」と表記する。

（11）「革綴短甲では結合が緩やかなために引合を押し広げて透き間から体を入れることで着用できたが、結合が強固な鋲留短甲ではそれが不可能になったので開閉装置がつけられるようになった」というような説明がなされることがある〔野上 1968：p.22 etc.〕が、これは誤謬と考えられる。革綴短甲は仕上工程で漆塗装を施されて綴革ごと固化するため、先述のような着用方法が不可能なことは復元模造の報告でも指摘されている〔青木・小沢 1974：p.17〕。同報告では足の方からはく方法が容易であるとしており、この方法をとるならば鋲留短甲の場合でも開閉装置は必ずしも必要ではない。

第Ⅱ部　革綴短甲生産の展開

第5章　鉄製短甲の出現

第1節　古墳時代前期の鉄製甲冑

　日本列島において鉄製甲冑が出現したのは、古墳時代前期のことである。第3章でも概観したように、帯無革綴甲冑Ⅰ群・小札革綴甲冑・延板革綴付属具という3群の同一技術品群が認められる。形式名で示すと、甲には縦矧板革綴短甲(1)・方形板革綴短甲・小札革綴甲、冑には小札革綴冑、付属具には縦矧板革綴籠手がある。

　本章ではこれらのうち、日本列島で生産された可能性が高く［第2章］、古墳時代中期に盛行する帯金式甲冑の直接的な祖型となりうることが研究史上において指摘されている、大阪府紫金山古墳出土の縦矧板革綴短甲［図11-1・図26-1・図28］をおもに取り上げる。これにより、日本列島における鉄製甲冑出現期の実相を明らかにすることに努めたい。

　紫金山古墳から出土した縦矧板革綴短甲と縦矧板革綴籠手［図11-17・図30・図31］は、1947（昭和22）年の出土以来、日本列島における鉄製甲冑出現期の資料として、その重要性が認識されてきた。しかしながら、1993（平成5）年にいたるまで実資料や写真が公開されることはなく、全体構造や製作技術の詳細な観察に基づいた検討は、このときを待ってようやく開始されることとなった。以後、前期甲冑〔橋本達 1996：p.255〕の研究が進展するなかで検討が深められ、その評価についてはすでに一定の蓄積がある。

　次節以下では、まず紫金山古墳出土甲冑についての研究史をたどり、その到達点を確認する。その上で、近年の資料の増加をふまえ、縦矧板革綴短甲をあらためて型式学的視点から検討する。最後に、縦矧板革綴籠手に観察された綴技法の新例について若干の検討を試みたい。

第2節　紫金山古墳出土甲冑をめぐる研究史

　紫金山古墳出土甲冑は、2005（平成17）年の報告書刊行にいたるまでに、いくつかの論考において言及されてきた。ここでは、1993年の実資料の展示公開を画期ととらえ、それ以前と以後に区分して、やや詳しく研究史をたどることとする。

（1）展示公開以前の知見
　紫金山古墳出土甲冑について最初に具体的な記述を残したのは、大塚初重氏である。「縦矧板革

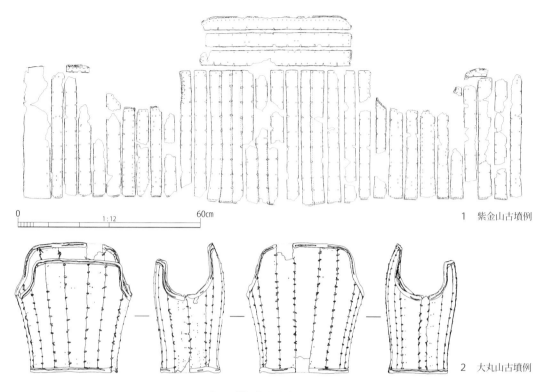

図26　縦矧板革綴短甲の諸例

綴の短甲は、山梨県大丸山古墳から出土した長短17枚の鉄板をもちいた遺品が、ほとんど唯一の例として知られていたが、その後、大阪府紫金山古墳から、おなじ系統の、より古い1例が発見された。これらは、それぞれの鉄板が短甲の上端から下端まで達する細長いものをもちいており、紫金山古墳の例は、さらに後胴の上縁に、べつな鉄板を竪上としてとりつけたものである」〔大塚1959：p.82〕と述べ、既知の大丸山古墳例〔末永 1934、保坂 1999〕〔図26-2〕とは異なり、後胴に押付板をもつ構造であることを明確にした。籠手については、「長さ約16cmから31cmにおよぶ11枚の幅のせまい鉄板を筒形にとじあわせた遺品があって、その形状から、あるいは臑当ではないかと考えられている。もし、そうであるなら、4世紀のめずらしい遺品といわねばならないが、一対そろえて副葬されていなかった点に疑問がのこる」[p.85]としており、当時は臑当と認識されていたことがわかる。以後、紫金山古墳出土甲冑の形態的・構造的特徴については、長らくこの記述が基礎資料としての役割を果たすこととなり、野上丈助氏が指摘するように〔野上 1991：p.7〕、「貴重な記述」となった。

このほか、紫金山古墳出土の縦矧板革綴短甲の押付板が3段からなることを、野上氏が小林行雄氏の教示として紹介している〔野上 1969：p.16〕。この点については後に、京都府園部垣内古墳出土の方形板革綴短甲の押付板が2段構成である点を引き合いに出し、両形式間の技術交流を認めている〔野上 1991：pp.7-8〕。後に高橋克壽氏によって指摘された押付板の変化〔高橋克 1993〕に通じる、先駆的な見解と評価できよう。また、小林謙一氏は紫金山古墳出土甲冑を実見した上で、

短甲について「人間の胴部に合う彎曲をつくりだすために、脇部にあたる竪矧板の裾より三分の一近くから裾にかけて、左右方向に若干の「ひねり」が加えられている」と述べ、この点について大丸山古墳例との鍛造技術上の相違を指摘している〔小林謙 1974a：p.51〕。縦矧板革綴短甲として一括されながらも、両者には押付板の有無以外にも大きな相違点があることを印象づけたこの指摘は、野上氏が提示した「多様性」〔野上 1969：p.18〕という前期甲冑を説明するキーワードに、一層の具体性を与えるものであった。

（2）展示公開以後の研究

1993年、京都大学文学部博物館（現・京都大学総合博物館）において春季企画展『紫金山古墳と石山古墳』が開催され、紫金山古墳の副葬品の全貌がはじめて公開された。短甲についても実資料はもちろん、写真が公開されたのもこのときがはじめてである。また、付属具が臑当ではなく籠手であることも、このときに確定された。その図録〔京都大学文学部博物館 1993〕は、今日にいたるまで基礎資料として機能し続けている。短甲については高橋克壽氏が、上縁覆輪の二重構造、竪上板・引合板の存在、脇部地板の高密度な孔列の存在など、それまで知られていなかった諸特徴を紹介するとともに、それらをふまえて4世紀の短甲の変化について考察を加えた〔高橋克 1993〕。すなわち、紫金山古墳出土短甲との型式学的特徴の類似度により、方形板革綴短甲を押付板二段式・押付板一段式・襟付式の三つに細分し、それぞれの出土古墳がほぼこの順に年代づけられることから、方形板革綴短甲が紫金山古墳出土短甲の系譜上に発展したことを想定したのである。さらに、その変化を「素材と技術に規定されたためであろう細長い鉄板の制約を受けていた段階から自由な形と湾曲を獲得していく過程」と評価し、その過程は「枠組みを形づくろうとする方向性」をともなっていたとして、縦矧板革綴短甲から方形板革綴短甲を経て長方板革綴短甲へと連続性をもって系譜をたどれることを説いた〔p.124〕。すなわち、古墳時代中期に主流をなす帯金式甲冑〔古谷 1996：pp.64-65〕の祖型として紫金山古墳出土の縦矧板革綴短甲を位置づけたのである。また、紫金山古墳例をはじめとする4世紀代の短甲の変化に、朝鮮半島や中国大陸からの影響を考慮すべきことを、類似点・相違点を具体的に示しつつ強調した点も重要である〔p.125〕。これらの高橋氏の見解は、以後の前期甲冑研究の枠組の形成に大きな役割を果たしたといえよう(5)。

高橋氏の見解を踏襲し、さらに詳細に前期甲冑を検討した橋本達也氏は、「全体的枠組みの形態的特徴・共通の製作技法から竪矧板革綴短甲と方形板革綴短甲が同一系譜の製品とでき、紫金山古墳出土の竪矧板革綴短甲は方形板革綴短甲の直接の祖形になる」ことを追認した〔橋本達 1998：pp.60-61〕。一方、大丸山古墳例については、「技法的には同一系譜上の産物といえても」、「紫金山例との間には隔たりがあり」、「最も初期の試作品的存在であった」と位置づけた〔p.60〕。また、縦矧板革綴短甲と朝鮮半島南部の縦長板釘結板甲について共通要素と相違要素を抽出し、両者の系譜関係を検討した(7)。その結果、「半島南部と列島の短甲は無関係に成立したとは考えられず、系譜的関連を有し、列島の短甲は半島南部の影響を受けたことが考えられるが、同時に両者の間には大きな差異があり、同一の製作組織がその製作を行なったとも考えがたい」と結論づけ、「半島南部系鉄製品製作工人」の「短期的・突発的な」渡来と「日本列島の工人をとり込む形での新たな工人

図27 紫金山古墳出土甲冑の複製品
（大阪府立近つ飛鳥博物館所蔵・提供）

組織の形成」を想定した〔pp.66-67〕。橋本氏の論考は、上述の成果をふまえ、前期甲冑にみられるセット関係が生成された要因、4世紀の東アジア情勢のなかでの前期甲冑出現の史的意義にまで説き及ぶ総括的なもので、小札革綴冑を中心的に扱った前稿〔橋本達 1996〕とあわせ、前期甲冑に関する研究の一つの到達点と評価されよう。

高橋氏や橋本氏とは異なった視点からの言及として、復元製作によるものがある。一瀬和夫氏は、展示資料として紫金山古墳出土甲冑の復元製作〔一瀬・地村 1998〕をおこなった際に得られた知見をもとに、縦矧板革綴短甲の「かたち」の形成過程を製作技術の面から具体的に説明した〔一瀬 1998：p.79〕。完成した複製品は、大阪府立近つ飛鳥博物館に常設展示されている［図27］。

第3節　縦矧板革綴短甲の型式学的検討

前節で詳しくみたとおり、紫金山古墳出土短甲の型式学的位置については、高橋氏と橋本氏によって的確に評価されてきた。そこで示された分析視点や技術的評価については、正式報告書作成にかかわる調査研究を経た後でも、新たに付け加えるべきことはほとんどなかったといってよい。

ここでは、両氏の論考が発表された後、過去に岡山県奥の前1号墳から出土していた短甲が3例目の縦矧板革綴短甲として新たに確認されたことを受け［表5］、あらためて大丸山古墳、紫金山古墳、奥の前1号墳出土の縦矧板革綴短甲3例に、朝鮮半島の縦長板革綴板甲も加えて比較し、それぞれの型式学的位置を確認したい。

（1）奥の前1号墳出土短甲

研究成果報告書において、概要と位置づけが示されている〔澤田 2004〕。概要によれば、前胴4枚（うち引合板2枚）・脇部6枚・後胴4枚あるいは5枚、合計14枚あるいは15枚の縦矧板で構成され、押付板や竪上板などの横長の鉄板をまったく使用していない。縦矧板には幅広のものと幅狭のものがあり、幅狭のものは左右の引合板および左右の脇部中央の板に使用されている〔倉林編 2004：pp.27-28〕。また、縦矧板の形状について、「若干の反りがあるものの、天地の幅があまり変

表5　縦矧板革綴短甲一覧

出土古墳	府県	所在地	墳形	墳丘長	施設	副葬位置
大丸山	山梨	甲府市下向山町東山	方円	99 m	竪穴式石槨	槨内・足側
紫金山	大阪	茨木市室山	方円	110 m	竪穴式石槨・割竹形木棺	棺内・足側
奥の前1号	岡山	津山市油木北奥の前	方円	65 m	長持形石棺（粘土被覆）	不明

〈凡例〉・墳形：方円…前方後円墳。

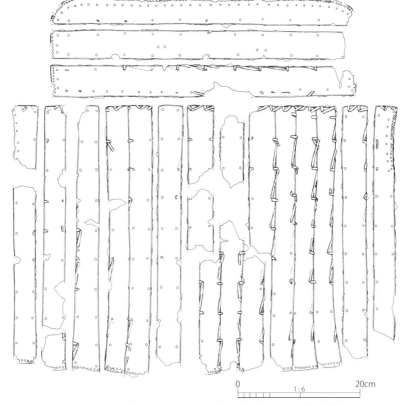

図28　紫金山古墳出土縦矧板革綴短甲内面にみる綴第1技法

わらない」ことが特徴として指摘されている〔澤田 2004：p.38〕。

　これらをふまえ、澤田秀実氏は「大丸山例よりも地板の幅が広く、枚数が少ないことや、個々の地板形態が単純な竪板であることなどから、より初現的な要素を見出すことができ、奥の前例は大丸山例に先行して製作された可能性も考えられる」と評価した。さらに、朝鮮半島の慶州九政洞古墳第3槨出土の縦長板釘結板甲との形態的共通性を根拠として、奥の前1号墳例の由来を朝鮮半島に求めるとともに、4世紀初頭に近い時期に製作された可能性を示した〔p.41〕。すなわち、最古式の縦矧板革綴短甲として位置づけたのである。

(2) 朝鮮半島の新出資料

　近年、朝鮮半島においても甲冑資料が著しく増加している。澤田氏は鋲留（釘結）製品の1例をあげて奥の前1号墳出土短甲との形態的共通性を指摘したが、朝鮮半島においても革綴製品、すなわち縦長板革綴板甲の存在が知られてきており、2010（平成22）年の段階では釜山福泉洞38号墳出土板甲がその唯一の確例である〔李賢珠編 2010〕［図29］。

　2011（平成23）年に報告書が刊行される以前から、縦長板甲を総括的に扱った宋桂鉉氏の論考によって、その諸属性を知ることができた〔宋桂鉉 2003：p.61〕。そのなかでもっとも重要な点は、福泉洞38号墳例に使用されている綴技法が、紫金山古墳例と共通する綴第1技法［図28］であるこ

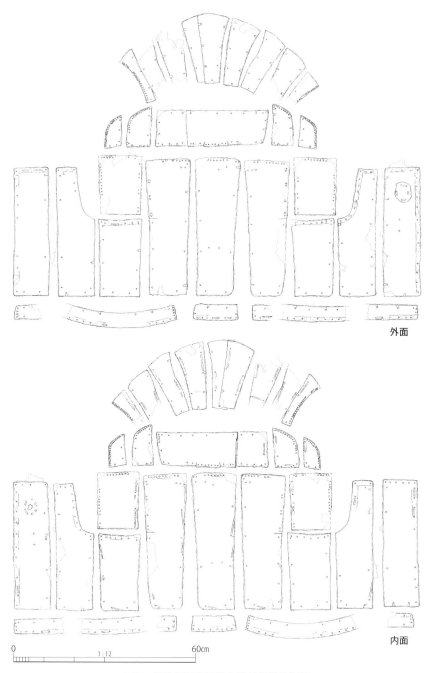

図29 福泉洞38号墳出土縦長板革綴板甲

とが示された点であった。宋氏によれば、福泉洞38号墳例の胸部・腹部のみならず、42号墳出土縦長板釘結板甲の裾板、69号墳出土縦長板釘結板甲（A）の右脇部、86号墳出土縦長板釘結板甲（A）の前胴部にも部分的に使用が認められるという〔宋楨植 2003：p.36〕。

　綴第1技法はそれまで日本列島独自の技法と評価され〔高橋エ 1993：pp.17-18〕、綴第1技法を使用する製品の製作地を日本列島と考える説の大きな論拠となってきた〔高橋エ 1995：p.151、橋

表6　縦矧板革綴短甲・縦長板甲の諸属性

出土古墳		基本構造						縦矧板・縦長板枚数		連接技法	覆輪技法
		襟板	押付板	竪上板	袖板	裾板	引合	引合板	地板		
釜山	福泉洞38号	○	×	×	○	○	○	0	9	綴第1・綴第1'・綴第2	革組・革包
慶州	九政洞(A)	○	×	×	○	○	○	0	10	鋲留（釘結）	革組
山梨	大丸山	×	×	×	×	×	×	−	17	綴第1	革組 or 革包
岡山	奥の前1号	×	×	×	×	×	○	2	12 or 13	綴第1	未公表
大阪	紫金山	×	○	○	×	×	○	1	33	綴第1	革組・革包

本達 1996：p.281、阪口 2001：p.36〕。福泉洞38号墳例は朝鮮半島の縦長板甲のなかでも最古段階（Ⅰ型式・Ⅰ段階）に位置づけられており〔宋楨植 2003：表10〕、こうした朝鮮半島特有の基本構造をもつ板甲に綴第1技法が連接技法として使用されているという事実は、日韓出土甲冑の系譜や製作地などの問題をめぐる研究動向にきわめて大きな影響を与えるものである。

現在では、報告書の刊行により福泉洞38号墳例の詳細が明らかにされている。胴体部の連接のほとんどに綴第1技法を使用しているが、袖板の連接にのみ綴第2技法を使用している。一方、頸部の連接には綴第1'技法を使用しており、部位によって3種類の連接技法を使い分けている〔図29下段〕。これらの状況は、袖板が後補された可能性や、胴体部と頸部の製作工人が異なる可能性を想起させるが、本例の主体的な連接技法として綴第1技法が使用されたことは動かない。なお、共伴した縦長板革綴冑は、鉢部の連接技法として綴第2技法を使用している。

朝鮮半島の縦長板甲の変遷を3段階に分けて把握する見解〔宋楨植 2003・2012〕によれば、福泉洞38号墳・86号墳（A）例はⅠ段階、福泉洞42号墳・69号墳（A）例はⅡ段階に位置づけられている。福泉洞38号墳例を除けば製品中において主体的な連接技法ではなく、また事例も少数にとどまるとはいえ、綴第1技法は初現期から一定期間にわたって使用されたことがうかがえる。こうした技法の継続性を勘案し、また朝鮮半島と日本列島の鉄製割付系甲冑の生産開始時期に大幅な時期差をみつもらないとすれば、当該期において朝鮮半島の方が技術的なバリエーションの幅が広いことを指摘し、「朝鮮半島から日本列島への技術的波及」を想定する橋本達也氏の見解〔橋本達 2013：p.340〕は、妥当なものと考えられる。[11]

ただし、もともと検討対象としうる資料が少ない上に、日本列島出土の初現期の資料である大丸山古墳例には現在の資料状況をふまえた十分な検討が及んでおらず、奥の前1号墳例も未報告の状況にある。したがって、鉄製甲冑生産開始期における朝鮮半島と日本列島の技術交流の具体相には、なお不明瞭な点が多い。引き続き、個別資料の詳細な観察の蓄積、より精緻な日韓の相対古墳編年の整備が不可欠であり、今後に課題は残されているといえよう。

（3）縦長板甲・縦矧板革綴短甲諸例の比較検討

朝鮮半島の縦長板甲にも綴第1技法が使用されていることが明らかとなり、これまでにも縦長の鉄板によって構成されるなどの共通点から想定されてきた、縦矧板革綴短甲と縦長板甲の系譜関係は一層その確実性を高めることとなった。しかしながら、きわめて粗放なデータとはいえ、両形式の基本構造を比較するならば、その型式学的な距離は近いとはいいがたい〔表6〕。縦矧板革綴短

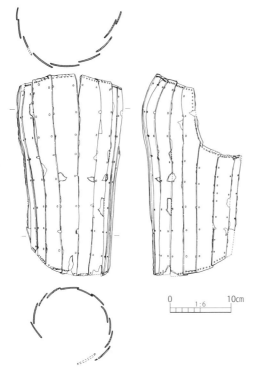

図30　紫金山古墳出土縦矧板革綴籠手

甲には、襟板・袖板・裾板が存在しない一方で、引合板を備える例が認められる点は、設計にかかわる大きな相違点として看過できない。やはり両者は系譜関係は有しつつも、甲の形式としては截然と区分が可能である。

　縦長板甲と縦矧板革綴短甲の関係を上記のように確認した上で、福泉洞38号墳例、大丸山古墳例、奥の前1号墳例、紫金山古墳例の4例を比較すると、あらためて大丸山古墳例の特異性が浮かび上がる。基本構造の上では、縦長の板を使用するという点を除くと、ほかとの共通点をみいだせない。とりわけ前胴正面で引き合わせるという属性を備えない点(12)は、この属性が裁断前の鉄板の展開形態を反映する可能性が高いという技術的視点からも、看過できない相違点である。こうした点をふまえ、大丸山古墳例をいったん対象から除外して検討を進めたい。

　残り3例の基本構造を比較すると、共通する属性の組み合わせから、福泉洞38号墳例―奥の前1号墳例―紫金山古墳例という型式組列を措定できる。型式組列の変化の方向については、4世紀前葉に位置づけられることの多い福泉洞38号墳の年代観〔宋楨植 2004：p.42〕や、紫金山古墳例から方形板革綴短甲への連続性〔髙橋克 1993、橋本達 1998〕を勘案するならば、上記のとおりの順序での変化を想定することができよう。これは、地板に実現されている湾曲の自由度が増大していくという方向性〔小林謙 1974a〕に合致することからも、妥当なものと考えられる。

　大丸山古墳例については、現在の資料状況からは詳細な検討は難しいが、奥の前1号墳例から、前胴正面を引き合わせるという属性を欠落させて派生した製品と理解しておきたい。

　以上を整理すると、前胴正面で引き合わせるという属性を基本構造として備える、主流となる系列（福泉洞38号墳例―奥の前1号墳例―紫金山古墳例）があり、そこからそうした属性を備えない製品が派生（奥の前1号墳例―大丸山古墳例）したという変遷観［図37］を提示できよう。

（4）縦矧板革綴短甲の生産状況

　ただし、上述のような変遷観を提示することが、型式学的検討によって可能ではあったとしても、そこからただちに大規模で系統立ったスムーズな生産状況を想定できるわけではないことには、十分に注意をしておきたい。

　すでに先行研究が示しているように〔橋本達 1996：pp.286-287〕、製品の稀少性および多様性を勘案するならば、小規模で試行錯誤的な生産状況を想定するのが穏当であろう。

第4節　紫金山古墳出土籠手の綴技法

（1）技法の概要

　紫金山古墳から出土した籠手は、縦長の鉄板12枚を革綴したもので、縦矧板革綴籠手と呼ぶべき製品である〔阪口 2001：p.37〕［図30］。鉄板構成や高密度の穿孔列などに共通性が認められることから、縦矧板革綴短甲とセットで製作されたものとみてよいであろう。古墳時代中期中葉に小札威甲などとともに日本列島に導入される、細長な篠札を綴第2技法で綴じ合わせた「篠籠手」とは形態や製作技術が異なる。

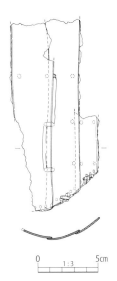

図31　紫金山古墳出土縦矧板革綴籠手内面にみる綴第1'技法

　紫金山古墳出土籠手には、報告書を刊行した2005（平成17）年の時点では類例が公表されていなかった綴技法が確認された。第2章で言及したように、鉄板外面では綴第1技法と同様に鉄板端部をまたいで綴目が並ぶが、内面では通常のように革紐が鋸歯状にはならず、クランク状を呈するものである［図12・図31］。この綴技法は、原理的には綴第1技法とまったく同一で、綴目の部分で鉄板の重なり部分を外面で二重、内面で一重に巻き締め、次の綴目へと進む。綴第1技法との外観上の相違は、ある綴目から次の綴目へ革紐が進行する際に、重なり合う鉄板の綴孔へ向かう（綴第1技法）か、同じ鉄板の綴孔へ向かうかの1点のみである。こうした点から綴第1技法のバリエーションと評価しうるので、綴第1'技法と呼称した。

　その後、2011（平成23）年に福泉洞38号墳出土縦長板革綴板甲が報告され、前節でもふれたとおり、その頸部の鉄板がすべて綴第1'技法で連接されていることが明らかとなった。

　現在のところ、綴第1'技法の報告例は、上述の2例のみである。綴第1技法と同様に、類例の少ない綴第1'技法についても朝鮮半島での事例が確認されたことにより、鉄製甲冑生産開始期における朝鮮半島と日本列島の技術交流を、より密接なものとして認識しうることとなった。

（2）技法の特色

　革綴作業時の工人の手の動きを復元すると、綴第1技法では綴目をつくる際に最初に革紐を通す孔と最後に通す孔の左右の位置関係が常に一定であるため、同一の手の動きの繰り返しで作業を進めていくことができる。

　それに対して、綴第1'技法では綴目をつくる際に最初に革紐を通す孔と最後に通す孔の左右の位置関係が、隣り合う綴目ごとに入れ替わるため、その度に手の動きを変えながら作業を進めなければならない。これは作業効率の点で大きな損失であり、綴第1'技法が一般的に普及しなかった理由はここにあるのではないかと考えられる。

(3) 技法の評価

　上記の特色をふまえると、綴第1'技法が紫金山古墳出土籠手に採用された理由を明確にすることは難しい。

　先述した外観上の相違は、綴目から綴目へと鉄板内面を革紐が進行する際に、鉄板端部をまたぐ（綴第1技法）かまたがない（綴第1'技法）かの相違でもある。この点を考慮すると、ある綴目で2枚の鉄板を綴じ合わせた後、次の綴孔に革紐を通して引っ張る際、それによって生じる力が2枚の鉄板に働くか（綴第1技法）、1枚の鉄板のみに働くか（綴第1'技法）の相違ともいえる。つまり、綴第1技法の場合には、綴目での綴じ合わせに加え、綴目から綴目へと革紐が進行する際にも2枚の鉄板を綴じ合わせる力が働いているのに対して、綴第1'技法の場合には、綴目のみで2枚の鉄板を綴じ合わせていることになる。

　このように、綴技法の相違が綴じ合わせの力の差に関係すると認められるのであれば、この籠手の製作に際して、通常よりもややゆるく綴じ合わせる必要性が生じたという解釈も可能ではある。そして、その必要性は、短甲よりも大きな曲率の湾曲が求められる、籠手の構造に起因するとの想定も可能であろう。このように考えれば、福泉洞38号墳出土縦長板革綴板甲の頸部に使用された理由も、頸部には胴体部よりも大きな曲率の湾曲が求められることと推定することができ、紫金山古墳出土籠手の場合と整合的である。

　しかしながら、綴じ合わせの力が大きく働くのはやはり綴目においてであると考えられ、さらに最終工程では漆が塗布され、革紐そのものも固められてしまうことをも考慮すれば、仕上がり時の両者の強度には結局のところほとんど差はないとみてよい。たとえ、上記の想定が物理的には正しいとしても、この技法の選択には実質的な意味はほとんどないということになろう。加えて、前節で想定した、該期における小規模で試行錯誤的な生産状況を勘案するならば、いまだ製作技術が安定しない段階で生じたイレギュラーな技法とみなしておくのが穏当であろう。

　このように評価しうる綴第1'技法がどの程度の時間的・空間的広がりをもつのかは、甲冑の系譜や生産地の問題を考える上で重要であり、さらなる類例の増加に期待したい。

第5節　鉄製甲冑出現期における生産状況と技術交流

　本章では、日本列島における鉄製甲冑出現期の資料として重要な位置を占める、紫金山古墳出土甲冑についての既往の研究を振り返るとともに、近年の資料の増加をふまえて、縦矧板革綴短甲について型式学的検討を試みた。その結果、「多様性」のなかにも単系列的な変遷を想定することも可能であることを示す一方で、小規模で試行錯誤的な生産状況を想定する意見を追認した。

　その過程では、綴第1技法が朝鮮半島の縦長板甲にも使用されていることを確認したが、このことは古墳時代前期における日本列島出土の割付系甲冑の系譜や生産地の問題を考える上できわめて重要な事実である。現在の資料状況においては、朝鮮半島から日本列島への技術的影響のもと、日本列島で生産されたと考えるのが妥当であろう。

　また、新たに確認した綴第1'技法について若干の検討を試みた。技術的側面からはこの技法を

あえて採用する合理的な理由をみいだすことはできず、いまだ製作技術が安定しない段階で生じたイレギュラーな技法と推定する。綴第1'技法も朝鮮半島の縦長板甲に使用されていることが明らかとなり、鉄製甲冑出現期における朝鮮半島と日本列島の技術交流を、より密接なものとして評価する必要性を示しているといえるだろう。

註
（1）筆者は以前に、字義の上から「竪矧板革綴短甲」ではなく「縦矧板革綴短甲」と表記すべきであるとの松木武彦氏の指摘〔松木 1992：p.76〕に賛意を表したことがある〔阪口 1998：p.3〕。現在でもその考えは変わらないが［序章］、その後も「縦矧板革綴短甲」という表記は一般化していない〔橋本達 1998、田中晋 2001・2004、柳本 2005 etc.〕。
（2）ほかに前期古墳から出土した籠手として、千葉県手古塚古墳例、大阪府庭鳥塚古墳例、奈良県富雄丸山古墳例がある。手古塚古墳例は筒籠手であり紫金山古墳例とは構造が異なるが、片手分のみが出土している。庭鳥塚古墳例は紫金山古墳例と同様の構造で9枚の鉄板からなり、やはり片手分のみが出土している。富雄丸山古墳例は破片資料であり、片手分であったか両手分であったかは不明である。
（3）小林謙一氏も「臑当らしき例」としている〔小林 1974a：p.52〕。
（4）この時点までに公表された情報を図化した模式図が小林謙一氏により提示されている〔小林謙 1990：p.143〕。
（5）以後、方形板革綴短甲の祖型については、高橋氏の見解を支持する立場〔橋本達 1996・1998、阪口 2005・2009・2010〕、木製品や皮革製品などの有機質製甲からの材質転換を想定する立場〔高橋エ 1995、小林謙 2000、柳本 2005 etc.〕の二者がある。ただし、この2案を必ずしも排他的なものとしてとらえる必要はないと考える。たとえば、鉄製短甲の製作技術は縦矧板革綴短甲から、方形板を使用するという設計思想は有機質製甲からというように、両者から影響を受けて成立したと想定することもできよう。また、これらとはまったく異なる立場として、縦矧板革綴短甲・方形板革綴短甲を朝鮮半島からの舶載品と考える見解もある〔田中晋 2001〕。
（6）朝鮮半島固有の資料には大韓民国での呼称を使用する。「釘結」は鋲留、「板甲」は短甲に相当する。
（7）その後の新出資料による知見をふまえ、再検討がなされている〔橋本達 2013・2014e〕。
（8）研究成果報告書の本文には、「全部で15枚の竪板からなると類推され」、「これは後胴の竪板を4枚とした板数であり、3枚であったとするならば14枚で構成されたことになる」〔澤田 2004：p.27〕とあるが、第5図〔p.28〕に示された展開図をみると、後胴は5枚あるいは4枚と想定されていると判断できる。
（9）概要報告〔崔鍾圭 1983：写真50〕では「縦矧板革綴式短甲」として速報的に紹介されたが、その後、縦矧板釘結板甲であることが判明している。なお、九政洞古墳第3槨では板甲2点が出土しているが、澤田氏が第10図として写真〔澤田 2004：p.39〕を提示しているのは、後述する宋楨植氏がAとする方の個体である〔宋楨植 2003〕。
（10）報告書の表紙・背表紙・裏表紙などには「2010」と記載されており、本書でも文献引用にあたってはこちらの年号を参照するが、抄録と奥付には「2011年2月」発行と記載されている。
（11）ここでは割付系甲冑である板甲の製作開始時期を問題としているが、単位系甲冑である小札威甲や割付系甲冑である縦長板冑についても、朝鮮半島における生産開始は4世紀以降と把握されている〔李賢珠 2014：p.52〕。
（12）橋本達也氏は、現在の復元状態とは異なり、本来は前胴正面で引き合わせる構造であった可能性を指摘している〔橋本達 2013：註（2）〕。

第6章　帯金式短甲の成立

第1節　帯金式短甲成立前史

　前章では、鉄製甲冑出現期の実相を明らかにするため、縦矧板革綴短甲、そのなかでも方形板革綴短甲を介して帯金式短甲の祖型となったと考えられる大阪府紫金山古墳例をおもに取り上げ、その型式学的位置を検討した。その過程で、当該期における朝鮮半島と日本列島の密接な技術交流の様相を確認した。

　本章では、さらに射程を広げ、前期甲冑〔橋本達 1996：p.255〕全体の資料状況を概観する。その上で、あらためて縦矧板革綴短甲・方形板革綴短甲・方形板革綴襟付短甲の諸属性を型式学的に検討し、これらの変遷をたどることとする。さらに、その変遷を帯金式短甲が成立する過程として跡づけ、帯金式短甲成立前史として評価したい。

第2節　前期甲冑の資料状況

　1990年代以降、前期甲冑の研究が活性化するにともない、さまざまな論点が提示されているが、祖型論や生産地論など、いまだ共通認識の形成にはいたらない問題もある。本節では、これらの問題の整理にも留意しつつ、まずは前期甲冑の資料状況を概観する。

（1）前期甲冑の2系譜

　古墳時代前期の冑と甲には、小札革綴冑・小札革綴甲（札甲）・縦矧板革綴短甲・方形板革綴短甲・方形板革綴襟付短甲の5形式がある［第3章］。第2章で示した分類案では、前2形式は綴第2技法のみを使用する小札式甲冑、すなわち「小札革綴甲冑」、後3形式は綴第1技法を使用する帯無式甲冑、すなわち「帯無革綴甲冑Ⅰ群」に該当する。

　これらはそれぞれ小札綴系統・地板綴系統〔高橋エ 1995〕、また単位系甲冑・割付系甲冑〔古谷 1996〕に該当する。すなわち、基本構造・連接技法のいずれも相違することから、別の技術系譜に属するとみられる［第2章］。このことは、小札革綴冑と方形板革綴短甲が共伴した京都府瓦谷1号墳を除けば、この2系譜の甲冑の共伴例が知られていないという出土傾向によっても支持される〔小林謙 1995：p.62、橋本達 1996：p.282〕。

　以下、それぞれの技術系譜ごとに資料状況を概観する。

表7　小札革綴冑・小札革綴甲一覧

出土古墳	府県	所在地	墳形	墳丘長	施設	副葬位置
〈小札革綴冑〉						
有明山将軍塚	長野	千曲市屋代一重山	方円	37 m	竪穴式石槨・（割竹形木棺）	棺内・（足側）
石　山	三重	伊賀市才良片岨	方円	120 m	粘土槨［中央槨］・割竹形木棺	棺内・頭側
雪野山	滋賀	東近江市上羽田町・近江八幡市新巻町・蒲生郡竜王町川守	方円	70 m	竪穴式石槨・舟形木棺	棺外・頭側
黄金塚2号	京都	京都市伏見区桃山遠山町	方円	138.8 m	粘土槨・（礫床）［既攪乱］	不明［採集］
妙見山	京都	向日市寺戸町芝山	方円	114 m	竪穴式石槨・西副槨	槨内
椿井大塚山	京都	木津川市椿井三階ほか	方円	175 m	竪穴式石槨	棺外・頭側
瓦谷1号	京都	木津川市坂瓦谷	方円	51 m	粘土槨・刳抜式木棺［第1主体］	棺内・頭側
久米田貝吹山	大阪	岸和田市池尻町	方円	130 m	竪穴式石槨・刳抜式石棺［既攪乱］	不明
玉手山3号	大阪	柏原市玉手町・片山町	方円	100 m	竪穴式石槨・（石棺）［既攪乱］	不明
玉手山6号	大阪	柏原市旭ヶ丘	方円	69 m	竪穴式石槨［中央竪穴式石室］	棺外・（頭側）
忍　岡	大阪	四條畷市岡山	方円	90 m	竪穴式石槨・割竹形木棺［既攪乱］	不明
西求女塚	兵庫	神戸市東灘区都通	方方	98 m	竪穴式石槨［既攪乱］	（主室内）
黒　塚	奈良	天理市柳本町黒塚	方円	130 m	竪穴式石槨・割竹形木棺	棺外・足側
石塚山	福岡	京都郡苅田町富久町	方円	110 m	竪穴式石槨［既攪乱］	槨内・（頭側）
〈小札革綴甲〉						
黒　塚	奈良	天理市柳本町黒塚	方円	130 m	竪穴式石槨・割竹形木棺	棺外・足側
別所城山2号	奈良	香芝市真美ヶ丘	円	21 m	竪穴式石槨・割竹形木棺	棺外・足側
ビワノクマ	福岡	行橋市延永	方円	50 m	竪穴式石槨	槨内・足側
【参考資料】〈小札革綴冑〉						
林堂E1号	韓国	慶尚北道慶山市	円	18 m	木槨［1号副槨］	槨内

〈凡例〉・墳形：方円…前方後円墳，方方…前方後方墳，円…円墳．
　　　・墳丘長：円墳や方墳で長径・短径がある場合には、長径を代表値として記載した。

（2）小札革綴冑・小札革綴甲

　日本列島では、小札革綴冑は14例、小札革綴甲は3例が知られる［表7］。このほか、小札革綴冑と考えられる小札資料は朝鮮半島の慶山林堂EⅠ号墳でも出土している。

　綴第2技法や小札で甲冑本体を構成するという技術は、併行期資料は確認されていないものの、中国大陸にたどりうること、また両形式の前後に日本列島内でこれらに連なる技術系譜が認められないことから、中国大陸からの舶載品と推定される〔髙橋工1995：p.149、橋本達1996：p.280〕。

（3）縦矧板革綴短甲・方形板革綴短甲・方形板革綴襟付短甲

　日本列島では、縦矧板革綴短甲は3例、方形板革綴短甲は19例[1]、方形板革綴襟付短甲は1例が知られる［表5・表8］。竪上板のみが確認されている大阪府茨木将軍山古墳例は厳密にはいずれに属するか確定できないが、縦矧板革綴短甲の例の少なさを考慮して、ここでは方形板革綴短甲に含めている。このほか、方形板革綴短甲は朝鮮半島の釜山福泉洞64号墳、金海大成洞1号墳・88号墳でも出土している。

　綴第1技法や覆輪技法などの技術的共通性から、これら3形式は同一の技術系譜に連なる可能性が高い〔髙橋克1993：p.124、橋本達1998：p.49〕。前章で詳述したとおり、綴第1技法は、これまで日本列島独自の技術と評価され〔髙橋工1995：pp.17-18〕、3形式を日本列島製とみる説の有力な根拠とされてきたが、近年になって朝鮮半島南部でも福泉洞38号墳出土の縦長板革綴板甲に、また福泉洞42号墳・69号墳・86号墳出土の縦長板釘結板甲の一部に綴第1技法の使用が指摘されて

表8 方形板革綴短甲・方形板革綴襟付短甲一覧

出土古墳	府県	所在地	墳形	墳丘長	施設	副葬位置
〈方形板革綴短甲〉						
常陸狐塚	茨城	桜川市岩瀬	方円	40m	粘土槨	槨内・頭側
雨の宮1号	石川	鹿島郡中能登町能登部上・西馬場	方方	64m	粘土槨・割竹形木棺〔第1主体〕	棺・足側
船来山98号	岐阜	本巣市弥勒寺	方円	39m	粘土槨・割竹形木棺〔前方部〕	棺・頭側
安土瓢箪山	滋賀	近江八幡市安土町宮津	方円	162m	竪穴式石槨・割竹形木棺〔中央石室〕	棺外・頭側
園部垣内	京都	南丹市園部町内林町東畑	方円	82m	粘土槨・割竹形木棺	棺・南側辺
鞍岡山3号	京都	相楽郡精華町下狛大福寺・長芝	円	40m	粘土槨・箱形木棺〔第1主体部〕	棺・南小口
瓦谷1号	京都	木津川市市坂瓦谷	方円	51m	粘土槨・割竹形木棺〔第1主体〕	棺・北小口
茨木将軍山	大阪	茨木市安威将軍	方円	107m	竪穴式石槨	槨内
北大塚	兵庫	加古川市加古川町大野	方円	不明	（箱形石棺直葬）	不明〔採集〕
上殿	奈良	天理市和爾町	円	23m	粘土槨・割竹形木棺	棺・南小口
新沢千塚166号	奈良	橿原市川西町	造円	18m	木棺直葬〔既撹乱〕	不明
新沢千塚500号	奈良	橿原市東常門町	方円	62m	粘土槨・（箱形容器）〔後円部副槨〕	槨内
鴨都波1号	奈良	御所市御所	方	20m	粘土槨・割竹形木棺	棺外・西側辺
五條大墓	奈良	五條市今井	不明	不明	不明	不明
タニグチ1号	奈良	高市郡高取町谷田タニグチ	楕円	20m	粘土槨・割竹形木棺	棺・東側辺
中山B-1号	島根	邑智郡邑南町中野	方円	22.3m	箱形石棺直葬〔第1主体〕	副室内
若八幡宮	福岡	福岡市西区徳永下引地	方円	47m	舟形木棺直葬	棺・頭側
稲童15号	福岡	行橋市稲童	円	4m	箱式石棺直葬	棺・足側
熊本山	佐賀	佐賀市久保泉町川久保	円	30m	舟形木棺直葬	棺北室内
〈方形板革綴襟付短甲〉						
上殿	奈良	天理市和爾町	円	23m	粘土槨・割竹形木棺	棺外・北小口
【参考資料】〈方形板革綴短甲〉						
福泉洞64号	韓国	釜山広域市	−	−	木槨墓	槨内
大成洞1号	韓国	慶尚南道金海市	−	−	木槨墓〔副槨〕	槨内
大成洞88号	韓国	慶尚南道金海市	−	−	木槨墓〔既撹乱〕	（槨内）

〈凡例〉・墳形：方円…前方後円墳，方方…前方後方墳，造円…造出付円墳，円…円墳，方…方墳，楕円…楕円形墳．
・墳丘長：円墳や方墳で長径・短径がある場合には，長径を代表値として記載した．

いる〔宋桭植 2003：p.36〕。朝鮮半島出土の縦長板甲でも最古段階に位置づけられる福泉洞38号墳例に綴第1技法が認められることは，その淵源を朝鮮半島にたどれる可能性を強く示唆し，諸説ある両形式の祖型論や生産地論にも多大な影響を与える。

これらも含め，3形式をめぐる論点は多岐にわたる。本項では祖型論・生産地論の研究動向を整理するにとどめ，そのほかについては項をあらためて言及する。

祖型論 鉄製甲の祖型を木製甲や革製甲などの有機質製甲に求める説は，日本列島〔高橋エ 1995，小林謙 2000・2002，福尾 2003，柳本 2005〕，朝鮮半島〔宋桂鉉 1993，宋桭植 2003，李賢珠 2008〕それぞれで提起されている。前代から有機質製甲が存在し，併行期資料と鉄製甲との間に何らかの共通性が認められる場合，材質転換によって鉄製甲が出現したとみるのは妥当な理解であろう。

縦矧板革綴短甲・方形板革綴短甲については，有機質製甲の併行期資料とのプロポーションの共通性が指摘されている〔高橋エ 1995：pp.149-151〕。しかしながら，現段階では比較可能な資料は木製甲に限られる。古墳時代前期の木製甲の確例としては剜抜甲（剜貫式）のみが知られており〔小林謙 2000：pp.22-23，橋本達 2003：pp.194-195〕，両形式とのプロポーションの類似を看取しうる。鉄への材質転換にあたり縦矧板が採用された背景には，剜抜甲には竪木取りが一般的なことが関係しているかもしれない。一方，方形板革綴襟付短甲の形態についても，木製甲を材質転換す

ることによって生み出されたとの説〔鈴木 1999：p.494、橋本達 2003：p.195〕がある。

　奈良県東大寺山古墳出土の革製甲とされる資料を積極的に評価するならば、革製甲〔柳本 2005：p.50〕や板綴甲（組合式木製甲）〔高橋工 1995：pp.149-151、小林謙 2002：p.81〕から方形板革綴短甲への影響を想定することも可能である。この場合、縦矧板革綴短甲から方形板革綴短甲への系統的な変遷を認めない立場もありうる。また、鉄への材質転換にあたって朝鮮半島南部からの影響を想定する〔高橋工 1995：pp.155-156、橋本達 1998：pp.65-67〕ならば、縦長板甲もその祖型の一つとみなすことになる。

　生産地論　現状とほぼ同様の資料状況をふまえて提示された、1990年代以降の研究のみを取り上げる。日本列島製とみる説〔高橋工 1995、橋本達 1998・2013・2014 e、阪口 2001、福尾 2003、柳本 2005〕、縦矧板革綴短甲と一部の方形板革綴短甲を中国大陸ないし朝鮮半島製とみる説〔古谷 1996、藤田 2006〕、朝鮮半島製とみる説〔宋桂鉉 1993、田中晋 2001〕に大別できる。

　日本列島製とみる説は、おもに技術系譜の検討から導かれたものである。ただし、すべての属性を日本列島起源とみるわけではなく、その出現には朝鮮半島南部からの影響が想定されている〔橋本達 1998：pp.65-67〕。近年、最古段階の縦長板甲に綴第1技法の採用が確認されている。これにより、綴第1技法の淵源が朝鮮半島にたどれる可能性が高いとするならば、3形式が朝鮮半島南部から受けた技術的影響を従来よりも高く評価する必要があるだろう。一方、現在の資料状況による限り、基本構造において3形式と縦長板甲との間に相違点を多くみいだせることもまた確かである。これらを勘案したところでは、現状において、3形式を日本列島製とみる筆者の立場にいまだ変更の必要性を認めていない。

　朝鮮半島製とみる説のうち、生産地を具体的に限定しているものとして、百済地域での方形板革綴短甲の開発〔宋桂鉉 1993：p.195〕や生産〔藤田 2006：pp.111-114〕を推定する説がある。ただし、現段階では、それを裏づける資料の出土は確認されていない。

第3節　縦矧板革綴短甲・方形板革綴短甲の変遷

（1）帯金式甲冑成立の画期性

　帯金式甲冑〔古谷 1990：p.117・1996：pp.64-65〕とは、帯金と呼ばれる帯状鉄板など、いわばフレーム（枠組）に相当する部材と、それらの部材間の空隙を充塡する地板などによって構成された、甲冑の一群を指す様式概念である。その初現形式である長方板革綴短甲の出現は、甲冑の編年研究初期から「短甲形式の統一化」と評価され、大きな画期として注目されてきた〔小林行 1965：p.34、野上 1968：p.17、小林謙 1974 a：p.52〕。帯金式甲冑とほぼ同一の資料群を指して、中期型甲冑〔藤田 1984：p.55〕、中期甲冑〔橋本達 1996：p.255〕という様式概念が使用されていることにも端的に示されるように、帯金式甲冑は古墳時代中期を代表する甲冑といえる。近年では、時代性をもっとも表象する資料との評価のもと、その出現と終焉をもって古墳時代中期を画するとの時期区分論も提起されている〔橋本達 2005：p.552〕。そうした研究動向もふまえるならば、帯金式甲冑の成立過程を明らかにすることは、たんに該期のもっとも複雑な構造をもつ手工業製品

に注ぎ込まれた技術改良の実相を解明するにとどまらず、古墳時代中期に政権中枢が最高級の権威を付与して配布したと目される政治的器物の創出の道筋を明確化することでもある。また、その成立にかかわる技術系譜の検討は、諸説ある縦矧板革綴短甲・方形板革綴短甲の生産地をめぐる問題〔阪口 2009：p.10〕の解明にも影響を及ぼすであろう。

しかしながら、帯金式甲冑の成立が画期として重視される一方で、その成立過程について本格的に言及されることは少なかった。研究史を概観しても、古墳時代前期の縦矧板革綴短甲・方形板革綴短甲と長方板革綴短甲の技術系譜を論じた高橋克壽氏の研究〔高橋克 1993〕、方形板革綴短甲の諸属性を整理し長方板革綴短甲との関連にも論及した小林謙一氏の研究〔小林謙 1995〕、初現期の帯金式短甲を多角的に論じた橋本達也氏の研究〔橋本達 2005〕など、きわめて限定される。

筆者も、かつて長方板革綴短甲の変遷を検討したが〔阪口 1998〕、その成立過程には論及することができなかった。その後、前期・中期における甲冑の技術系譜について整理するなかで言及の機会を得たものの、紙数の制約もあり、概略を述べるにとどまっている〔阪口 2009：pp.10-11〕。こうした状況をふまえ、先行論文〔阪口 2010〕を執筆したが、その後、この問題を検討する上で重要な資料が出土するなど、研究状況に変化がみられた。こうしたことから、本書において、あらためて論及することとしたい。なお、ここまでの記述で明らかなように、「帯金式甲冑」の成立過程を明らかにするとはいえ、検討対象は、先行する鉄製品が存在している「帯金式短甲」に実質的に限定される。本節および次節では、対象を「帯金式短甲」に絞って論述を進める。先行論文〔阪口 2010〕を基軸に若干の補足を加える作業を通じ、帯金式短甲の成立をより明確に跡づけることに努めたい。

（2）研究略史

「短甲形式の統一化」　古墳時代の甲冑の研究は、末永雅雄氏による研究〔末永 1934〕を嚆矢とし、1970年代半ばまでには、現在にまでつながる研究の枠組や方向性がほぼ定められたといえる〔野上 1968、小林謙 1974a・1974b〕。この段階までに、竪上板・押付板、帯金、裾板からなるフレームを備えた長方板革綴短甲の出現によって「短甲形式の統一化」が達成されたとの評価がなされ〔小林行 1965：p.34、野上 1968：p.17〕、鉄製付属具である頸甲・肩甲の成立とあわせて、ここに大きな画期が認められた〔小林謙 1974a：p.52〕。これらを鍛造技術の内的発展によるものとする見解が示される一方、「内的発展だけでは解決できない」要素があることも指摘され、日本列島外からの「技術導入」による影響が想定された〔小林謙 1974b：p.38〕。ただし、ここでは「技術導入」がどこからなされたかについては明言されなかった。「技術導入」の故地を朝鮮半島南部とみる認識が明示されたのは、長方板革綴短甲の段階に「韓国からの輸入あるいは工人渡来を考えることはふさわしい」と述べた小林行雄氏の見解〔小林行 1982：p.33〕が嚆矢であろう。

先行形式との系譜関係　「短甲形式の統一化」が画期と認識される一方で、その過程についてはほとんど検討がなされない時期が長く続いた。先行形式である縦矧板革綴短甲・方形板革綴短甲の出土例が稀少であった上、復元的検討の可能な資料となるとさらに限定されていたことがおもに影響していたと考えられる。しかし、1990年代以降は遺存状態の良好な資料や詳細な報告が増加し、

両形式をめぐる研究はめざましく進展することとなった〔滝沢 1990、高橋克 1993、橋本清 ほか 1994、高橋エ 1993・1995、小林謙 1995・2000・2002、橋本達 1996・1998、石井・有井編 1997、中屋編 2005、阪口 2005、古谷 2005・2006 etc.〕。

とりわけ、フレームを形成する志向や引合板のともない方を根拠に、縦矧板革綴短甲・方形板革綴短甲と長方板革綴短甲の技術的・形態的連続性を明確に指摘する見解〔高橋克 1993：pp.123-124〕が提示されたことは、帯金式短甲の成立について検討を進める上で、規範となる枠組を提示したものと評価される。これをふまえ、鍛造技術の発展の様相がさらに詳細に説明され〔高橋エ 1993：p.18〕、方形板革綴短甲の革綴の手順、地板の重ね方、引合板などの属性について整理が進められた〔小林謙 1995〕。また、この枠組は、綴第1技法や覆輪技法の共通性をも根拠として付加された上で追認され、さらに精緻に前期甲冑の研究が進められることとなった〔橋本達 1996・1998〕。

有機質製甲の影響　古墳時代における有機質製甲の様相が少しずつ明らかとなってくると、帯金式甲冑の成立に影響を与えた要素として、従来より指摘されていた鍛造技術の内的発展や朝鮮半島南部の鉄製甲冑製作からの「技術導入」のほか、有機質製甲の形態や構造なども想定されることとなった〔古谷 1990：p.117・1996：pp.78-79、小林謙 2002：p.81、橋本達 2003：p.195、藤原 2010〕。

初現期の帯金式短甲　先行形式の変遷過程ではなく、初現期の帯金式短甲と位置づけうる資料を検討することによって、帯金式短甲の成立過程を追究する作業も進められた。橋本達也氏は、不分明であった初現期の帯金式短甲の資料化を進めるとともに多角的な検討をおこない、時期区分論・中期社会論のなかに帯金式短甲の成立という現象を位置づけた〔橋本達 2005〕。

（3）分析の視点

前項で概観したとおり、帯金式短甲の成立、すなわち長方板革綴短甲の出現には、朝鮮半島南部の甲冑製作技術、先行形式である縦矧板革綴短甲・方形板革綴短甲からの技術系譜、有機質製甲の形態や構造など、さまざまな要素からの影響が想定されている。いずれの要素を重視するかは、縦矧板革綴短甲・方形板革綴短甲の生産地をめぐる問題などとも連動しており、これらの関連する諸問題をも含めて整合的に説明しうる理解が求められる。

本書では、長方板革綴短甲が縦矧板革綴短甲・方形板革綴短甲と一連の技術系譜に連なるとみる見解を支持した上で〔阪口 2009：p.11〕、前代からの技術系譜を重視する視点に立ち、帯金式短甲の成立過程の説明を試みる。すなわち、前史としての縦矧板革綴短甲・方形板革綴短甲の変遷のなかに長方板革綴短甲の出現への萌芽をみいだすとともに、長方板革綴短甲の出現にあたって達成された構造上の変化の背景を考察することによって、その成立の過程を可能な限り詳細に跡づけていくこととしたい〔阪口 2009・2010〕。

（4）資料状況と既往の変遷観

ここでは、すでにほぼ確定されている縦矧板革綴短甲・方形板革綴短甲の変遷〔高橋克 1993、

竪矧板革綴短甲　　方形板革綴短甲　　方形板革綴短甲　　長方板革綴短甲
　　　　　　　　　（押付板二段式）　　（押付板一段式）

図32　高橋克壽氏による「4世紀の短甲」〔高橋克 1993〕

橋本達 1996・1998〕を、長方板革綴短甲の設計原理と製作工程をふまえた視点から検討し、そこに長方板革綴短甲の出現への萌芽を指摘することを試みる。これはまた、これらの3形式について、技術系譜の連続性をあらためて確認する作業でもある。なお、方形板革綴襟付短甲については、1例にとどまる限定的な事例であることから、必要に応じて参照することとする。

　資料状況　　前節でもふれたとおり、日本列島では縦矧板革綴短甲は3例、方形板革綴短甲は19例の出土が知られている［表5・表8］。このほか、方形板革綴短甲は朝鮮半島でも福泉洞64号墳、大成洞1号墳・88号墳出土の3例が知られている。

　既往の変遷観　　縦矧板革綴短甲・方形板革綴短甲の両形式は同一の技術系譜に連なる可能性が高い〔高橋克 1993：pp.123-124、橋本達 1996：pp.264-265・1998：p.49〕。高橋克壽氏は、押付板の3段構成から1段構成への変化、地板形状の縦長長方形から逆台形・平行四辺形への変化などを指摘して、「竪矧板革綴短甲 → 方形板革綴短甲 押付板二段式 → 方形板革綴短甲 押付板一段式」という変遷観を提示した［図32］。その変遷に、「鉄加工技術の進歩」を読み取っている〔高橋克 1993：pp.121-124〕。

　縦矧板革綴短甲という形式名称で一括されてはいるが、綴第1技法・縦長地板という属性を除くと、山梨県大丸山古墳例と大阪府紫金山古墳例にはほとんど共通点が認められない〔高橋克 1993：p.121、橋本達 1998：pp.60-61〕。近年確認された岡山県奥の前1号墳例を加えても相互の懸隔は大きく、1個体1型式という表現が実態にふさわしい。しかしながら、朝鮮半島南部の福泉洞38号墳例に綴第1技法が使用されていることをふまえ、これらに単系列的な組列を措定することも不可能ではない〔阪口 2005：pp.342-343〕［第5章］。

　方形板革綴短甲については、高橋氏の見解を発展的に継承した橋本達也氏が、さらに詳細に検討を進め、①押付板構造、②前胴構造、③地板の配列、④地板の枚数、⑤地板の長幅比、⑥覆輪という6点の属性を抽出した。基本構造にかかわる型式的特徴を表す要素として、とくに①・③・⑤を重視し、下記のようにA～Eの5タイプを設定している〔橋本達 1998：pp.61-62〕。

　A：押付板2段・中段上重ね・地板長幅比4／2—3（若八幡宮古墳例・園部垣内古墳例）
　B：押付板1段・中段上重ね・地板長幅比4／2（安土瓢箪山古墳例）
　C：押付板1段・全段上重ね・地板長幅比4／3（稲童15号墳例・熊本山古墳例・中山B—1号
　　　墳例・新沢千塚500号墳例・上殿古墳（南小口）例・瓦谷1号墳例）

D：押付板1段・全段上重ね・地板長幅比4／4　（タニグチ1号墳例）
　　E：湾曲押付板・全段上重ね・地板長幅比3／4　（上殿古墳（北小口）例）
　その変遷観は大方において高橋氏と同様であるが、押付板1段・中段上重ね・地板長幅比4／2という属性の組み合わせをもつBタイプ（滋賀県安土瓢箪山古墳例）［図33-2］を設定することにより、「押付板形態のみで型式的位置付けを代表させるのは困難である」ことを指摘した〔橋本達 1996：p.266〕。

　また、直接的に変遷観を示したものではないが、小林謙一氏は方形板革綴短甲の革綴手順を二つの方法に整理し、そのうちの「Ⅱ：各段の左右に隣り合う方形板を綴じ合わせた後、上下方向の方形板を綴じる」方法が方形板革綴短甲に基本的に用いられたこと、さらにこの方法が長方板革綴短甲などにつながるものであることを指摘した〔小林謙 1995：p.60〕。これは、次項で述べる方形板革綴短甲の地板形態・配置を基軸とする変遷観と密接にかかわる重要な指摘といえる。

（5）地板形態・配置を基軸とする変遷観
①地板形態・配置による分類
　縦矧板革綴短甲・方形板革綴短甲の各属性について、高橋氏と橋本氏の変遷観は妥当性の高いものであり、基本的な枠組に変更の必要はないと考える。しかし、ここでは方形板革綴短甲の変遷について、もっとも重視する属性を地板の形状・配置〔高橋克 1993：pp.121-123、中屋編 2005：p.156、古谷 2005：pp.272-273〕へと移し、それを基軸としてあらためて説明を試みたい。以下のように、地板形状・配置を基準として方形板革綴短甲を2群に分類する［表9・図33］。
　　Ⅰ群：縦長長方形の地板で構成し、地板の縦のラインが一直線状にそろう傾向が強い。
　　Ⅱ群：後胴上段中央を逆台形、その両側を平行四辺形状の幅広の地板で構成し、地板の縦のラインが一直線状にそろわない傾向が強い。

　研究史にみるとおり、方形板革綴短甲Ⅰ群と方形板革綴短甲Ⅱ群の地板の大きさの違いに着目し、鍛造技術の進歩という方向性のもとに方形板革綴短甲Ⅰ群から方形板革綴短甲Ⅱ群への変化を想定するのが基本的な考え方であるが、ここではそれに加えて設計原理および製作工程の変化を強調したい。すなわち、帯金式甲冑に通有な段内結合〔古谷 1996：p.65〕［第4章］を前提として方形板革綴短甲Ⅱ群の地板設計がなされていることが注意される。

　縦矧板革綴短甲では縦長の地板を左右方向に連接し、上下方向に綴を進行させて全体を形成する。それに対し、方形板革綴短甲Ⅱ群では先に段内結合した地板群を上下方向に各段結合〔古谷 1996：p.65〕［第4章］し、左右方向に綴を進行させて全体を形成する（小林謙一氏による革綴手順の方法Ⅱ）ことが、地板構成から明らかである。方形板革綴短甲Ⅰ群のなかには、京都府瓦谷1号墳例のように、先に各列を結合した地板群を左右方向に連接し、上下方向に綴を進行させて一部を形成する（小林謙一氏による革綴手順の方法Ⅰ）という、縦矧板革綴短甲に近い工程を経るものが報告されている〔橋本清 ほか 1994：p.49、石井・有井編 1997：pp.58, 130〕。その一方で、京都府園部垣内古墳例と福岡県若八幡宮古墳例は、地板構成は方形板革綴短甲Ⅰ群に属するとはいえ、地板の重なりの上下関係から段内結合していることが明らかであり、この2例の「中段上重

表9 縦矧板革綴短甲・方形板革綴短甲・方形板革綴襟付短甲の諸属性

出土古墳	形式	引合板	竪上板 型	押付板 型	段数	地板 上重ね	長幅比	段数	枚数 上段	中段	下段	裾板	タイプ 橋本達1998	群
大丸山	縦・革	×	×	×	−	−	−	1	17			×	−	−
奥の前1号	縦・革	左右				−	−	1	12〜13			×	−	−
紫金山	縦・革	左	独立	独立	3	−	−	1	33			×	−	−
若八幡宮	方・革	×	独立	独立	2	中段	3/2	3	17	19	19	×	A	Ⅰ
園部垣内	方・革	左右	独立	独立	2	中段	4/3	3	13	13	13	×	A	Ⅰ
安土瓢箪山	方・革	×	独立	独立	1	中段	4/2	3	(17)	13	13	×	B	Ⅰ
雨の宮1号	方・革	左	独立	独立	1	中段	4/3	3	11	11	11	×	〈B〉	Ⅰ
瓦谷1号	方・革	左右	独立	独立	1	全段	4/3	3	(17)	(13)	(13)	×	C	Ⅰ
上殿（南小口）	方・革	左	独立	独立	1	全段	4/3	3	14	14	14	×	C	Ⅰ
新沢千塚500号	方・革	左	独立	独立	1	全段	4/3	3	9≦	14	13≦	×	C	Ⅰ
鴨都波1号	方・革	右	独立	独立	1	全段	4/3	3	(9)	(9)	(9)	×	〈C〉	Ⅰ
中山B−1号	方・革	左	独立	独立	1	全段	4/3	3	13	14	15	×	C	Ⅱ
船来山98号	方・革	×	独立	独立	1	全段	4/3	3	12	12	12	×	〈C〉	Ⅱ
稲童15号	方・革	×	独立	独立	1	全段	4/3	3	11	12〜13	12〜13	×	C	Ⅱ
熊本山	方・革	左右	独立	独立	1	全段	4/3	3	11	12	13	×	C	Ⅱ
タニグチ1号	方・革	左右	×	独立	1	全段	4/4	3	9	9	9	×	D	Ⅱ
鞍岡山3号	方・革	左	(連接)	連接	1	全段	−	3	3	7	7	○	−	Ⅱ
上殿（北小口）	方・革・襟	(左)	連接	襟付	全段	3/4	5	3・5	9・9	9	×	E	Ⅱ
五條大墓	方・革	×	×	×	−	−	−	−	−				−	
常陸狐塚	方・革	(右)	独立	独立	(3)									
茨木将軍山	(方・革)	−		独立										
新沢千塚166号	方・革	−	(連接)	(連接)	−									

〈凡例〉・〔橋本達1998〕表1・表2をベースに、その後に公表された資料を加えて作成した。
　　　　「タイプ」の〈　〉はその後に公表された資料であることを示す。
　　　・「地板上重ね」、「地板長幅比」の分類は〔橋本達1998〕による。
　　　・上殿古墳（北小口）例の「地板枚数」は、便宜的に「上段」に上から1・2段、「中段」に3・4段、「下段」に5段を記載した。

ね」という属性は段内結合を反映したものであると理解することが可能である。こうした様相から、方形板革綴短甲においては、地板の形態・配置にかかわらず、段内結合が一般的であったとみることができよう〔小林謙 1995：p.60〕。

　しかし、少なくとも、明らかに段内結合を前提とした地板設計がおこなわれている方形板革綴短甲Ⅱ群が、地板設計の上で縦矧板革綴短甲との形態的類似度が高い方形板革綴短甲Ⅰ群に後出することは認めうるものと考える。製作工程と設計原理に即して評価するならば、方形板革綴短甲Ⅰ群は明確に段内結合を前提とした地板設計がなされていない段階の製品、方形板革綴短甲Ⅱ群は段内結合が定着し地板設計にフィードバックされるようになった段階の製品といえる。

　段内結合が定着した要因として、縦長の地板群を左右方向に結合するよりも、横長の地板群を上下方向に各段結合する「輪積み」のような設計原理と製作工程をとる方が、胴回りのくびれなど人体にフィットするプロポーションを形成しやすいということが想定される。この想定は、地板3段構成という方形板革綴短甲の基本設計が導入された要因の一つとしてもあてはまるであろう。つまり、その成立当初から、方形板革綴短甲は段内結合を採用していく方向性を備えた形式であったといえる。

110　第Ⅱ部　革綴短甲生産の展開

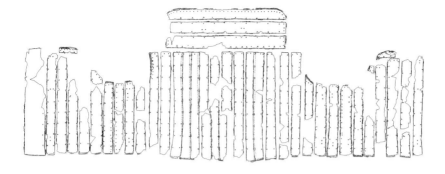

1　縦矧板革綴短甲
　（紫金山古墳）

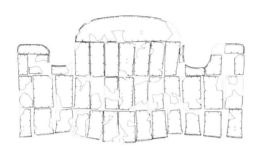

2　方形板革綴短甲　Ⅰ群
　（安土瓢箪山古墳）

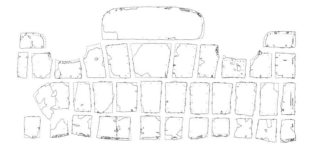

3　方形板革綴短甲　Ⅱ群
　（稲童15号墳）

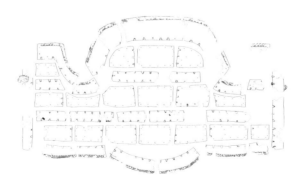

4　長方板革綴短甲
　（小野王塚古墳）

0　　　　1:15　　　60cm

図33　縦矧板革綴短甲・方形板革綴短甲・長方板革綴短甲

②押付板・引合板との対応関係

　先述の変遷観と押付板・引合板などの諸属性との対応関係から、方形板革綴短甲の変遷について言及しうることをまとめておく［表9］。

　まず、押付板については、2段構成の園部垣内古墳例と若八幡宮古墳例がともに方形板革綴短甲Ⅰ群に属することから、基本的に相互の変遷観を支持し合うものと考えられる。ただし、2段構成の2例が、先にもふれたように段内結合しているとみられることには注意が必要である。このことと、1段構成であり、かつ段内結合を貫徹していない瓦谷1号墳例のような方形板革綴短甲Ⅰ群も存在することを勘案すると、方形板革綴短甲Ⅰ群から方形板革綴短甲Ⅱ群への変化の過程において、押付板二段式から一段式へと単系的に変化したのではないことも想定しておく必要がある。また、若八幡宮古墳例では押付板上端中央に抉りが存在する、岐阜県船来山98号墳例では押付板下端中央に抉りを設けそこに半円形板を綴じつけるなど、押付板の形態には、技術的要因による変化を想定することが困難なさまざまなバリエーションが存在する。このことも、「押付板形態のみで型式的位置付けを代表させるのは困難である」ことを、別の角度から示唆するものといえる。

　次に、引合板については、長方板革綴短甲との形態的類似を根拠に、引合板を左右ともに備える例を後出型式として想定する見解がある〔石井・有井編 1997：pp.58, 130〕。しかし、方形板革綴短甲Ⅰ群に園部垣内古墳例、瓦谷1号墳例といった引合板を左右ともに備える例が存在する一方で、方形板革綴短甲Ⅱ群に島根県中山Ｂ―1号墳例のように引合板を左前胴のみに備える例が存在することから、引合板を備えない製品から左右ともに備える製品へという単系的な変化を想定することには妥当性を認めがたい。このことは、鳥取県古郡家1号墳例、静岡県安久路2号墳例のように、長方板革綴短甲にも引合板を備えない例が少数ながらも存在することからも支持されよう〔高橋克 1993：p.124〕。

　押付板・引合板との対応関係について検討したが、そのほかの属性についても齟齬をきたしてはおらず、当然の帰結として橋本氏が設定したＡ～Ｅタイプの順列とも良好に対応する［表9］。さらに、Ｃタイプを細分しうる可能性をも指摘することができよう[10]。具体的には、Ⅰ群に属する瓦谷1号墳例、奈良県上殿古墳（南小口）例、奈良県新沢千塚500号墳例、奈良県鴨都波1号墳例、Ⅱ群に属する中山Ｂ―1号墳例、舟木山98号墳例、福岡県稲童15号墳例、佐賀県熊本山古墳例の2群に区分することができる。

　方形板革綴短甲には、押付板・引合板をはじめ、さまざまな属性についてそれぞれバリエーションが存在することから、個性的・無規格的な側面が強調されることが多かった。それは紛れもなく方形板革綴短甲に特徴的な一側面といえるが、やや視点を移し、地板形態・配置を基軸として変遷を追うと、縦矧板革綴短甲と長方板革綴短甲との間をつなぐ、設計原理および製作工程における変遷が、より明瞭に浮かび上がる。

③共伴副葬品の状況

　ここまでに得られた縦矧板革綴短甲・方形板革綴短甲の変遷観を、共伴したほかの副葬品の状況からも検証しておきたい。

　森下章司氏による検討〔森下 2005〕を参照すると、検討可能な方形板革綴短甲Ⅱ群の例にあま

表10 縦矧板革綴短甲・方形板革綴短甲・方形板革綴襟付短甲と鏡・石製品の組み合わせ

出土古墳	三角縁神獣鏡	仿製三角縁神獣鏡	筒形銅器	車輪石・石釧（肋条系）	石釧（側面装飾）	鍬形石	革綴短甲	円筒埴輪
若八幡宮	③						方形板A　Ⅰ群	
鴨都波1号		⑫特					方形板〈C〉　Ⅰ群	
安土瓢箪山（中央石室）			Ⅱ	山谷	櫛	直他	方形板B　Ⅰ群	
紫金山	⑯	a1～a3 b1～b3 c	Ⅰ	山		傾横　直横	縦矧板　-	有
園部垣内	⑥ ⑮	a3		山谷　山匙	櫛　一凹　区		方形板A　Ⅰ群	鰭
新沢千塚500号（後円部副槨）		a3	Ⅱ Ⅲ Ⅳ	山谷　匙	櫛	有	方形板C　Ⅰ群	(鰭)
雨の宮1号				山谷　山	櫛　一凹　区　谷　高		方形板〈B〉　Ⅰ群	
瓦谷1号（第1主体）							方形板C　Ⅰ群	(鰭)
タニグチ1号			Ⅱ				方形板D　Ⅱ群	
上殿				匙	一凹	直他	方形板C　Ⅰ群 方形板襟付E　Ⅱ群	有

〈凡例〉・〔森下2005〕第1表から短甲出土古墳のみを抽出し、雨の宮1号墳を追加した上、副葬品の項目を大幅に省略して作成した。
・鏡・石製品についての凡例は〔森下2005〕を参照されたい。
・方形板革綴短甲の〈　〉は〔橋本達1998〕以後に公表された資料であることを示す。

り恵まれないものの、共伴した鏡や石製品などの組み合わせの新古とおおむね良好に対応する［表10］。ただし、方形板革綴短甲Ⅰ群とはいえCタイプが出土した奈良県鴨都波1号墳や、縦矧板革綴短甲が出土した紫金山古墳のように、ほかの副葬品の新古とやや齟齬を生じる例も認められる。こうしたことからすれば、製作から副葬までの時間幅の不確定性や、いずれかの副葬品の長期保有の可能性などを考慮しつつ、慎重に検討を重ねていく必要があるだろう。

　現段階の様相には、縦矧板革綴短甲の生産期間が短いこと、縦矧板革綴短甲・方形板革綴短甲の生産がほぼ同時期に開始されたことが示唆されていると考えておきたい。

第4節　帯金式短甲の成立過程

（1）フレーム創出過程への視点

　研究史にみたとおり、長方板革綴短甲が帯金式短甲の初現形式として、方形板革綴短甲の技術系譜上に出現するとの見解が提示されてきた。前節では、方形板革綴短甲の生産が一定程度進んだ段階で、長方板革綴短甲の製作工程と共通する段内結合の定着という現象が認められることの指摘を通じ、この見解を従来とは別の視点から補強した。本節では、長方板革綴短甲に新たに付加された構造、すなわち竪上板・押付板、帯金、裾板で構成されるフレームの創出に焦点を合わせる。

　方形板革綴短甲との外観上の懸隔が大きいことが影響しているものと思われるが、フレームの創出を革新的な変化ととらえ、その要因の一端を「技術導入」などの外的契機に求める見解がある〔小林謙 1974b：p.38、小林行 1982：p.33〕。確かに、半月形の方形板革綴短甲の竪上板・押付板から、端部が脇まで下降する形状の長方板革綴短甲の竪上板・押付板への変化や、帯金や裾板の出現は、基本設計の変更をともなう大きな変化である。しかし、後者の形状の竪上板を備えながら帯

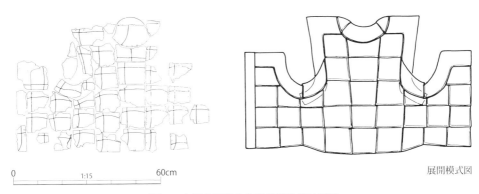

図34　上殿古墳出土方形板革綴襟付短甲

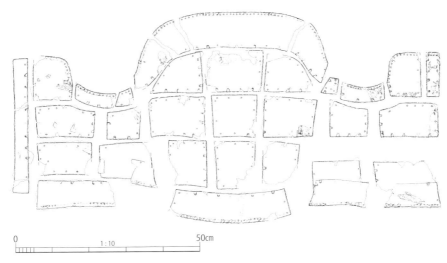

図35　鞍岡山3号墳出土方形板革綴短甲

金と裾板をもたない上殿古墳（北小口）出土の方形板革綴襟付短甲［図34］の存在が示唆するように、これらの変化は段階をふんで達成された可能性が高いと考える[11]。また、2010（平成22）年に京都府鞍岡山3号墳で出土した方形板革綴短甲［図11-2・図35］は、後者の形状の押付板に加えて裾板を備えながら帯金をもたないものであった。これにより、上述の可能性はさらに高まったといえよう〔大坪 2011：p.103、阪口 2013：註（4）、橋本達 2014e：p.94、川畑 2015：註13〕。

以下では、詳細については未報告でありながら、実測図〔大坪 2011：図5〕が公表されている鞍岡山3号墳出土方形板革綴短甲について所見を示した後、帯金式短甲の成立過程、すなわちフレーム創出の過程について、竪上板・押付板、裾板、帯金を個別に取り上げて検討する。

（2）鞍岡山3号墳出土短甲

先行論文〔阪口 2010〕の執筆時点では、長方板革綴短甲への過渡的な形態を顕著に示す資料としては、上殿古墳出土の方形板革綴襟付短甲［図34］が知られるのみであった。2010年に鞍岡山3号墳で出土した方形板革綴短甲は、長方板革綴短甲への過渡的な形態として、上殿古墳例とはまた

異なる特徴をもつ資料である。正式報告書は未刊行であるが、先行して主要遺物の実測図が公表されている〔大坪 2011：図5〕。ここでは、そこで示された短甲の実測図［図35］に基づき、その特徴について本節の射程に即して言及する。

全体構成　前胴4段・後胴5段構成の方形板革綴短甲である。総数29枚の鉄板で構成する。

　横方向の連接は、後胴中央をもっとも下重ねとし、前胴側に順に上重ねしていく。縦方向の連接は、前胴・後胴とも上段が上重ねとなるのを原則とするが、最下段の裾板のみその原則に反し、その上段に対して上重ねとなっている。

前　胴　前胴は左右とも竪上1段・長側3段構成であり、左前胴のみ引合板を備える。右前胴の引合側の端部にも穿孔があり、引合板の連接が可能な構造であるが、これらの穿孔には革紐が螺旋状に通されたようである。覆輪と呼べるほどに密な構造ではないが、覆輪と同様の効果を意識して施されたものと推定する。

　左前胴は、引合板を含めて9枚の鉄板で構成される。竪上第1段は3枚の竪上板からなる。いずれも上縁に革組覆輪を施す。もっとも引合側の1枚は、長方板革綴短甲の竪上板上半と竪上第2段地板を合わせたような形状をもつ。中央の1枚ともっとも後胴側の1枚は、長方板革綴短甲の竪上板下半を2枚に分割したような形状をもつ。長側第1段は2枚の地板からなる。いずれも上辺に竪上板の形状に合わせた割り込みをもつ。長側第2段も2枚の地板からなる。いずれも横長の長方形である。長側第3段は1枚の裾板である。下縁に革組覆輪を施す。

　右前胴は9枚の鉄板で構成される。竪上第1段は4枚の鉄板からなる。いずれも上縁に革組覆輪を施す。引合側の2枚は、左前胴のもっとも引合側の1枚を2枚に分割したような形状をもつ。長側第1段以下は左前胴と同様である。

後　胴　後胴は竪上2段・長側3段構成である。竪上第1段は1枚の押付板である。長方板革綴短甲と同様に、端部が脇まで下降する形状をもつ。竪上第2段は3枚の地板からなる。押付板の形状に合わせて上辺を裁断しており、長方板革綴短甲の竪上第2段地板と類似した形状をもつ。長側第1段は3枚の地板からなる。3枚とも横長の長方形で、中央の1枚はわずかに逆台形状、その両側の2枚はわずかに平行四辺形状を呈する。長側第2段も3枚の地板からなる。3枚とも縦長の長方形で、中央の1枚はわずかに逆台形状を呈する。長側第3段は1枚の裾板である。下縁に革組覆輪を施す。

特　徴　本例について、長方板革綴短甲への過渡的な様相と評価しうるのは以下の点である。

A．押付板の端部が脇まで下降する形状をとる。

B．前胴2枚・後胴1枚からなる裾板をもつ。

C．竪上板は、長方板革綴短甲と同様の形状をとるものではないが、脇まで下降して押付板と連接する点は長方板革綴短甲と共通し、ほかの方形板革綴短甲の竪上板とは一線を画す。

D．地板の縦のラインが一直線状にそろっているのは後胴の中央の列のみであり、段内結合がおこなわれたことが明らかである。

　フレームに関するA・Bは長方板革綴短甲と共通する特徴であり、Cも加味するならば、フレームの外枠はほぼ備わっていると評価しうる。しかしながら、帯金をもたないことを重視し、帯金式

甲冑には分類しない。これまで、とくに説明を加えることなく本例を方形板革綴短甲として扱ってきたが、その判断の根拠はこの点にある。

長方板革綴短甲との比較　本節の射程に即して抽出すべき特徴は上記のとおりであるが、そのほかに長方板革綴短甲との比較の上で注意すべき点についても言及しておきたい。

後胴の地板は3段構成となっており、長方板革綴短甲と一致する。すなわち、各段の地板の間に帯金を介在させれば、長方板革綴短甲と同様の部材構成となる。帯金を備えない分、長方板革綴短甲と比較して各地板の縦幅が大きく、とくに縦長の長方形となっている長側第2段に顕著である。

前胴についても、竪上は構造を異にするが、長側は2段の地板の間に帯金を介在させれば長方板革綴短甲と同様の部材構成となる。帯金を備えない分、長方板革綴短甲と比較して各地板の縦幅が大きい点も、後胴と同様である。

これらの点や先述のA・Bの特徴から、本例を長方板革綴短甲から帯金を省略した製品と解釈し、長方板革綴短甲に後出するものとみる仮説が提起されるかもしれない。しかし、前胴竪上の構造における長方板革綴短甲との差異がきわめて大きいこと、竪上板が3枚に分割されており、とくに押付板と連接する1枚が小型かつ不整形で定型化以前の様相と位置づけうることから、この仮説は成立しないと判断する[12]。

なお、本例の長側第1段・長側第2段がともに7枚の地板で構成される点は、長方板革綴短甲の最古型式であるⅠ式において長側第1段・長側第3段がともに9枚の地板で構成される例がある［第7章］ことと比較して、注意が必要である。これは、各地板の縦幅のみならず、横幅においても長方板革綴短甲Ⅰ式をしのぐ大型の地板が使用されたことを意味する。この事実は、大型鉄板鍛造技術の一般化にともなって地板枚数が減少していくという、長方板革綴短甲に想定している型式変化の方向性と齟齬を生じるものである。本例については、帯金式甲冑の成立直前、すなわち甲冑の定型化直前の模索段階に試行錯誤的に大型地板が使用されたものと推測する。すでに大型の押付板が採用されている段階であることから、大型鉄板を鍛造することが可能な技術段階に到達していたことは確実である。ただし、その時点における最新技術を駆使することにより、ある製品を製作することが可能だとしても、その技術を発揮するのに必要なコストがその製作にみあわない場合には、その製品が定着をみずに量産化されないという現象は十分にありうることと考える。本例はそうした生産状況における製品であると解釈する。

本例の出土をふまえ、以下の項では竪上板・押付板、裾板、帯金の創出について、あらためて個別に検討する。

（3）竪上板・押付板の創出

先述のように、竪上板・押付板は「半月形」から「端部が脇まで下降する形状」へと変化する。両者の最大の相違は、前者が前胴と後胴それぞれの形状とサイズを規定するのみであるのに対して、後者は竪上板と押付板が脇部で連接することにより、短甲全体の形状とサイズを規定する点にある。このような特徴を重視して、前者を「独立型竪上板・押付板」、後者を「連接型竪上板・押付板」と呼称する。

独立型竪上板・押付板から連接型竪上板・押付板への変化は、形態の上からは唐突な変化のような印象を受けるが、上述のような両者の相違を認識するならば、人体にフィットするプロポーションを獲得する上での生産性の向上、さらには堅牢性という機能性の向上などの方向性のなかで、自律的に生み出されてくる可能性が十分に考えられる。中国大陸や朝鮮半島の甲冑資料を概観しても、現在のところ連接型竪上板・押付板との系譜関係が想定されるような同時期の資料はみあたらないことも考慮すれば、その創出にとくに外的契機を重視する必要性は認められないと考える。

　現段階において、長方板革綴短甲と共通する連接型竪上板を備える最古例は、上殿古墳出土方形板革綴襟付短甲である。この点を重視すれば、襟付短甲の形態は木製甲を材質転換することによって生み出されたとの説〔鈴木1999：p.494、橋本達2003：p.195〕も勘案すると、その複雑な形態を獲得する努力が連接型竪上板の創出の契機となったことも想定できよう。一方、現段階において、連接型押付板を備える最古例は、鞍岡山3号墳出土方形板革綴短甲である。その竪上板は、押付板と連接する点では連接型竪上板の範疇に属するといえるが、複数の鉄板を組み合わせたものであり、長方板革綴短甲にみられる一枚板の竪上板とは構造・形状を異にする。換言すれば、現段階においては、長方板革綴短甲と完全に共通する連接型竪上板・押付板を備える方形板革綴短甲は知られていないということになる。しかしながら、その製作は技術的には十分に可能であり、定型化直前の模索段階と評価しうる生産状況をも勘案するならば、そのような製品が存在した可能性は十分に考えられよう。

（4）裾板の創出

　鞍岡山3号墳例の出土により、方形板革綴短甲の段階から裾板を備える例が存在することが明らかとなった。本例の裾板は前胴2枚・後胴1枚からなり、長方板革綴短甲の裾板構成と共通する。通有の方形板革綴短甲にみられる「地板群を連接した裾部」から「3枚の裾板からなる裾部」へと部材を置換するかたちで変遷したこと、帯金に先行して裾板が出現したことが同時に明らかとなったが、この2点は相互に影響しあう重要な新知見である。

　日本列島における裾板の出現に、朝鮮半島南部の縦長板釘結板甲にみられる裾板との関連を想定する見解〔高橋克1993：p.125、橋本達2013：p.339〕があるが、確かに両者の形態上の類似度は高い。しかし、そのほかの部位についてみると、長方板革綴短甲と縦長板釘結板甲では構造がまったく相違していることから、その技術的影響を裾板にのみ直接的に想定することは困難と考える。ただし、日本列島の製作工人が縦長板釘結板甲に直接的に接する機会があったとすれば、方形板革綴短甲へと採用しうる改良点として裾板に着目し、その模倣を実践した可能性は十分にあるだろう。なお、裾が開くプロポーションそのものは、縦矧板革綴短甲の段階から認められるものである〔高橋克1993：pp.121-122〕。

　一方、前節でみた方形板革綴短甲における段内結合の定着を前段階として位置づければ、裾板の創出を自律的改良として理解しやすい。つまり、段内結合した地板群を上下方向に各段結合するという製作工程が確立したことにより、裾板のように横方向に長い部材を創出する下地が整ったものと考えることができる。

このような横方向に長い部材の創出の背景として、生産性向上への志向を想定したい。綴第1技法によって部材を連接する場合、すべての部材に高い製作精度が必要とされる〔塚本 1993 b：p.23〕ことから、地板を多数連接した大型の地板群どうしをさらに各段結合するよりも、一方を横方向に長い部材に置換した方が作業効率が向上することが考えられる。また、鉄板の連接箇所どうしが重なり合うことが回避されることにより、堅牢性が向上することも想定できる。さらに、裾部となる最下段の地板群を横方向に長い部材に置換することにより、フレームとしての役割をも期待できることを想起したのではないかとも思われる。

（5）帯金の創出

　帯金についても、裾板と同様の視点により、その創出を自律的改良として理解できると考える。裾板と同様に、長側第2段の帯金は胴一周を3枚で構成することが通有であり、連接箇所も裾板と同様の位置関係にあることからも、その出自に裾板との強い関連がうかがえる。

　裾部において、連接した地板群を3枚の裾板に置換したことと同様に、地板を多数連接した大型の地板群どうしをさらに各段結合するよりも、帯金を介在させた方が作業効率が向上することが考えられる。また、鉄板の連接箇所どうしの重なり合いが回避されることにより、堅牢性の向上を想定できる点も同様である。長方板革綴短甲には前胴竪上第3段の帯金をもたない例が一定数存在するが、このことは、上述のような作業効率や堅牢性の向上に、前胴竪上第3段の帯金が構造上あまり寄与しないことの反映とみることもできる。

　また、長側第2段の帯金は、短甲の復元製作において全体のプロポーションを規定する重要な部材と指摘されている〔青木・小沢 1974：p.13〕。このことは、より人体にフィットしたプロポーションを形成しようとする方向性において、帯金が果たした役割の大きさを示唆していよう。

（6）フレーム創出の過程の実相

　以上のように、帯金式短甲の成立におけるフレームの創出を、鍛造技術の進展とそれにともなう自律的改良による所産として、おおむね説明できるものと考える。また、フレームの創出にあたっては、方形板革綴短甲の変遷にみられた段内結合の定着が技術的基盤となったと推測する。

　これに対し、橋本達也氏は竪上板・押付板、裾板の創出について「試行過程を縦長板甲に追うことが可能で、その影響からの連動現象であろう」とみる〔橋本達 2013：註（4）〕。筆者もまた、縦長板甲からの影響を一切否定するものではない。しかし、縦長板甲が全体として連接型竪上板・押付板を備える方向へ変遷することは確かであるが、製品ごとのばらつきがきわめて大きい。宋楨植氏による縦長板甲の変遷観を参照すると、Ⅱ段階においても竪上板をもたない例、Ⅲ段階においても独立型竪上板・押付板にとどまる例も認められる〔宋楨植 2003・2012〕［図36］。また、成立期の縦長板甲から備えられていた裾板が、日本列島においては成立期の鉄製短甲に採用されなかったことも注意を引く。これらの点と本章の主張を対照するならば、フレーム創出への道筋は朝鮮半島と日本列島で異なっていたと考えられる。大局的にみるならば「連動現象」とまとめることも可能であるかもしれないが、本書では自律的改良の側面を強調したい。

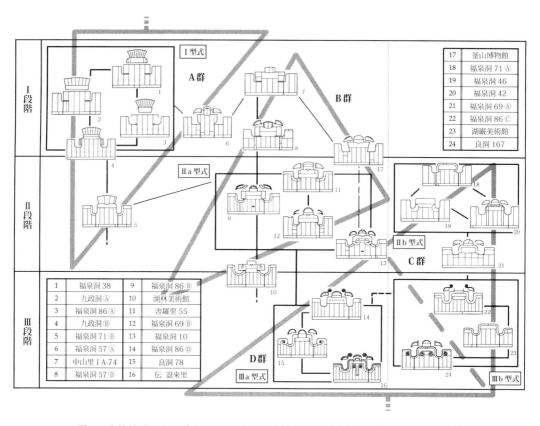

図36 宋桂植氏による「縦長板甲の技術系統と展開様相」〔宋桂植 2012 一部改変〕

表11 帯金式短甲成立期のフレームと地板枚数の変化

出土古墳	形式	分類		フレーム						地板		
			橋本達 1998	引合板	竪上板	押付板		裾板	帯金	段数	枚数	
					分類	分類	段数				上段	中段	下段
中山B-1号	方・革	Ⅱ群	Cタイプ	左	独立	独立	1	×	×	3	13	14	15
船来山98号	方・革	Ⅱ群	〈Cタイプ〉	×	独立	独立	1	×	×	3	12	12	12
稲童15号	方・革	Ⅱ群	Cタイプ	×	独立	独立	1	×	×	3	11	12～13	12～13
熊本山	方・革	Ⅱ群	Cタイプ	左右	独立	独立	1	×	×	3	11	12	13
タニグチ1号	方・革	Ⅱ群	Dタイプ	左右	×	独立	1	×	×	3	9	9	9
鞍岡山3号	方・革	Ⅱ群	−	左	(連接)	連接	1	○	×	3	3	7	7
上殿(北小口)	方・襟・革	Ⅱ群	Eタイプ	(左)	連接	連接	襟付	×	×	5	3・5	9・9	9
古郡家1号	長・革	Ⅰa式	−	×	連接	連接	1	○	○	3	5	9	9
盾塚	長・革	Ⅰa式	−	左右	連接	連接	1	○	○	3	5	(9)	(9)
石山	長・革	Ⅰb式	−	左右	連接	連接	1	○	○	3	5	(9)	7

〈凡例〉・「フレーム」・「地板」の各属性のうち、最新相を示すセルを着色した。
・上殿古墳(北小口)例の「地板枚数」は、便宜的に「上段」に上から1・2段、「中段」に3・4段、「下段」に5段を記載した。

なお、長方板革綴短甲と共通する連接型竪上板を備える上殿古墳出土方形板革綴襟付短甲は裾板を備えず、長方板革綴短甲と共通する連接型押付板を備える鞍岡山3号墳出土方形板革綴短甲は裾板をも備える。すなわち、定型的な連接型竪上板・押付板および裾板の採用状況は錯綜した様相を示しており、これらの出現順序を厳密に推定することは難しい。こうした様相もまた、甲冑の定型

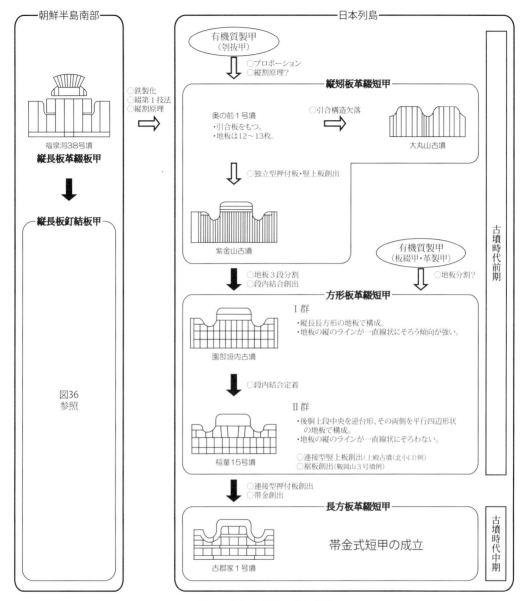

図37 帯金式短甲の成立過程

化直前の模索段階の試行錯誤的な生産状況を示すものであろう［表11］。

以上の検討により、綴第1技法・覆輪技法などの継承とあわせ、縦矧板革綴短甲・方形板革綴短甲・長方板革綴短甲の3形式が一連の技術系譜に連なることを、あらためて確認することができたと考える。第5章で示した縦矧板革綴短甲の変遷観〔阪口 2005〕と、本章で示した方形板革綴短甲の変遷観をあわせ、長方板革綴短甲の出現にいたる過程を模式的に示す［図37］。

第5節　帯金式短甲の成立

　帯金式短甲の成立、すなわち長方板革綴短甲の出現を、前代からの技術系譜を重視する視点から跡づけた。縦矧板革綴短甲・方形板革綴短甲は、研究史上において個性的・無規格的な側面が強調されることが多かったが、その地板形態・配置の変化に着目すると、長方板革綴短甲へと継続していく設計原理および組立工程の変化をより明瞭に看取しうる。

　一方、帯金式短甲の成立を決定づけたフレームの創出は、方形板革綴短甲における段内結合の定着が技術的基盤となって実現したと考えられる。本章で参照した枠組や着目した属性は、先行研究によってすでに準備されていたものがほとんどであるが、視点を移して再吟味・再構成することにより、帯金式甲冑の成立の過程を、これまでよりも体系的・具体的に説明することができた。とくに、新たに出土した鞍岡山3号墳例から得られた知見によって、さらに具体的な跡づけが可能となり、先行論文〔阪口 2009・2010〕以来の見解を微修正しつつ補強することができたと考える。

　また、これによって、出現や変遷の過程で有機質製甲や朝鮮半島南部からの影響を受けつつも、古墳時代前期の日本列島において縦矧板革綴短甲・方形板革綴短甲の生産が一貫した技術系譜のもとでおこなわれたこと、それは続く中期に盛行する帯金式甲冑の生産への胎動とみなしうることを追認することともなった〔阪口 2009：p.11・2010：p.315〕。

　古墳時代中期の政権中枢が最高級の権威を付与して配布したと目される政治的器物たる帯金式甲冑は、前代からの技術系譜の上に、鍛造技術の発達を背景として、生産性や機能性の向上を模索するなかで自律的に創出されたものと考える。

註

（1）従来、長方板革綴短甲片と認識されていた奈良県新沢千塚166号墳出土資料が方形板革綴短甲片を含むことを確認した。当該資料は攪乱土中から出土しており、覆輪技法の相違を基調として2群に区分できる。横細紐を使用しない、前期甲冑に特有の革組1−a技法〔橋本達 1998：p.50〕をもつ群〔伊達 1981：第248図右上2点 etc.〕と、革組Ⅲ技法〔高橋工 1991：p.300〕をもつ群〔伊達 1981：第248図左上 etc.〕である。

　　　地板のなかには、内面の綴革を観察する限り、帯金と連接していなかったと考えられるものがあり、前者にともなうと考えられる。前者には、後述する「連接型竪上板・押付板」に相当する破片も認められることから、奈良県上殿古墳出土方形板革綴襟付短甲〔図34〕あるいは京都府鞍岡山3号墳出土方形板革綴短甲〔図11−2・図35〕に類似した製品であった可能性が高い。

　　　一方、後者にともなうであろう破片として、打延式頸甲の破片が認められる。少なくとも前者は墳丘出土の埴輪と時期を異にすると考えられることから、本来は別の古墳に副葬されていた甲冑片が攪乱土に混入したものと推測する。

（2）「木製ではなく革製である具体的な説明はなされていない」と指摘されており〔橋本達 2003：p.195〕、木製甲である可能性も考慮されているようである。この指摘の後に刊行された報告書でも、「消去法」によって革製とされている〔小田木・藤原編 2010：p.214〕。また、報告書に掲載された考察において、本例は方形板革綴短甲と長方板革綴短甲の中間的形状をもつと指摘され、「帯金式甲冑の原形

のひとつ」と位置づけられた〔藤原 2010：p.394〕。
（3）「短甲の型式が統一された」〔小林行 1965：p.34〕、「形式が統一化されてくる」〔野上 1968：p.17〕、「短甲形式の統一」〔小林謙 1974 a：p.52〕と、表現は少しずつ異なる。本書では、地板形状と連接技法によって分類される資料群、すなわち「長方板革綴短甲」などを「形式」、それらを一定の基準の下にさらに細分した資料群を「型式」と呼称するため［序章］、「短甲形式の統一化」という表現で代表させる。
（4）ただし、鉄製付属具の成立は三角板革綴短甲や三角板革綴衝角付冑と一体の技術系譜上にあり、長方板革綴短甲の出現とは多少の時間差があるとする見解が提示されており〔橋本達 2005：p.549〕、筆者もこれを支持する。
（5）ただし、それ以前にも、「短甲の型式が統一された」ことの背景として、「実戦に際しての多量の甲冑の需要が生み出した」もので、「朝鮮における軍事行為の反映を見いだす可能性は強い」と述べており、朝鮮半島との交渉のなかに契機があったことを想定している〔小林行 1965：p.35〕。
（6）もう一つは、「Ⅰ：上下方向に方形板を綴じ合わせた後、左右に隣り合う方形板を綴じる」方法で、瓦谷1号墳例の左前胴においてのみ確認されている。
（7）実際の分類にあたっては、方形板革綴短甲Ⅰ群と方形板革綴短甲Ⅱ群のどちらに分類すべきか判断しづらい資料も存在する。ここでは全資料についての個別的な位置づけが目的ではなく、後述するように段内結合が方形板革綴短甲の一定の段階で確実に定着していることを指摘することが第一義であるため、明瞭に後胴上段中央を逆台形、その両側を平行四辺形状の幅広の地板で構成している資料、地板の縦のラインが一直線状にそろわないことが確実な資料を方形板革綴短甲Ⅱ群に分類した。また、方形板革綴短甲Ⅰ群であっても段内結合している可能性が高い資料が一般的であることは、本文中で述べるとおりである。
（8）朝鮮半島南部出土の板甲について、李賢珠氏が同様の指摘をしている〔李賢珠 2008：pp.59-61, 83-84〕。すなわち、縦の設計原理による縦長板甲と横の設計原理による帯金式板甲との中間形態として方形板甲を位置づけ、方形板甲はすでに横の設計原理へ転換しているとする。地板形態のみが抽象され、連接技法の種類や系譜などが捨象されていること、各形式の年代的な位置づけが整合しないことなどから、この指摘には首肯できない。
（9）瓦谷1号墳例の遺存状況は全体として良好ではなく、この工程が指摘されているのは左前胴のきわめて限定された部分である。この部分のみに施された「特殊」ないし「変則的」な手順と想定されている〔小林謙 1995：p.60、橋本達 1998：p.53〕。
（10）橋本達也氏もＣタイプの細分について言及している〔橋本達 1996：pp.266-267・1998：p.62〕。
（11）高橋克壽氏は「襟付式はこの方形板革綴短甲本来の発展とは異なり、帯金の採用により、いち早く枠組みの達成を見たものであり、横に長い地板の使用とともに区別して系譜を考えなければならない」とする〔高橋克 1993：p.124〕が、綴第1技法や覆輪技法が共通することなどから、ほかの方形板革綴短甲と同一の系譜に属すると考えられる〔橋本達 1996：p.267・1998：pp.62-63〕。方形板革綴短甲Ⅱ群のなかでももっとも長方板革綴短甲に近い段階の製品の一つと評価したい。
（12）近年、裾板分割比の検討からも、鞍岡山3号墳例が長方板革綴短甲に先行することが指摘されている〔川畑 2016：p.12〕。

第7章　帯金革綴短甲の変遷と特質

第1節　長方板革綴短甲・三角板革綴短甲への視点

　第1章で述べたとおり、甲冑をめぐるさまざまな研究の前提となる基礎的研究、すなわち「甲冑を対象とした研究」の代表例として、変遷や系譜を明らかにする研究がある。短甲については、1970年代には確定したと評価される大綱にそって、さらに精細な研究成果が蓄積されてきた。1990年前後からは、第5・6章で詳しくふれたように、高橋克壽氏、小林謙一氏、橋本達也氏によって縦矧板革綴短甲や方形板革綴短甲といった古墳時代前期にみられる形式の検討がめざましく進められた〔高橋克 1993、小林謙 1995、橋本達 1996・1998〕。また、吉村和昭氏や滝沢誠氏によって、古墳時代中期後半に盛行する鋲留短甲の系譜や編年を扱った研究が推進された〔吉村 1988、滝沢 1991〕。これらのことから、この時期は、現在の甲冑研究の動向につながる潮流が活発に生み出された時期と評価できよう。

　こうした状況のなかで、縦矧板革綴短甲・方形板革綴短甲の段階と鋲留短甲の段階の間に位置づけられる段階、すなわち長方板革綴短甲と三角板革綴短甲に代表される段階である古墳時代中期前半については、この両形式を中心主題に据えて体系的に取り扱った論考は、1998（平成10）年に先行論文〔阪口 1998〕を公表するまで、みられなかった。

　短甲の総体的な変遷観においては、長方板革綴短甲と三角板革綴短甲の出現は、竪上板・押付板、帯金、裾板によって構成される「フレーム」の導入により、いわゆる「短甲の定型化」が達成された点で画期をなすと評価され、そこに鍛造技術の一層の発達や集中的生産機構の成立が読み取られてきた〔野上 1968：p.20、小林謙 1974a：p.52・1974b：p.38〕〔第6章〕。その一方で、長方板革綴短甲と三角板革綴短甲がそれぞれどのような変遷をたどったかについては、詳しく論じられたことはほとんどなかったといえる。その出現が短甲の構造や生産体制における変化の上で重要な画期と評価されていることに示唆されるように、長方板革綴短甲と三角板革綴短甲をいかに評価するかは、1990年代に活況を呈した軍事組織論ひいては国家形成論の動向とも大きくかかわってくることが予想された。両形式の変遷などの基本的な問題について、総合的な検討を試みる必要があるというのが、当時の問題意識であった。

　こうした研究状況をふまえ、先行論文では長方板革綴短甲と三角板革綴短甲のそれぞれについて、技術的視点に基づいて変遷を明らかにし、その上で両形式の特質について考察を試みた。本章では、その後の出土資料の増加や研究の進展を勘案し、あらためて検討をおこなう。この作業を通

じて、「短甲の定型化」の段階から「鋲留技法の導入」の段階までの革綴短甲にみられる技術内容、ひいては「設計の系統」まで、より具体的に把握できるように努めたい。

なお、先行論文以前の甲冑研究においては、「系統」という語は「工人」や「工人集団」などの語と結びつきやすい傾向があり、さらに「工人の系統」や「工人集団の系統」といった語は地板の形状や配置と一対一で対応するものとして扱われることが多かった。この点について、筆者は「工人」や「工人集団」などの語が示す内容についての吟味がいまだ不十分であるとの認識に立っており、また当時の通説的な用語法においても、上述のような一対一の対応関係は成立しない可能性が高いと考えていた。現在においてもこの認識に大きな変化はなく、これに基づいて検討を進めている。

ここでいう「系統」とは、製品の基本設計や製作技術における連続性を示す概念であり、第2章で検討した「系譜」の下位概念にあたる。先ほどは、「工人」や「工人集団」などの語とは一線を画すため、あえて「設計」という語を付して「設計の系統」と記述した。以下では煩雑さを避けるために「設計系統」という語を使用する。

第2節　長方板革綴短甲・三角板革綴短甲をめぐる研究史

先述のとおり、長方板革綴短甲あるいは三角板革綴短甲を中心主題に据え、体系的に取り扱った論考は、先行論文まで、ほとんど認められなかった。しかし、それ以前にも古墳時代の鉄製甲冑研究には豊富な成果が蓄積されており、そこには両形式にまつわる重要な論点が多く含まれている。ここではそれらを概観し、あらためて両形式の変遷を検討するにあたっての準備作業とする。なお、帯金式短甲の各部名称については序章で検討したが［表1］、あらためて本章の射程に即して図示したので、参照されたい［図38］。

（1）長方板革綴短甲と三角板革綴短甲の時期的な関係

甲冑の変遷をはじめて通観した小林行雄氏は、「横矧板革綴式[3]が4世紀後葉にあらわれ、三角板革綴式があらわれる」と、ややあいまいな表現ながら両形式の時期的関係を整理した〔小林行1959：pp.635-636〕。ほぼ同じ頃に大塚初重氏は「横矧板革綴短甲」［第2章第6節］を4世紀末に位置づけ、三角板革綴短甲についてもその頃の出現を想定している〔大塚1959：p.82〕。その後、小林氏は長方板革綴短甲という形式名をはじめて用い、その例が4世紀後葉の古墳から出土するのに対して、三角板革綴短甲は5世紀前葉にくだる古墳から出土するとの理解を示し、前者から後者への単系的な変化という図式を提示した〔小林行1965：p.34〕。

この図式をさらに明確に打ち出したのが野上丈助氏で、5世紀初頭に長方形の地板から三角形の地板への構造の転化が認められるとし、これを画期ととらえた〔野上1968：pp.20-21〕。一方、小林謙一氏は、野上氏の見解は型式変化を一系列的にとらえがちであるとの批判を加え、両形式の出現時期には明確に先後関係を指摘しうるほどの差はないとして、5世紀前半代を通じての両形式の併行生産を想定した〔小林謙1974a：pp.49, 52-53〕。これに対して野上氏は、ある副葬品が出土

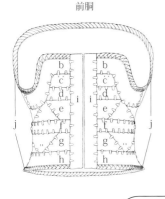
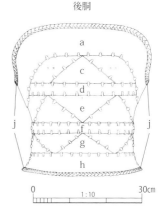
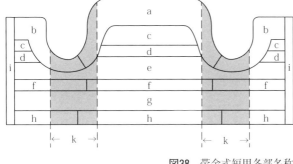

前胴　　　　　　　　　　　　　　　　　　　　　　　　　　後胴

a．竪上第1段：押付板
b．竪上第1段：竪上板
c．竪上第2段：地　板
d．竪上第3段：帯　金
e．長側第1段：地　板
f．長側第2段：帯　金
g．長側第3段：地　板
h．長側第4段：裾　板

i．引合板
j．覆　輪
k．脇　部

上段：千人塚古墳例
下段：展開模式図

図38　帯金式短甲各部名称

した古墳の年代を根拠にその副葬品の製作年代の下限を想定することの不確実性を指摘し、両形式の出土量の変化に長方板革綴短甲から三角板革綴短甲への変化の傍証が表れていると反論した〔野上　1975：註71〕。

　1988（昭和63）年にいたり、吉村和昭氏は前胴竪上第3段の帯金をもつ長方板革綴短甲に着目し、その出土古墳の築造年代が5世紀前葉以降に位置づけられること、それが前胴6段構成のものから変遷したと考えられること、5世紀前葉にはすでに三角板革綴短甲が出現していることをあげて、5世紀前葉における両形式の併行関係を想定できるとした。さらに、小型三角板使用の三角板革綴短甲が4世紀末から5世紀はじめの古墳から出土していることを考慮し、5世紀はじめから三角形地板使用と方形地板使用の二つの工人集団が並立していた可能性を指摘している〔吉村　1988：p.34〕。また、小林謙一氏は、冑とのセット関係や出土古墳の副葬品目を根拠に、5世紀前半における両形式の併行関係を認める見解に補強をおこなった〔小林謙　1991：pp.153-154〕。このような状況をふまえ、1990年代には両形式に一定の併行関係を認める見解が定着しつつあった。

　先行論文ではこの点について、両形式のそれぞれの変遷を明らかにした上で論及を試みた。

（2）長方板革綴短甲の変遷

　長方板革綴短甲の構造上の変化として、鍛造技術の発達による地板枚数の減少傾向が、高橋工氏、田中晋作氏、滝沢誠氏によって指摘されていた〔高橋工　1987：p.144、田中晋　1988：pp.35-36、滝沢　1988：pp.950-951〕。なかでもこの点についてもっとも詳しくふれているのが滝沢氏で、

前胴長側第1段が左右それぞれ2枚で構成されるものは相対的に古式に属し、左右それぞれ1枚で構成されるものは新式であるとの理解を示し、新古の二分をおこなった。

　構造にかかわるほかの視点として、長方板革綴短甲のうち前胴竪上第3段の帯金をもつ例に注意が向けられてきた。先述のとおり、吉村和昭氏はこれを前胴6段構成のものから変遷したものと想定した〔吉村 1988：p.34〕。また、小林謙一氏は共伴副葬品の内容にみられる時期差から、長方板革綴短甲出土古墳を新古の2グループに分けることができるとした。その上で、新しいグループには竪上第3段の帯金をもつ例が出土した古墳も含まれていること、古いグループの古墳から出土した例には冑がともなわないことを指摘した〔小林謙 1991：p.153〕。

　先行論文では、第3節で論及する長方板革綴短甲の変遷観に照らして、これらの論点を検討した。

（3）小型三角板を使用する短甲

　小型三角板を使用する三角板革綴短甲について最初に言及したのは小林謙一氏であり、これを三角板革綴短甲の「始源的形式」と位置づけた〔小林謙 1974 a：p.53〕。藤田和尊氏は、奈良県新沢千塚508号墳における長方板三角板併用革綴短甲〔図43-3・図44-3〕の出土をふまえ、小型三角板使用例と通有の三角板革綴短甲との間に「製作技術上の非連続性」を指摘した〔藤田 1984：pp.60-63〕。また、高橋工氏は大阪府豊中大塚古墳出土の三角板革綴襟付短甲の報告に際し、三角板形式の短甲についての検討結果を根拠に鍛造技術の進歩にともなう地板枚数の減少傾向を認め、豊中大塚古墳出土3号短甲を、藤田氏が指摘した技術的非連続性を埋める段階の所産であると想定した〔高橋工 1987：pp.143-145〕。

　1996（平成8）年にいたり、鈴木一有氏は小型三角板使用例が鋲留技法導入後の築造と考えられる古墳から出土する例も多いことを指摘し、通有の三角板革綴短甲とは系譜を異にする一群という位置づけも考慮に入れるべきとの重要な提言をおこなった〔鈴木 1996：p.36〕。

　先行論文では、三角板革綴短甲にみられる地板の大きさの違いそのものよりも、むしろその大小差の原因となっている三角形の形状の違いに注目し、それが何に起因するのかという視点から検討した。

（4）三角板形式の短甲における前胴地板配置

　小林謙一氏は三角板形式の短甲の前胴地板配置が二大別されることに着目し、それをA型・B型として、その相違は工人の技術系統の相違に基づくと考えた〔小林謙 1974 b：pp.39-40〕。この点についても、これを工人個人レベルの差とみる野上丈助氏の反論がある〔野上 1975 a：pp.52-54〕。

　1996（平成8）年にいたり、鈴木一有氏がこの問題について検討し、A型・B型をそれぞれ鼓形系統（A系）・菱形系統（B系）〔鈴木 1996：p.34〕と呼称した。短甲の量産開始以降においてはA系統・B系統という地板配置の違いは工人系統の違いを反映しているととらえ、小林氏の見解を多少修正しつつ追認した。さらに、革綴短甲と鋲留短甲のそれぞれについてA系統・B系

統の比率を比較し、鋲留技法導入期における工人集団の動向にも言及している。その上で両者の分布にも目を配り、とくに当時の朝鮮半島では1例を除いてすべてB系統に属することを示し、B系統と加耶地域との深い関係を指摘した〔鈴木 1996：pp.34-40〕。後には、A型・B型に加えて、横矧板を用いるY型、変則例のZ型を設定し、合計で4類型とするにいたっている〔鈴木 2005：p.79〕。

筆者は短甲、わけても三角板形式の製品の設計や製作においては、後胴が基本的に最優先部位であったと考えている(7)。そのため、先行論文では前胴地板配置の問題はひとまず保留し、異なる視点から三角板革綴短甲の検討を進めた。

（5）そのほかの論点

先行論文を公表した段階までの長方板革綴短甲と三角板革綴短甲についての主要な論点は、以上の4点にほぼ集約される。

本章では、1990年代以降の資料の増加や研究の進展をふまえた上で、これらの論点にあらためて検討を加えたい。ここでふれることのできなかった点については、次節以降で必要のあるごとに適宜論及していくこととする。

第3節　長方板革綴短甲の変遷と特質

（1）分類の視点

長方板革綴短甲の変遷について、鍛造技術の発達にともなう地板枚数の減少傾向が滝沢誠氏などによって指摘されていたことは、第2節で述べたとおりである。しかし、滝沢氏も地板枚数の減少という方向性の成立要因については、ただ「合理化」と述べるにとどまっていた。また、鍛造技術の発達が地板枚数の減少と直接的にどのように結びつくのかについても、とくに説明が加えられることはなかった。

地板枚数の減少傾向が発生した要因として、まず「製作の省力化」という生産面の利点が考えられよう(8)。革綴短甲の場合、具体的には革綴による地板どうしの連接や地板の裁断に要する手間の軽減が考えられる。このような「製作の省力化」という要因とともに、別の要因として「堅牢性の向上」(9)や「軽量化」という機能面での利点も考えられる。鉄板の連接部分が少なくなればなるほど、修理の必要な不具合が発生する危険性が軽減されるとともに、重量も削減されていくことは認められてよいであろう。

これらの生産面および機能面における利点の追求と鍛造技術の発達との兼ね合い、あるいは妥協点が、結果として地板の構成、より具体的には地板の枚数に表れていると考えられる。なかでも、それがもっとも顕著に表れる部位、すなわち、そこを構成する地板の枚数にもっとも直接的に鍛造技術の水準が示される部位は、長側第1段の脇部であろう。長側第1段を構成する地板は、裾板と同様に横方向と縦方向の湾曲が同時に要求されることに加え、上辺に連接する押付板の形状によって地板の形状が規制される。こうした条件が重なることから、地板の枚数を少なく製作しようとす

る場合、もっとも高度で熟練した技術が要求されると考えられる。つまり、そこには鍛造技術の水準が鋭敏に反映されていることが期待される。

以上の検討をふまえ、ここでは滝沢氏の指摘に基づき、長側第1段の脇部の地板構成に注目して分類をおこなう。なお、長方板革綴短甲は現在のところ、その可能性が指摘される事例も含め、58基の古墳から58例が出土している［表12・表13］[10]。そのうち、脇部の構造について一定程度知ることができた37例を分類の対象とした［表14］。

（2）分類

長側第1段の脇部の地板構成に注目すると、以下のように大きく三つに分類することができる。なお、ここでの分類上の用語としての「脇部」とは、短甲を正立させてみた場合、竪上板の上辺が側方へ下降していく中間点を通る鉛直線と、押付板と後胴竪上第3段帯金の下辺の交点を通る鉛直線に挟まれた部分を基準に、個体によってはその周辺も含めた一帯を指し示すこととする［図38］。

Ⅰ式　長側第1段において、脇部を左右それぞれ2枚の小型の地板［図39：着色部分］で構

表12　長方板革綴短甲一覧（1）

出土古墳	都府県	所在地	墳形	墳丘長	施設	副葬位置
北椎尾天神塚	茨城	桜川市真壁町北椎尾	円	37m	粘土槨・割竹形木棺［西主体部］	棺内・（足側）
上田浅間塚	栃木	下都賀郡壬生町上田朝比奈	円	(50m)	不明	不明
鶴山	群馬	太田市鶴山	方円	102m	竪穴式石槨	槨内・頭側
（十二天塚）	群馬	藤岡市白石稲荷原	方	37m	不明	不明
野毛大塚	東京	世田谷区野毛	帆立	82.6m	粘土槨・割竹形木棺［第1主体］	棺内・足側
谷内21号	富山	小矢部市埴生谷内	円	30m	割竹形木棺直葬［中央主体］	棺内・足側
柴垣円山1号	石川	羽咋市柴垣	円	22m	箱形石棺直葬	棺内・足側
天神山7号	福井	福井市篠尾町	円	52m	粘土槨・割竹形木棺［第1埋葬施設］	棺内・足側
向山1号	福井	三方上中郡若狭町下吉田	方円	48.6m	武器埋納施設［前方部］	施設内
桜ヶ丘	長野	松本市浅間飯治洞	円	30m	竪穴式石槨（礫槨）	主室内
七瀬双子塚	長野	中野市七瀬新井	方円	61m	不明	不明
長良龍門寺1号	岐阜	岐阜市長良東町	円	17m	礫床・割竹形木棺	棺外
細江狐塚	静岡	浜松市北区細江町老ヶ谷	方	22m	（木棺直葬）	不明［採集］
松林山	静岡	磐田市新貝	方円	107m	竪穴式石槨	槨内・南小口
安久路2号	静岡	磐田市西貝塚	円	26.5m	木棺直葬	棺内・頭側
安久路3号	静岡	磐田市西貝塚	造円	27.2m	箱形木棺直葬［北主体部］	棺内・（頭側）
土器塚	静岡	磐田市見付	円	36m	木棺直葬［既撹乱］	不明
石山	三重	伊賀市才良片岨	方円	120m	粘土槨・割竹形木棺［東槨］	棺内・足側
わき塚1号	三重	伊賀市神戸深狭間	方	23.5m	木棺直葬	棺内・西小口
椿山	滋賀	栗東市安養寺	帆立	99m	粘土槨・割竹形木棺［前方部］	棺内・東小口
新開1号	滋賀	栗東市安養寺	円	36m	箱形木棺直葬［南遺構］	棺内・足側
宇治二子山北	京都	宇治市宇治山本	円	40m	粘土槨・割竹形木棺［西槨］	棺内・足側
芝ヶ原11号	京都	城陽市寺田大谷	造円	58m	粘土槨・箱形木棺［東槨］［既撹乱］	不明
石不動	京都	八幡市八幡石不動	方円	75m	粘土槨［南槨］	槨内・頭側
美濃山王塚	京都	八幡市美濃山大塚・出島	方円	76m以上	不明	不明
今林6号	京都	南丹市園部町瓜生野・内林	方	22m	木棺直葬	棺外・足側
七観	大阪	堺市堺区旭ヶ丘中町	円	55m	（木櫃状施設）［第2槨・東槨］	（施設内）
風吹山	大阪	岸和田市池尻町	帆立	71m	粘土槨・割竹形木棺［南棺］［既撹乱］	棺外
豊中大塚	大阪	豊中市中桜塚	円	56m	粘土槨・割竹形木棺［第2主体部東槨］	棺内・足側
岡本山A3号	大阪	高槻市岡本	不明	不明	土坑	隅円方形坑内
鍋塚	大阪	富田林市喜志	円	25m	（木棺直葬）	土坑内
和泉黄金塚	大阪	和泉市上代町	方円	94m	粘土槨・箱形木棺［西槨］	棺内・足側

〈凡例〉・墳形：方円…前方後円墳、帆立…帆立貝式古墳、造円…造出付円墳、円…円墳、方…方墳。
・墳丘長：円墳や方墳で長径・短径がある場合には、長径を代表値として記載した。

表13 長方板革綴短甲一覧（2）

出土古墳	都府県	所在地	墳形	墳丘長	施設	副葬位置
盾　塚	大阪	藤井寺市道明寺	帆立	74 m	粘土槨・割竹形木棺［後円部］	棺内・足側
小野王塚	兵庫	小野市王子町宮山	円	45 m	竪穴式石槨・割竹形木棺	棺内・頭側
沖田11号	兵庫	養父郡八鹿町九鹿片山	方	18.2 m	石棺直葬［第2主体・南石棺］	棺外（解体）
茶すり山	兵庫	朝来市和田山町筒江	円	90 m	粘土槨・箱形木棺［第1主体部］	棺内・頭側
池ノ内5号	奈良	桜井市池之内	円	17 m	箱形木棺直葬［第1棺］	棺外・足側
兵家12号	奈良	葛城市兵家	円	不明	箱形木棺直葬	棺内・（頭側）
古郡家1号	鳥取	鳥取市古郡家	方円	92.5 m	粘土槨・箱形木棺［3号棺］	棺内・足側
伝岡山市三門町岩井	岡山	岡山市北区三門西町〜寿町	不明	不明	不明	不明
旗振台	岡山	岡山市中区門田操山	方	27 m	粘土槨・割竹形木棺［北槨］	棺内
佐野山	岡山	総社市井尻野	方	25 m未満	箱形石棺直葬	棺外
月の輪	岡山	久米郡美咲町飯岡倉見	造円	60 m	粘土槨・割竹形木棺［中央主体］	棺内・頭側
天神山1号	山口	山口市芳敷庄下	円	16 m	竪穴式石槨	槨外
大代	徳島	鳴門市大津町大代日開谷	方円	54 m	竪穴式石槨・舟形石棺［既攪乱］	棺外・（頭側）
国高山	徳島	阿南市内原	方円	51 m	竪穴式石槨・（舟形木棺）［既攪乱］	不明
岩崎山1号	香川	さぬき市津田町津田	方円	26 m	箱形石棺直葬［西棺（A棺）］	棺内・足側
津頭東	香川	綾歌郡綾川町羽床下	円	35 m	粘土槨［6号槨］	槨外
日吉山所在	愛媛	今治市山方町	不明	不明	不明	不明［採集］
鋤崎	福岡	福岡市西区今宿青木鋤崎	方円	62 m	横穴式石室・木棺［3号棺］	棺外
上高宮	福岡	宗像市田島上高宮	不明	不明	箱形木棺直葬	棺内
塚原将軍塚	熊本	熊本市南区城南町塚原	円	25 m	横穴式石室	室内
小坂大塚	熊本	上益城郡御船町小坂	円	31 m	横穴式石室	室内
岬	大分	豊後高田市香々地新波止	円	6 m	竪穴式石槨	不明［採集］
浄土寺山	宮崎	延岡市大貫町	方円	34.5 m	粘土槨・割竹形木棺	棺内・足側
（西都原207号）	宮崎	西都市三宅	円	17 m	木棺直葬	棺内・（頭側）
岡崎15号	鹿児島	鹿屋市串良町岡崎	帆立	25.5 m	箱形石棺直葬	棺外・足側
（唐仁大塚）	鹿児島	肝属郡東串良町新川西	方円	154 m	竪穴式石槨・舟形石棺	棺外・北小口
【参考資料】						
蓮山洞M 8号	韓国	釜山広域市	円	22 m	竪穴式石槨	槨内
三渓洞杜谷72号	韓国	慶尚南道金海市	−	−	竪穴式石槨墓	槨内
下三政115号	韓国	蔚山広域市	−	−	竪穴式石槨墓	槨内
雁洞	韓国	全羅南道高興郡	円	36 m	竪穴式石槨・木棺	槨内・棺外

〈凡例〉・墳形：方円…前方後円墳，帆立…帆立貝式古墳，造円…造出付円墳，円…円墳，方…方墳。
　　　・墳丘長：円墳や方墳で長径・短径がある場合には、長径を代表値として記載した。

成する。脇部を構成する地板以外の地板は基本的に長方形で、Ⅱ式やⅢ式にみられるような、竪上板・押付板下辺の形状に合わせた刳り込みをもたず、脇部を正面・背面とは意識の上で切り離して設計しているようにみうけられる。結果として、長側第1段を9枚程度の地板で構成する［図39-1・2］。長側第3段の地板構成から、さらに二つに細分する。

　Ⅰa式　　長側第3段を9枚の地板で構成する［図39-1］。
　Ⅰb式　　長側第3段を7枚の地板で構成する［図39-2］。

Ⅱ　式　　長側第1段において、脇部を左右それぞれ1枚の上辺が凹レンズ状に裁断された地板［図39：着色部分］で構成する。脇部の地板に連接する地板はいくぶんか脇部にまで回り込み、竪上板・押付板下辺の形状に合わせた刳り込みをもつ。長側第1段を基本的には7枚の地板で構成する［図39-3・4］。長側第3段の地板構成から、さらに二つに細分する。

　Ⅱa式　　長側第3段を7枚の地板で構成する［図39-3］。
　Ⅱb式　　前胴に一枚板を用い、長側第3段を6枚以下の地板で構成する［図39-4］。

Ⅲ　式　　長側第1段において、脇部を構成するためだけの地板は存在しない。その結果、基本的には前胴は左右それぞれ1枚、後胴は3枚の合計5枚の地板で長側第1段を構成する［図39-

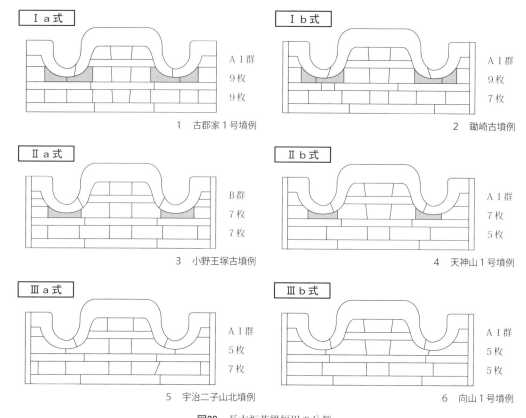

図39　長方板革綴短甲の分類

5・6］。長側第3段の地板構成から、さらに二つに細分する。

　Ⅲa式　　引合板に接して長側第3段に小型の長方形地板を用いる［図39-5］。
　Ⅲb式　　長側第3段を5枚の地板で構成する［図39-6］。

　なお、以上の分類を、橋本達也氏による長方板革綴短甲の分類〔橋本達 1999：pp.283-284・2002：p.128〕と対照させると、Ⅰa式…Ⅰ類、Ⅰb式…Ⅰ'類、Ⅱa式…Ⅱ類、Ⅱb式…Ⅲ類、Ⅲa式…Ⅳ類、Ⅲb式…Ⅴ類となる。また、鈴木一有氏による分類〔鈴木 2015：p.60〕と対照させると、Ⅰa式…Ⅰa類、Ⅰb式…Ⅱa類、Ⅱa式…Ⅲa類・Ⅲb類、Ⅱb式…Ⅳa類、Ⅲa式…Ⅴa類・Ⅴb類、Ⅲb式…Ⅵa類・Ⅵb類となる。

（3）変　遷

①型式組列の推定

　生産性と機能性の向上という視点からは、「Ⅰ式→Ⅱ式→Ⅲ式」という型式組列を推定できる。

　細分型式間の関係についても仮説を述べておく。Ⅰb式は、長側第3段をⅡa式と共通する7枚の地板で構成することから、Ⅰa式とⅡa式の過渡的な型式と想定できる。同様にⅡb式は、長側第3段にⅢ式と共通する引合板から脇部までいたる比較的大きな地板を使用することから、Ⅱa式からⅢ式への過渡的な型式と想定できる。Ⅲa式は、長側第3段を7枚の地板で構成する点は

Ⅱa式と共通するとはいえ、引合板に接して小型の長方形地板を「補助板」〔古谷 1996：p.66〕として使用する点で地板構成の内実を異にする。Ⅱa式からⅢb式への過渡的な型式と考えるよりも、Ⅲb式の生産がほぼ可能となった技術段階におけるバリエーションと想定する方が妥当であろう。

②共伴遺物相による検証

先に措定した型式組列における変化の方向性について、その妥当性を共伴遺物相から検証する〔表14〕。古墳時代前期から中期初頭にかけて副葬のピークが認められる品目を古相を示すものとし、ここでは舶載鏡、腕輪形石製品、筒形銅器、銅鏃を取り上げる。一方、古墳時代中期中葉以降に副葬のピークを迎えると考えられる品目を新相を示すものとし、ここでは曲刃鎌、鋲留甲冑、馬具、金銅製帯金具、金銅製冠、金製垂飾付耳飾、須恵器を取り上げる。

短甲が製作されてから古墳に副葬・埋納されるまでの期間の差に起因する不確実性に注意しなければならないが、ある程度の傾向はつかめるものと考える。

Ⅰa式　　鳥取県古郡家1号墳例[図40-1]は奈良県新沢千塚500号墳にのみ類例が知られる突起付重圏文鏡(13)（八手葉形銅製品）と共伴しており、古相を認めることができる。大阪府盾塚古墳例(14)は碧玉製石釧、筒形銅器と共伴しており、やはり古相を認めることができる。

Ⅰb式　　福岡県鋤崎古墳例[図40-2]が曲刃鎌と共伴していることが注意されるが、この曲刃鎌は「屈曲が弱く先端が丸味をおびるなど、典型的な曲刃鎌とは異なる形態をなしている」〔鈴木 2002a：p.120〕ことが指摘されており、一般的に古墳時代中期中葉とされる直刃鎌から曲刃鎌への移行に先行する初期の副葬例と把握しうる。埴輪、土師器、副葬品の様相を総合的に評価するならば、鋤崎古墳は中期初頭の築造と判断して大過ない。三重県石山古墳例は、左脇部については遺存状態が良好ではないため不明確であるが、右脇部には確実に2枚の地板が使用されており、Ⅰ式の範疇でとらえておく。銅鏃と共伴しており、古相を認めることができる。

徳島県大代古墳例は攪乱による細片化が著しく、完形の部材は地板1枚のみであるが、これは脇部を構成する地板であり、Ⅰ式の特徴を備えると判断する。銅鏃と共伴しており、古相を認めることができる。

Ⅱa式　　東京都野毛大塚古墳例、奈良県池ノ内5号墳例(15)のように舶載鏡や腕輪形石製品などの古相を示す遺物と共伴する例がある一方で、兵庫県小野王塚古墳例[図40-3]、大分県岬古墳例のように鋲留甲冑や曲刃鎌などの比較的新相を示す遺物と共伴する例もある。該当する出土例が比較的多いことも傍証として、Ⅱa式の生産が一定期間安定しておこなわれていたことが推測される。

Ⅱb式　　富山県谷内21号墳例、静岡県安久路2号墳例、山口県天神山1号墳例[図41-4]の3例をあげうる。3例ともに短甲以上にその副葬時期を積極的に示す共伴遺物に恵まれていない。

Ⅲa式　　群馬県鶴山古墳例、京都府宇治二子山北墳例[図41-5]は、鋲留甲冑や曲刃鎌などの新相を示す遺物と共伴している。石川県柴垣円山1号墳例は、短甲以上にその副葬時期を積極的に示す共伴遺物に恵まれていない。

Ⅲb式　　福井県天神山7号墳例・向山1号墳例[図41-6]、滋賀県新開1号墳例などのように、金製垂飾付耳飾、鋲留甲冑、馬具などの新相を示す遺物と共伴する例が多く、その副葬時期が

132　第Ⅱ部　革綴短甲生産の展開

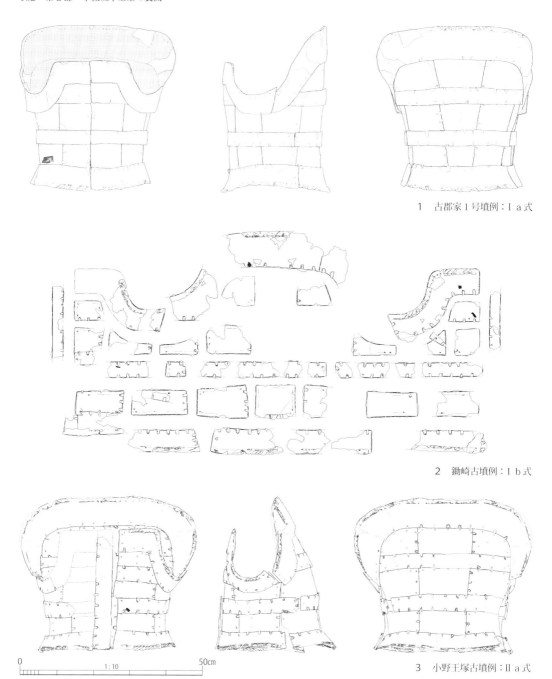

1　古郡家1号墳例：Ⅰa式

2　鋤崎古墳例：Ⅰb式

3　小野王塚古墳例：Ⅱa式

図40　長方板革綴短甲の諸例（1）

古墳時代中期中葉以降に求められることがうかがえる。一方で、京都府今林6号墳例、岐阜県長良龍門寺1号墳例、兵庫県茶すり山古墳例が舶載鏡と共伴している点が注意される。とくに、長良龍門寺1号墳例は碧玉製石釧とも共伴しているが、鉄鏃の型式からその築造年代を従来よりも新しく考える必要性が指摘されている〔高田 1996：p.88〕。また、茶すり山古墳例においても鋲留冑など新相を示す遺物とも共伴していることから、これらの舶載鏡は長期保有などの履歴をもつものと解

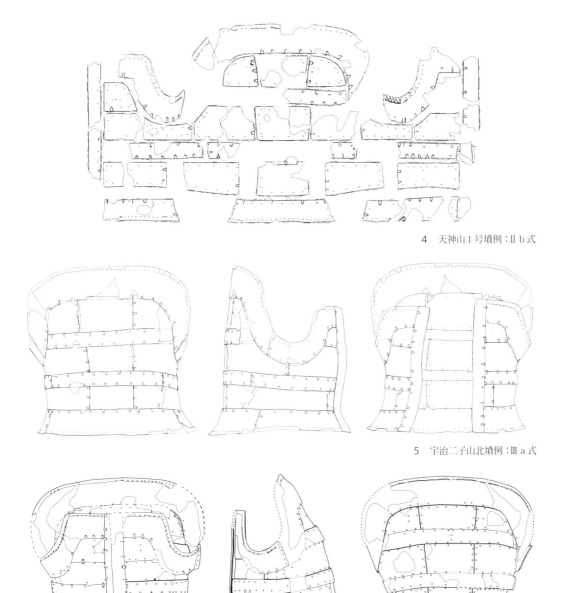

4 天神山1号墳例：Ⅱb式

5 宇治二子山北墳例：Ⅲa式

6 向山1号墳例（3号短甲）：Ⅲb式

図41 長方板革綴短甲の諸例（2）

釈したい。Ⅲb式は出土例が13例ともっとも多く、Ⅱa式に替わって長方板革綴短甲の主流をなしたことが推測される。

また、遺存状態が良好ではなく全体の構成が不明な出土例のなかにも、Ⅲ式と推定されるものが数例ある。そのなかでは京都府石不動古墳例、大阪府和泉黄金塚古墳例の存在が注意される。Ⅲ式に属するとすれば、そのなかではもっとも古相を示す古墳からの出土例であるといえる。

以上の検討から、Ⅱb式については十分に検討が及ばないとはいえ、とくに各型式の盛行期間に注目するならば、併行期間を置きつつも全体の流れとして「Ⅰ式→Ⅱ式→Ⅲ式」という変遷が認められてよいであろう。

③甲冑のセット関係による検討

上述の変遷観を補強するために、次に長方板革綴短甲の各型式と冑・錣の各形式・型式とのセット関係を、それぞれについての先学の変遷観を援用して検討する［表14］。

なお、このほかに、武具編年の成果として藤田和尊氏による頸甲の編年がある〔藤田 1984・2006〕。藤田氏の編年は長方板革綴短甲から三角板革綴短甲への単系的な変化を認める立場に基づいてなされているため、両形式の時期的関係の究明を課題の一つとしている本章において、その成果を援用することは方法論上不適切である。しかし、参考として長方板革綴短甲の各例とセットをなす頸甲の型式を藤田氏の分類に基づいて併記した［表14］。ただし、表中において、藤田氏と筆者で同一資料に対する型式の認定が異なっている場合がある。また、次節においても同様に三角板革綴短甲の各例とセットをなす頸甲の型式を併記している［表18］。なお、頸甲とのセット関係については、第8節で別途言及する。

冑とのセット関係　短甲の定型化から鋲留技法導入後初期までの短甲とセットをなす冑として、最初に三角板革綴衝角付冑が出現し、やがて小札鋲留衝角付冑を主流とする各形式の鋲留衝角付冑や、小札鋲留眉庇付冑を主流とする各形式の眉庇付冑へと漸次変遷していったことが知られている〔小林謙 1974a：pp.58, 61〕。

長方板革綴短甲とセットをなす冑についてみると、Ⅲb式に属する例を除いて、冑とセットをなす場合にはすべて三角板革綴衝角付冑とセットをなしている点が注意される。Ⅲb式のみが鋲留冑ともセットをなしており、その出現時期の遅れることが首肯されよう。

三角板革綴衝角付冑のなかでの新古と長方板革綴短甲の変遷との対応関係はどうであろうか。滝沢誠氏は三角板革綴衝角付冑の地板枚数に注目して合計24枚以上の一群をⅠ式、20枚以下の一群をⅡ式と分類し、それぞれを定型化の前と後と評価して前者から後者への変遷を想定した〔滝沢 1988：pp.949-950〕。その後、出土資料の増加により、滝沢氏による分類基準では地板枚数の点で対応しきれない例も認められるようになった。そうした例の一つである東京都野毛大塚古墳例の報告にあたり、橋本達也氏は①地板枚数、②衝角底板の構造、③腰巻板、④鋲について属性分析をおこなった。その結果、滝沢氏のⅠ式・Ⅱ式の分類を発展的に踏襲し、さらに細分を進めた〔橋本達 1999：pp.286-288〕。ここでは、橋本氏による分類案を参照する。長方板革綴短甲とのセット関係は必ずしも良好な対応を示してはいないが、全体の流れとして両者の変遷が矛盾するものではないことは認めてよいと思われる［表14］。

近年、三角板革綴衝角付冑に限らず衝角付冑全体について、鈴木一有氏や川畑純氏により、衝角底板と腰巻板の連接手法の検討を基軸とした型式学的検討が顕著に進められている〔鈴木 2009・2010、川畑 2011・2015〕。衝角底板の構造を把握できる事例について、長方板革綴短甲の型式と鈴木氏（Ⅰ式〜Ⅲ式（古相））・川畑氏（横接式・上接1式・上接2式）による衝角底板連接手法の型式との対応関係を以下に示す。

表14 長方板革綴短甲の分類と共伴遺物の組み合わせ

型式		出土古墳	短甲属性					甲冑セット					共伴遺物										須恵器
			地板枚数				前胴竪上構成	小林謙一九九一	冑	錣	頸甲	肩甲	古 相				新 相						
			竪上第2段	長側第1段	長側第3段	合計							舶載鏡	腕輪形石製品	筒形銅器	銅鏃	曲刃鎌	鋲留甲冑	馬具	金銅製帯金具	金銅製冠	金製垂飾付耳飾	
Ⅰ	a	古郡家1号	5	9	9	23	AⅠ	A															
		盾 塚	5	(9)	(9)	(23)	AⅠ	C			Ⅰ-b	○	○	○									
	b	鋤 崎	5	9	7	21	AⅠ	A										○	○				
		石 山	5	(9)	7	(21)	AⅠ	A									○						
		大 代	(5)	(9)	?	?	?	A															
Ⅱ	a	豊中大塚	5	7	7	19	AⅠ	C			Ⅰ-b	○											
		小野王塚	5	7	7	19	B	A											○				
		沖田11号	5	7	7	19	AⅡ	A															
		岬	5	7	7	19	B	A															
		野毛大塚	5	(7)	7	(19)	AⅠ	D	三・革・衝Ⅰa	AⅠ	Ⅰ-b	○	○	○									
		池ノ内5号	5	7	(7)	(19)	AⅠ	A															
		細江狐塚	5	(7)	(7)	(19)	B	A															
		谷内21号	5	8	6	19	AⅠ	A															
	b	安久路2号	5	7	5	17	AⅡ	B	三・革・衝Ⅱd	A'Ⅰ													
		天神山1号	5	7	5	17	AⅠ	C			Ⅰ-b	○											
		美濃山王塚	(5)	(7)	?	?	?	(D)	三・革・衝 ? 湾・縦・革	A'Ⅰ	Ⅰ-b	○											
Ⅲ	a	鶴 山	5	5	5	17	AⅠ	A									○						
		柴垣円山1号	5	5	5	17	AⅠ	A															
		宇治二子山北	5	5	5	17	AⅠ	D	三・革・衝Ⅱb	C'Ⅱ	Ⅱ-b	○					○						
		七 観	5	6	5	15	AⅠ	D	三・革・衝 −	BⅢ	Ⅱ-b	○						○					
		今林6号	5	5	6	16	B	A				○											
		天神山7号	5	5	5	15	AⅡ	D	縦・革・衝	(BⅠ)	Ⅰ-b	○							○				
		向山1号	5	5	5	15	AⅠ	A															①
		長良龍門寺1号	5	5	5	15	AⅡ	C			Ⅰ-b	○											
		新開1号	5	5	5	15	AⅠ	D	小・鋲・眉 −	CⅢ	Ⅱ-b	○						○	○				
	b	風吹山	5	5	(5)	(15)	B	B	三・革・衝 ?	A'Ⅰ													
		岡本山A3号	5	5	5	15	B	A															②
		茶すり山	5	5	5	15	AⅠ	D	縦・鋲・衝 −	CⅢ	Ⅰ-b	○						○					
		兵家12号	5	5	5	15	AⅠ	D	小・鋲・眉 −	DⅢ	Ⅰ-b	○						○ ○					③
		佐野山	5	5	5	15	B	B	?・?・衝 −	三・革													
		日吉山所在	5	5	(5)	(15)	B	A															
		わき塚1号	5	5	(5)	(15)	(B)	D	三・革・衝Ⅰ	AⅠ	Ⅰ-b	○											
		桜ヶ丘	(5)	(5)	(5)	(15)	AⅡ	D	三・革・衝Ⅱc	○	Ⅱ-b	○								○			
		石不動	(5)	(5)	?	?	B	A															
		芝ヶ原11号	(5)	(5)	?	?	A																
		和泉黄金塚	(5)	(5)	(5)	(15)	AⅠ	D	三・革・衝 ?														
		小坂大塚	(5)	(5)	?	?	B	?・?・?															

〈凡例〉・不確定要素がある場合には、数値あるいは記号に( )をつけて示してある。
・小林謙1991：一部改変。
　A…冑と付属具ともにセットをなさないもの。　C…冑はないが、付属具として頸甲・肩甲がセットをなすもの。
　B…付属具はないが、冑とセットをなすもの。　D…冑と付属具ともにセットをなすもの。
・冑：〔三…三角板，縦…縦矧板，小…小札〕・〔革…革綴，鋲…鋲留〕・〔衝…衝角付冑，眉…眉庇付冑〕。
　ただし、「湾・縦・革」は湾曲縦長板革綴冑を示す。
　三角板革綴衝角付冑の分類は〔橋本達1999〕による。
・錣：分類は〔古谷1988〕による。　三・革…三角板革綴錣、○…存在するが型式は不明。
・頸甲：分類は〔藤田2006〕による。　○…存在するが型式は不明。
・美濃山王塚古墳からは三角板革綴短甲も出土しており、冑や付属具とのセット関係は不明である。
・①…TK208型式併行、くびれ部付近の台状施設周辺から出土。
　②…初期須恵器、墓壙内に落ち込んだ状態で出土。　③…TK23型式併行、墳丘南裾および墳丘上から出土。
・須恵器を除いて、同一埋葬施設内で共伴した遺物のみを提示している。

Ⅱａ式　　野毛大塚古墳例：Ⅰ式・横接式。
　　Ⅱｂ式　　安久路２号墳例：Ⅰ式・横接式。
　　Ⅲ　式　　わき塚１号墳例：Ⅰ式・横接式。
　　Ⅲａ式　　宇治二子山北墳例：Ⅱ式・上接２式。
　　Ⅲｂ式　　天神山７号墳例：Ⅱ式・上接１式。茶すり山古墳例：Ⅲ式（古相）・上接２式。

　これによっても、全体の流れとして長方板革綴短甲と衝角付冑の変遷が矛盾するものではないことが示されよう。

　錣とのセット関係　　次に冑に付属する錣についてみてみたい。錣については、一枚板（Ａ形式）のものから頭部の可動性を追求する方向で変遷し、鋲留技法が導入される段階になって鉄板２枚（Ｂ形式）、３枚（Ｃ形式）、４枚以上（Ｄ形式）で構成される各形式が生産されはじめたことが古谷毅氏によって明らかにされている〔古谷 1988：pp.9-16〕。

　錣とのセット関係についても、Ⅱ式はＡ形式のみとセットをなし、Ⅲ式ではＢ～Ｄ形式ともセットをなす状況は、ほぼ先の長方板革綴短甲の変遷観を追証するものといえる［表14］。

　④型式組列の確定

　ここまでの検証作業の結果、長方板革綴短甲は成立期のⅠａ式・Ⅰｂ式を経てⅡａ式からⅢｂ式へと主流が移っていったものと理解できる。

　Ⅱｂ式については、地板構成の乱れなど不安定な要素が認められる例があることも傍証として、Ⅲｂ式の出現で定着をみる技術が、先行して試作的に導入されたものと評価したい。これらの製作を通じて獲得された技術が普及していった結果、Ⅲｂ式の生産が可能になったと考える。Ⅲａ式については、「補助板」の使用をやはり不安定な要素ととらえ、Ⅲｂ式の生産がほぼ可能となった段階におけるバリエーションと位置づける。したがって、Ⅱｂ式やⅢａ式の存在は工人個人レベルの技術差の範囲に収めて理解することとなる。

（４）前胴竪上地板構成

　これまでの検討によって得られた変遷観に基づき、長方板革綴短甲の前胴竪上の地板構成についても整理しておきたい［表14］。下記のように区分する。

　　Ａ　群　　竪上第３段の帯金をもたない一群。
　　ＡⅠ群　　竪上第２段の地板が長側第１段の地板に上重ねされるもの。
　　ＡⅡ群　　竪上第２段の地板が長側第１段の地板に下重ねされるもの。
　　Ｂ　群　　竪上第３段の帯金をもつ一群。

　各型式においてＡⅠ群が多数を占めることが読み取れ、長方板革綴短甲の存続期間を通じてＡⅠ群が主流であったことがうかがえる。とくに、現状でⅠａ式・Ⅰｂ式に位置づけられる例がいずれもＡⅠ群に属することは、長方板革綴短甲として本来的な前胴竪上地板構成はＡⅠ群であったことをうかがわせる。ＡⅡ群はわずか５例を数えるにすぎず、また基本的な地板構成の点ではＡⅠ群と変わるところはないので、あくまでもＡⅠ群のバリエーションとして把握されよう。Ｂ群は表14に示しえなかった例も含めて13例をあげることができる[18]。そのうち、もっとも古相を示す

古墳からの出土例は岡山県月の輪古墳例であるが、遺存状態が良好ではなく、全体の構成を知りえない。しかし、実測図によれば地板枚数の多いことがうかがえ、Ⅰ式に属する可能性もある。

　Ｂ群に属する例が、比較的新しく位置づけられる古墳からおもに出土していることは確かであるが、月の輪古墳例のような例を勘案し、なおかつＡⅠ群の安定した出土量を評価するならば、前胴竪上第３段の帯金をもつという要素は個体単位で選択的に付加された可能性が高く、長方板革綴短甲の変遷を論じる指標としては必ずしも有効ではないと考える。また、前胴竪上第３段に帯金を付加するという変化に対して、生産性や機能性の面における重要な意義を認めがたいことも、この判断を支持するものであろう。[19]

（５）長方板革綴短甲の変遷と特質

①変　遷

　共伴遺物による型式組列の検証、各型式の出土古墳の様相や出土数などの検討から、長方板革綴短甲の変遷を復元したい。主流型式と評価しうるⅡａ式とⅢｂ式の消長を重視して、以下のように３段階に分けて把握することができよう。

長方板革綴短甲第１段階　すでに方形板革綴短甲の段階でみられた引合板、連接型竪上板・押付板、裾板という要素を発展させつつ引き継ぎ、新たに帯金という要素を加えてⅠａ式が成立する〔阪口 2010〕［第６章］。ほとんど時間差なくⅠｂ式も生産され、Ⅱａ式成立への胎動がはじまる。

長方板革綴短甲第２段階　Ⅱａ式が安定して生産されはじめる。Ⅱａ式の生産がはじまって間もなく、Ⅱｂ式も少数生産されるが、そこに用いられる技術はまだ普及するにはいたらない。長方板革綴短甲の生産が本格的に開始される時期と評価できる。

長方板革綴短甲第３段階　Ⅲｂ式の生産がはじまり、以後主流を占めるが、Ⅱａ式も継続する。Ⅲａ式も少数生産される。長方板革綴短甲としてもっとも技術的に完成された時期と評価できる。

　さらに、技術面に即して各段階の意義づけをおこなう。第１段階は、竪上板・押付板、帯金、裾板といった「フレーム」となる部材の一般化に示されるように、複雑な形状や湾曲をもつ大型の部材を形成可能なレベルの鍛造技術が普及した段階と評価することができる。第２段階は、さらに大型の地板や抉りをもつ地板の導入に示されるように、複雑な形状や湾曲をもつ部材どうしを連接させることが可能なレベルの鍛造技術が、ある程度普及した段階と評価することができる。[20]第３段階は、さらに大型化するとともに、連動してさらに複雑な形状や湾曲をもつにいたった地板の一般化に示されるように、第２段階である程度普及した、複雑な形状や湾曲をもつ部材どうしを連接させることが可能なレベルの鍛造技術が安定的に普及した段階と評価することができる。

②特　質

　こうした変遷観から長方板革綴短甲の特質をまとめるならば、基本的に生産性と機能性の向上という要素によって設計が規定され、各型式が製作された時点での技術の発達と普及の段階がその地板構成にほぼストレートに反映されている可能性が高い、とすることができる。すなわち、生産性重視・機能性重視仕様の形式と評価することができる。

　ただし、生産性・機能性以外の一切を顧慮していなかったわけではない。後胴中央に長方形地板

を3段にわたって連ねるという、割付のもっとも基本となる部位の構造については、長方板革綴短甲の終焉まで保持されている。少なくとも第3段階においては、地板の各段を横矧板に置換可能な技術段階にまで達していたと想定しうることから、生産性・機能性の向上を度外視した上で、この構造は保持されていたものと考えられる。この点については、後胴中央列の地板の両短辺が縦のラインとして意識的にそろえられていたとみられることも傍証として、たんに構造としてではなく、構造の結果としての外観、つまり意匠としての意義が重視されていた可能性が高い。

長方板革綴短甲は、生産性および機能性が重視された形式と評価しうるが、その一方で比重は小さいとはいえ意匠性重視の側面をあわせもつことにも注意をしておきたい。

第4節　三角板革綴短甲の変遷と特質

(1) 分類の視点
①小型三角板使用の一群

長方板革綴短甲との比較を試みるという視点から、三角板革綴短甲についても地板構成に基づいて分類をおこなおうとした場合、まず想起されるのが小型三角板を用いる一群の存在である。

先行論文を公表するまで、後胴竪上第2段が5枚以上の地板で構成されるものを小型三角板使用、それに対して3枚の地板で構成されるものを通有三角板使用として区別することが一般的であった。小型三角板使用例を通有の三角板革綴短甲の初現的形態とみる見解があることは先述のとおりであるが、その見解に修正を迫る出土例も知られつつあった。

福井県向山1号墳出土の1号短甲〔図43-2・図44-2〕は、後胴竪上第2段に5枚の地板を用いるほか、前胴の地板構成が左右対称にならず不規則であるなど、非常に個性的な製品である。なかでも注目されるのは、裾板の連接に鋲を使用していることである。一部に鋲を使用した革綴短甲としては、長側第2段の帯金に鋲を使用した滋賀県新開1号墳出土の通有の三角板革綴短甲が著名であり、鋲留技法導入期の所産との評価が与えられてきた〔野上 1968：pp.22-24〕が、向山1号墳1号短甲に対しても同様の評価が与えられる〔塚本 1993 b：p.23〕。その後、福岡県月岡古墳出土資料にも一部に鋲を使用した三角板革綴短甲が確認され〔児玉編：2005〕、こうした製品が一定数生産されたことが明らかとなってきている。

また、岐阜県中八幡古墳出土の三角板鋲留短甲は、破片資料ではあるが全体の構成をほぼ復元することができ、後胴竪上第2段を5枚の地板で構成し、長側第1段の地板にも小型の三角板を使用していることを確認できる。

これらの例が存在することから、鈴木一有氏が指摘したように、鋲留技法が導入される段階まで小型三角板使用の製品が生産されていたことが認められ、通有の三角板革綴短甲の生産と併行しておこなわれていたと考えられる。したがって、三角板革綴短甲の設計系統のなかに小型三角板を用いる設計系統と通有三角板を用いる設計系統という二者が存在したとの想定も可能であろう。

②三角板革綴短甲における二つの設計系統

このように考えた場合、小型三角板使用の三角板革綴短甲と通有の三角板革綴短甲との決定的あ

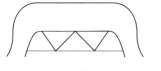 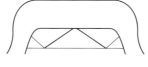 

図42　三角板革綴短甲における2系統の竪上地板構成模式図

るいは本質的な相違として、地板の大きさの相違よりも、むしろその大きさの相違を生み出す原因となっている三角板の形状の相違を重視したい。

具体的には小型三角板使用とされる製品の地板には正三角形に近い形状のものが多く、通有とされる製品には底辺が長く頂角が鈍角をなす三角形の地板が使われているという相違である［図42-1・2B］。この相違は、両者における設計段階での地板の割付原理の相違を反映するものと考えられる［第4章］。ここでは、従来小型三角板使用例とされてきた一群を等角系三角板革綴短甲、通有とされてきた一群を鈍角系三角板革綴短甲と呼称する[23]。

ただし、従来の枠組で小型三角板使用例とされるものすべてを等角系三角板革綴短甲に分類することには問題が残る。静岡県五ヶ山B2号墳例［図46-8・図47-5］のように、後胴竪上第2段に5枚の地板を使用していながら、その中央の地板が、鈍角系三角板革綴短甲の後胴竪上第2段を構成する3枚のうちの中央の地板と同様に、鈍角三角形である例が存在するためである［図42-2A］。このような例は、ほかの段の地板の形状や大きさについても鈍角系三角板革綴短甲のそれと変わりがなく、地板の割付原理を重視する視点からは鈍角系三角板革綴短甲に分類されるべきであろう。なお、三角板鋲留短甲においても、後胴竪上第2段に5枚の地板を使用していながら鈍角系の地板構成をとる例として、福井県二本松山古墳例をあげることができる。

以上に述べたように、三角板革綴短甲を等角系と鈍角系の二つの設計系統に区分した上で、次項以下ではそれぞれの設計系統について長側第1段脇部の地板構成に着目し、細分を試みたい。

（2）等角系三角板革綴短甲の分類と変遷

①分　類

三角板革綴短甲は現在のところ、その可能性が指摘される事例も含め、98基の古墳から119例以上の出土が知られる［表15～表17］。しかし、そのうち等角系に属する例は9例にすぎず、詳細を知りうる例はそのうち8例である[24]［表18］。

従来、小型三角板使用例として提示されることが多かった資料に大阪府津堂城山古墳例があるが、現存しているのは破片2点のみである［藤井利1982：pp.17-20、橋本達2005、福尾2013］。全体の構成を推し量るには情報があまりにも少ないため、ここでは等角系に含めない。また、参考資料としている朝鮮半島出土例のうち、福泉洞4号墳例が等角系に属する。

このように、検討対象となる例数が少なく、また全体の構成を知りうる例においても地板構成に個体間のばらつきが多い。このような制約はあるが、長側第1段脇部の地板構成の違いに基づいてT（等角系）Ⅰ式・TⅡ式・TⅢ式の3型式に細分する［表18］。

表15　三角板革綴短甲一覧（1）

出土古墳	都府県	所在地	墳形	墳丘長	施設	副葬位置
佐野八幡山	栃木	佐野市堀米町	円	46 m	竪穴式石槨	槨内
長瀞西	群馬	高崎市剣崎町	円	25 m	（竪穴式石槨）	不明
赤堀茶臼山	群馬	伊勢崎市赤堀今井	帆立	59 m	木炭槨［1号槨］	槨内・中央
大寺山洞穴第1洞	千葉	館山市沼和田東	−	−	洞穴墓・木棺（舟転用）	棺外
野毛大塚	東京	世田谷区野毛	帆立	82.6 m	箱形石棺［第2主体部］［既撹乱］	不明
谷内21号	富山	小矢部市埴生谷内	円	30 m	割竹形木棺直葬［中央主体］	棺内・頭側
後山無常堂	石川	小松市植田町	円	23.5 m	木棺直葬［第1主体部］［既撹乱］	棺外
下開発茶臼山9号	石川	能美市来丸町	円	17.2 m	割竹形木棺直葬［第2主体部］	棺内・足側
（饅頭山1号）	福井	福井市門前町	円	23 m	舟形石棺直葬［既撹乱］	不明
（石舟山）	福井	吉田郡永平寺町松岡室ほか	方円	79.1 m	−	不明
向山1号(1)	福井	三方上中郡若狭町下吉田	方円	48.6 m	横穴式石室［後円部］	奥壁南［1号短甲］
向山1号(2)	福井	三方上中郡若狭町下吉田	方円	48.6 m	横穴式石室［後円部］	奥壁北［2号短甲］
土口将軍塚	長野	千曲市雨宮	方円	67 m	竪穴式石槨［既撹乱］	不明
倉科将軍塚2号	長野	千曲市倉科北山	方	12.5 m	竪穴式石槨・木棺	棺内・（頭側）
国府亀塚	岐阜	高山市国府町広瀬町塚越	円	70 m	（礫槨）	槨内
南沼上3号	静岡	静岡市葵区南	円	17 m	木棺直葬［既撹乱］	不明
千人塚	静岡	浜松市東区有玉西町	造円	58 m	割竹形木棺直葬［第2主体部］［既撹乱］	棺内・頭側
各和金塚	静岡	掛川市各和金塚	方円	66.4 m	竪穴式石槨・箱形木棺［既撹乱］	不明
五ヶ山B2号	静岡	袋井市浅名	方	33 m	割竹形木棺直葬	棺内・頭側
文殊堂11号	静岡	周智郡森町円田	円	18.2 m	割竹形木棺直葬［第1埋葬施設］	棺内・中央
南山田所在	滋賀	草津市南山田町大市	不明	不明	不明	不明
大塚越	滋賀	栗東市安養寺	方円	70 m	粘土槨・割竹形木棺	棺外
新開1号	滋賀	栗東市安養寺	円	36 m	箱形木棺直葬［南遺構］	棺内・足側
泉塚越	滋賀	甲賀市水口町泉	方	52 m	不明	不明
将軍塚東南所在	京都	京都市東山区粟田口	不明	不明	箱形石棺直葬	棺外（蓋石上）
私市円山(1)	京都	綾部市私市町円山	造円	81 m	箱形木棺直葬［第1主体部］	棺内・足側
私市円山(2)	京都	綾部市私市町円山	造円	81 m	箱形木棺直葬［第2主体部］	棺内・足側
久津川車塚(1)	京都	城陽市平川山道	方円	180 m	長持形石棺（両小口に小石槨）	棺外（槨内）
久津川車塚(2)	京都	城陽市平川山道	方円	180 m	長持形石棺（両小口に小石槨）	棺外（槨内）
久津川車塚(3)	京都	城陽市平川山道	方円	180 m	長持形石棺（両小口に小石槨）	棺外（槨内）
久津川車塚(4)	京都	城陽市平川山道	方円	180 m	長持形石棺（両小口に小石槨）	棺外（槨内）
久津川車塚(5)	京都	城陽市平川山道	方円	180 m	長持形石棺（両小口に小石槨）	棺外（槨内）
青塚	京都	城陽市平川室木	方	40 m	粘土槨・箱形木棺［西棺］［既撹乱］	槨内・頭側
美濃山王塚	京都	八幡市美濃山大塚・出島	方円	76 m以上	不明	不明
産土山	京都	京丹後市丹後町竹野宮ノ腰	円	50 m	長持形石棺直葬	棺外
ニゴレ	京都	京丹後市弥栄町鳥取	(方)	20 m	割竹形木棺直葬	棺内・頭側
岸ヶ前2号	京都	南丹市園部町城南町	円	28.5 m	割竹形木棺直葬［埋葬施設3］	棺内・頭側
（鳥居前）	京都	乙訓郡大山崎町円明寺	方円	54 m	竪穴式石槨・割竹形木棺［既撹乱］	不明
七観(1)	大阪	堺市堺区旭ヶ丘中町	円	50 m	（礫床）［1913年出土］	不明
七観(2)	大阪	堺市堺区旭ヶ丘中町	円	50 m	（礫床）［1913年出土］	不明
百舌鳥大塚山(1)	大阪	堺市西区上野芝町	方円	168 m	（木櫃状施設）［2号埋納施設］	施設内［2号短甲］
百舌鳥大塚山(2)	大阪	堺市西区上野芝町	方円	168 m	（木櫃状施設）［2号埋納施設］	施設内［3号短甲］
百舌鳥大塚山(3)	大阪	堺市西区上野芝町	方円	168 m	（木櫃状施設）［2号埋納施設］	施設内［4号短甲］
百舌鳥大塚山(4)	大阪	堺市西区上野芝町	方円	168 m	（木櫃状施設）［2号埋納施設］	施設内［5号短甲］
百舌鳥大塚山(5)	大阪	堺市西区上野芝町	方円	168 m	（木櫃状施設）［3号埋納施設］	施設内［6号短甲］

〈凡例〉・墳形：方円…前方後円墳，帆立…帆立貝式古墳，造円…造出付円墳，円…円墳，方…方墳。
・墳丘長：円墳や方墳で長径・短径がある場合には，長径を代表値として記載した。

　TⅠ式　　長側第1段の脇部においても基本的に三角形の板を用い，胴一周を通じて規則的に正三角形を配列しようとする意図が看取される［図43-1］。

　TⅡ式　　長側第1段の脇部をやや大型の不整形板で構成する［図43-2］。[25]

　TⅢ式　　前胴長側第1段・第3段を，長方板革綴短甲Ⅰ式と同様に，左右それぞれ2枚ずつの長方形を基調とする地板で構成する［図43-3］。

　TⅢ式は，先行論文も含め，従来は長方板三角板併用革綴短甲と呼称されてきた事例に相当す

表16　三角板革綴短甲一覧（2）

出土古墳	都府県	所在地	墳形	墳丘長	施設	副葬位置
豊中大塚	大阪	豊中市中桜塚	円	56 m	粘土槨・割竹形木棺［第2主体部西槨］〔既攪乱〕	不明
御獅子塚	大阪	豊中市南桜塚	方円	55 m	箱形木棺直葬［第2主体部］	棺内・西小口
亀　井	大阪	八尾市南亀井町	方	7 m	箱形木棺直葬［2号主体部］	棺内・頭側
心合寺山	大阪	八尾市大竹	方円	160 m	粘土槨・箱形木棺［西槨］	棺内・頭側（副室部）
山中田1号	大阪	富田林市山中田町	方円	30 m	割竹形木棺直葬	棺内・南小口
堂山1号	大阪	大東市寺川	円	25 m	箱形木棺直葬［副棺］	棺内・北小口
和泉黄金塚	大阪	和泉市上代町	方円	94 m	粘土槨・箱形木棺［東槨］〔既攪乱〕	棺内・頭側
津堂城山	大阪	藤井寺市津堂	方円	210 m	竪穴式石槨・長持形石棺	（棺外）
盾　塚	大阪	藤井寺市道明寺	帆立	73 m	粘土槨・割竹形木棺［後円部］	棺内・足側
鞍　塚	大阪	藤井寺市道明寺	帆立	51 m	箱形木棺直葬	棺内・足側
珠金塚(1)	大阪	藤井寺市道明寺	方	27 m	粘土槨・割竹形木棺［南槨］	棺内・足側[A]
珠金塚(2)	大阪	藤井寺市道明寺	方	27 m	粘土槨・割竹形木棺［南槨］	棺内・南側中央[C]
年ノ神6号	兵庫	三木市鳥町年ノ神	方	13 m	割竹形木棺直葬	棺内・頭側
クワンス塚	兵庫	加西市玉丘町	造円	35 m	竪穴式石槨・割竹形木棺〔既攪乱〕	不明
ベンショ塚(1)	奈良	奈良市山町塚廻	方円	70 m	不明［第1埋葬施設］	不明
ベンショ塚(2)	奈良	奈良市山町塚廻	方円	70 m	粘土槨・割竹形木棺［第2埋葬施設］	棺内・西小口
コナベ古墳外周溝	奈良	奈良市法華寺町	方円	210 m	不明	不明
新沢千塚139号	奈良	橿原市鳥屋町	方	23 m	箱形木棺直葬	棺内・足側
新沢千塚508号	奈良	橿原市鳥屋町	円	18.5 m	粘土槨・割竹形木棺［東槨］	棺内・頭側
五條猫塚(1)	奈良	五條市西河内町	方	32 m	竪穴式石槨・箱形木棺	槨内・北西部［短甲1］
五條猫塚(2)	奈良	五條市西河内町	方	32 m	竪穴式石槨・箱形木棺	槨内・南東部［短甲2］
室宮山(1)	奈良	御所市室	方円	238 m	竪穴式石槨・長持形石棺［後円部南主体］〔既攪乱〕	棺外（槨内）
室宮山(2)	奈良	御所市室	方円	238 m	粘土槨・木棺［北張出部］	不明
室ネコ塚	奈良	御所市室	方	63 m	（竪穴式石槨）〔既攪乱〕	不明〔採集〕
兵家6号	奈良	葛城市兵家	方	13 m	竪穴式石槨［東主体部］	槨外（墓壙内）
高山1号(1)	奈良	宇陀市榛原池上高山	方	23 m	割竹形木棺直葬	棺内・中央［短甲1］
高山1号(2)	奈良	宇陀市榛原池上高山	方	23 m	割竹形木棺直葬	棺内・北小口［短甲2］
斑鳩大塚	奈良	生駒郡斑鳩町五百井	方円	35 m以上	粘土槨・割竹形木棺〔既攪乱〕	（棺内）
市尾今田1号	奈良	高市郡高取町市尾	円	22 m	割竹形木棺直葬〔既攪乱〕	棺外・南北小口（解体）
市尾今田2号	奈良	高市郡高取町市尾	方	18 m	割竹形木棺直葬〔既攪乱〕	不明
薩摩5号	奈良	高市郡高取町薩摩	方	13.5 m	不明	不明
寺内63号	和歌山	和歌山市森小手穂	円	21 m	粘土槨・割竹形木棺〔既攪乱〕	（棺内）
前山A17号	和歌山	和歌山市岩橋	（方）	15 m	箱形木棺直葬	副室内
湯山6号	鳥取	鳥取市福部町湯山	円	13 m	箱形木棺直葬	（棺内）
上ノ山	鳥取	米子市淀江町福岡	帆立	35 m	竪穴式石槨［第1石室］〔既攪乱〕	棺内
丹花庵	島根	松江市古曽志町	方	49 m	長持形石棺直葬	不明〔採集〕
毘売塚	島根	安来市黒井田町浜垣	方円	50 m	箱形木棺直葬〔既攪乱〕	棺外
（千　足）	岡山	岡山市北区新庄下	帆立	81 m	横穴式石室［第1石室］	不明
亀山1号	広島	福山市神辺町道上	円	28.7 m	粘土槨・割竹形木棺	棺内・頭側
（赤　妻）	山口	山口市赤妻町	円	32 m	箱形木棺直葬	不明
恵解山2号	徳島	徳島市八万町	円	25 m	箱形木棺・副室〔既攪乱〕	不明
原間6号	香川	東かがわ市川東原間	円	30.2 m	木槨・箱形木棺	棺外（槨内）
唐子台79号	愛媛	今治市桜井・古国分	円	不明	（木棺直葬）	不明

〈凡例〉・墳形：方円…前方後円墳，帆立…帆立貝式古墳，造円…造出付円墳，円…円墳，方…方墳。
　　　・墳丘長：円墳や方墳で長径・短径がある場合には、長径を代表値として記載した。

る。先行論文において、前胴に長方形地板を使用する鈍角系三角板革綴短甲を「鈍角系Ⅲ式」と設定したことをふまえ、また三角板革綴短甲・三角板鋲留短甲における「前胴長方形分割」の事例を横断的に検討した鈴木一有氏の見解〔鈴木2008b〕に学び、ここでは新たにTⅢ式として設定する。すなわち、これまで長方板三角板併用革綴短甲という独立した形式として扱われてきた事例を、三角板革綴短甲の範疇でとらえなおすということになる。

表17 三角板革綴短甲一覧（3）

出土古墳	都府県	所在地	墳形	墳丘長	施設	副葬位置
老　　司	福岡	福岡市南区老司	方円	76 m	竪穴系横口式石室［2号石室］	石棚上
羽根戸南E-11号	福岡	福岡市西区羽根戸	円	7.2 m	竪穴系横口式石室［既攪乱］	不明
竹　並	福岡	行橋市南泉	不明	不明	不明	不明〔採集〕
花㽵1号	福岡	小郡市三沢花㽵	不明	不明	竪穴式石槨	棺内・足側
原　1号	福岡	春日市上白水下原	円	18.5 m	竪穴式石槨・木棺［既攪乱］	棺内
笹　原	福岡	大野城市大城	円	26.5 m	竪穴式石槨［既攪乱］	不明
（久戸6号）	福岡	宗像市河東久戸	円	17.5 m	箱形石棺直葬［既攪乱］	墓壙内
（勝浦井ノ浦）	福岡	福津市勝浦藤三ヶ浦	方円	70 m	竪穴系横口式石室［前方部］	室内
奴山正園	福岡	福津市奴山正園	円	27 m	箱形石棺直葬	不明
宮司井手ノ上	福岡	福津市宮司井手ノ上	円	26 m	箱形石棺直葬［2号主体部］	棺内・足側
月　岡（1）	福岡	うきは市吉井町若宮高林	方円	95 m	竪穴式石槨・長持形石棺	棺外（槨内）
月　岡（2）	福岡	うきは市吉井町若宮高林	方円	95 m	竪穴式石槨・長持形石棺	棺外（槨内）
月　岡（3）	福岡	うきは市吉井町若宮高林	方円	95 m	竪穴式石槨・長持形石棺	棺外（槨内）
月　岡（4）	福岡	うきは市吉井町若宮高林	方円	95 m	竪穴式石槨・長持形石棺	棺外（槨内）
月　岡（5）	福岡	うきは市吉井町若宮高林	方円	95 m	竪穴式石槨・長持形石棺	棺外（槨内）
月　岡（6）	福岡	うきは市吉井町若宮高林	方円	95 m	竪穴式石槨・長持形石棺	棺外（槨内）
堤当正寺	福岡	朝倉市堤当正寺	方円	70 m	竪穴式石槨［未調査］	槨外（墓壙内）
（百合ヶ丘16号）	福岡	京都郡苅田町新津地堂免	円	19 m	竪穴式石槨［既攪乱］	不明
汐井川2号	佐賀	唐津市千々賀	円	10 m	竪穴系横口式石室	奥壁北東隅
伝　左　山	熊本	玉名市繁根木	円	35 m	横穴式石室［既攪乱］	不明
（三角鬼塚）	熊本	宇城市三角町戸馳	（円）	（14 m）	横穴式石室［既攪乱］	不明
御　陵	大分	大分市木上原	方円	62 m	箱形石棺直葬	不明
枇杷ノ木	大分	別府市朝見	不明	不明	不明	不明
白　塚	大分	臼杵市稲田林西平	方円	87 m	舟形石棺直葬	棺内
葛　原	大分	宇佐市葛原鬼塚	円	53 m	（竪穴系横口式石室）	室内
（下那珂馬場）	宮崎	宮崎市下那珂馬場	方円	80 m	（木棺直葬）	不明〔採集〕
上ノ坊2号	宮崎	延岡市岡富町	円	20 m	木棺直葬	棺内
西都原170号	宮崎	西都市三宅	円	47 m	木棺直葬	棺内・頭側
六野原8号地下式	宮崎	東諸県郡国富町三名六野原	－	－	地下式横穴墓	玄室内
木脇塚原A号地下式	宮崎	東諸県郡国富町塚原西ノ兎・東原	－	－	地下式横穴墓	玄室内
神領10号	鹿児島	曽於郡大崎町神領	方円	54 m	礫槨・舟形石棺［既攪乱］	槨外
【参考資料】						
福泉洞4号	韓国	釜山広域市	－	－	竪穴式石槨墓［既攪乱］	槨内
三渓洞杜谷43号	韓国	慶尚南道金海市	－	－	竪穴式石槨墓	槨内
栗下B-1号	韓国	慶尚南道金海市	－	－	竪穴式石槨墓	槨内
道項里13号	韓国	慶尚南道咸安郡	－	－	木槨墓	槨内
玉田68号	韓国	慶尚南道陝川郡	－	－	木槨墓	槨内
野　幕	韓国	全羅南道高興郡	円	22 m	竪穴式石槨	槨内・足側
外島1号	韓国	全羅南道海南郡	－	－	箱形石棺墓	槨内
ペノルリ3号	韓国	全羅南道新安郡	円	6.8 m	竪穴式石槨	槨内・足側

〈凡例〉・墳形：方円…前方後円墳，円…円墳，方…方墳．
　　　・墳丘長：円墳や方墳で長径・短径がある場合には，長径を代表値として記載した．

②型式組列の措定と検証

　地板枚数の減少傾向を認める立場からは，「ＴⅠ式→ＴⅡ式」の順に製作されたことを想定できる．ＴⅢ式については，後胴地板構成の共通性から，ＴⅡ式に併行すると想定できる．

　以上のように措定した型式組列の妥当性について，共伴遺物相から検証する［表18］．古墳時代前期から中期初頭にかけて副葬のピークが認められる品目を古相を示すものとし，ここでは舶載鏡，腕輪形石製品，筒形銅器を取り上げる．一方，古墳時代中期中葉以降に副葬のピークを迎える品目を新相を示すものとし，ここでは曲刃鎌，Ｕ字形鍬鋤先，鹿角製刀装具，馬具，金製品・金銅製品，須恵器を取り上げる．金製品・金銅製品には，金製垂飾付耳飾・金銅製帯金具・金銅装甲冑・金銅製胡籙金具などが含まれる．

TⅠ式　滋賀県大塚越古墳例〔図44-1〕の1例のみであり、舶載鏡など古相を示す遺物と共伴する。

　TⅡ式　栃木県佐野八幡山古墳例、富山県谷内21号墳例、佐賀県汐井川2号墳例、大阪府山中田1号墳例、福岡県宮司井手ノ上古墳例のほか、先述の向山1号墳1号短甲〔図44-2〕の6例があげられる。山中田1号墳例は碧玉製石釧と共伴しており、古相を示す。一方、汐井川2号墳例、宮司井手ノ上古墳例、向山1号墳1号短甲は、U字形鍬鋤先や金製垂飾付耳飾などの新相を示す遺物と共伴している。谷内21号墳例については、短甲以上にその副葬時期を積極的に示す共伴遺物に恵まれていない。古相を示す遺物、新相を示す遺物のいずれとも共伴することから、TⅡ式が長期間にわたって存続したことがうかがわれる。

　TⅢ式　奈良県新沢千塚508号墳例〔図44-3〕の1例のみであるが、短甲以上にその副葬時期を積極的に示す共伴遺物に恵まれていない。

　以上の共伴遺物相からみて、資料数は少ないながらもTⅠ式がTⅡ式に先行する可能性は高いと考える。TⅢ式については、共伴遺物相から時間的な位置づけをおこなうのは困難である。

　なお、以上のほかに等角系の地板をもつ例として和泉黄金塚古墳（東槨）例があげられる。破片資料であり全体の構成は不明であるが、共伴遺物には古相が認められる。

　また、甲冑のセット関係についてみると、地板構成全体を把握しうる例のなかでは、佐野八幡山古墳例が三角板革綴衝角付冑Ⅰa式とセットをなすのみであり、有効な検討はなしえない〔表18〕。参考資料として記載している頸甲についても、谷内21号墳例がⅢ─b頸甲とセットをなすのみである。鈍角系三角板革綴短甲と比較すれば一目瞭然であるが、等角系三角板革綴短甲には冑や付属具とセットをなさず、短甲が単体で副葬される傾向が認められる。

　③変　遷

　等角系三角板革綴短甲の変遷については、資料数の少なさによる制約があるが、現時点ではTⅠ式からTⅡ式への単系的な変遷を想定しておく。また、TⅢ式はTⅡ式のバリエーションと位置づける。

　TⅠ式からTⅡ式への変遷の要因として、生産性の追求とそれを可能にする技術の発達という要素はもちろんあるにしても、より重要な要素として「正三角形という図像の配列に対するこだわり」の希薄化を考えたい。つまり、正三角形の配列を意識した構造をもつTⅠ式から、鈍角系とは一線を画しつつもその意識の希薄化が明らかにうかがえるTⅡ式へと変遷したものと推測する。向山1号墳1号短甲の左右対称をなさない変則的な前胴地板構成は、TⅡ式においては、地板の枚数を多く使用するという側面は残存していても、正三角形の地板を配列するという意識は最終的には形骸化していたことをうかがわせる。

　上述の「正三角形という図像とその配列に対するこだわり」という要素は、等角系三角板革綴短甲に限らず、三角板革綴短甲一般の変化の方向性を解釈する上でもっとも注目すべき点だと考えているが、その根拠となる三角板革綴短甲における三角形地板の第一義性については本節第6項で考察する。

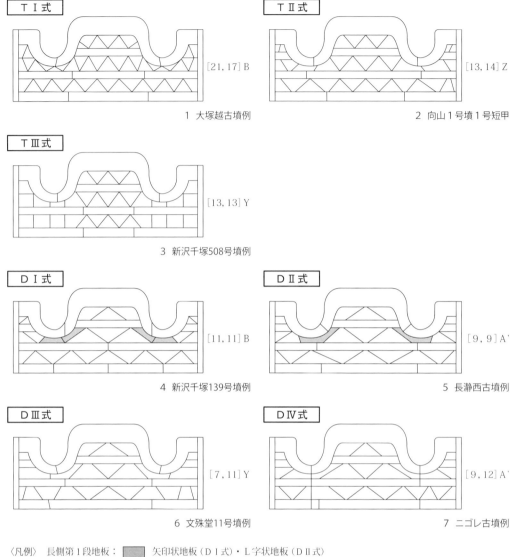

図43 三角板革綴短甲の分類

(3) 鈍角系三角板革綴短甲の分類と変遷

①分 類

　鈍角系三角板革綴短甲についても、脇部の構造差に基づいて、D（鈍角系）Ⅰ式・DⅡ式・DⅢ式・DⅣ式の4型式に細分をおこなう。分類対象としたのは、全体の地板構成をある程度知ることができた27例である［表18］。

　　DⅠ式　　長側第1段において、脇部を左右それぞれ2枚ずつの矢印状地板［図43：着色部分］で構成する［図43-4］。

　　DⅡ式　　長側第1段において、脇部を左右それぞれ1枚ずつのL字状地板（2枚の矢印状の地板がつながった形状のもの）［図43：着色部分］で構成する［図43-5］。

表18 三角板革綴短甲の分類と共伴遺物の組み合わせ

型式	出土古墳	短甲属性 地板枚数				前胴地板配置	小林謙一1991	甲冑セット			共伴遺物								
		竪上第2段 前胴	竪上第2段 後胴	長側第1段	長側第3段	合計			冑	錣	頸甲	肩甲	古相 舶載鏡	腕輪形石製品	筒形銅器	新相 曲刃鎌	U字形鍬鋤先	鹿角製刀装具	馬具	金製品・金銅製品	須恵器
等角系(T) I	大塚越	4	7	21	17	49	B	A					○								
II	佐野八幡山	4	5	15	17	41	B	B	三・革・衝 Ia	AI											
	谷内21号	4	5	15	15	39	B	C			Ⅲ-b	○									
	汐井川2号	4	5	15	15	39	B	A								○					②
	向山1号[1号短甲]	4	5	13	14	36	Z	A								○					③
	山中田1号	2	5	(13)	(15)	(35)	A'	A													
	宮司井手ノ上	2	5	15	13	35	Z'	A													
III	新沢千塚508号	2	5	13	13	33	Y	A													
	和泉黄金塚	?	?	?	?	?	B	D	三・革・衝 ?	○	I-a	○	○								
鈍角系(D) I	堂山1号	4	3	11	11	29	B	B	三・革・衝 Ib	AI				○							④
	新沢千塚139号	4	3	11	11	29	B	D	小・鋲・眉	(B'Ⅲ)	Ⅱ-b	○									
	心合寺山	2	3	11	11	27	B'	B	三・革・衝 Ib	AI											
	岸ヶ前2号	2	3	11	11	27	A'	D	小・鋲・衝	-CⅢ	Ⅱ-b	○									
	新開1号	4	3	11	9	27	A	D	縦・鋲・眉	CⅢ	Ⅱ-c	○									
	老司	2	3	11	9	25	A'	A													
	恵解山2号	2	3	9	11	25	Z'	D	三・革・衝 Ⅱa	C'Ⅲ											
	倉科将軍塚2号	4	3	9	13	29	Z	B	?・?・?	-(CⅢ)											
	五條猫塚[短甲1]	4	3	(9)	11	(27)	B	D	小・鋲・眉	(DⅢ)	Ⅲ-b	○									
	国分亀塚	2	3	(9)	(11)	(25)	B'	D	三・革・衝 Ⅱa	BⅡ	I-a										
	私市円山[第1主体]	4	3	(9)		(25)	A	D	三・革・衝 Ib	A'I	Ⅱ-b										
	年ノ神6号	2	1	9		23	A"	C			Ⅱ-b										
	下開発茶臼山9号	4	3	9		23	A'	B	縦・革・衝	A'I											
	私市円山[第2主体]	4	3	9	9	25	A	D	三・革・衝 Ib	A'I											
	御獅子塚	2	3	9	9	23			小・鋲・眉	DⅢ											
	盾塚	2	3	(9)		(23)	A'	B	三・革・衝 Ⅱa	A'I											
	千人塚	2	3	(9)		(23)	A'	B	三・革・衝 Ib	A'I											
	原間6号	2	3	7	7	19	Z'	C			Ⅱ-b	○									
II	長瀞西	2	3	9	9	23	A'	A												①	
	堤当正寺	2	3	9	9	23	Z'	D	小・鋲・衝	DⅢ	Ⅱ-b	○									
	ベンショ塚[第2主体]	2	3	7	9	21	A'	B	小・鋲・眉	DⅢ											
	高山1号[短甲1]	2	3	7	8	20	Z'	A													
III	五ヶ山B2号	2	5	9	11	27	Y	D	三・革・衝 特殊	AⅡ	I-b	○									
	文殊堂11号	2	3	7	11	23	Y	A													
	鞍塚	2	3	9	7	21	Y	D	三・鋲・衝 Ⅱc	B'Ⅲ	Ⅲ-b	○									
	向山1号[2号短甲]	2	3	5	7	17	Y	A													③
IV	ニゴレ	2	3	9	12	26	A'	D	小・革・衝	-(A"Ⅱ)	Ⅲ-b	○									

〈凡例〉・不確定要素がある場合には,数値あるいは記号に( )をつけて示してある.
・前胴地板配置:A・B・Y・Zの分類は〔鈴木2005〕による.
  '…竪上第2段地板を一枚板で構成するもの.
  "…竪上第2段地板を一枚板で構成するが,疑似綴目により三角板を綴じ合わせているようにみせかけるもの.
・小林謙1991:一部改変.
  A…冑と付属具ともにセットをなさないもの. C…冑はないが,付属具として頸甲・肩甲がセットをなすもの.
  B…付属具はないが,冑とセットをなすもの. D…冑と付属具ともにセットをなすもの.
・冑:〔三…三角板,縦…縦矧板,小…小札〕・〔革…革綴,鋲…鋲留〕・〔衝…衝角付冑,眉…眉庇付冑〕.
  三角板革綴衝角付冑・三角板鋲留衝角付冑の分類は〔橋本達1999〕による.
・錣:分類は〔古谷1988〕による. ○…存在するが型式は不明.
・頸甲:分類は〔藤田2006〕による.
・①…滑石製模造品. ②…TK216型式〜TK208型式併行,周溝(SD 07)から出土.
  ③…TK208型式併行,くびれ部付近の台状施設周辺から出土.
  ④…TK73型式併行,主体部墓壙内および墳丘南西裾円筒埴輪列内の2箇所から出土.
・須恵器を除いて,同一埋葬施設内で共伴した遺物のみを提示している.
・〔阪口1998〕では新沢千塚139号墳例の長側第1段地板を9枚と記載したが,11枚に訂正した.

146　第Ⅱ部　革綴短甲生産の展開

1　大塚越古墳例：TⅠ式

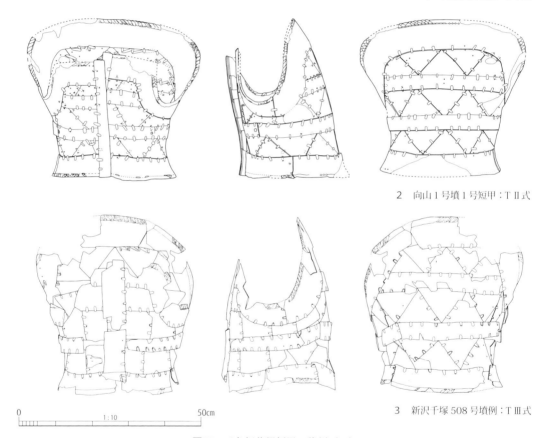

2　向山1号墳1号短甲：TⅡ式

3　新沢千塚508号墳例：TⅢ式

図44　三角板革綴短甲の諸例（1）

DⅢ式　　前胴長側第1段を、長方板革綴短甲Ⅱ式・Ⅲ式と同様に、左右それぞれ2枚ないし1枚ずつの長方形を基調とする地板で構成する[28]［図43-6］。

DⅣ式　　脇部において、開閉装置をもつ短甲と同様に、竪上第1段（竪上板・押付板）・長側第1段（地板）・長側第2段（帯金）・長側第3段（地板）・長側第4段（裾板）の継目が縦の一直線となるように構成される［図43-7］。

第7章　帯金革綴短甲の変遷と特質　147

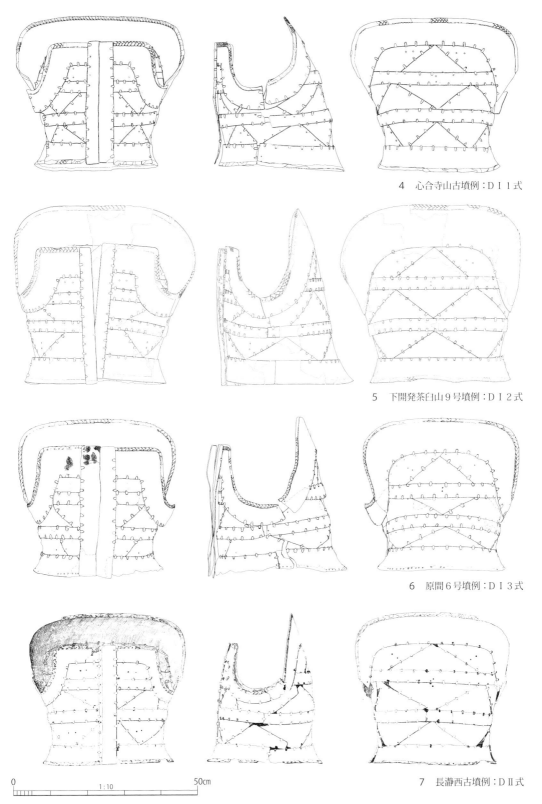

4　心合寺山古墳例：DⅠ1式

5　下開発茶臼山9号墳例：DⅠ2式

6　原間6号墳例：DⅠ3式

7　長瀞西古墳例：DⅡ式

図45　三角板革綴短甲の諸例（2）

②型式組列の措定

生産性と機能性の向上という視点からは、「DⅠ式→DⅡ式」、そして「DⅠ式→DⅢ式」、あるいは「DⅡ式→DⅢ式」という変遷を想定できる。

DⅢ式は一部に長方板革綴短甲Ⅱ式・Ⅲ式と同じ形状の地板を用いるという特色をもつことから、出現時期がある程度推測されるものの、スムーズな型式変化として理解できる「DⅠ式→DⅡ式」という変遷とは種類の異なる発想に基づいて出現したと考えられ、設計系統におけるDⅡ式との先後関係については推定しがたい。

DⅣ式は鋲留技法とともに導入された開閉装置の発想の影響が推測されることから、その出現時期は鋲留技法導入期であろうとの想定が可能である。

③共伴遺物相による検証

以上のように措定した型式組列の妥当性について、共伴遺物相から検証する［表18］。古墳時代前期から中期初頭にかけて副葬のピークが認められる品目を古相を示すものとし、等角系と同様に舶載鏡、腕輪形石製品、筒形銅器を取り上げる。一方、古墳時代中期中葉以降に副葬のピークを迎える品目を新相を示すものとし、やはり等角系と同様に曲刃鎌、U字形鍬鋤先、鹿角製刀装具、馬具、金製品・金銅製品、須恵器を取り上げる。金製品・金銅製品には、金製垂飾付耳飾・金銅製帯金具・金銅装甲冑・金銅製胡籙金具などが含まれる。

DⅠ式　　DⅠ式に属する例のうち、副葬時期がもっとも古く位置づけられるのは、碧玉製石釧や筒形銅器などの古相を示す遺物と共伴した大阪府盾塚古墳例であろう。前節でもふれたとおり、盾塚古墳からは長方板革綴短甲Ⅰ式も出土している。

その一方、曲刃鎌やU字形鍬鋤先と共伴した大阪府堂山１号墳例、奈良県新沢千塚139号墳例、兵庫県年ノ神６号墳例、香川県原間６号墳例［図45-6］など、比較的新相を示す遺物と共伴した例が、DⅠ式においてむしろ多数を占める。

ほかの型式と比べてDⅠ式に属する例は18例と多く、また出土する古墳の築造時期の幅が広いことから、三角板革綴短甲のなかでももっとも一般的な一群であるといえる。

DⅡ式　　群馬県長瀞西古墳例［図45-7］、福岡県堤当正寺古墳例、奈良県ベンショ塚古墳（第２埋葬施設）例・高山１号墳短甲１の４例をあげうる。いずれも新相を示す遺物と共伴しており、DⅠ式よりもその出現の遅れることがうかがわれる。

DⅢ式　　静岡県五ヶ山Ｂ２号墳例［図46-8］・文殊堂11号墳例［図46-9］、大阪府鞍塚古墳例、福井県向山１号墳２号短甲［図46-10］の４例をあげうる。文殊堂11号墳例は短甲以上にその副葬時期を積極的に示す共伴遺物に恵まれていないが、そのほかの３例は新相を示す遺物と共伴しており、DⅠ式よりもその出現の遅れることがうかがわれる。

DⅣ式　　京都府ニゴレ古墳例［図46-11］の１例のみである。出土した鉄鏃や埴輪から築造年代を５世紀中葉におく報告者の見解に従うならば、鋲留技法導入期の所産とする推定と矛盾はしないといえる〔西谷・置田　1988：p.65〕。

なお、ニゴレ古墳例のほか、新沢千塚139号墳例について「左脇部に蝶番がみられる」との報告書の記述〔吉田・伊達　1981：p.383〕があり、前胴を開閉できる構造をもつことを想起させる。し

第7章 帯金革綴短甲の変遷と特質 149

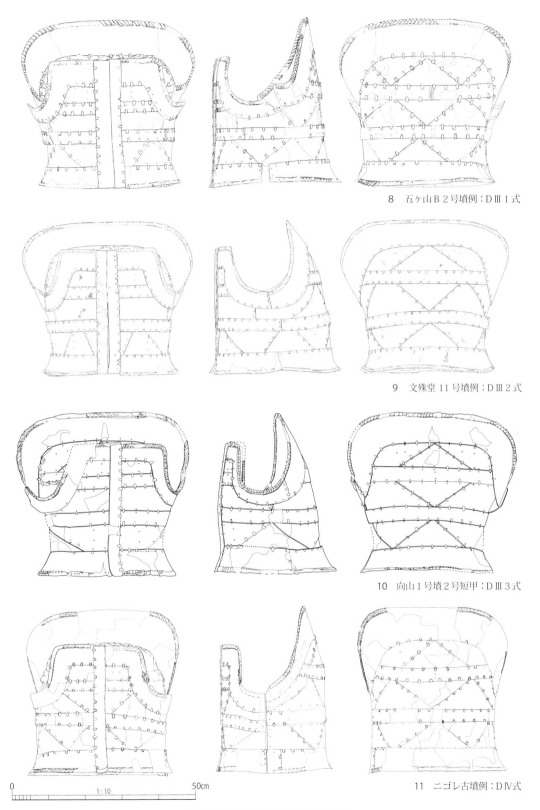

8 五ケ山B2号墳例：DⅢ1式

9 文殊堂11号墳例：DⅢ2式

10 向山1号墳2号短甲：DⅢ3式

11 ニゴレ古墳例：DⅣ式

図46 三角板革綴短甲の諸例（3）

かし、資料調査の結果、そのような構造は確認できなかったので、ここではＤⅣ式に分類しない。

　以上のとおり、共伴遺物相からは、ＤⅠ式がほかの３型式に先行することがうかがえる。ＤⅡ式・ＤⅢ式・ＤⅣ式の時期的な先後関係については必ずしも明確にしきれないが、ＤⅡ式とＤⅢ式をほぼ同時期の出現ととらえ、鋲留技法導入期のＤⅣ式よりも先行するものと考えておく。

④甲冑のセット関係による検討

　共伴遺物相によってある程度の検証を果たした変遷観について、冑や鐙とのセット関係からさらに検討を加える［表18］。

　冑とのセット関係　　ＤⅠ式は、大阪府堂山１号墳例・心合寺山古墳例［図45-4］、静岡県千人塚古墳例［図38］などのように三角板革綴衝角付冑のⅠｂ式とセットをなす例もあれば、新沢千塚139号墳例などのように小札鋲留眉庇付冑とセットをなす例もあり、その存続期間の幅の大きさが看取される。また、新開１号墳例、奈良県五條猫塚古墳例、大阪府御獅子塚古墳（第２主体部）例など、いわゆる「鋲留技法導入期」［第８章］に位置づけられる著名な古墳からの出土例が多く含まれる点も注目される。

　ＤⅡ式については提示しえた資料が少なすぎる憾みはあるものの、堤当正寺古墳例、ベンショ塚古墳（第２主体）例のいずれもが鋲留冑とセットをなしている状況は、先の変遷観に整合的である。

　ＤⅢ式についても提示しえた資料は少ないが、鞍塚古墳例のように三角板鋲留衝角付冑とセットをなす例がある一方で、五ヶ山Ｂ２号墳例のように三角板革綴衝角付冑とセットをなす例もあることは看過できない。五ヶ山Ｂ２号墳出土の三角板革綴衝角付冑は胴巻板をもたず、１段構成の地板として大型の三角板を使用する特殊例である。そのため、通有の三角板革綴衝角付冑とは異なる視点からの評価が必要である〔滝沢 1999：pp.90-92〕が、ＤⅢ式の出現がＤⅡ式の出現に先行する可能性を示唆するものと理解する。

　ＤⅣ式のニゴレ古墳例とセットをなす小札革綴衝角付冑は唯一の例であるが、その法量が個体差の少ない小札鋲留衝角付冑に近似していることから、一定の規格のもとで製作された可能性が指摘されており〔西谷・置田 1988：p.70〕、短甲と同様に鋲留甲冑の影響がうかがわれる。

　衝角底板の構造を把握できる事例について、鈍角系三角板革綴短甲の型式と鈴木一有氏・川畑純氏による衝角底板連接手法の型式〔鈴木 2009・2010、川畑 2011・2015〕との対応関係を以下に示す。

　　ＤⅠ式　　堂山１号墳例、心合寺山古墳例、国府亀塚古墳例、下開発茶臼山９号墳例［図45-5］、私市円山古墳（第２主体）例、盾塚古墳例、千人塚古墳例：Ⅱ式・上接２式。
　　　　　　　岸ヶ前２号墳例、私市円山古墳（第１主体）例：Ⅱ〜Ⅲ式（古相）・上接３式。
　　ＤⅡ式　　堤当正寺古墳例：Ⅲ式（古相）・上接３式。
　　ＤⅢ式　　五ヶ山Ｂ２号墳例：Ⅰ式・横接式。鞍塚古墳例：Ⅲ式（新相）・上内接式。

　以上のとおり、冑とのセット関係によっても、共伴遺物相により検証された変遷観をおおむね追証することができる。加えて、ＤⅢ式がＤⅡ式に先行する可能性が示唆された。

　鐙とのセット関係　　ＤⅠ式は、堂山１号墳例、心合寺山古墳例がセットをなすＡⅠ形式から、

御獅子塚古墳（第2主体部）例がセットをなすDⅢ形式まで、幅広い形式と網羅的にセットをなす。

DⅡ式は堤当正寺古墳例、ベンショ塚古墳（第2埋葬施設）例のいずれもDⅢ形式とセットをなす。

DⅢ式とセットをなす錣はいずれも特殊例である。五ヶ山B2号墳例とセットをなす錣は一枚錣（A形式）であるが、周縁をめぐるスリット列や威孔の位置（第Ⅱ形式）から古墳時代中期中葉に位置づけられている〔滝沢1999：pp.87-89〕。鞍塚古墳例とセットをなす錣は2段構成（B形式）であるが、2段目の下縁に袖錣を鋲留しており、セットをなす三角板鋲留衝角付冑と同様に鋲留製品である。いずれも三角板革綴短甲とセットをなす錣としては新相を示すといえる。

DⅣ式のニゴレ古墳例とセットをなす錣は一枚錣（A形式）としては縦幅が狭く、威孔の位置（第Ⅱ形式）からも、三角板革綴短甲とセットをなす錣としては新相を示す。

錣とのセット関係もまた、冑と同様に先の変遷観の妥当性をおおむね追証するものといえる。

⑤型式組列の確定

以上の検討から、「DⅠ式→DⅡ式」という型式組列の妥当性が検証されるとともに、「DⅡ式→DⅢ式」よりも「DⅠ式→DⅢ式」という型式組列の方がより蓋然性が高いことが示唆された。また、DⅡ式・DⅢ式・DⅣ式の出現時期に大きな差は認められないものの、DⅢ式・DⅡ式・DⅣ式という順序で出現した可能性が高いと考えられる。

各型式の出土量や存続期間なども勘案するならば、鈍角系三角板革綴短甲は、その生産期間全体を通じてDⅠ式が主流を占め、DⅡ式はその発展型、DⅢ式は長方板革綴短甲Ⅱ式・Ⅲ式の、DⅣ式は開閉式鋲留短甲の影響をそれぞれ受けたバリエーションとして位置づけられる。

DⅡ式が多く生産されるにいたらなかった理由としては、複雑な曲面を必要とする脇部のL字状地板の製作が非効率的なために、普及するにみあわなかったことが推測される。一般に、ある時点において、当時の最新技術を駆使することによって、ある製品を作り上げることが可能だとしても、その技術を発揮するのに必要な労力がその製品の製作にみあわない場合は、その製品が量産化されないという現象は十分にありうることとして認められてよいと考える。

DⅢ式は、前胴に関する限り、長側第3段を除けば長方板革綴短甲Ⅱ式・Ⅲ式と構造的にも技術的にも共通しており、地板全体に三角板を使用した場合と比べると、著しく製作の省力化がおこなわれている。三角板革綴短甲のなかではもっとも生産性が優先された、換言すれば三角形という図像に対する意識がもっとも希薄化した形態といえよう。

DⅣ式は前胴を開閉可能な地板構成をとっているものの、実際には開閉装置をもたずに綴じ合わされており、開閉は不可能である。設計段階での地板構成の根本的な変更が必要なことや、結果として無意味な労力を投入していることなどから、生産性が重視された製品とは考えにくく、その出現の要因については別の視点から考えなければならない。ここでは、開閉式の鋲留短甲に接した在来の工人が、それらの外見を模倣して製作した単発的な製品と理解しておきたい[29]。

⑥鈍角系三角板革綴短甲のさらなる細分

上述の分類では、長方板革綴短甲と対比的に検討し、両形式の特質を明確化することに主眼を置

表19 鈍角系三角板革綴短甲の細分

型式		出土古墳	地板配置/地板構成			地板枚数						長側第3段	合計	備考
			前胴	長側第1段		竪上第2段	長側第1段							
				鈴木二〇〇四	本書	前胴	後胴	前板	中板	後板	小計			
I	1	堂山1号	B	Ⅰa	Ⅰa	4	3	4	2	5	11	11	29	地板の重ね順が変則的。
		新沢千塚139号	B	Ⅱa	Ⅰa	4	3	4	2	5	11	11	29	裾板を後胴中央で連接。
		心合寺山	B'	Ⅰa	Ⅰa	2	3	4	2	5	11	11	27	
		岸ヶ前2号	A'	Ⅰa	Ⅰa	2	3	4	2	5	11	11	27	後胴中央地板列が天地逆。
		新開1号	A	Ⅰa	Ⅰa	4	3	4	2	5	11	9	27	一部に鋲を使用。
		老司	A'	Ⅱa	Ⅰa	2	3	4	2	5	11	9	25	
		恵解山2号	Z'	Ⅱa	Ⅰa	2	3	2	2	5	9	11	25	
	2	倉科将軍塚2号	(A)	Ⅱa	Ⅱa	4	3	4	0	5	9	13	29	左竪上板・押付板欠失。
		五條猫塚[短甲1]	B	-	(Ⅱa)	4	3	4	(0)	5	(9)	11	(27)	欠失部が多い。
		国府亀塚	B'	Ⅱa	(Ⅱa)	2	3	(4)	(0)	5	(9)	(11)	(25)	欠失部が多い。
		私市円山[第1主体]	A	(Ⅱa Ⅲa)	(Ⅱa)	4	3	4	(0)	5	(9)	9	(25)	
		年ノ神6号	A''	Ⅱa	Ⅱa	2	1	4	0	5	9	11	23	竪上第2段に疑似綴目。
		下開発茶臼山9号	A'	Ⅱa	Ⅱa	2	3	4	0	5	9	9	23	
		私市円山[第2主体]	A'	Ⅱa	Ⅱa	2	3	4	0	5	9	9	23	
		御獅子塚	A'	Ⅱa	Ⅱa	2	3	4	0	5	9	9	23	
		盾塚	A'	(Ⅱa)	Ⅱa	2	3	(4)	0	5	(9)	(9)	(23)	欠失部が多い。
		千人塚	A'	(Ⅱa)	Ⅱa	2	3	(4)	(0)	(5)	(9)	(9)	(23)	欠失部が多い。
	3	原間6号	Z'	Ⅲa	Ⅲa	2	3	4	0	3	7	7	19	
Ⅱ		長瀞西	A'	Ⅱa	Ⅱa	2	3	4	0	5	9	9	23	
		堤当正寺	Z'	Ⅱa	Ⅱa	2	3	4	0	5	9	9	23	
		ベンショ塚[第2主体]	A'	(Ⅲa)	Ⅱa	3	2	2	0	5	7	9	21	
		高山1号[短甲1]	Z'	-	Ⅱa	2	3	4	0	5	7	8	20	
Ⅲ	1	五ヶ山B2号	Y[B']	Ⅰb	Ⅰb	2	5	2	2	5	9	11	27	
	2	文殊堂11号	Y[B']	Ⅱb	Ⅱb	2	3	4	0	5	7	11	23	
		鞍塚	Y[A']	Ⅱb	Ⅱb	2	3	4	0	5	9	9	21	
	3	向山1号[2号短甲]	Y[B']	Ⅲb	Ⅲb	3	2	0	3	5	7	17		
Ⅳ		ニゴレ	A'	Ⅱa	Ⅱa	2	3	4	0	5	9	12	26	

〈凡例〉・不確定要素がある場合には、数値あるいは記号に( )をつけて示している。
・前胴地板配置:A・B・Y・Zの分類は[鈴木2005]による。
'…竪上第2段地板を一枚板で構成するもの。
''…竪上第2段地板を一枚板で構成するが、疑似綴目により三角板を綴じ合わせているようにみせかけるもの。
・長側第1段地板構成:分類は[鈴木2004]による。

いたため、脇部の地板構成のみを指標として型式を設定した。先行論文以降に公表された鈴木一有氏による一連の検討[鈴木 2004・2005・2008b]に明らかなように、さらに別の属性に注目することにより、鈍角系三角板革綴短甲には、さらなる細分の余地がある。

長側第1段の地板構成による分類 鈴木一有氏は、鋲留製品との関係究明をも視野に入れ、鈍角系三角板革綴短甲の後胴長側第1段の地板枚数と前胴長側第1段の地板構成を下記のように分類し、その組み合わせによってⅠa類・Ⅰb類・Ⅱa類・Ⅱb類・Ⅲa類・Ⅲb類の6類型を設定した[鈴木 2004:pp.119-120]。

 Ⅰ類 後胴長側第1段の地板枚数が7枚である。
 Ⅱ類 後胴長側第1段の地板枚数が5枚である。

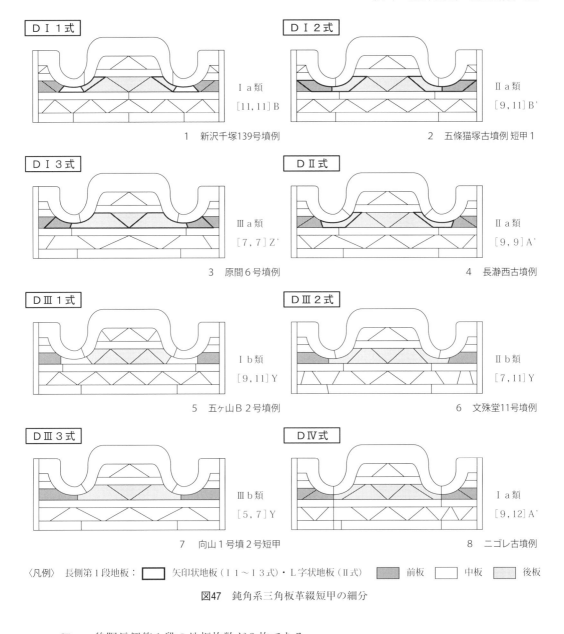

図47 鈍角系三角板革綴短甲の細分

Ⅲ類　後胴長側第1段の地板枚数が3枚である。
a類　前胴長側第1段を三角形地板で分割する。
b類　前胴長側第1段を分割せず一枚板である。

　本書では、明確な基準に基づいて「後胴」ないし「前胴」が指し示す範囲を規定することを目的として、長側第1段の地板を下記のように前板・中板・後板の3種類に区分することにより、地板構成を把握することとする［図47］〔阪口 2015〕。
　前板　引合板に接する前胴正面の地板、およびそれに連接し同等の縦幅をもつ一群の地板。
　中板　前板・後板よりも縦幅が小さく、前板と後板に挟まれている一群の地板。
　後板　後胴中央の地板、およびそれに連接し同等の縦幅をもつ一群の地板。

これらは、前胴・脇部・後胴といった短甲の一定の部位（範囲）を示す名称とは性質を異にし、長側第1段を構成する地板1枚ごとに個別に判定可能な部材名称として設定している。そのため、地板枚数の少ない製品を例にとれば、前板と後板のみで脇部を構成するもの、すなわち中板が0枚となるものも存在する。この区分を採用すると、鈴木氏による分類の指標となる「後胴長側第1段の地板枚数」は、「後板枚数＋中板枚数」に相当することが了解される［表19］。
　各類型の生産時期については、著しく地板枚数の少ないⅢ類は新相を示すと評価される一方、Ⅰ類とⅡ類の新旧は明確には決めがたいこと、胴一連の三角板鋲留短甲においてもⅠ類とⅡ類の双方が認められることが指摘されている〔鈴木 2004：p.120〕。すなわち、鈍角系三角板革綴短甲の成立以降、主流となった地板構成の類型は鋲留技法導入後まで継続することを意味する。

分類の対照　「脇部の地板構成による分類」と鈴木氏による「長側第1段の地板構成による分類」を対照すると、DⅠ式はⅠa類・Ⅱa類・Ⅲa類の3類型と、DⅢ式はⅠb類・Ⅱb類・Ⅲb類の3類型と、それぞれ重なりをもっていることがわかる［表19］。⁽³⁰⁾

DⅠ式の細分　上記の対照に基づいてDⅠ式を三つに細分する。Ⅰa類に該当するものをDⅠ1式、Ⅱa類に該当するものをDⅠ2式、Ⅲa類に該当するものをDⅠ3式と呼称する。

　　DⅠ1式　後板が5枚で、脇部を構成する左右それぞれ2枚ずつの矢印状の地板のうち、1枚が中板、1枚が後板である（Ⅰa類）［図47-1］。

　　DⅠ2式　後板が5枚で、脇部を構成する左右それぞれ2枚ずつの矢印状の地板のうち、1枚が前板、1枚が後板である（Ⅱa類）［図47-2］。

　　DⅠ3式　後板が3枚で、脇部を構成する左右それぞれ2枚ずつの矢印状の地板のうち、1枚が前板、1枚が後板である（Ⅲa類）［図47-3］。

DⅢ式の細分　例数は少ないが、DⅠ式と同様にDⅢ式を三つに細分する。Ⅰb類に該当するものをDⅢ1式、Ⅱb類に該当するものをDⅢ2式、Ⅲb類に該当するものをDⅢ3式と呼称する。

　　DⅢ1式　後板が5枚で、脇部を構成する左右それぞれ2枚ずつの地板のうち、1枚が中板（長方板）、1枚が後板（三角板）である（Ⅰb類）［図47-5］。

　　DⅢ2式　後板が5枚で、脇部を構成する左右それぞれ2枚ずつの地板のうち、1枚が前板（長方板）、1枚が後板（三角板）である（Ⅱb類）［図47-6］。

　　DⅢ3式　後板が3枚で、脇部を構成する左右それぞれ2枚ずつの地板のうち、1枚が前板（長方板）、1枚が後板（三角板）である（Ⅲb類）［図47-7］。

細分の意義　DⅠ式とDⅢ式をそれぞれ三つに細分したが、鈴木氏も指摘するように、これらはただちに時間差を示すわけではない。出現順序としては「DⅠ1式→DⅠ2式→DⅠ3式」ないし「DⅢ1式→DⅢ2式→DⅢ3式」が認められるとしても、この6型式のうち、DⅢ1式を除く5型式について、同様の地板構成をとる鋲留製品が存在していることが知られる⁽³¹⁾〔鈴木 2008：pp.273-274〕。このことから、DⅠ式・DⅢ式がそれぞれ単系的に変遷をとげたのではないことは明らかである。それでもなお、脇部の地板構成によって分類した型式内において最新の一群（DⅠ3式・DⅢ3式）を抽出できたことは、三角板革綴短甲という形式内においての省力化の最

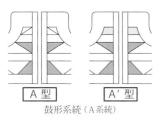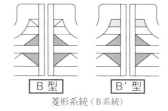

A型・B型：〔小林謙 1974〕、A'型・B'型：〔阪口 1998〕、Y型・Z型：〔鈴木 2005〕

図48 三角板革綴短甲の前胴地板配置類型

終形態を把握したものと評価できよう。

さらに、細分された型式内において、前胴地板配置などの別の属性にも射程を広げて各例を比較すると、むしろ細分型式内における多様性が浮かび上がってくる点にも言及しておきたい。これについては、前胴地板配置についての検討を経た上で後述する。

（4）前胴地板配置

第2節で述べたように、三角板革綴短甲を検討するにあたっては、前胴地板配置にも注意が払われてきた。これについては、先述のとおり、A型・B型・Y型・Z型の4類型が設定されている〔小林謙 1974：pp.39-40、鈴木 2005：p.79〕［図48］。また、先行論文においては、竪上第2段が三角形地板2枚ではなく、方形の一枚板で構成されている場合に「'」を、竪上第2段地板に短い革紐を貼りつけるなどして「疑似綴目」を作出し三角形地板を組み合わせているようにみせかけている場合には「"」を、上記の4類型それぞれに付加して示した〔阪口 1998：pp.22-23〕。

小林謙一氏は前胴地板配置の差異を工人の技術系統の反映ととらえるが、一方では、これを工人個人レベルの差とみる野上丈助氏の反論がある〔野上 1975：pp.52-54〕。鈴木一有氏はA型・B型の差異を系統差ととらえた上で、それが工人差を示すのか、あるいは工房差や製作地の違いを示すのかについては、さらに詳細な検討が必要であるとした〔鈴木 2005：p.88〕。

先行論文では、短甲とりわけ三角板形式の製品の設計や製作においては後胴が最優先部位であったと考え、前胴地板配置についてはひとまず保留して検討を進めた〔阪口 1998：pp.6-7〕。その後、鈴木氏によって前胴地板配置の検討が深められたのは第2節で整理したとおりである。

現在の資料状況においては、等角系三角板革綴短甲にも山中田1号墳例のようにA型の存在が知られるようになり、等角系三角板革綴短甲の設計系統と前胴地板配置の類型が截然と対応するわけではなくなった［表18］。ただし、等角系三角板革綴短甲のなかでも地板枚数の多い大塚越古墳例、佐野八幡山古墳例、谷内21号墳例、汐井川2号墳例が依然としてB型で占められている様相から、三角板革綴短甲の成立当初における本来的ないし正統的な前胴地板配置のあり方はB型であったらしいこと、等角系三角板革綴短甲においてはその規範がある程度保持されたらしいことはうかがえる。その背景として、等角系三角板革綴短甲は前項で述べた「正三角形という図像とその配列に対するこだわり」という要素を重視する度合いが鈍角系三角板革綴短甲よりも高いために、本来的・正統的な地板配置が堅持されやすかったことが考えられる。一方、鈍角系三角板革綴短甲

については、出土例が増加した現在においても、先に検討した地板構成による分類と前胴地板配置の類型には明瞭な相関関係はみられず、錯綜した様相を呈している［表18・表19］。

　こうした様相は、先行研究が指摘するとおり、前胴地板配置が時間差を反映したものではないこと、すなわち編年的な指標とはならないことを示しており、これは鋲留製品に前胴地板配置のすべての類型が認められることからも明らかであろう。その一方で、これらの様相をみる限り、前胴地板配置が「系統」差を反映したものと解釈することにもまた躊躇を覚える。「系統」という語の具体相として何を想定するかにもよるが、前胴地板配置が等角系・鈍角系という設計系統と対応しないことは先に述べたとおりである。そのほか、研究史上では「製作地」・「工房」・「工人」といったレベルでの差異が想定されてきたが、ここでは「一人の工人による製作機会」というレベルでの差異に対応する可能性を考えたい。逆説的にいえば、考古学的に有意ないかなる差異にも対応しない可能性が高いと考える。すなわち、ある一人の工人がＡ型を製作することもあれば、Ｂ型を製作することもあったと想定することとなる。Ａ型・Ｂ型といった前胴地板配置は、工人にとって必ずしも遵守すべき規範ではなく、製作機会ごとにその工程で生じたさまざまな選択の結果にすぎないものと解釈する。また、そうした製作状況を背景として、Ｚ型とされる変則例が一定数生産されることにもなったのであろうと推測する。

（5）部材構成にみるバリエーション
①長側地板枚数と前胴地板配置

　三角板革綴短甲および三角板鋲留短甲の製品ごとの特徴を示す方法の一つとして、長側第1段および第3段の地板枚数と前胴地板配置の類型を併記する、鈴木一有氏による表記方法がある〔鈴木 2004：p.119・2005：pp.78-79〕。

　たとえば、堂山1号墳例と新沢千塚139号墳例の場合、長側第1段が11枚、長側第3段も11枚の地板で構成され、前胴地板配置はＢ型であるため、いずれも［11．11］Ｂと表記される［表18・表19］。ちなみに、前胴地板配置をＡ型・Ｂ型・Ｙ型・Ｚ型の4類型のみで示した場合には、心合寺山古墳例も同様に［11．11］Ｂと表記されるが、竪上第2段の構成も勘案した先行論文での表記方法を用いると［11．11］Ｂ'となり、前二者とは区別される。

　ともに［11．11］Ｂと表記されることは、堂山1号墳例と新沢千塚139号墳例の地板構成が類似していることを示すが、脇部における地板形状などを比較すると、細部まで一致するわけではない。それ以外の属性にも目を向けると、むしろ製品ごとの差異や個性が際立つ。堂山1号墳例の地板の重ね順は、後胴中央の地板をもっとも下重ねとし前胴へ向かって順次上重ねとする通有の方式とは異なり、後胴中央の地板を下重ねとして1枚ごとに上重ねと下重ねを交互に繰り返す特異な方式となっている。一方、新沢千塚139号墳例の裾板連接位置は、左右脇部付近の2箇所で連接する通有の方式とは異なり、後胴中央の1箇所で連接する特異な方式となっている。つまり、ともに［11．11］Ｂと表記されるとはいえ、地板を含む部材の構成、またその組上方法などがすべて一致するわけではない。

　ほかに複数の事例がある［9．9］Ａ'においても状況は同様で、脇部付近での地板形状など、表

記に示されない部位に、さまざまな差異が認められる。このように前胴地板配置やそのほかの属性まで含めて比較すると、当然の帰結として脇部の地板構成による分類よりもさらに細分が進むこととなる。その一方、細分された一群の各例をさらに詳細に比較すると、現状では部材構成をはじめとするさまざまな属性がすべて一致する例は知られていないという状況が浮かび上がる。

②生産体制における意匠性重視の方向性

現時点で長方板革綴短甲の58例に対して三角板革綴短甲は119例と２倍以上の出土例が知られており、相当な総生産量が想定されることを考慮すると、上記の状況は特筆に値するといえよう。全体の部材構成を把握できる事例が限られているなかでの所見とはいえ、少なくとも同一の部材構成をとる規格品の大量生産が志向された形跡をうかがうことはできない〔鈴木 2002ｂ：p.129〕。むしろ、大別としては数パターンに収斂する部材構成の細部をさまざまに組み換えることで、「同一のものをつくらない」ことを意図しているかのようにも思える。

三角板革綴短甲の生産が継続している間に鋲留技法が導入されるが、その経緯について「甲冑の装飾性を重視し、その格差を拡大させるという為政者の政治的意図によって外来系甲冑が必要とされ、それを生産することが可能な甲冑工人の渡来が実現した結果、鋲留技法が日本列島の在来系甲冑の生産に導入されることとなった」〔阪口 2008：p.47〕〔第８章〕と推定したことがある。その後、「格差」という表現を「バリエーション」に〔阪口 2011：p.36〕、さらに「装飾性」という表現を「意匠性」に修正した〔阪口 2015：p.291〕が、この「意匠性」を重視し、そのバリエーションを拡大する方向性は、三角板革綴短甲の部材構成の実相をふまえるならば、形式としての特質というレベルにとどまるものではなく、形式内の個別の製品レベルにおいても志向されていた可能性が想起される。そうであれば、この方向性は鋲留技法の導入を起動するかたちで突然に採択されたものではなく、三角板革綴短甲の生産期間を通じて継続的に醸成されてきたという前史をも想定することができよう。

（６）三角板革綴短甲の変遷と特質
①系　譜

等角系三角板革綴短甲と鈍角系三角板革綴短甲の系譜関係については、帯金式短甲という設計の枠組を共有していること、綴技法や覆輪技法などの共通の技術に基づいていることから、同一の技術系譜に連なることは明らかである。その上で、共伴遺物相からみて等角系三角板革綴短甲が時期的に先行する可能性が高いことから、等角系三角板革綴短甲の設計系統から鈍角系三角板革綴短甲の設計系統が派生したと考える。

その背景としては、等角系三角板革綴短甲の設計系統において重視・保持されていた「図像としての正三角形へのこだわり」よりも、生産性を優先させた製品を開発する必要性が生じたことが想像される。また、このような方向性が、鈍角系三角板革綴短甲の設計系統において後にＤⅢ式のような製品群を生み出す要因ともなったのであろう。

等角系三角板革綴短甲に対しての鈍角系三角板革綴短甲の圧倒的な出土量は、両設計系統の生産性における格差の反映であるとも考えられる。加えて、ＤⅠ式の地板構成のあり方が鋲留技法導入

期にいたるまで安定した傾向を示すことを考慮するならば、鈍角系三角板革綴短甲の派生は生産性重視型、換言すれば量産型の三角板革綴短甲の出現および定型化として評価されよう。

②変　遷

これまで検討してきた、等角系三角板革綴短甲および鈍角系三角板革綴短甲の各型式の共伴遺物相や、そこから推定される副葬時期、あるいは数量からうかがわれる生産状況などをふまえて、三角板革綴短甲の変遷を考えるならば、主流型式であるDⅠ式の成立と鋲留技法導入の影響の発現を重視して、以下のように三つの段階に分けて把握することが可能であろう。

三角板革綴短甲第1段階　　新たに三角形地板が採用され、TⅠ式が成立する。TⅢ式もこの段階のうちに生産される。

三角板革綴短甲第2段階　　DⅠ1式が成立し、以後鋲留技法導入期まで盛行する。やがてDⅡ式とDⅢ1式も出現するが、DⅢ1式の方がわずかに先行する可能性がある。まもなく、DⅠ2式とDⅢ2式も加わる。TⅡ式もこの段階のうちに生産が開始される。量産型の三角板革綴短甲が定型化し、その生産量が増大する時期と評価される。

三角板革綴短甲第3段階　　DⅠ1式・DⅠ2式・DⅡ式・DⅢ1式・DⅢ2式に加え、DⅠ3式・DⅢ3式・DⅣ式も生産される。TⅡ式も継続して生産される。帯金や裾板の連接に鋲を使用した製品が出現する。鋲留技法という新技術に接し、その導入が試みられる時期と評価される。

③特　質

三角板革綴短甲の地板構成の変遷をたどると、長方板革綴短甲の場合に看取しえたような、漸進的な鍛造技術の発達を、第1段階から第3段階までを通じてほとんど指摘しえない。等角系三角板革綴短甲と鈍角系三角板革綴短甲では地板の大きさが異なるが、その差は長方板革綴短甲Ⅰ式と長方板革綴短甲Ⅲ式との間にみられる差よりもはるかに小さく、製作に必要とされる鍛造技術のレベルとしては、ほとんど違いがないと考えられる。鈍角系三角板革綴短甲の成立以後も、DⅠ式は鍛造技術の発達が反映されるような大きな構造変化をとげることなく、三角板鋲留短甲の出現まで一貫して主流であり続けた。わずかに、L字状地板をもつDⅡ式、著しく地板枚数を減少させたDⅠ3式の出現が注意されるが、それすら定着することはなかった。DⅢ式やDⅣ式にみられる変化はいずれも外来的影響に起因するもので、三角板革綴短甲の生産を通じて得られた技術によるものではないと考えられる。

このような展開の原因として、三角板革綴短甲の構造そのものがもつ特性を考えることができる。三角板革綴短甲は、その形式名の由来となっている三角形地板を後胴を中心に配置していくことによって、地板構成が数パターンに規制される。また、三角形地板は、長方板革綴短甲にみられる方形地板とは異なり、横方向の大型化に限界があることは明らかであろう。その結果、地板枚数を減少させるという方向性にそって鍛造技術を十分に発揮することに制限が加えられてしまう。こうした特性は、三角板革綴短甲の設計が生産性や機能性のみで規定されてはいないことを示唆するものといえる。

このような特性を考慮すると、三角形地板が採用された理由としては、地板の組み合わせによって三角形という図像を作出することに意義が存在したと考えざるをえない。換言すれば、鋲留技法

導入後にいたってもなお、生産性をいくぶん度外視してまでも三角板形式の短甲が製作され続けた第一義的理由は、三角形という図像を表現する必要性があったからということになろう。

したがって、三角板革綴短甲の変遷を検討しようとする場合、長方板革綴短甲の場合のように、生産性および機能性の追求とそれを可能にする技術の発達という視点のみからでは不十分であるといえる。そこで、第2節以降たびたびふれているように、三角板革綴短甲の変化の要因として「正三角形という図像とその配列に対するこだわり」の希薄化を想定すると、合理的に解釈することが可能となる。TⅠ式からTⅡ式への変遷や、等角系三角板革綴短甲からの鈍角系三角板革綴短甲の派生などの諸変化における具体的内容の相違も、図像に対する意識の希薄化の程度の差として説明することができる。ただし、鈍角系三角板革綴短甲の設計系統内における変化については、鈍角系三角板革綴短甲そのものがある程度の生産性重視の性格を有して出現した一群であるため、その要因として生産性の追求という要素の比重をいくぶん高く評価しうると考えられる。

以上の考察をふまえて、三角板革綴短甲の特質を長方板革綴短甲の場合と対比的に、以下のように総括する。正三角形という図像とその配列に対するこだわりという要素と、生産性と機能性の向上という要素という二つの要素の兼ね合いによって設計が規定されることから、地板構成に必ずしも製作時における最新技術が反映されていない可能性が高い。すなわち、意匠性重視仕様の形式と評価することができる。

第5節　長方板革綴短甲と三角板革綴短甲

（1）生産時期における関係
①地板構成による検討

長方板革綴短甲と三角板革綴短甲の出現時期の先後関係については、先学の指摘〔野上 1968：p.17、髙橋克 1993〕のとおり、方形板革綴短甲からの型式学的連続性を考慮するならば、長方板革綴短甲が先に出現したと考えて大過ないと思われる。その後の両形式の時期的な関係を検討しようとする場合、その手がかりとなるのは、両形式の地板を併用する三角板革綴短甲TⅢ式・DⅢ式の存在であろう。

新沢千塚508号墳出土の三角板革綴短甲TⅢ式は、前胴に長方板革綴短甲Ⅰa式の地板構成をもち、後胴には三角板革綴短甲TⅡ式の地板構成をもつ。このことから、長方板革綴短甲第1段階には少なくとも等角系三角板革綴短甲の生産も開始された可能性が高いといえよう。

五ヶ山B2号墳出土の三角板革綴短甲DⅢ1式は、前胴長側第1段に長方板革綴短甲Ⅱ式と同様の地板構成をもつ。また、鞍塚古墳出土の三角板革綴短甲DⅢ2式や向山1号墳出土の三角板革綴短甲DⅢ3式は、前胴長側第1段に長方板革綴短甲Ⅲ式と同様の地板構成をもつ。すなわち、これらは同じ段階の技術によって製作されているとみることができる。したがって、長方板革綴短甲第2段階～第3段階と三角板革綴短甲第2段階の併行関係を想定できる［図49］。

これらの妥当性は、共伴遺物などによってそれぞれに導かれた時期的な評価がほぼ一致することからも検証しうる。

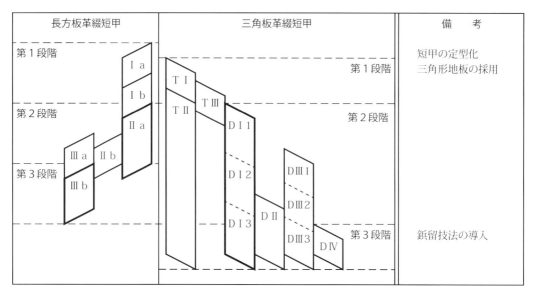

図49 長方板革綴短甲と三角板革綴短甲の変遷模式図

②共伴古墳による検討

　また、長方板革綴短甲と三角板革綴短甲がともに出土している古墳に注目するという方法もある。古墳被葬者がそれぞれを入手した時期が異なる可能性を考慮しなければならないが、ある程度の傾向をつかむことはできよう。

　盾塚古墳では、長方板革綴短甲Ⅰa式と三角板革綴短甲DⅠ式が同一埋葬施設から出土しており、三角板革綴短甲第2段階の上限を考える上で興味深い。谷内21号墳では、長方板革綴短甲Ⅱb式と三角板革綴短甲TⅡ式が同一埋葬施設から出土している。

　また、同一埋葬施設からの出土例ではないが、向山1号墳では、前方部の武器・武具埋納施設から長方板革綴短甲Ⅲb式が、後円部の横穴式石室からは三角板革綴短甲TⅡ式と三角板革綴短甲DⅢ3式が出土している。横穴式石室導入期まで、それぞれが機能していた可能性を示唆するものといえよう。

③終焉時期における時間差

　以上の検討により、長方板革綴短甲と三角板革綴短甲が一定期間併行して生産され、機能していたことが、両形式の変遷という視点からも、あらためて明らかになったと考える［図49］。

　ただし、両形式の製作の終焉時期にはやや時間差が存在するようである。一部に鋲を使用した例や、地板構成に開閉装置をもつ短甲の影響がうかがえる例など、鋲留短甲製作技術の影響を受けたとみられる製品が三角板革綴短甲に認められるのに対して、長方板革綴短甲にはそのような製品が認められない。

　このことから、鋲留技法導入期には三角板革綴短甲の生産は存続していたけれども、長方板革綴短甲の生産はすでに終焉を迎えていた可能性が高い。地板構成の変化からみて生産性の向上を重視していた可能性が高い長方板革綴短甲生産の特質を考慮すると、省力化につながる鋲留技法の存在

を知りながら採用しなかったことは考えにくい。

（2）設計系統における関係―三角板革綴短甲出現の契機―

①構造上の共通点と相違点

　長方板革綴短甲と三角板革綴短甲の設計系統における関係について考察を試みる前に、短甲の構造そのものから導き出せる両形式の共通点と相違点を確認、整理しておきたい。

　まず、共通点として重要な点は、両形式とも竪上板・押付板、帯金、裾板、引合板で構成されるフレームを備えること、そして共通する綴第1技法を用いていることであろう。また、両形式のうちには、共通する技法の革組覆輪をもつ例も多いということもあげられよう[34]。以上の点から、両形式は共通の技術系譜のもとで製作されていたことが認められる。一方、相違点は各々の地板の形状が異なるという点に尽きよう。

②三角板革綴短甲の創出とその契機

　先に検討した長方板革綴短甲と三角板革綴短甲の時期的関係と、両形式が共通の技術系譜に連なっていることを考え合わせれば、長方板革綴短甲の地板形状を三角形に変えることによって派生した形式が三角板革綴短甲であるとする解釈が、現時点ではもっとも蓋然性が高いと思われる。最古段階の三角板革綴短甲と位置づけうるTⅠ式の唯一例である大塚越古墳例が、前胴竪上第3段帯金をもたないという長方板革綴短甲に一般的な構造を共有している点も、この解釈を支持するものといえよう。

　このように解釈した場合、三角板革綴短甲の型式変化だけではなく、その創出そのものも、生産性と機能性の向上という視点から理解することは困難であるといえる。視点を変えれば、生産性と機能性の向上を重視する長方板革綴短甲の生産が継続される一方で、三角板革綴短甲の生産が開始された契機が問題となろう。

　三角形地板が甲冑製作に採用されたことの説明として、三角形地板の方が方形地板よりも曲面を形成するにあたって湾曲を容易に得ることができたと想定する見解がある〔小林謙 1974a：p.53〕が、まずこれについて検討しておきたい。三角板革綴短甲の場合、地板の加工としては横方向の湾曲のみが必要で縦方向の湾曲を考慮する必要はないと考えられがちであるが、実際はもっとも複雑な湾曲が必要とされる脇部において三角形地板を使用する例は、前節で検討したとおり、ほとんど存在せず、結局は方形地板の場合と同様の技術が投入されている。したがって、三角形地板が湾曲の形成において方形地板よりも有利であるという見解に妥当性を認めることはできない。

　それだけではなく、短甲1点を構成するための地板枚数が、三角板革綴短甲の方が長方板革綴短甲よりもかなり多く必要であることを考えるならば、当然ながら三角形地板を使用する方が地板の裁断や革綴に一層多くの労力を要するということになろう。使用する地板の形状が、かたや四角形かたや三角形であることを考えれば、この事実は必然的なものである。それにもかかわらず三角形地板が採用された理由を説明するには、もはや技術的視点のみからでは困難であるといわざるをえない。

　このように考えると、三角形地板が採用された理由としては、三角形という図像を短甲の意匠と

してどうしても表現する必要性が生じたということ以外にはないと考えられる。この解釈は、前節で導かれた三角板革綴短甲の変化の方向性に対する解釈とも不可分に結びつき、互いに支持し合うものといえる。

このような解釈の妥当性を裏づける製品がいくつか存在する。年ノ神6号墳出土の三角板革綴短甲は、前胴・後胴ともに竪上第2段地板が一枚板であるにもかかわらず、三角形地板を連接しているような外観を作出するために、わざわざ地板に穿孔をおこない、そこに革紐を通している〔阪口 2002：p.45〕。また、大阪府珠金塚古墳（南槨）出土の三角板革綴短甲の前胴長側第1段地板や、大阪府交野東車塚古墳出土の三角板革綴襟付短甲〔図8-1〕の襟部第4段地板に連続的に革紐を貼りつけてあるのも、同様の効果を意図したものと考えられる。加えて、三角板革綴短甲の例ではないが、兵庫県雲部車塚古墳出土の三角板鋲留鋲は機能性の上では一枚鋲とまったく差がない製品である〔清喜 2010：pp.130-131〕。これらの製品の存在は、三角形地板が製作効率や機能性向上の追求といった要請から創出されたものではないことを物語っていると考えられる。

三角形という図像の表現が求められた理由としては、革製漆塗盾にみられる連続三角文や銅鐸にみられる鋸歯文と関連させて、いわば三角形に込められた守護力のようなものを想定する考え方が、すでに提示されている〔滝沢 1991：註4〕。この想定を実証することは困難であるといわざるをえないが、非常に興味深い視点であり、現時点においてこれに替わる見解を提示することもまた困難である。ここでは、三角形に辟邪などのシンボリックな意味を想定する立場に従い、そうした三角形という図像に象徴される意味を短甲に付加する必要性の発生に、三角板革綴短甲の創出の契機が存在したと考えたい。

以上の考察をまとめると、長方板革綴短甲から、辟邪などのシンボリックな意味を有する三角形という図像の配列を表現する必要性に応じて、三角板革綴短甲という新形式が派生した可能性が高い、ということになる。

（3）生産量と副葬点数における関係
①三角板革綴短甲複数出土事例の様相

先述したように、現時点において長方板革綴短甲の出土例が58例であるのに対して、三角板革綴短甲の出土例は119例に達しており、2倍以上の出土例が知られていることとなる。出土のあり方にも差異があり、長方板革綴短甲が1基の埋葬・埋納施設から単数の出土に限られるのとは対照的に、三角板革綴短甲には1基の埋葬・埋納施設から複数が出土する事例が散見する。

ここでは、1基の埋葬・埋納施設から複数の三角板革綴短甲が出土した事例を通覧し、その出土傾向の把握を試みる［表20］ことで、長方板革綴短甲と三角板革綴短甲の生産量および副葬点数における差異について言及する。なお、三角板革綴襟付短甲の複数出土事例をも含めて表示したが、襟付短甲には通有の短甲とは異なる意味が付与されていた可能性が指摘されているため〔藤田 1996・2006、森下 1997、橋本達 2014 etc.〕、通有の三角板革綴短甲をともなわない事例については参考にとどめておきたい。

通覧すると、まず大阪府百舌鳥大塚山古墳・七観古墳のように、政権中枢における甲冑多量副

表20 三角板革綴短甲を複数出土した埋葬・埋納施設

古墳名		墳丘		出土状況		出土武具				そのほか
		形態	規模	施設	出土位置	甲	冑	頸甲	肩甲	
福井	向山1号	方円	48.6m	横穴式石室 (2名埋葬の可能性)	奥壁南隅［1号短甲］	三・革・短				
					奥壁北隅［2号短甲］	三・革・短				
京都	久津川車塚	方円	180m	長持形石棺 (両小口に小石槨)	槨内・棺外	三・革・短	三・革・衝×2 縦・鋲・衝 小・鋲・衝×2	○	○	篠札 小札
						三・革・短				
						三・革・短				
						三・革・短				
						三・革・短				
大阪	百舌鳥大塚山	方円	168m	木槨状施設 ［2号埋納施設］	施設内［2号短甲］	三・革・短	三・革・衝			籠手 鉄製草摺
					施設内［3号短甲］	三・革・短				
					施設内［4号短甲］	三・革・短		○	○	
					施設内［5号短甲］	三・革・短				
大阪	七観	円	55m	(礫床)［1913年出土］	不明	三・革・短	三・革・衝×4 縦・鋲・衝 革製・衝	○		
						三・革・短				
						三・鋲・短				
						三・鋲・短				
						三・革・襟短				
大阪	珠金塚	方	27m	粘土槨・割竹形木棺 ［南槨］(2名埋葬)	棺内・西小口［A］	三・革・短	小・鋲・衝	○	○	
					棺内・東小口［B］	?・革・短	小・鋲・衝			
					棺外・南側中央［C］	三・革・短				
					棺外・東側［D］	三・鋲・短	三・革・衝			
奈良	五條猫塚	方	32m	竪穴式石槨・ 箱形木棺	槨内・北西部［短甲1］	三・革・短	小・鋲・眉			篠状鉄札 方頭小札
					槨内・南東部［短甲2］	三・革・短	小・鋲・眉			
奈良	高山1号	方	23m	割竹形木棺直葬 (2名埋葬)	棺内・中央［短甲1］					
					棺内・北小口［短甲2］					
福岡	月岡	方円	95m	竪穴式石槨・ 長持形石棺	槨内・棺外	三・革・短	小・鋲・眉×8	○	○	籠手 臑当 (鉄製草摺)
						三・革・短				
						三・革・短				
						三・革・短				
						三・鋲・短				
						?・?・短				
						?・?・短				

【参考資料】

古墳名		形態	規模	施設	出土位置	甲	冑	頸甲	肩甲	そのほか
大阪	野中	方	28m	木槨状施設［第1列］	施設内［1号短甲］	三・鋲・短	小・鋲・眉	○	○	
					施設内［2号短甲］	横・鋲・短	小・鋲・眉			
					施設内［3号短甲］	横・鋲・短	小・鋲・眉			鉄製草摺
					施設内［4号短甲］	横・鋲・短	小・鋲・眉			
					施設内［5号短甲］	横・鋲・短	小・鋲・眉			
					施設内［6号短甲］	横・鋲・短	小・鋲・眉			
					施設内［7号短甲］	横・鋲・短	小・鋲・眉			
					施設内［8号短甲］	三・革・襟短	革製・衝			
					施設内［9号短甲］	三・革・襟短	革製・衝			
					施設内［10号短甲］	三・革・襟短	革製・衝			
大阪	豊中大塚	円	56m	粘土槨・割竹形木棺 ［第2主体部東槨］	棺内・南側［1号短甲］	長・革・短		○	○	
					棺内・北側［2号短甲］	三・革・襟短	三・革・衝			革製漆塗草摺
					棺内・北側［3号短甲］	三・革・襟短	三・革・衝			
奈良	円照寺墓山1号	円	13m	粘土槨状施設	施設［短甲Ⅰ］	三・鋲・短	小・鋲・衝 横・鋲・衝 小・鋲・眉×2 菱・鋲・眉 ?・鋲・眉	○	○	襟甲 籠手 臑当 鉄製草摺 鉄製平札
					施設［短甲Ⅱ］	三・鋲・短				
					施設［短甲Ⅲ］	三・鋲・短				
					施設［短甲Ⅳ］	三・鋲・短				
					施設［短甲Ⅴ］	横・鋲・短				
					施設内	三・革・襟短				
					施設内	三・革・襟短				
					施設内	三・革・襟短				
					施設内	三・革・襟短				
					施設内	小札甲	縦長・革・冑			

〈凡例〉・墳丘形態：方円…前方後円墳，円…円墳，方…方墳．
・墳丘規模：…円墳や方墳で長径・短径がある場合には，長径を代表値として記載した．
・甲：〔長…長方板，三…三角板，横…横矧板〕，〔革…革綴，鋲…鋲留〕，〔短…短甲，襟短…襟付短甲〕．
・冑：〔三…三角板，縦…縦矧板，小…小札，横…横矧板，菱…菱形板三角板併用，縦長…縦長板〕，〔革…革綴，鋲…鋲留〕，〔衝…衝角付冑，眉…眉庇付冑〕．

葬・埋納事例が目を引く。また、京都府久津川車塚古墳、福岡県月岡古墳のように、地域の大規模首長墳における甲冑多量副葬事例も注意される。これらの多量副葬・埋納事例を除き、三角板革綴短甲2点を副葬した事例を詳細にみると、大阪府珠金塚古墳（南槨）と奈良県高山1号墳は1基の施設に2名を埋葬した事例であり、それぞれの埋葬に1点の三角板革綴短甲が帰属すると考えれば、1名を埋葬する施設1基に三角板革綴短甲1点を副葬する、長方板革綴短甲とも共通する通有の事例に準じて考えることができるだろう。福井県向山1号墳については、埋葬施設が横穴式石室ではあるものの、墓道や閉塞石に追葬の痕跡は確認されていないほか、副葬品の配置状況から被葬者は1名と推定されている。したがって、1名を埋葬した施設1基に三角板革綴短甲2点を副葬した事例は、現状では向山1号墳と奈良県五條猫塚古墳に限られるといえる。これらの事例を適切に評価するためには、ほかの形式の短甲をはじめとして付属具をも含めた甲冑保有形態論〔藤田1988・2006〕や流通論〔川畑2014・2015〕を検討しつつ、そもそも1名の埋葬に対して複数の甲冑が副葬されることの意味を根源的に考究する必要があるが、その作業は「甲冑を対象とした研究」を優先する本書の射程を大きく超える。ここでは、向山1号墳と五條猫塚古墳から出土した三角板革綴短甲は、ほかとはやや異なる、例外的な扱いを受けて副葬にいたった可能性があることを指摘するにとどめておく。この「例外的な扱い」は短甲のライフサイクルにおける「配布の場面」あるいは「副葬の場面」〔阪口2000：pp.37-38〕［第1章］で生じた可能性が高いと考えるが、これ以上にふみこんだ検討は難しい。

②生産量の拡大と意匠性重視の方向性

　複数出土事例の通覧により、向山1号墳と五條猫塚古墳の2例を除いて、甲冑多量副葬・埋納か単数副葬に準じる事例であることが把握された。このことから、三角板革綴短甲においてもあくまでも単数副葬を基本としており、その点は長方板革綴短甲と共通すること、その基本から外れるのは甲冑多量副葬・埋納にかかわる場合にほぼ限られることがうかがえる。

　また、甲冑多量副葬・埋納事例では、百舌鳥大塚山古墳の事例を除き、いずれも鋲留冑が共伴することから、三角板革綴短甲の複数副葬・埋納が顕在化するのは鋲留技法導入期であることがうかがえる。先行論文以来、鋲留技法導入期以前に長方板革綴短甲の生産が終了していた可能性が高いことを指摘し〔阪口1998：p.31〕、本書でもあらためて述べたところであるが、それはすなわち、短甲生産が三角板革綴短甲のみに限定されていた期間が一定程度あると想定することでもある。これらのことを勘案すると、甲冑多量副葬・埋納事例の出現からうかがわれる短甲の生産量拡大期に、主力製品として集中的に生産された形式が三角板革綴短甲であったといえよう。生産量拡大の要請に際し、生産性・機能性重視仕様と評価しうる長方板革綴短甲ではなく、意匠性重視仕様と評価しうる三角板革綴短甲の生産が継続したことは、きわめて重要と考える。たんに短甲の生産量拡大が達成されればよいというわけではなく、あえてハイコストな意匠性重視仕様の集中生産を推進している点に、先にみた意匠性の重視とそのバリエーション拡大の方向性と連動する、政権中枢による強固な政治的意図を読み取ることができるだろう。このような方向性のもと、結果的に長方板革綴短甲の生産に向けられていた労働力は三角板革綴短甲の生産に振り向けられたとみられ、これも三角板革綴短甲の生産量拡大が達成された要因の一つと考えられる。前胴に長方形地板を使用す

るDⅢ式（前胴地板配置Y型）の成立には、こうした状況が反映している可能性がある。

第6節　裾板・帯金分割比の検討

　前節まで、おもに地板の形状・枚数、それらの属性からなる地板構成をおもな指標として、長方板革綴短甲と三角板革綴短甲の変遷を検討してきた。それに対し、最近、裾板・帯金分割比という属性を指標として、まったく別の視点から帯金革綴短甲の変遷をたどる見解が川畑純氏により提起されている〔川畑 2016〕。本節では、裾板・帯金分割比による変遷観を検討し、本書の変遷観と対照することにより、帯金革綴甲冑の変遷観をさらに錬磨することを目指したい。

（1）川畑純氏による編年指標としての裾板・帯金分割比の提起

　川畑氏は、「最初期の裾板は胴回りをほぼ均等に3分割する原則であったが、新相の裾板では前胴側の裾板が短く後胴側の裾板が長くなる傾向が指摘できる」〔川畑 2016：p.12〕として、裾板の分割比を「（分割比）＝（左右前胴裾板長の平均値）：（後胴裾板長）」と定義し、下記のように6類型を設定した〔川畑 2016：p.14〕。

A類型	分割比＝1：1〜1.2（未満）	D類型	分割比＝1：2.0〜2.5（未満）
B類型	分割比＝1：1.2〜1.6（未満）	E類型	分割比＝1：2.5以上
C類型	分割比＝1：1.6〜2.0（未満）	X類型	後胴裾板を二分割するもの

　地板構成や地板裁断の有無などの諸属性との関係から、基本的にA類型→B類型→C類型→D類型という変化をたどり、E類型については「C類型・D類型に併行しつつ、地板裁断などの諸要素からどちらかに位置づけうる」と結論づけている〔川畑 2016：p.22〕。
　鞍岡山3号墳出土方形板革綴短甲の裾板連接位置、また長方板革綴短甲・三角板革綴短甲のそれぞれ古相・新相を示す代表的な事例の裾板連接位置の様相を瞥見する限り、少なくとも大局的な傾向として上記の変化は認められよう。ここでは、①変化の理由、②裾板・帯金分割の独立性の2点について検討を加えた後、本書の論旨とかかわる点について検討したい。

（2）変化の理由への疑問

　前項で述べたような変化の理由として、川畑氏は「前胴の開閉装置・構造を持たない革綴短甲では着脱時には綴革と鉄板の弾性のみに頼って前胴を強引に開け広げて装着することになるが、前後の押付板の連接部と同様に脇部付近に部材の連接部を集中させることで開閉時の可動範囲を増やす工夫として理解できる」〔川畑 2016：p.14〕可能性を述べているが、これについて二つの疑問がある。
　第一に、上述の理由を想定するのであれば、A類型→B類型→C類型というように漸次的な改良過程をたどるのではなく、その発想と同時に連接位置を脇部付近に固定化するような急激な変化として顕現するのが自然ではないかという点である。
　第二に、そもそも革綴短甲の着脱は引合部で「前胴を強引に押し広げ」ることでおこなうのかと

いう点である。復元品で着装を試みたところ、引合部から身体を入れることは困難であり、短甲のなかに両足を入れて引き上げるのがもっとも容易であったとの報告がある〔青木・小沢 1974：p.17〕。連接部は革紐で強固に綴じ合わされた上に漆で固められており、このような堅牢な連接部が集中していることによって可動範囲が増えるかどうかは疑問である。

　しかしながら、これに対して明快な代案を提出することもまた難しい。ここでは、短甲胴部の横断面が正円ではなくやや楕円を呈することから、もっとも曲率の大きい脇部周辺に連接位置を近づけていくことで、裾板ないし帯金3枚を湾曲させる加工に必要な手間を均等化していったのではないかと想定しておきたい。当初は部材の大きさの均等が意識されていたのが、次第に加工効率の均等が優先されるようになっていったと考える。

（3）裾板・帯金連接位置の独立性への疑問

　川畑氏は、編年指標として「長方板革綴短甲と三角板革綴短甲に共通する要素が望まし」いと述べ、その条件を満たす属性として裾板・帯金分割比を提案した〔川畑 2016：p.12〕。このことは、地板形状のいかんを問わず、裾板・帯金連接位置は、その部材のみで完結する論理のなかで決定されると想定していることを意味していようが、この点についても疑問がある。

　少なくとも、長方板革綴短甲においては、裾板・帯金連接位置が地板連接位置と一致する例はない。これは、裾板・帯金連接位置が地板構成に連動して決定されている可能性を示すものといえる。長方板革綴短甲においても、地板構成には一定の意匠性が看取される［第3節（5）］ことを考慮すれば、設計段階において地板連接位置が優先的に決定され、それと一致する位置を避けて裾板・帯金連接位置が決定された蓋然性が高いであろう。したがって、裾板・帯金連接位置は、地板構成から独立的に変化する属性とはみなせないと考える。

　そのように考えた場合、先にみた類型がただちに微細な時間差を段階的に反映しているとは判断できない。裾板・帯金分割比については、大局的な傾向を示す属性として、A類型・B類型で一群、C類型・D類型でもう一群として二大別し、E類型・X類型を例外的な一群と把握するといった程度の区分が穏当ではないだろうか。

（4）本書の変遷観との対照

　川畑氏による裾板・帯金分割比の類型を、本書における長方板革綴短甲と三角板革綴短甲の分類に照合した［表21］。前項における大局的な区分案に即して、A類型・B類型に属する事例の欄をグレー、E類型・X類型に属する事例の欄を黒で着色し、C類型・D類型に属する事例の欄には着色せず、三つの群を識別しやすいようにしている。

　照合結果を本書における地板構成による変遷観［図49］と対照すると、おおむね整合的に対応しているといえる。ただし、等角系三角板革綴短甲において、TⅠ式・TⅡ式の3例がB類型に、TⅢ式がA類型に属する点については矛盾が生じている。なかでも大塚越古墳例は後胴竪上第3段を7枚の地板で構成するもので、地板構成による変遷観においては、現状で三角板革綴短甲の最古例と評価しうる事例である。一方、TⅢ式の新沢千塚508号墳例は、これまで長方板三角板併用革

第7章 帯金革綴短甲の変遷と特質

表21 長方板革綴短甲・三角板革綴短甲の裾板・帯金分割比

〈長方板革綴短甲〉

型式		出土古墳	裾板・帯金分割比	前胴竪上構成
Ⅰ	a	古郡家1号	A	AⅠ
		盾塚	A	AⅠ
	b	鋤崎	A	AⅠ
		石山	A?	AⅠ
Ⅱ	a	豊中大塚	B	AⅠ
		小野王塚	B	B
		沖田11号	−	AⅡ
		岬	C	B
		野毛大塚	B	AⅠ
		池ノ内5号	−	AⅠ
		細江狐塚	−	B
	b	谷内21号	C	AⅠ
		安久路2号	−	AⅡ
		天神山1号	B	AⅠ
Ⅲ	a	鶴山	D?	AⅠ
		柴垣円山1号	B	AⅠ
		宇治二子山北	C	AⅠ
		七観	−	AⅠ
		今林6号	D	B
		天神山7号	E	AⅡ
		向山1号	D	AⅠ
		長良龍門寺1号	B	AⅡ
		新開1号	B	AⅡ
	b	風吹山	−	B
		岡本山A3号	D	B
		茶すり山	C	AⅠ
		兵家12号	D?	AⅠ
		佐野山	−	AⅠ
		日吉山所在	−	B
		わき塚1号	E?	(B)
		桜ヶ丘	D?	AⅡ

〈凡例〉・「裾板・帯金分割比」欄のデータは〔川畑2016〕による。
・「裾板・帯金分割比」欄の「−」は〔川畑2016〕に記載がないことを示す。

〈三角板革綴短甲〉

型式			出土古墳	裾板・帯金分割比	前胴地板配置
T	Ⅰ		大塚越	B	B
			佐野八幡山	(B)	B
	Ⅱ		谷内21号	B	B
			汐井川2号	−	B
			向山1号［1号短甲］	C	Z
			山中田1号	C	A'
			宮司井手ノ上	E	Z'
	Ⅲ		新沢千塚508号	A	Y
D	Ⅰ	1	堂山1号	B	B
			新沢千塚139号	X	B
			心合寺山	E	B'
			岸ヶ前2号	D	A'
			新開1号	D	A
			老司	E	A'
			恵解山2号	−	Z'
		2	倉科将軍塚2号	D	(A)
			五條猫塚［短甲1］	−	A
			国府亀塚	C?	B'
			私市円山［第1主体］	D	A
			年ノ神6号	D	A"
			下開発茶臼山9号	E?	A'
			私市円山［第2主体］	C	A'
			御獅子塚	D	A'
			盾塚	(B~C)?	A'
			千人塚	C?	A'
		3	原間6号	D	Z'
	Ⅱ		長瀞西	D	A'
			堤当正寺	D	Z'
			ベンショ塚［第2主体］	D	Z'
			高山1号［短甲1］	−	Z'
	Ⅲ	1	五ヶ山B2号	E	Y[B']
		2	文殊堂11号	D	Y[B']
			鞍塚	C?	Y[A']
		3	向山1号［2号短甲］	C	Y[B']
	Ⅳ		ニゴレ	D	A'

綴短甲と呼称されてきた事例であるが、後胴竪上第3段を5枚の地板で構成する。ここでは、新沢千塚508号墳例の裾板・帯金分割比がA類型に属するのは、前胴地板構成が長方板革綴短甲Ⅰa式と共通することから、それによる規制を受けたためであり、製作時期が大塚越古墳例よりも先行するためではないと解釈したい。

以上のことから、裾板・帯金分割比は、6類型にまで細分して微細な時間差の指標としうる属性ではなく、前項で述べたように「裾板・帯金を三等分する志向性をもつ一群（A類型・B類型）」と「裾板・帯金の連接位置を脇部周辺に設定する志向性をもつ一群（C類型・D類型）」の二大別程度にとどめ、地板構成による変遷観を別の視点から補強する属性であるととらえたい。

第7節　三角板革綴襟付短甲の設計系統と特質

　長方板革綴短甲と三角板革綴短甲の設計系統に関連して、両形式と生産期間が併行する三角板革綴襟付短甲について、その特質を検討しておきたい。襟付短甲としては、ほかに方形板革綴襟付短甲［第6章］と三角板鋲留襟付短甲が報告されている［表22］。襟付短甲は、その特徴的なフォルムや稀少性などから、甲冑研究史上でも注目を集めてきた。ここでは、襟付短甲の出土例を通覧し、それらをめぐる既往の論点を概観する。これらの論点は、長方板革綴短甲と三角板革綴短甲の設計系統や特質をめぐる諸論点の考察にも深くかかわってくるものである。

（1）資料状況と既往の論点
①出土例の蓄積過程

　三角板革綴襟付短甲は、早くも戦前に大阪府七観古墳（1913年）や奈良県円照寺墓山1号墳（1929年）で部材が出土していた。しかしながら、攪乱を受けていたために全形を把握しえず、当初は現在のような襟付短甲としての認識には結実しなかった。戦後まもなく大阪府黒姫山古墳（1947年）で三角板鋲留襟付短甲が良好な遺存状態で出土したことにより、比較的早い段階で襟付短甲の全形が認知されたことは、以後の研究にとって僥倖であったといえよう。その後、大阪府百舌鳥大塚山古墳（1951年）での出土を経て、大阪府野中古墳（1964年）では原位置を保って出土したことにより、革綴製品としてはじめて全形復元がなされ、報告書［北野 1976］に実測図［図50］と写真が掲載された。その後、大阪府豊中大塚古墳（1983年）・交野東車塚古墳（1988年）［図8-1］など良好な資料の蓄積が進み、その生産期間や細部のバラエティなどについて知見が増大した。また、

表22　襟付短甲一覧

出土古墳	都府県	所在地	墳形	墳丘長	施設	副葬位置
〈方形板革綴襟付短甲〉						
上　殿	奈良	天理市和爾町	円	23 m	粘土槨・割竹形木棺	槨外・北小口
〈三角板革綴襟付短甲〉						
七　観	大阪	堺市堺区旭ヶ丘中町	円	55 m	（礫床）［1913年出土］	不明
百舌鳥大塚山	大阪	堺市西区上野芝町	方円	168 m	粘土槨・箱形木棺［1号槨］	槨外［1号短甲］
豊中大塚（1）	大阪	豊中市中桜塚	円	56 m	粘土槨・割竹形木棺［第2主体部東槨］	槨内・頭側［2号短甲］
豊中大塚（2）	大阪	豊中市中桜塚	円	56 m	粘土槨・割竹形木棺［第2主体部東槨］	槨内・頭側［3号短甲］
野　中（1）	大阪	藤井寺市野中	方	28 m	木櫃状施設［第1列］	施設内［8号短甲］
野　中（2）	大阪	藤井寺市野中	方	28 m	木櫃状施設［第1列］	施設内［9号短甲］
野　中（3）	大阪	藤井寺市野中	方	28 m	木櫃状施設［第1列］	施設内［10号短甲］
交野東車塚	大阪	交野市寺南野	方方	65 m以上	割竹形木棺直葬［第1号棺］	棺内・頭側
茶すり山	兵庫	朝来市和田山町筒江	円	90 m	組合式箱形木棺［第1主体部］	棺内（東区画）・頭側
円照寺墓山1号（1）	奈良	奈良市山町	円	13 m	粘土槨状施設	施設内
円照寺墓山1号（2）	奈良	奈良市山町	円	13 m	粘土槨状施設	施設内
円照寺墓山1号（3）	奈良	奈良市山町	円	13 m	粘土槨状施設	施設内
円照寺墓山1号（4）	奈良	奈良市山町	円	13 m	粘土槨状施設	施設内
〈三角板鋲留襟付短甲〉						
黒姫山	大阪	堺市美原区黒山	方円	114 m	竪穴式石槨［前方部］	槨内［T5］
【参考資料】〈三角板革綴襟付短甲〉						
蓮山洞M3号	韓国	釜山広域市	円	25.3 m	竪穴式石槨［副槨］	槨内

〈凡例〉・墳形：方円…前方後円墳、方方…前方後方墳、円…円墳、方…方墳。
　　　　・墳丘長：円墳や方墳で長径・短径がある場合には、長径を代表値として記載した。

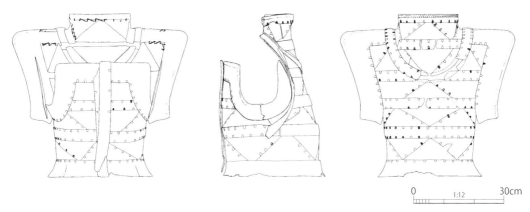

図50　野中古墳出土三角板革綴襟付短甲（8号短甲）

奈良県上殿古墳から出土していた2例の方形板革綴短甲のうちの1例が襟付短甲［図34］であることが指摘され、その出現が帯金式甲冑の成立よりもさかのぼることが明らかにされた〔高橋工1987：pp.145-146〕。

近年、兵庫県茶すり山古墳（2002年）で出土したことにより、それまで現在の大阪府（摂津・河内・和泉）地域および奈良県（大和）地域に限定されていた分布範囲が、兵庫県（但馬）地域にまで拡大することとなった。さらに、釜山蓮山洞M3号墳（2012年）で出土したことにより、分布範囲は朝鮮半島南部にまで拡大した。

現在、日本列島では9基の古墳から15例、朝鮮半島では1基の古墳から1例の襟付短甲の出土が報告されている［表22］。

②形態的特徴

通有の短甲との比較の上でもっとも目を引く相違点は、その特徴的なフォルムであろう。押付板は翼状に左右に大きく張り出し、逆L字状に屈曲して鰭状を呈し、脇部にまで達する。押付板が鰭状となるために脇部の後胴側に生じる空隙は、三日月状の部材で充塡する。また、押付板の中央には、うなじを防御するように半円筒形の襟部が取り付く。こうした特徴的なフォルムの淵源は、衝角付冑とあわせ、鳥装にあるとの説も提起されている〔鈴木1999：p.495〕。

このような複雑なフォルムを実現するため、通常の短甲よりも多量の部材を必要とする。したがって、鉄板の使用量、部材の裁断・加工・組上など、すべての工程において通常よりも多大なコストが必要となる〔北野1969：p.10〕。一方で、こうしたコストを投入して実現されたフォルムは、着装者の運動の自由を著しく制約する。鰭部は腕の後方への動きを、襟部は首や肩の動きを大きく制限する構造となっている。

③出現と展開

先にもふれたように、上殿古墳から方形板革綴襟付短甲が出土しており、帯金式甲冑の成立による、いわゆる「甲冑の定型化」に先立って襟付短甲が出現していたことが知られる［第6章］。すなわち、古墳時代前期末には襟付短甲のフォルムは案出されていたこととなる。その際、福岡県雀居遺跡例などの弥生時代の木製甲のフォルムにみられる要素が採用された可能性も指摘されている

〔鈴木 1999：p.494〕。

　古墳時代中期、甲冑の定型化の後は襟付短甲には三角形の地板が採用され、鋲留技法導入後は革綴短甲から鋲留短甲へと変遷をとげる。その間、フォルムは一貫しつつ、地板の枚数が減少していく傾向が指摘されている〔高橋工 1987、加藤 2010、鈴木 2012・2013・2014〕。野中古墳出土の3例のなかにあっても部材構成には相違があり、襟部に顕著である。三角板鋲留襟付短甲は黒姫山古墳出土の1例のみであるが、古墳時代中期後半に位置づけられる。すなわち、襟付短甲の生産は、製品数は限定的とはいえ、約100年にわたって継続したことがわかる。

　野中古墳では襟付短甲以外の短甲がすべて鋲留製品であること、円照寺墓山1号墳でもその可能性が高いこと、茶すり山古墳では鋲留冑と共伴していることなどから、鋲留技法導入後も革綴襟付短甲の生産が継続したことがうかがわれる。これは襟付短甲に限られた現象ではないが、その背景に「武装に付与された伝統性の認識」を看取する見解〔鈴木 2008a：p.724〕が提示されており、古墳時代人の襟付短甲に対する認識をうかがう上で興味深い。

④分　布

　兵庫県（丹波）地域の茶すり山古墳で三角板革綴襟付短甲が出土するまでは、襟付短甲の出土は大阪府（摂津・河内・和泉）地域および奈良県（大和）地域という後の「畿内」、すなわち政権中枢の周辺に限定されていた。このことにより、襟付短甲は政権中枢とかかわりの深い武装との認識が生まれることとなった。この認識をふまえて、茶すり山古墳について「王権による重要視」が想定され、その背景として「畿内から日本海（韓半島）へ抜けるルートの要衝」に位置していることが推定された〔加藤 2010：p.476〕。

　その後、朝鮮半島の蓮山洞M3号墳からの出土も知られるにいたり、分布域に大きな変動が生じた。この事例については、「一般的な倭と三国の間の交渉、とくに北部九州の勢力を介するような交渉の結果、この地にもたらされた襟付短甲がたまたま入手されたというようなものではなく、倭王権中枢の大王およびその周辺の人物と蓮山洞M3号墳被葬者の間に直接的な交渉が存在した」〔橋本達 2015b：p.645〕と評価され、その被葬者は「倭王権を構成する古市・百舌鳥古墳群との関係において、最上位の評価に値する人物として古墳時代の倭―朝鮮三国関係のなかでも特別な存在であった可能性」〔p.647〕が説かれている。

　今後も「畿内」を離れた地域で出土する可能性があるが、その評価にあたっては、個別の背景を考慮するとともに、全体の分布傾向を俯瞰し、体系的な理解を追究していく必要があろう。

（2）設計系統と特質

①研究史

　ここまで概観してきた襟付短甲の諸属性に着目することで、その特質に迫ろうとする試みも多くなされてきた。研究初期から、「畿内のいわば中枢地域」に集中する分布のあり方、各地域の甲冑多量副葬・埋納古墳で出土している事実が注目され、政権中枢と「強力な統属関係」にある被葬者像が想定された〔北野 1969：p.12〕。

　また、野中古墳において革製衝角付冑という特殊な冑とのみセットをなすことにも注意が向けら

れてきた。甲冑の保有形態の検討をふまえ、襟付短甲は革製衝角付冑とともに親衛隊ないし衛兵の武装として区別されていたとする見解が提起されている〔藤田 1996：p.50・2006：p.191〕。また、七観古墳における革製衝角付冑と「変形板短甲」〔橋本達 2002：p.5〕のセット関係などとの関連が指摘され、素材・形状・構成などの差異によって区別される甲冑の存在が説かれた〔森下 1997：p.52〕。この視点は、「変形板甲冑」や「特殊甲冑」などの概念整理を経て、近年も議論の深化がなされている〔阪口 2008：pp.47-48、橋本達 2014〕。その一方で、副葬時の扱われ方については、ほかと異なる特別な点はとくには看取されないことも指摘されている〔森本 2012：p.55〕。

その特徴的なフォルムと着装者の動作性に対する制約を勘案すれば、襟付短甲は戦時における武装としての機動性よりも、着装者が備える何らかの属性を表象する象徴性や意匠性が重視された製品であった蓋然性が高いといえよう。

②三角板革綴襟付短甲の設計系統と特質

方形板革綴襟付短甲の１例が生産された後、帯金式甲冑の成立以降は、革綴製品から鋲留製品にいたるまで三角板形式のみが生産されたことも、襟付短甲の性格にかかわる重要な特徴の一つである。このことは、三角板革綴短甲の設計系統が、方形板革綴短甲の設計系統、すなわち引き続いて長方板革綴短甲へと変遷していく設計系統に連なるとする、先述の想定を別の角度から傍証する。さらに、先にふれた、通有の短甲と比較して製作コストが高いという襟付短甲の特徴を考え合わせるならば、三角板革綴短甲の設計系統が、生産性や機能性をある程度外視しつつ、特徴的なフォルムにシンボリックな意味が内包された製品を生産していたととらえることができる。すなわち、三角板革綴短甲が意匠性重視の仕様であるとの本章の主張を、これもまた別の角度から補強するものと考える。意匠性重視の地板形式と、特徴的なフォルムをもつ襟付短甲との親和性の高さは、注目に値する。以上のように、三角板形式の創出以後、襟付短甲に三角板を使用する例のみが知られることは、長方板革綴短甲と三角板革綴短甲という両形式の性格を顕著に象徴する事象といえよう。

鋲留技法導入期、甲冑の意匠性を重視し、そのバリエーションの拡大をもくろむ政権中枢の政治的意図により外来系甲冑が必要とされ、その生産が可能な甲冑工人の渡来が実現したとみられる〔阪口 2008：p.47〕〔第８章〕。そうした情勢のもと、再編された甲冑のバリエーションのなかで、前期以来の伝統的なフォルムをもつ在来系甲冑の一つである襟付短甲にも、ほかとは区別された甲冑として、三角板に込められた「辟邪」の観念に加えて、「階級」・「職掌」などといった着装者の属性を表象する役割が、あらためて付与されたのであろう〔第１章〕。

第８節　頸甲とのセット関係

（１）様式的理解からの批判

先行論文を公表して以来、筆者による長方板革綴短甲と三角板革綴短甲の変遷観に対してのもっとも大きな批判は、藤田和尊氏によって展開されている〔藤田 2006・2012・2015〕。藤田氏は個別の装具の型式学的検討よりも甲冑のセット関係による様式的理解を優先させるべきとの見解に立ち、その様式的理解の基軸として頸甲編年を重視すべきことを提言している〔藤田 2006：pp.31-

32)〕。筆者の変遷観に対しては、「短甲を単独で検討する限りにおいては否定もできないし肯定もできない」〔p.27〕とした上で、「主として短甲と頸甲の諸型式がどのような頻度で組み合わされて副葬されているかを示」〔p.50〕すことで、「長方板革綴短甲と通有の三角板革綴短甲はかなりの時間的併行関係をもって製作された、などということはあり得ない」〔p.53〕と結論づけている。

本節では、長方板革綴短甲および三角板革綴短甲と頸甲のセット関係を再確認し、藤田氏の指摘に対する疑問点をいくつか提示することで、筆者の変遷観を補強したい。本来的には頸甲全体について検討し、その変遷観も提示すべきであるが、ここでは長方板革綴短甲と三角板革綴短甲の変遷観にかかわる必要最低限の言及にとどめる。

(2) 藤田和尊氏による頸甲編年とセリエーションの検討

藤田和尊氏による頸甲の型式分類〔図51左〕と、頸甲編年〔図51右〕を基軸とした中期型甲冑の編年〔図52〕を示す。頸甲は、「首から肩そして胸背部といった急所の防禦を担うと共に、その反面、着用時には腕の、特に前方向への自由を束縛するという矛盾した側面を併せ持って」〔藤田2006：p.32〕おり、「防禦機能をある程度犠牲にしつつ、より腕の自由を前方向に開放するという、

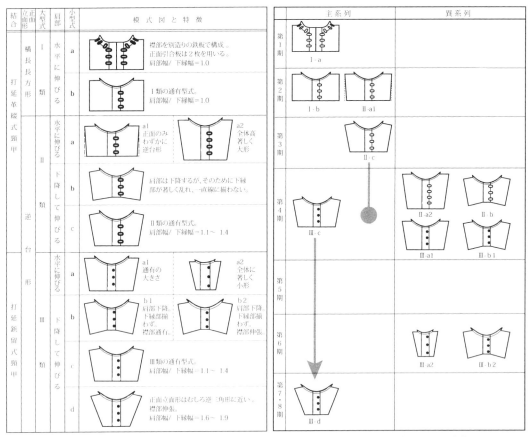

〈凡例〉・藤田和尊氏著『古墳時代の王権と軍事』(学生社、2006年) p.37 掲載の第4図 (左)、p.59 掲載の第6図 (右) を転載した。

図51 藤田和尊氏による「頸甲型式分類図」・「頸甲の編年」

第 7 章　帯金革綴短甲の変遷と特質　173

図52　藤田和尊氏による「中期型甲冑の編年」

甲冑形式 甲冑型式 最新相甲冑セット	短甲								頸甲												冑					形式 型式
	長方板革綴		小形三角板革綴	三角板革綴	平行四辺形板・矢羽根板等	三角板鋲留 通有（多鋲式）	三角板鋲留 新相（少鋲式）	三角板・横矧板併用鋲留	横矧板鋲留	I類		II類				III類						衝角付冑			眉庇付冑		
	竪第三段									I-a	I-b	II-a1	II-a2	II-b	II-c	III-a1	III-a2	III-b1	III-b2	III-c	III-d	三角板革綴	三角板鋲留	竪矧板鋲留	小札鋲留	横矧板鋲留	
	無	有																									
第1期	■																					■					
第2期		■	■							■													■				
第3期				■	■						■													■			
第4期						■						■	■	■	■										■	■	
第5期						■																				■	
第6期							■									■	■									■	
第7期								■										■	■	■						■	
第8期									■												■					■	

〈凡例〉・藤田和尊氏著『古墳時代の王権と軍事』（学生社，2006年）p.39掲載の第5図を転載した。

可動性を重視した方向へと展開すると予想」〔p.36〕されている。

藤田氏が長方板革綴短甲および三角板革綴短甲と頸甲のセット関係をまとめた表を引用する〔藤田2006：p.51〕〔表23〕。原書の縦組みを横組みに組み換え、漢数字

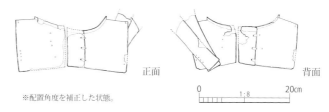

※配置角度を補正した状態。

図53　宇治二子山北墳出土頸甲

をアラビア数字に置換したが、記載内容については改変を加えていない。この表に基づき、藤田氏は長方板革綴短甲とI-b頸甲、三角板革綴短甲とII類頸甲もしくはIII類頸甲とのセット関係の頻度の高さを指摘している。その上で、「中期型甲冑のうちで機能差を最も鋭敏に反映する頸甲の変遷と、それに共伴する短甲とのセット関係を重視するべき」〔p.53〕との立場から、長方板革綴短甲から通有の三角板革綴短甲へと主流形式が変遷するとの解釈をとり、両形式の時間的併行関係を認めない〔図52〕。

（3）疑問点の提示

藤田氏による短甲と頸甲のセット関係の検討結果を、本書における長方板革綴短甲と三角板革綴短甲の分類に即して再構成した表を示す〔表24〕。

表23 藤田和尊氏による「頻度によるセリエーションの検討による中期型甲冑編年の前提的作業1」

都府県名	古墳名	短甲	阪口分類	頸甲	冑	築造期
大阪	和泉黄金塚古墳東槨	小形三角板革綴短甲		Ⅰ-a頸甲	三角板革綴衝角付冑	1
山口	天神山古墳	長方板革綴短甲			－	2
岡山	月の輪古墳	長方板革綴短甲			－	2
兵庫	茶すり山古墳	長方板革綴短甲	Ⅲb		三角板革綴衝角付冑	4
大阪	和泉黄金塚古墳西槨	長方板革綴短甲	Ⅲx		三角板革綴衝角付冑	2
大阪	盾塚古墳	長方板革綴短甲	Ⅰ		三角板革綴衝角付冑	3
大阪	豊中大塚古墳	長方板革綴短甲	Ⅱa		－	3
奈良	兵家12号墳	長方板革綴短甲	Ⅲb	Ⅰ-b頸甲	小札鋲留眉庇付冑	8
三重	わき塚1号墳	長方板革綴短甲	Ⅲx		三角板革綴衝角付冑	2
京都	宇治二子山北墳西槨	長方板革綴短甲	Ⅲa		三角板革綴衝角付冑	4
岐阜	長良龍門寺1号墳	長方板革綴短甲	Ⅲa		－	2
福井	天神山7号墳	長方板革綴短甲	Ⅲb		竪矧板革綴衝角付冑	6
石川	和田山5号墳A槨	三角板鋲留短甲			竪矧板鋲留眉庇付冑	6
静岡	五ヶ山B2号墳	三角板革綴短甲	DⅠ		特殊三角板革綴衝角付冑	4
東京	野毛大塚古墳	三角板革綴短甲	Ⅱa		三角板革綴衝角付冑	2
宮崎	塚原地下式横穴A号	三角板革綴短甲	Dx	Ⅰ-b頸甲	長方板革綴衝角付冑	4
福井	二本松山古墳	三角板革綴短甲		（鋲後補）	小札鋲留眉庇付冑	8
滋賀	新開1号墳	長方板革綴短甲	Ⅲb	Ⅱ-a1頸甲	三角板革綴衝角付冑	5
兵庫	年ノ神6号墳	三角板革綴短甲	DⅠ		－	6
奈良	新沢139号墳	三角板革綴短甲	DⅠ	Ⅱ-b頸甲	広板小札鋲留眉庇付冑	6
長野	桜ヶ丘古墳	長方板革綴短甲	Ⅲx		三角板革綴衝角付冑	7
宮崎	六野原地下式横穴8号	三角板革綴短甲	Dx		小札鋲留眉庇付冑	6
徳島	恵解山2号墳	三角板革綴短甲	DⅠ		三角板革綴衝角付冑	3
大阪	御獅子塚古墳第2主体	三角板革綴短甲	DⅠ	Ⅱ-c頸甲	小札鋲留眉庇付冑	4
滋賀	新開1号墳	三角板革綴短甲	DⅠ		竪矧板鋲留眉庇付冑	5
京都	私市円山古墳第2主体	三角板革綴短甲	DⅠ		三角板革綴衝角付冑	4
京都	園部岸ヶ前2号墳	三角板革綴短甲	DⅠ		小札鋲留衝角付冑	4
京都	ニゴレ古墳	三角板革綴短甲	DⅣ	Ⅲ-a1頸甲	竪矧細板革綴衝角付冑	4
富山	谷内21号墳	小形三角板革綴短甲	TⅡ	Ⅲ-b1頸甲		4
大阪	鞍塚古墳	三角板革綴短甲	DⅢ		三角板革綴衝角付冑	5
大阪	亀井古墳	三角板革綴短甲	Dx	Ⅲ-c頸甲	（小札）鋲留衝角付冑	5
奈良	猫塚古墳	三角板革綴短甲	Dx		小札鋲留眉庇付冑	5

〈凡例〉・藤田和尊氏著『古墳時代の王権と軍事』(学生社, 2006年) p.51掲載の第2表を転載した。
・転載にあたり、原書の縦書きを横書きに組み換え、漢数字をアラビア数字に変換した。
・原書「古墳番号」の項目のみ割愛した。
・下記の3点については原書の誤記と判断したが、上掲の表では原書のとおりに記載した。
　①二本松山古墳から出土した短甲は「三角板革綴短甲」ではなく「三角板鋲留短甲」である。
　②六野原地下式横穴8号からは、報告書および所蔵機関刊行の目録による限り、頸甲は出土していない。
　③私市円山古墳で頸甲が出土したのは「第2主体」ではなく「第1主体」である。

①型式の認定

　頸甲の型式認定について、藤田氏と筆者とで見解を異にする場合がある。そのため、藤田氏による型式認定に筆者による型式認定を併記している〔表24〕。

　型式認定の相違はこれまでも争点になっており、認定の根拠を詳細に解説するよう求められてもいる〔藤田 2012：p.529〕。ここでは、藤田氏がⅠ－b頸甲とする、京都府宇治二子山北墳例〔図53〕について言及する。報告書〔杉本編 1991〕掲載の正面実測図は、本体下縁部が水平となるように設置されて作図されているため、正面立面形が横長方形であるようにみえているが、引合板の中軸が垂直となるように設置しなおし、その側縁の傾きに合わせて本体を設置しなおした場合には、正面立面形が逆台形を呈し、肩部が下降して下縁部が一直線にそろわないⅠ－b頸甲となるこ

表24 長方板革綴短甲・三角板革綴短甲と頸甲・肩甲のセット関係

〈長方板革綴短甲〉

出土古墳	短甲 型式	頸甲 藤田2006	頸甲 本書	肩甲 段数(片側)
盾　　塚	Ⅰa	Ⅰ－b	Ⅰ－b	6以上
豊中大塚	Ⅱa	Ⅰ－b	Ⅰ－b	7
野毛大塚	Ⅱa	Ⅰ－b	Ⅰ－b	7
天神山1号	Ⅱb	Ⅰ－b	Ⅰ－b	8以上
宇治二子山北	Ⅲa	Ⅰ－b	Ⅱ－b	8
七　　観	Ⅲb	Ⅱ－b	Ⅱ－b	10前後
天神山7号	Ⅲb	Ⅰ－b	Ⅰ－b	○
長良龍門寺1号	Ⅲb	Ⅰ－b	Ⅰ－b	9
新開1号	Ⅲb	Ⅱ－a1	Ⅱ－a1	10
茶すり山	Ⅲb	Ⅰ－c	Ⅰ－b	6
兵家12号	Ⅲb	Ⅰ－b	Ⅰ－b	10以上
桜ヶ丘	Ⅲb	Ⅱ－b	Ⅱ－b	○
わき塚1号	Ⅲx	Ⅰ－b	Ⅰ－b	5以上
和泉黄金塚	Ⅲx	Ⅰ－b	○	5以上
月の輪	?	Ⅰ－b	Ⅰ－b	5前後

〈三角板革綴短甲〉

出土古墳	短甲 型式	頸甲 藤田2006	頸甲 本書	肩甲 段数(片側)
谷内21号	TⅡ	Ⅲ－b1	Ⅲ－b1	8
和泉黄金塚	Tx	Ⅰ－a	Ⅰ－a	5
新沢千塚139号	DⅠ1	Ⅱ－b	Ⅱ－b	12以上
岸ヶ前2号	DⅠ1	Ⅱ－c	Ⅱ－c	10
新開1号	DⅠ1	Ⅱ－c	Ⅱ－c	15
恵解山2号	DⅠ1	Ⅱ－c	Ⅱ－c	○
五條猫塚［短甲1］	DⅠ2	Ⅲ－c	Ⅲ－c	○
国府亀塚	DⅠ2	－	Ⅰ－b	6以上
私市円山［第1主体］	DⅠ2	Ⅱ－b	Ⅱ－b	9以上
年ノ神6号	DⅠ2	Ⅱ－b	Ⅱ－b	6
御獅子塚	DⅠ2	Ⅱ－c	Ⅱ－c	7
原間6号	DⅠ3	Ⅲ－b1	Ⅱ－b	10
堤当正寺	DⅡ	－	Ⅱ－b	12
五ヶ山B2号	DⅡ	Ⅰ－b	Ⅰ－b	8
鞍　塚	DⅡ2	Ⅲ－c	Ⅲ－c	4以上
ニゴレ	DⅣ	Ⅲ－a1	Ⅲ－a1	9
木脇塚原A号地下式	Dx	Ⅰ－b	Ⅰ－b	○
亀　井	Dx	Ⅲ－c	Ⅲ－c	14以上
珠金塚［A］	Dx	Ⅲ－c	Ⅲ－c	○

〈凡例〉・〔藤田2006〕欄のうち、「茶すり山」および「年ノ神6号」については〔藤田2012〕による。
・〔藤田2006〕欄の「－」は、記載がないことを示す。
・「○」は型式や段数が不明であることを示す。

とが容易に想定できる。さらに、実資料の観察によって、上述の想定が正しいことも確認している。本例も含め、筆者の型式認定は、恣意的に操作したものなどではなく、あくまでも資料の観察に基づき、藤田氏による型式分類案に照応させた結果であることを強調しておきたい。

ただし、いくつかの資料について型式認定をあらためたところで、長方板革綴短甲がⅠ－b頸甲、三角板革綴短甲がⅡ類・Ⅲ類頸甲と高い頻度でセット関係にある傾向は変わらない。とくに、長方板革綴短甲Ⅰ式・Ⅱ式はいずれもⅠ－b頸甲とセットをなしており、初期の長方板革綴短甲とⅠ－b頸甲の強固なセット関係を看取できる。しかしながら、長方板革綴短甲Ⅲ式についてみると、Ⅰ－b頸甲とセットをなす事例は半数程度となっており、必ずしもⅠ－b頸甲のみとセット関係にあるわけではない。また、三角板革綴短甲とⅠ－b頸甲がセットをなす事例も、新たに岐阜県国府亀塚古墳で確認されるなど、今後も一定数が認められる可能性が高く、例外として扱うことは難しいと考える。

②肩甲の検討

頸甲の型式とあわせ、セットをなす肩甲の段数を表示した［表24］。第3章でも述べたように、頸甲・肩甲は製作段階に威第1技法で連貫される一体の装具であり、両者をあわせて検討すべきと考える。また、肩甲は新相を示すものほど帯板の幅は狭く、段数は多くなることが指摘され、可動性を重視する方向に変遷したことが想定されている〔右島 1988：p.100〕。

Ⅰ－b頸甲とセットをなす肩甲の段数をみると、段数を確定できるなかでの最少例は7段、最多例は段数を確定できないものの10段以上を数える。一方、Ⅱ類頸甲についてみると、段数を確定できるなかでの最少例は6段、最多例は12段以上である。また、Ⅲ類頸甲についてみると、段数を確定できるなかでの最少例は8段、最多例は14段以上である。

この状況をみるならば、I—b類頸甲からⅡ類頸甲、そしてⅢ類頸甲へと単系的に型式変化をとげたと想定するよりも、各型式が一定程度併行期間をもちつつ変遷したと考える方が穏当ではないだろうか。頸甲が最新型式へと変化する際に、セットとなる肩甲の段数が総体的な傾向に反して減少することは考えにくい。

（4）多系統的な変遷観

頸甲とのセット関係に基づいた藤田氏からの批判に対し、おもに頸甲・肩甲のセット関係を重視する視点から反論を試みた。段数という明確な基準で機能性の向上が示される肩甲の変遷を重視するならば、頸甲についても多系統的な変遷を想定する方が、資料状況に対して整合性が高いと考える。その変遷観はまた、頸甲・肩甲とセットをなす長方板革綴短甲と三角板革綴短甲にも一定の併行期間を想定する変遷観を支持するものといえる。

もとより、藤田氏からの批判のすべてに応えられたわけではないが、長方板革綴短甲および三角板革綴短甲とセットをなす頸甲・肩甲について、私見の一端を提示した。頸甲・肩甲については、いずれ資料全体を対象に体系的な検討を加えることで、藤田氏からの学恩に報じたい。

第9節　成果と課題

本章では、おもに短甲の地板構成の変化によって、長方板革綴短甲と三角板革綴短甲の変遷を跡づけ、両形式に注ぎ込まれた技術の評価からそれぞれの特質を導き出し、その生産時期や設計系統における関係を明らかにしようと試みた。その結果、両形式の変遷については、ある程度明らかにしえたと考える。

また、先行論文〔阪口 1998〕で提示し本章で再論した、両形式にみられる特質は、技術的視点によってのみ甲冑の変遷を考えようとしてきた1990年代中頃までの研究方向に再考の余地があることを示した点で、研究史的意義があると考えている。あくまでも技術的視点を検討の基本に置くのが常道ではあるが、技術の進化論的な変化だけが甲冑の変遷を規定しているのではないことを強調しておきたい。また、両形式にみられる特質の差が、そのまま両形式の製品としての性格差として認められるならば、そこから派生する問題は多岐にわたる。これらの点については、「甲冑を材料とした研究」における検討課題となろう。

そのほか、長方板革綴短甲と三角板革綴短甲に深く関連する論点として、裾板・帯金分割比〔川畑 2016〕、三角板革綴襟付短甲、頸甲とのセット関係〔藤田 2006・2012・2015〕を検討した。いずれも、両形式の変遷と特質について考究し、さらにその精度を錬磨していく上で重要な論点である。これらにより、帯金革綴短甲全体の変遷と特質に迫るよう努めたが、本章では十分に検討が及ばなかった部分を残しているため、引き続き検討を進めていきたい。

註

（1）長方板革綴短甲という形式名については、学史に照らして考えると問題があるという野上丈助氏によ

る指摘があり、野上氏は「長方形板革綴短甲」という形式名を用いている〔野上 1991：p.8〕。本書では、現在の研究状況において長方板革綴短甲という形式名が混乱を招くものではないとの認識に立ち、これを用いる。
（２）「短甲の定型化」以後、甲冑の集中的生産機構は畿内の勢力によって把握され、その製品もまた畿内の勢力によって各地に供給されたとする見解は、定説化している。筆者も少なくとも本書で扱う時期においてはこの見解を支持しており、これを前提に論を進める。
（３）ここでいう「横矧板革綴式」は、末永雅雄氏による分類の第１形式〔末永 1934：p.27〕、すなわち長方板革綴短甲にあたり、綴技法が異なる第２形式の横矧板革綴短甲とは技術的に区別されるべきであることは、小林行雄氏によって詳述されている〔小林行 1962：pp.25-26・1964：pp.22-26〕〔第２章第６節〕。
（４）研究史上「小形」三角板と表記されることが多かったが、字義の上から「小型」と表記する方が適切であると考え、先行論文以来「小型」と表記している。
（５）概説などでも、この見解を支持している〔田中晋 1991：pp.42-43〕。
（６）ただし、鍛造技術の発達にともなう、短甲の各形式間を通じての鉄板枚数の減少傾向については、増田精一氏によって早くに指摘されている〔増田 1966：pp.93-94〕。
（７）たとえば、革綴短甲の組上順序においては、基本的に後胴中央から左右前胴へという規則性が認められることが指摘されている〔高橋工 1987・1991〕〔第４章〕。
（８）甲冑の変遷全体を通じての製作の省力化傾向は小林謙一氏によって指摘されている〔小林謙 1974ｂ：p.48〕。また、末永雅雄氏は小札鋲留衝角付冑のうち小札幅の広いものについて「製作上の簡略を計った」ものと指摘しているが、これが地板の大型化すなわち地板枚数の減少に着目し、それを製作の省力化と評価した見解の嚆矢であろう〔末永 1934：p.35〕。
（９）「堅牢性の向上」の具体相について、先行論文では「強度が増し防御力が向上する」〔阪口 1998：p.8〕と説明したが、鉄板の重なりが少なくなることによって厚みが減少することから、物理的な防御力についてはむしろ低下するとの判断が妥当であり、この記述を撤回する。
（10）長方板革綴短甲の出土古墳数および出土量は、「甲冑型式種別一覧表」〔埋蔵文化財研究会 1993〕を基本に、修正と新たな出土例を加え、橋本達也氏と鈴木一有氏による集成〔橋本達・鈴木 2014〕により補訂したものである。第４節の三角板革綴短甲についても同様である。なお、朝鮮半島においても４例の長方板革綴短甲および８例の三角板革綴短甲が出土しているが、日本列島出土資料と同一の共伴遺物による検証手続をふむことができないという理由により、本章では参考資料として扱う。
（11）これらは古谷毅氏が指摘する「補助板」にあたるものと考える〔古谷 1996：p.66〕。ただし、例示された大阪府和泉黄金塚古墳例などの、三角板革綴短甲の長側第３段において引合板に連接する小型台形地板は、当初からの設計に基づくものと考える。その存在は長側第３段における三角形地板の連続的配置のなかで理解できるものであり、また竪上第２段や長側第１段にも同様の地板が存在しながら長側第３段の地板のみを「補助板」としてとらえることにも疑問が残る〔第４章 註（８）〕。
（12）橋本達也氏も、Ｉｂ式に属する鋤崎古墳例を「最古の地板を細分する一群から、わずかに技術的改良が加わった製作段階に属する」と評価している〔橋本達 2002：p.128〕。
（13）古郡家１号墳例は静岡県安久路２号墳例とともに引合板をもたない。この点は方形板革綴短甲における数個体と共通する要素として注意される〔高橋克 1993：p.124〕。
（14）盾塚古墳後円部からは長方板革綴短甲１、三角板革綴短甲１、三角板革綴衝角付冑１、頸甲・肩甲一組が出土しているが、出土状況の報告文ではこれらのセット関係が明確に記述されていない〔末永編 1991：p.15〕。一方、報告書所収の藤田和尊氏による考察では、冑、頸甲・肩甲はいずれも長方板革綴短甲とセットをなすとされている〔藤田 1991〕。両者の認識に相違があるが、報告文である前者に従

う。前述のとおり、前者はセット関係について明言していないが、出土状況図と報告文から、本書では長方板革綴短甲と頸甲・肩甲というセット関係、三角板革綴短甲と冑というセット関係であったと判断する。

(15) 池ノ内5号墳例は竪上2段長側5段の特殊な構造と報告されている〔菅谷 1978：図39〕が、資料調査の際にⅡa式に属する例であることを確認した。

(16) 先行論文では長良龍門寺1号墳例をⅢa式に分類していたが、保存処理の再実施にあたって解体された際、長側第3段についても地板5枚で構成されることを確認した。

(17) ここでふれた形式のほか、表14掲載の縦矧板革綴衝角付冑について、小林謙一氏は「眉庇付冑の影響を受けて製作された可能性が考えられるもの」と位置づけている〔小林謙 1991：p.153〕。

(18) 表14にあげた10例のほかに、岡山県月の輪古墳例、熊本県塚原将軍塚古墳例、宮崎県浄土寺山古墳例がある。

(19) 註（25）で述べるように、前胴竪上第3段の帯金は三角板革綴短甲の製作においてはじめて導入され、それが一つの意匠として長方板革綴短甲の製作に選択的に導入されたものと推測する。

(20) 第2章でもふれたとおり、革綴短甲の組上においては、鉄板どうしの重なり幅を一定に保ち、かつ湾曲を正確に一致させる必要がある〔塚本 1993ｂ：p.23〕。つまり鉄板の一辺が長く、あるいは曲線が複雑になるにしたがい、一層高度な技術が必要となる。

(21) 朝鮮半島の下三政115号墳出土の長方板革綴短甲はⅢｂ式に準じる地板構成をとるが、後胴竪上第2段の地板は3枚構成ではなく、横矧板短甲と同様に一枚板となっている。技術的には後胴地板を分割しない選択肢も可能であったことの証左といえる。

(22) その後、長側第2段帯金の脇部での連接にも鋲が使用されていることが報告された〔高橋克・永江編 2015〕。

(23) 当初は「正三角形系三角板革綴短甲」と「鈍角三角形系三角板革綴短甲」という名称を使用したが、「三角」という語が重なることによる語感の煩雑さを避けるため、等角系三角板革綴短甲と鈍角系三角板革綴短甲という名称を用いることに変更した。この点については、小野山節先生よりご指導をいただいた。

(24) 表18に示した9例のほか、奈良県高山1号墳出土の短甲2の概要報告において「小型三角板革綴短甲」との記述がある。等角系に属することを確認しているが、地板構成については未公表であるため言及しない。

(25) 2017年に報告された汐井川2号墳例は、長側第1段の左脇部には不整形板を用いるものの、右脇部はすべて三角形の地板で構成する。左脇部の状況を重視し、また全体の地板構成が谷内21号墳例とほぼ同様であることから、ＴⅡ式に分類した。しかしながら、「正三角形」ではないにせよ「胴一周を通じて規則的に三角形を配列しようとする意図」を顕著に看取しうる資料であり、変則的な地板構成をとる向山1号墳1号短甲や宮司井手ノ上古墳例とは区別すべきかもしれない。全体の地板構成を把握しうる等角系の資料が将来的にさらに増加するようであれば、ＴⅡ式を細分するのも一案である。

(26) 大塚越古墳例は後胴竪上2段を7枚もの地板で構成しているほか、一般的な長方板革綴短甲と同様に、前胴竪上第3段の帯金をもたない点が注目される［図44-1］。なお、『王者の武装』における「前胴・後胴ともに、竪上3段、長側4段の7段構成」との記述〔京都大学総合博物館 1997：p.98〕は誤りである。前胴竪上第3段の帯金は、本例が製作された後に、三角板革綴短甲の設計系統において創案されたと考えている。竪上第2段と長側第3段の、段ごとに各々綴じ合わされた地板群を、さらに段どうしで綴じ合わせる際の作業性と、完成時における強度の問題を解決することにその創案の契機があったと推測する。

(27) 報告書の第33図〔橋口編 1991：p.46〕で「2号主体部副葬遺物9」とされている鉄板は、短甲左脇部

を構成する地板である可能性が高いと考えていた。解体修理の際に機会を得て、上述の鉄板も含め、あらためて地板構成を検討した。その結果、きわめて特異な地板構成であることが判明した。先行論文では長側第1段を推定13枚、長側第3段を推定11枚としていたが、それぞれ15枚と13枚に訂正する〔表18〕。

(28) 鈍角系Ⅲ式については、先行論文では「前胴長側第1段を、長方板革綴短甲Ⅲ式と同様に、左右それぞれ1枚ずつの地板で構成する」と定義していたが、上述のように改変した。これは、先行論文では鈍角系Ⅰ式に分類した五ヶ山B2号墳例を、前胴長側第1段を長方板革綴短甲Ⅱ式と同様に左右それぞれ2枚ずつの長方形地板で構成する「前胴長方形分割」の事例と認識を修正したことによる。五ヶ山B2号墳例に対するこうした視点からの評価は、すでに報告書において滝沢誠氏により提示されている〔滝沢 1999：pp.86-87〕。

(29) 鋲留技法が渡来工人による舶来の新技術であったことは北野耕平氏による指摘〔北野 1963〕以来定説となっており、筆者もこれを支持している。また、大阪府七観古墳出土の三角板平行四辺形板併用革綴短甲や新開1号墳出土の菱形板矢羽形板併用鋲留短甲などの竪上5段長側4段の9段構成をとる短甲や三角板革綴襟付短甲を、新来の技術に刺激を受けた旧来の工人によって製作された鋲留技法導入期の特殊な製品とする見解が、かつて野上丈助氏によって提示された〔野上 1968：pp.22-24〕。三角板革綴襟付短甲については、豊中大塚古墳からの出土を受けて鋲留技法導入期に限られた製品ではないことが明らかにされ〔高橋エ 1987〕、大阪府交野東車塚古墳例はそれを追証したといえる〔奥野・小川鳴 2000〕。9段構成をとる短甲の例として先述の2例に加え、宮崎県上ノ坊2号墳出土三角板革綴短甲、御獅子塚古墳出土三角板鋲留短甲、朝鮮半島の高興野幕古墳出土三角板革綴短甲をあげうるほか、七観古墳の礫床かと考えられる施設から出土した三角板革綴短甲の破片の一部にその可能性が指摘されていたが〔清水 1993b〕、近年の再報告により確定された〔上野ほか 2012〕。第8章で詳述するとおり、筆者はこれらの製品について、上述の野上氏による見解とは異なる理解をしている。

(30) 鈴木氏による対応表では、DⅠ式に対応するのはⅠa類・Ⅰb類・Ⅱa類の3類型となっている〔鈴木 2004：p.119〕。本書では、Ⅰb類に属する五ヶ山B2号墳例をDⅢ式に変更する一方、Ⅲa類に属する原間6号墳例もDⅠ式に属すると判断した。

(31) 各型式と同様の地板構成をとる鋲留製品の例を、以下に1例ずつ示す〔鈴木 2008：p.274〕。
　　DⅠ1式　岡山県随庵古墳例　　DⅠ2式　福岡県稲童21号墳例　　DⅠ3式　三重県近代古墳例
　　DⅢ2式　千葉県八重原1号墳（短甲Ⅰ）例　　DⅢ3式　静岡県林2号墳例

(32) 先行論文〔阪口 1998〕では新沢千塚139号墳例の長側第1段地板を9枚としたが、11枚に訂正する。

(33) 甲冑大量副葬・埋納事例の報告例に遺存状態の良好な三角板革綴短甲が少なく、十分に検討が及んでいない点に注意しておく必要がある。三角板革綴衝角付冑では、七観古墳出土の4例について地板構成・配置を含む諸要素の共通性がきわめて高いことが指摘されている〔鈴木 2012〕。また、鋲留短甲においても、地板構成・配置の全体に及ぶ例はないが、一般的ではない特徴を共有する複数点が大阪府野中古墳・黒姫山古墳出土事例に含まれており、「まとまって製作されたものがその単位をある程度保ったまま副葬された」可能性が指摘されている〔川畑 2014：p.16〕。こうした事例の存在から、未報告の大阪府百舌鳥大塚山古墳出土の4例や京都府久津川車塚古墳出土の5例に、同一の地板構成・配置をとる三角板革綴短甲が含まれる可能性はあるだろう。

　しかし、そうであったとしても、ほかの古墳からの出土例の地板構成・配置とも一致しない限りは、甲冑大量副葬・埋納事例ゆえの特別な事情を考慮するべきであり、三角板革綴短甲の生産体制における基本的な方向性の評価には抵触しないと考える。

(34) 高橋エ氏が指摘するとおり〔高橋エ 1991〕、覆輪技法の検討は甲冑研究の上で有効な方法であると考えるが、その技法のみきわめは遺存状況によっては困難であり、確実なデータをそろえることができな

かったので、本章では検討を加えることができなかった。

(35) 報告書〔高橋克・永江編 2015〕が刊行されるまでは、墓道に再掘削の痕跡は確認されていないものの、副葬品の出土状況からは追葬のための片づけがなされた可能性が考慮されていた〔上中町教育委員会 1992：pp.6-8〕ほか、2回以上3回以下の埋葬を想定する見解〔網谷 1989：p.36〕も提示されていた。これをふまえ、先行論文では1名を埋葬した施設1基に三角板革綴短甲2点を副葬した事例は五條猫塚古墳に限られると記述した〔阪口 2015：p.297〕。報告書に示された見解に従い、ここに認識をあらためる。

(36) 先行論文〔阪口 2014〕では16例以上としたが、その際に5例以上とした奈良県円照寺墓山1号墳からの出土点数が、整理作業の進展の結果、4例である可能性が高まったため、15例に訂正する〔橋本達 2015b〕。

(37) 「前後関係とみえる脇部地板細分の度合いは、各地板型式短甲成立後においては、型式としての前後関係ではなく、甲冑製作工人個々の技術的習熟度の違いにより生じ得る」〔p.26〕、「同じ工人が短甲製作に携わった場合においても、未熟な若年時に製作したものは鉄板を細分するが、熟練した段階のものはさほど細分しないで製作することが可能になった、といったことは当然あり得るべき」〔pp.26-27〕との主張に対しては、工人の技術習得のスピードと製品の型式変化のスピードについて考古学的に言及することは難しい。ただし、「各地板型式短甲成立後においては」との限定は恣意的といえよう。ここでは、藤田氏の主張を認める場合、横矧板鋲留短甲の生産段階における「未熟な」工人はどのような短甲を製作したと考えるのか、との疑問を提示しておきたい。

(38) 近年、川畑純氏により、頸甲の分類と編年について再検討がなされている〔川畑 2016〕。

第Ⅲ部　革綴短甲生産体制の評価

第8章　鋲留技法導入期の評価

第1節　鋲留技法導入期の定義

　古墳時代の甲冑研究において、中期中葉でも前半には達成されたとされる鋲留技法の導入は、甲冑製作技術上の大きな画期として、本格的な技術的検討や編年的検討の開始期から注目されてきた〔北野　1963、野上　1968、小林謙　1974a・1974b〕。そこでは、時期を同じくして甲冑生産に新出する、眉庇付冑・小札鋲甲などの装具、金銅装・開閉装置などの属性が指摘されるとともに、それらの属性を共有する、馬具や帯金具といった品目との関連についても注意が向けられてきた。こうした多岐にわたる検討をふまえて、甲冑生産組織の再編ないし拡充といった、当該期の社会組織の一端の復元につながる成果が導き出されている。本書では、鋲留技法の導入に象徴される、こうしたさまざまな変化が甲冑生産に認められる時期を、「鋲留技法導入期」と定義する。

　鋲留技法導入期については、上述したとおり編年大綱が確立された1960～1970年代の諸研究においてすでに注目されていたが、その段階で現在まで引き継がれる論点のほとんどが提示され、当該期のイメージはほぼ定まったといえよう。その後の研究史をたどっても、甲冑を題材としたさまざまな研究における多方面からの言及によって、鋲留技法導入期についての議論は深められ、そのイメージはより鮮明になりつつある。しかしながら、テーマの細分化が著しい甲冑研究において、既往の成果は、より枠組の大きなテーマを扱ったり〔高橋エ　1995、清水　1995、内山　1998 etc.〕、個別の装具を詳細に取り上げる〔古谷　1988、橋本達　1995〕なかで言及されることが多かった。すなわち、鋲留技法導入期が中心的なテーマとして総括的に扱われることは、意外にもほとんどなかったといえる。

　そこで、先行論文〔阪口　2008〕では、鋲留技法導入期のイメージをより具体化することを目的に、先行研究の整理をとおして現段階での到達点を明確にするとともに、それらの成果や近年における資料の増加をふまえ、若干の考察をおこなった。本章では、その後に公表された論考や資料をふまえて、再論することとする。

第2節　鋲留技法導入期の研究史

　既往の研究において、鋲留技法導入期をめぐってどのような論点が提示され、議論されてきたかをたどることを中心的視座に置き、研究史を振り返る。このような場合には、あらかじめいくつか

の論点を抽出し、それらの論点ごとに展開を追っていくのが、研究史整理の方法として捷径であろう。しかしながら、ここではできるだけ多くの論点にふれたいと意図していることに加え、甲冑研究の全体的動向のなかで鋲留技法導入期がどのように論及されてきたのかにも目を配りたいため、煩雑ではあるが年代を追って論考ごとにたどっていくこととする。その際、どのような出土例を根拠として議論が進められたのかについても注意を払う。

（1）1950～1970年代

　甲冑の変遷が大枠で整理され、それをふまえて技術的検討やより詳細な編年的検討が本格的に開始された時期である。この時期のうちに、編年の大綱は確立したと評価されている〔小野山 1987：p.144〕。鋲留技法導入期についても、主要な論点のほとんどがこの時期に提示されているので、やや詳細にたどってみたい。

小林行雄氏と大塚初重氏の研究　　古墳時代中期を代表する遺物として眉庇付冑を検討した小林行雄氏は、眉庇付冑とセットをなす短甲の形式について述べるなかで、「短甲が革綴から鋲留に移行したということは原則的な変化であって、一定の時期を以て前後に分割しうるものではないが、眉庇付冑の使用はどちらかといえば、鋲留の多くなりつつ、あった時代に屬する」〔小林行 1950：p.71〕と指摘した。この時期には甲冑の変遷観がいまだ確立されておらず、また論考の主題ではないことも関係していようが、漠然とした現象面の指摘にとどまっている。

　甲冑の変遷をはじめて通観したのは小林行雄氏と大塚初重氏であり、成果はほぼ同時期に公表されている〔小林行 1959、大塚 1959〕。そこでは、大阪府七観古墳で三角板革綴短甲と三角板鋲留短甲が共伴していることに注意が向けられ［図54］、革綴技法から鋲留技法への交代ないし移行が5世紀前半あるいは中葉になされたことが指摘された。また、小林氏は、金銅装の鋲留短甲がその時期に集中している点も、あわせて指摘している。

　辞典と概説書という書誌の性格もあってか、ここでも現象面の指摘にとどまっているが、古墳における革綴製品と鋲留製品の共伴例に着目していること、その古墳の年代観から鋲留技法への交代・移行期を推定していることの2点を、議論の出発点として認識しておきたい。加えて、近年では用いられていない「交代」や「移行」という表現にも留意すべきであろう。

北野耕平氏の研究　　鋲留技法の導入をめぐる諸問題は、北野耕平氏によってはじめて本格的に取り上げられた〔北野 1963〕。北野氏は、大阪府珠金塚古墳・七観古墳など、革綴製品と鋲留製品の共伴例に注目し、甲冑の多量副葬という現象は鋲留製品の出現によってはじめて成立したと指摘した。さらに、そうした多量副葬例の存在から、革綴技法から鋲留技法への転換というかたちではなく、新旧両技法の併立といったかたちでの「生産機構の拡充」〔p.169〕を推定した。また、馬具や鍍金技術の検討をとおして、新技術の導入は「大陸工人の帰化」〔p.179〕によって実現したとし、兵庫県雲部車塚古墳出土の三角板鋲留異形衝角付冑などをあげ、当該期における異形品の存在や鋲留製品の細部の変化は「帰化工人の創案と改良の表われ」〔p.180〕であると考えた。

　馬具の日本列島における生産開始時期についての認識など、現在の研究動向からすれば検討を要する点もあるとはいえ〔内山・岡安 1997：pp.44-45、内山 1998：p.305 etc.〕、大量生産への契

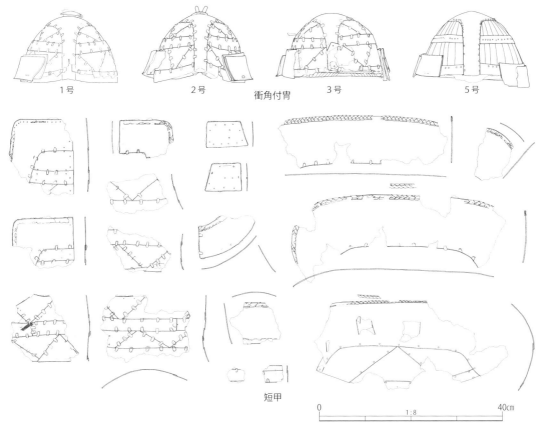

図54 七観古墳出土衝角付冑・短甲

機、生産組織の拡充、渡来工人による新技術といった、鋲留技法導入期についてのイメージを確立し、その後に継承される論点の多くを提示した点で、記念碑的な業績といえるであろう。

野上丈助氏の研究 甲冑の変遷を技術史的視点から跡づけた野上丈助氏は、鋲留短甲と共伴した革綴短甲に「鋲留技法の影響下における過渡期の様相」を指摘した〔野上 1968：p.22〕。すなわち、七観古墳出土の三角板平行四辺形板併用革綴短甲〔図58〕や大阪府野中古墳出土の三角板革綴襟付短甲〔図50〕を「異形短甲」と呼び、その出現の要因を「鋲留技法による短甲の製作を前にして刺激をうけ、これら革綴短甲を製作してきた工人達が、自己の持つ技術を最大限に活用した競合の結果」〔p.22〕と推定した。また、滋賀県新開1号墳出土の三角板革綴短甲の長側第2段帯金が鋲留されていることを指摘し、「地板を鋲で留めるということは、穿孔の位置から根本的に変える必要があり、短甲の構造・サイズにも重要な変化を生じるという困難さがあるが、比較的簡単な長側の帯金を鋲で留めるということから鋲留技術を受け入れていったことが看取できる」〔pp.22-24〕と評価している。一方、鋲留短甲についても、新開1号墳出土の菱形板矢羽根形板併用鋲留短甲を俎上にあげ、「過渡期における試作品」〔p.24〕と把握した。

こうした検討の結果、5世紀中葉に出現した鋲留技法について、「我国において在来の革綴甲冑を製作してきた工人が独自に発想した技術と解することは困難である」〔p.34〕として、上述の例

の存在から、「従来の革綴短甲に新しい技術が導入されていく過程が認められる」〔p.34〕とした。さらに、5世紀後半に「在来の革綴技法により開発された短甲の形式が鋲留の製作分野に統合されている傾向」を指摘し、「製作工人団の間に技術交流と融和が成立して一体として組織された」〔p.34〕と推定した。

　北野氏が提示した論点を、資料に即してより具体的に掘り下げ、甲冑の変遷全体のなかに位置づけることに成功したと評価できる。加えて、鋲留技法導入期や「異形短甲」に、過渡期や試作品というイメージを付与するのに大きな役割を果たした。また、鋲留技法導入期を5世紀中葉から後半という時間幅で認識している点も注意される。

　小林謙一氏の研究　小林謙一氏は甲冑の変遷をさらに詳細に論じ、七観古墳や新開1号墳における革綴製品と鋲留製品の共伴例を根拠に、鋲留技法導入期の絶対年代を「五世紀の第二の四半世紀」〔小林謙 1974a：p.64〕と、より限定的に示した。また、「鋲留技法、鍍金技法、波状列点文、眉庇付冑、これらは、いずれも、五世紀の第二の四半世紀に密接な関係をもって出現する」〔小林謙 1974b：p.44〕と述べ、これらの要素が同時期に相互に関連をもちつつ出現することを、より明確に強調した。さらに、小札草摺・小札威甲についても、その出現は5世紀第2四半期にさかのぼりうると指摘した。

　また、三角板革綴衝角付冑にともなう錣は1段あたりの幅が広く1～2段構成であるのに対し、鋲留衝角付冑では幅が狭く4段前後の構成となることや、三角板形式ではなく小札形式が主流となることなどから、衝角付冑が革綴製品から鋲留製品へ移行するにあたり、眉庇付冑の製作技術が導入されたと推定した。

　田中新史氏の研究　東京都御嶽山古墳出土の三角板鋲留短甲・横矧板鋲留短甲を報告した田中新史氏は、「三角板短甲の地板の形、特に後胴中央の板を問題にすれば革綴短甲ではほとんど例外なく隅を落とさないのに対し、鋲留短甲では長野県新井原11号墳例を除けば、大半が長辺の両隅を隅切りした地板を用い、鋲留段階で一変している」〔田中新 1978：p.39〕と述べ、鋲留技法導入期を境に地板の裁断形態に現れる変化を指摘した。短甲の分析視点として、外面のみの観察では目の届かない属性に注意を喚起した意義は大きい。

（2）1980年代～現在

　1970年代までに確立された編年大綱を基軸として、個別装具の詳細な研究、所有形態の研究、東アジア規模での系譜研究、より緻密な技術的研究などが展開されている。鋲留技法導入期についても、1970年代までに提示された諸論点が、さまざまな視角から深められ、現在にいたっている。

　編年論の深化　板錣の変遷を検討した古谷毅氏は、3段・4段構成の板錣が鋲留冑にしかともなわないことから、革綴冑工人の系譜を引く工人が鋲留技法に関与していた一方で、鋲留冑工人は革綴冑の製作に関与していなかったと推定した〔古谷 1988：pp.15-16〕。また、鋲留製品の出現は新技術をもつ工人の生産組織への参加によってなされ、そこに在来工人が吸収・組織されていったと考えた〔p.16〕。小林謙一氏の視点を継承し、付属具の検討から鋲留技法導入の過程に言及したものとして注目される。

鋲留短甲の変遷を検討した吉村和昭氏は、鋲頭径は小型から大型へ、鋲留数は多鋲から少鋲へと変遷することを指摘した〔吉村 1988〕。その視点を継承した滝沢誠氏により、さらに多くの属性を加えて型式学的検討がなされ、初現型式（Ⅰa式）、すなわち鋲留技法導入期の所産が抽出されるにいたった〔滝沢 1991〕。この編年案では、横矧板鋲留短甲や鉄包覆輪技法の出現も鋲留技法導入期にさかのぼることが示された(2)。ただし、滝沢氏による新案では、「横矧板鋲留短甲は三角板鋲留短甲よりもやや遅れて成立した可能性が考えられる」と言及している〔滝沢 2015：p.36〕。

甲冑の変遷を通時的に整理した田中晋作氏は、鋲留技法の導入は短甲よりも衝角付冑において先行することを指摘し(3)、大阪府鞍塚古墳・珠金塚古墳例をあげて、まず三角板鋲留衝角付冑に導入されたと推定した〔田中晋 1991：p.43〕。また、三角板革綴衝角付冑と小札（縦矧細板）鋲留衝角付冑、さらに三角板革綴短甲が併存すると指摘した〔p.47〕。珠金塚古墳や京都府久津川車塚古墳などの共伴例から導き出された推論であるが、その後の出土例をみても京都府岸ヶ前2号墳、福岡県堤当正寺古墳など、小札鋲留衝角付冑と三角板革綴短甲の共伴例が認められることから、生産期間が一定程度併行している蓋然性は高いと考えられる。

系譜論の深化　製作技術と設計思想を重視する視点から東アジアにおける甲冑の系統を論じた高橋工氏は、鋲留技法の導入に馬具工人の影響を認めつつも、初現期の金銅製小札威甲が出土した千葉県祇園大塚山古墳における鋲留襟甲の出土をふまえ、襟甲に鋲留技法を採用した加耶地域の「挂甲工人」によって日本列島に鋲留技法が導入されたと推定した〔高橋工 1995：p.156〕。従来は漠然と朝鮮半島からの渡来工人とされていた鋲留技法導入の担い手を、詳細な製作技術の検討を経て、より具体的に示した意義は大きい。

眉庇付冑を中心的に扱い、渡来系の金工技術（鋲留技術、鍍金・金銅技術、彫金技術）を検討した橋本達也氏は、渡来工人と在来工人の融合はスムースにおこなわれ、生産組織内では密接な技術情報交換がなされていたとし〔橋本達 1995：p.24〕、さらに渡来工人が技術指導者として上位に編成された可能性を指摘した〔pp.24-25〕。また、そうした「製作組織の編成は、為政者の政治的意図のもとに行われたに違いない」〔p.25〕と述べた。古谷毅氏による板錣の検討と同様に、個別の装具の詳細な検討から、鋲留技法導入期の生産組織の様相に迫っている。

象徴論・意匠論の提起　鋲留技法導入に刺激を受けた在来工人による製品、あるいは移行期における試作品と評価されてきた「異形短甲」〔野上 1969：p.22〕ないし「特殊な短甲」〔小林謙 1974b：p.38〕について、森下章司氏は「段構成や地板の形の特徴については、鋲留技法の導入だけでは説明できない」〔森下 1997：p.52〕と指摘し、「9段という構成は単なる変形ではなく、甲冑の特別性を表す約束事であった可能性もある」〔p.53〕と推定した。なかば定説化していた見解に再考をうながし、新たな視点を提供したといえよう。

導入期の実相の追究　鉄製品生産の展開を総合的に論じた内山敏行氏は、鋲留技法導入期を「鉄＋革＋漆＋織物の複合素材製品を前期から製作していた甲冑類の製作工程（製作集団）に、透彫・銅板鍍金・鋲留・布帯製作などの工程（工人）が参入して、金銅装甲冑や、金銅製帯金具・冠金具を付属する甲冑を製作する」〔内山 1998：p.305〕と簡潔にまとめ、また「倭の馬具生産が鋲留技術導入期にさかのぼる確証はない」〔p.305〕ことに注意を喚起した。

さらに、内山氏は外来系甲冑（眉庇付冑・小札鋲甲・襟甲）を評価するにあたり、「他の製品から技術だけを応用して外来系甲冑を作ったのではなくて、外来系甲冑を作るために渡来系甲冑工人を組織した」〔内山 2001：p.68〕と述べ、さらに「その結果として在来系甲冑にも新しい技術が入っていった」〔p.68〕として、新技術の導入について従来とは異なる契機を想定した。

象徴論・意匠論の展開　いわゆる「異形短甲」に対し、橋本達也氏は「変形板短甲」〔橋本達 2002：p.5〕との呼称を提案し、「単に鋲留移行期の試行製品などと片付けられないことは明らか」〔p.5〕であるとして、「新たな技術を手（に：引用者付加）した刺激は首長層の身体表示意欲と工人の創作を促し、新たな製品開発を行った」〔p.5〕と推定した。さらに、「甲冑形態には意味があり、あえてイレギュラー」〔p.5〕であると積極的に評価した。また、橋本氏は「変則法にも一定の関連性が存在する」〔橋本達 2004：p.156〕ことを指摘する一方、「そもそも中期甲冑は成立当初から襟付短甲などの存在にみられるように形態的な差違によって、保有者ないしは使用時・使用場面などの性格を表示する機能を有していたと見なされる」〔p.156〕と森下章司氏の見解をまとめ、「そこに金工技術に関する渡来系の新技術体系が新たに加わったことや、朝鮮半島情勢との関わりのなかでより武威の表出を志向するようになり、装飾的要素がより強調され、金銅装甲冑などとともに多様な甲冑が創出された」〔pp.156-157〕と、さらに見解を進めた。近年では、そうした「特殊甲冑」を「政治集団内での質的な差異性を表示」したものと評価している〔橋本達 2014d：p.266〕。

鈴木一有氏は、「防御機能という点では、革綴甲冑と鋲留甲冑の間に決定的な差異を見出すことが難しい」〔鈴木 2002：p.20〕ことを指摘し、「鋲留技法の導入にあたっては、新たな連結技法として、「鋲を用いる」ことに最大の意味があった」〔p.21〕と考え、「鋲の使用そのものにたいする強い表示意識」〔p.21〕を看取している。

また、いわゆる「異形短甲」を「特殊短甲」〔鈴木 2005：p.84〕と呼称し、岐阜県中八幡古墳出土の三角板鋲留短甲を「形状的に通有の三角板鋲留短甲と近いものの、丁寧なつくりと独自色の発露がみられる点で、特殊短甲に連なる製作理念がはたらいていた」〔p.84〕と評価した。また、「特殊短甲を出土する古墳の多くは、共伴遺物において一般的な甲冑出土古墳より優位な特徴がみいだせる」〔pp.84-85〕ことを指摘した。

統計学的分析の採用　片山祐介氏は、帯金式短甲を「定型短甲」〔片山 2006：p.27〕と呼称し、その段構造を統計学的な手法を用いて分析した。その結果、三角板鋲留短甲が三角板革綴短甲に近いグループ（A類型）と横矧板鋲留短甲に近いグループ（B類型）に二大別されること、二つの類型の出土古墳の分布に違いが認められることを指摘した。この指摘が妥当なものであるならば、両類型の時間的な関係が検証されていないために現段階で具体的な推定はできないが、鋲留技法導入期以降の生産組織の動向が反映されている可能性がある。

（3）論点の集約

本節では、煩雑となることを覚悟しつつ、鋲留技法導入期についての言及を、研究史からできるだけ丹念に抽出するよう努めた。あらためてこれを通観するならば、鋲留技法導入期をめぐる主要

な論点を、以下の四つに集約することができると考える。
　①鋲留技法導入期の時間幅と絶対年代
　②鋲留技法の系譜
　③鋲留技法導入の過程
　④いわゆる「異形短甲」の評価
　これらの論点については、次節においてそれぞれ整理を進め、若干の考察を試みる。

第3節　鋲留技法導入期をめぐる諸問題

　本節では、前節で集約した四つの論点を取り上げ、それぞれ整理を試みるとともに、可能なものについては見解に若干の補足をおこないたい。

（1）鋲留技法導入期の時間幅と絶対年代
①鋲留技法導入期の時間幅

　鋲留技法導入期は、5世紀中葉における技法の出現から5世紀後半に生産組織間に技術交流と融和が達成されるまでという時間幅で理解する野上丈助氏の見解〔野上 1969〕を別とすれば、その研究初期から「5世紀中葉」〔小林行 1959〕、「五世紀前半」〔大塚 1959〕、「五世紀の第二の四半世紀」〔小林謙 1974a・1974b〕、「420年頃」〔田中新 1978〕というように、出現の時期をもって示すことが一般的であった。

　こうした傾向は、これらの年代観が甲冑編年の検討から導き出されたものではなく、革綴製品と鋲留製品が共伴する古墳の年代観から導き出されたものであることと関係していよう。つまり、古墳における共伴例から、いわゆる「異形短甲」を鋲留技法導入期の所産と評価することや、鋲留技法の影響を受けた革綴製品を抽出すること〔野上 1969、小林謙 1974a・1974b〕がなされていたほか、眉庇付冑のうち金銅装の製品を古相とみる見解〔小林行 1950〕は提示されていたものの、型式学的検討による初現期の鋲留製品の抽出がなされていなかったことから、明確な基準で鋲留技法導入期の下限を画することは不可能であったといえるだろう。また、その必要性も認識されていなかったと思われる。

　しかしながら、鋲留技法導入期という、生産組織の側からの視点による術語を用いるからには、製品の検討から導き出された基準によってその上限と下限を画し、術語の定義をより明確にしておくことが望ましいであろう。そして、現在ではそうした検討が可能な状況にまで、研究の蓄積が進んでいると判断できる。

　鋲留製品の検討から鋲留技法導入期の時間幅を考えるにあたっては、詳細な型式学的検討がなされている装具を取り上げ、その初現型式が存続した時間幅をもってそれにあてることとする。ここでは、鋲留短甲〔滝沢 1991〕と眉庇付冑〔橋本達 1995〕の編年研究を参照する。

　鋲留短甲の編年では、初現型式であるIa式の存続時間幅を参照するが、「Ia式は最古段階からIb式並行期まで続くはず」〔内山 2000：p.299〕との指摘に従うならば、Ia式の出現からI b式の出現を経てⅡa式の出現にいたるまでの時間幅が、Ⅰa式の存続時間幅となる。すなわち、鋲留短甲に小型鋲が使用される時間幅ということになる。古墳出土遺物としての須恵器型式との対応関係では、Ⅰa式がTK 73型式、Ⅰb式とⅡa式がTK 73型式〜TK 216型式に対応するとされる〔滝沢 1991：p.42〕。したがって、Ⅰa式の存続時間幅、すなわち鋲留短甲に小型鋲が使用される時間幅は、おおむねTK 73型式併行期のなかに収まることとなる(4)。

　眉庇付冑の編年では、初現型式である第1段階のⅠa型の出現年代は、須恵器の共伴例からさかのぼって、TK 73型式併行期前後とみられている〔橋本達 1995：p.25〕。一方、大阪府御獅子塚古墳・野中古墳出土例など、「第2段階の製品も初期須恵器段階に副葬の終えられる例が多い」〔p.25〕ことから、Ⅰa型の存続時間幅はきわめて短いものと推定され、こちらもおおむねTK 73型式併行期のなかに収まるとみてよさそうである。

　こうした方法のほか、日本列島と朝鮮半島の古墳編年の併行関係と絶対年代を検討した白井克也氏により、興味深い指摘がなされた。2000年頃までの朝鮮半島では鋲留技法導入期の所産とみられる鋲留短甲は出土せず、TK 216型式併行期初頭に大型鋲を使用した少鋲式の鋲留短甲が出現することから、朝鮮半島における土器や馬具の型式変化と対比した場合、鋲留技法導入期の日本列島における帯金式甲冑の型式変化は急速であったと考えられたのである〔白井 2003：p.104〕。この指摘は、先にみた鋲留短甲と眉庇付冑の編年研究から導き出された、鋲留技法導入期の時間幅がTK 73型式併行期のなかに収まるとの推定に整合するものであった。

②鋲留技法導入期の絶対年代

　前項の冒頭で引用したいくつかの絶対年代は、根拠が記述されていないものを除くと、いずれも七観古墳の年代観から類推されたものである。各種遺物の編年研究が進展する以前は、5世紀前半ないし中葉という七観古墳の年代観は、近接して築造されている「履中天皇陵」（上石津ミサンザイ古墳）の陪塚であるという前提に立脚するものであった。しかし、「履中天皇陵」の治定を絶対年代に直結させることには、当然ながら方法論的に問題がある。また、円筒埴輪研究の進展により、現在では、上石津ミサンザイ古墳の築造は七観古墳よりも先行することが明らかとなっている〔京都大学総合博物館 1997：p.107、若杉 2014：p.316〕(5)。

　その後、七観古墳出土の馬具［図55］について、木心鉄板張輪鐙の形態的・構造的特徴、杏葉をともなわないことなど、朝鮮半島の慶州皇南里（皇南洞）109号墳（第4槨）や中国大陸の北燕馮素弗（415年没）墓出土の馬具との類似が指摘され、「履中天皇陵」の陪塚という前提とは別のアプローチによって、結果として同様に5世紀前半との年代比定が提示された〔穴沢・馬目 1973〕。このアプローチについては、現在では「地域を遠く隔てているし、釜山・金海地域で短柄の木心鉄板張輪鐙が数多く出土した結果、それらを馮素弗墓と同時期と決めつけたり、同墓を型式変化の起点とみなすことはできなくなった」〔白井 2003：p.105〕との指摘がなされている。

　以上のような出土古墳や共伴遺物に依拠した年代観ではなく、甲冑の編年研究から導かれた年代観を示した成果として、前項でもふれた滝沢誠氏の論考がある〔滝沢 1991〕。2世代の首長墓系譜を構成する福岡県月岡古墳・塚堂古墳に革綴短甲から最新型式の鋲留短甲までが副葬されていることを考慮して、鋲留短甲全型式の占める時間幅を3／4世紀前後と推定した〔pp.43-44〕。さらに須

恵器型式に与えられた年代観との照合をおこなうにあたり、TK 47型式を5世紀末葉から6世紀初頭にあてる見解〔関川 1984：pp.52-59〕に妥当性を認め、そこから「鋲留短甲の出現期を5世紀第2四半世紀から一部第1四半世紀にかかる頃」〔p.45〕との理解を示している。
(6)

そのほか、やはり前項でふれた白井克也氏の論考で示された年代観がある〔白井 2003〕。馬具と短甲によって日本列島と朝鮮半島の交差編年をおこない、朝鮮半島の鐙Ⅰ期の様相は、新開1号墳などTK 73型式併行期以降にみられるとした。なお、新開1号墳出土の馬具が対比される釜山福泉洞10・11号墳出土の馬具は、鐙Ⅰ期末に位置づけられている。絶対年代については、「TK 73型式は、鐙Ⅰ期末に相当し、420年ごろから435年ごろ」〔p.106〕に比定されるとした。この年代観と、朝鮮半島ではTK 216型式併行期初頭に大型鋲使用の少鋲式の鋲留短甲が出現するという、先にみた所見を勘案するならば、鋲留技法導入期の絶対年代は420～435年頃と考えてよい。

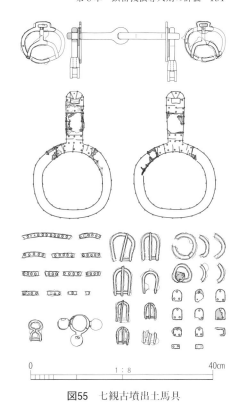

図55　七観古墳出土馬具

以上、研究史上に示されてきた鋲留技法導入期の絶対年代の代表的なものを示した。いずれも5世紀第2四半期前後で一致しており、なかには偶然の一致としか評価のしようのない場合もあるが、少なくとも、型式学的検討に基づいた鋲留短甲の編年から導き出された絶対年代と、馬具と短甲による日本列島と朝鮮半島の交差編年から導き出された絶対年代がほぼ一致していることは、相互に高い信頼度を保証するものといえよう。現在の資料状況による限り、鋲留技法導入期の絶対年代は5世紀第2四半期でも前半頃と考えて大過ない。

（2）鋲留技法の系譜

鋲留技法は朝鮮半島からの渡来工人によって導入されたという研究初期からの見解〔北野 1963〕は、大枠として定説化しているといってよい。その後30年あまりを経て、高橋工氏によって、鋲留技法をはじめ、鉄包・革包覆輪技法、釣壺式・長方形式蝶番金具技法などの新技術は、加耶地域の「挂甲工人」によって導入されたとする見解が提示されるにいたり〔高橋工 1995：p.156〕、鋲留技法の系譜の淵源がさらに限定される段階に到達した。なお、新技術の担い手を「挂甲工人」とは限定せず、「甲冑工人」とする見解〔内山 2001ｂ：p.68〕もある。鋲留技法導入期には、新技術によって眉庇付冑が創出されることなども考慮するならば、より包括的な呼称として甲冑工人の方が適切と考えられるため、ここでは甲冑工人という語を用いたい。ただし、第2章第4節で述べたように、日本列島に導入されたのは型打半球形鋲であるため、手打扁平形鋲を使用する

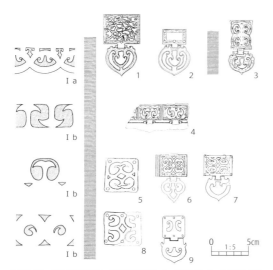

1 七観古墳　2 摂上鑵子塚古墳　3 京都大学所蔵　4 一本松古墳　5・8 新開1号墳
6 新沢千塚126号墳　7 旧小倉コレクション　9 姫路宮山古墳（第2主体部）

図56　橋本達也氏による眉庇付冑庇部文様と帯金具文様の比較〔橋本達 1995 一部改変〕

縦長板釘結板甲の製作工人を含むものではないと考える。

鋲留技法の系譜の淵源をめぐる問題については、高橋氏による見解をふまえ、さらに近年の朝鮮半島系遺物についての研究動向を考慮するならば、さらにもう一歩進めることができそうである。

第一に、鉄鋌に着目したい。朴天秀氏は「四世紀後葉の福泉洞21、22号墳を前後した時期から新羅型鉄鋌が突如出現する」〔朴 2007：p.137〕ことなどから、当該期以降の金官加耶地域が新羅地域の影響下に入ったとみる見解を発表している。これが妥当なものであるならば、先述の高橋氏の立論に際し重要な論拠となった、福泉洞21・22号墳出土の革綴襟甲や福泉洞10・11号墳出土の鋲留襟甲〔図57〕についても、加耶地域に淵源をたどれるものとみる見解に再考がうながされる可能性がある。

第二に、金銅製龍（鳳凰）文透彫帯金具に着目したい。高田貫太氏は、かつては日本列島のみで出土が知られ、百済地域や中国大陸との関係が想定されていたこれらの帯金具が、近年は慶州皇南大塚南墳、江陵草堂洞A-1号墓、慶山林堂7B号墳など、洛東江以東地域において出土していることをふまえ、日本列島出土例を「新羅中央の対倭交渉意図が内包された渡来系威信財」〔高田貫 2006：p.30〕と評価している。これらの帯金具の垂飾板にみられる心葉形葉文は眉庇付冑の初現形式であるⅠa式の庇部文様に共通する〔橋本達 1995：pp.6-7〕〔図56-1～3〕ことや、こうした帯金具が三角板平行四辺形板併用革綴短甲〔図58〕に装着された状態で出土した七観古墳、小札威甲の小札に鋲留された状態で出土した奈良県五條猫塚古墳の例に示される、製作段階にまでさかのぼりうる甲冑との密接な関係を勘案するならば、甲冑製作に導入された新技術についても新羅地域との関連を想定する余地があろう。

以上のように、朝鮮半島系遺物についての研究動向を勘案するならば、「倭の甲冑の製作に新羅系の工人が関わった可能性がつよい」〔朴 2007：p.142〕との評価にとどまらず、甲冑生産に導入された新技術の系譜の淵源は、金官加耶地域というよりも、当該期に金官加耶地域を影響下においていたとされる新羅地域に求められる可能性があろう。ただし、日本列島への新技術の導入を直接的に担ったのが新羅地域の甲冑工人であるのか、新羅地域の影響下にあった金官加耶地域の甲冑工人であるのかについては、現時点では判断することは難しい。

新技術の系譜の淵源を新羅地域に求める見解は、新開1号墳、福岡県月岡古墳から出土している延板式付属具の板籠手〔第2章 註（2）〕〔図11-22〕と同様の構造をもつ板籠手が、金官加耶地域の福泉洞10・11号墳のみならず、皇南大塚南墳や慶州天馬塚などの新羅地域の王陵級古墳からも出土しているという、既知の出土例とも整合する。

（3）鋲留技法導入の過程
①鋲留技法導入の契機

　鋲留技法導入の契機としては、まず外来系甲冑（眉庇付冑・小札鋲甲・襟甲）を生産するために渡来工人が組織され、その結果として在来工人の製品にも新技術が導入されていったとする見解〔内山 2001：p.68〕に従いたい。渡来工人が組織された背景には、「為政者の政治的意図」〔橋本達 1995：p.25〕があったものと想定する。この見解をとる場合、鋲留衝角付冑に眉庇付冑の製作技術が導入されたとする見解〔小林謙 1974 b：p.39〕や、鋲留技法の導入は短甲よりも衝角付冑が先行したとの見解〔田中晋 1991：p.43〕と整合的である。

②生産組織の編成

　鋲留技法の導入にあたっては、在来工人の生産組織と渡来工人の生産組織が技術交流をもちつつ併立し、ある段階で融合することによって生産組織の拡充が達成されるという図式〔北野 1963、野上 1969〕や、在来工人と渡来工人が統合されるかたちで再編され、後者が技術指導者として配置されるという図式〔古谷 1988、橋本達 1995〕が、これまでに提示された代表的な枠組である。

　導入の契機を前項のように想定するならば、両図式の折衷的な理解が整合的ではないかと考える。すなわち、渡来工人を中心とする外来系甲冑（小札鋲甲・襟甲・眉庇付冑など）の生産組織（外来系組織）が編成される一方で、在来工人の生産組織（在来系組織）にも技術指導者として渡来工人が配置され、在来系甲冑（短甲・衝角付冑・板鋲・頸甲など）に鋲留技法などが導入されていくという図式である。この場合、帯金構造などの在来系甲冑の属性をも備える眉庇付冑の生産組織の成立が、両者の技術交流が進展するにあたって大きな契機となったと推定する。

　上述の図式を想定した場合、研究史上で指摘されてきた、革綴製品から鋲留製品への多くの属性の継承は、在来系組織においてありうべき現象として無理なく理解できる。たとえば、三角板系短甲の地板配置が革綴製品から鋲留製品に継承されること〔小林謙 1974 a：p.53、野上 1975：p.51、鈴木 2004：pp.119-120〕〔第7章第4節〕、衝角付冑の竪眉庇の構造が革綴製品から鋲留製品に継承されること〔野上 1975：p.46〕などである。

　また、技術の段階的な修得や鋲留技法の影響を受けた革綴製品の出現についても、同様に理解しやすい。一部に鋲を使用した新開1号墳出土の三角板革綴短甲〔野上 1969：pp.22-24〕、福井県向山1号墳出土の三角板革綴短甲〔塚本 1993 b：p.23〕〔図44-2〕、開閉装置（蝶番板）を備えた七観古墳出土の三角板平行四辺形板併用革綴短甲〔野上 1969：p.22〕〔図58〕、開閉装置は備えないものの脇部での鉄板の裁断が縦一直線にそろう京都府ニゴレ古墳出土の三角板革綴短甲〔阪口 1998：p.24〕〔図46-11〕、小札鋲留衝角付冑と同規格で製作された可能性があるニゴレ古墳出土の小札革綴衝角付冑〔西谷・置田 1988：p.70〕など、鋲留技法ないし鋲留甲冑の影響を看取しうる革綴製品が一定数存在することから、従来指摘されてきたとおり〔野上 1969、小林謙 1974 a・1974 b etc.〕、鋲留技法導入後も革綴製品が一定期間生産されていたことは確実であろう[7]。在来系組織が生産する製品に占める鋲留製品の割合が徐々に増大していくと考えれば整合的である。なお、鋲留技法の導入が革綴製品に与える影響という点に関連して付言すると、以前に指摘したとおり、長方板革綴短甲の生産は鋲留技法の導入に先立って終了していたと推定しうる〔阪口 1998：p.31〕。

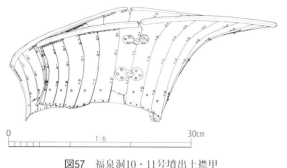
図57　福泉洞10・11号墳出土襟甲

鋲留技法導入期を経て、外来系組織と在来系組織の技術的交流はより密接となっていき、「打延式鋲留頸甲+小札肩甲」［図11-20］、「鋲留衝角付冑+小札錣」［図11-29］など、在来系装具と製作段階で連貫される外来系装具が生産される段階には、両組織の統合が達成されていたのではないかと考えられる。

③鋲留技法の定着と変容

　鋲留技法は、導入期を経て定着していくにしたがい、その製品への使用のあり方に変容をみせる。ここでは、変容の背景について、鋲留技法の系譜の淵源にあたる朝鮮半島における様相を考慮しつつ、説明を試みる。

　日本列島における鋲留技法導入期の鋲留製品の特徴として、小型かつ多数の鋲が使用されたことが、短甲を中心に指摘されている〔吉村 1988、滝沢 1991〕。ここではそれに加えて、地板が一定の重ね幅を考慮して整然と裁断されていることを、綴第1技法を使用する革綴製品と共通する特徴として強調したい。この特徴は、先にふれた三角板系短甲の地板配置が革綴製品から鋲留製品に継承されることとも対応して、在来系組織において、まず連接技法のみが革綴技法から鋲留技法に変換され、そのほかの製作工程には大きな変化がなかったことを示している。加えて、鋲留技法導入期の工人が、第2章で指摘した鋲留技法の技術的特性を十分に認識していなかったことをも示していよう。その後、鋲頭径が大型化し鋲数が減少していくにつれて、不整形地板の使用が顕著になっていく〔田中新 1978：p.29〕。こうした変容をたどることから、鋲留技法の技術的特性を効率的に利用する術は、日本列島への導入の当初からもたらされたものではなく、在来系甲冑の生産に鋲留技法が定着していく過程を通じて修得されていったものと考えられる。

　その背景を考えるにあたり、朝鮮半島の状況に目を向けてみたい。鋲留技法に代表される新技術は加耶地域の「挂甲工人」（甲冑工人）によって日本列島へ導入されたとする高橋工氏の見解〔高橋工 1995：p.156〕については前節でもふれた。その故地が加耶地域と限定できない可能性についても上述のとおりであるが、ここでは、高橋氏の見解の重要な論拠となった、襟甲に注目する。

　「綴第2技法による革綴製品」から「鋲留製品」へと製作変更、あるいは改造されている福泉洞10・11号墳出土の襟甲［図57］がよく示すように、朝鮮半島の襟甲においても、鋲留技法は革綴技法から変換されるかたちで導入されていることを、日本列島における鋲留技法導入との共通点として指摘できる。また、朝鮮半島においても日本列島においても、単位系甲冑のなかでは襟甲にのみ鋲留技法が導入されることも共通している(8)［第2章］。後者の共通点については、「同一形状のみでは構成されないこと」、「可動性が必要とされないこと」、「幅の大型化がある程度許容されること」、「1枚ごとの縦方向の湾曲が大きいこと」などの、単位系甲冑としてはやや特殊な、襟甲の小札に特有の属性が作用していることが推測される。そして、これらの属性は、割付系甲冑［第2章］において「地板」などの各部材が備えている属性と共通している。日本列島における、割付系

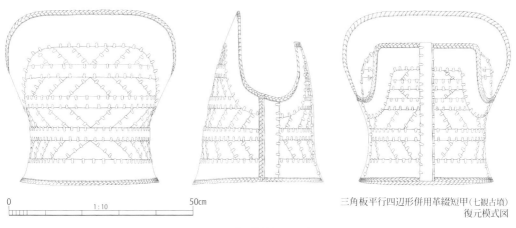

図58　変形板短甲の一例

甲冑への鋲留技法の導入という発想の源を、ここにみることができるかもしれない。一方、朝鮮半島においては、単位系甲冑の生産に使用される限りは、鋲留技法はあくまでも小札どうしのための連接技法であるために、日本列島ほどの鋲頭径の大型化や鉄板裁断の不整形化といった変容には結びつきにくかったと考えられる。

　ここまで述べてきた、日本列島における鋲留技法の変容過程と、朝鮮半島の襟甲にみられる鋲留技法のあり方を重ね合わせて考えると、以下のように整理できよう。すなわち、日本列島に導入された当初の鋲留技法は、朝鮮半島で襟甲に使用されていたままの、やや特殊とはいえあくまでも単位系甲冑のための連接技法であったが、割付系甲冑（眉庇付冑＋在来系甲冑）への使用が開始されると同時に、新たに割付系甲冑に適した連接技法としての変容を開始したと考えられる。在来系組織においては、当初はたんなる連接技法の変換としておこなわれたらしい鋲留技法の導入が、割付系甲冑の設計段階にまで影響を及ぼし、技法に内在する特性が活用されるまでには、ある程度の時間が必要であったことがうかがえる。

（4）いわゆる「異形短甲」の評価

　鋲留技法導入期に集中して認められる多段構成品や異形地板品〔図8・図58・表25・表26〕は、「異形短甲」〔野上 1969：p.22〕、「特殊な短甲」〔小林謙 1974b：p.38〕、「変形板短甲」〔橋本達 2002：p.5〕、「特殊短甲」〔鈴木 2005：p.84〕など、さまざまな名称で呼ばれてきた。ここでは、そうした特徴を備える製品が、奈良県円照寺墓山1号墳出土の三角板平行四辺形板併用鋲留眉庇付冑や鳥取県湯山6号墳出土や大阪府往生院所蔵の棘葉形板鋲留眉庇付冑のように、冑にも存在することを考慮して、「変形板甲冑」と呼称したい。

　これらについては、鋲留技法による短甲製作を前にして刺激を受けた在来工人が自己の技術を最大限に活用した競合の結果〔野上 1969：p.22〕、あるいは過渡期の試作品〔p.24〕といった評価が一般化していた。しかしながら1990年代には、特異な形状の地板が鋲留技法導入による刺激とどのように結びつくのかは明らかでないとの指摘もなされるところとなった〔森下 1997：p.52〕。こう

表25 変形板短甲一覧

出土古墳	都府県	所在地	墳形	墳丘長	施設	副葬位置
新開1号	滋賀	栗東市安養寺	円	36m	箱形木棺直葬［南遺構］	棺内・足側
七　観	大阪	堺市堺区旭ヶ丘中町	円	55m	（木櫃状施設）［第2槨・東槨］	（施設内）［2号短甲］
御獅子塚	大阪	豊中市南桜塚	方円	55m	粘土槨・割竹形木棺	棺内・頭側
西小山	大阪	泉南郡岬町淡輪	造円	50m	竪穴式石槨・（箱形木棺）	（棺内）・頭側［1号短甲］
永浦4号	福岡	古賀市鹿部永浦	円	20m	組合式箱形木棺直葬	棺内・足側
夏　崎	佐賀	伊万里市東山代町日尾	不明	不明	横穴式石室	室内
西分円山	佐賀	小城市三日月町織島西分	円	46m	横穴式石室	室内
上ノ坊2号	宮崎	延岡市岡富町	円	20m	木棺直葬	棺内
【参考資料】						
野　幕	韓国	全羅南道高興郡	円	22m	竪穴式石槨	槨内・足側

〈凡例〉・墳形：方円…前方後円墳，造円…造出付円墳，円…円墳。
・墳丘長：円墳や方墳で長径・短径がある場合には，長径を代表値として記載した。

表26 変形板短甲の諸属性

出土古墳	形式	連接技法	段構成 前胴	段構成 後胴	地板 前胴	地板 後胴	開閉	そのほか
上ノ坊2号	三角板革綴短甲	綴第1	9段		三角板		×	U字形帯金を2枚使用。
七　観	三角板平行四辺形板併用革綴短甲	綴第1	9段		三角板・平行四辺形板		右脇	帯金具を装着。
新開1号	菱形板矢羽形板併用鋲留短甲	鋲留	9段		菱形板・矢羽形板		両脇	押付板を2分割。
御獅子塚	三角板鋲留短甲	鋲留	9段		三角板		両脇	
永浦4号	三角板鋲留短甲	鋲留	5段		三角板		両脇	押付板に小型方形板を鋲留。
西小山	三角板鋲留短甲	鋲留	5段	7段	横矧板	三角板	両脇	押付板を3分割。
夏　崎	三角板鋲留短甲	鋲留	4段	7段	横矧板	三角板	両脇	独立型竪上板。帯金をX字状に使用。
西分円山	小札板鋲留短甲	鋲留	5段	7段	横矧板	小札板	両脇	
【参考資料】								
野　幕	三角板革綴短甲	綴第1	7段	9段	三角板		×	

した指摘をふまえ、本来的に形態的な差異によって保有者などの性格を表示する機能をもっていた古墳時代中期の甲冑に、新技術の導入や朝鮮半島情勢への関与のなかでさらなる武威の表出が志向され、装飾的要素が強調されることとなった結果、金銅装甲冑などとともに創出されたとする見解〔橋本達 2004：pp.156-157〕が提示されるにいたった。さらに、通有の製品とは異なる属性は、政治集団内における質的な差異性を表示するものとして、積極的に評価されている〔橋本達 2014d：p.266〕。

かつて筆者も、甲冑の装飾性を検討するなかで、「これらの製品は、甲冑に最も装飾性が重視された時期の所産であり、その時期がたまたま鋲留技法導入期に重なっていたと解釈した方が理解しやすい」〔阪口 2000：註20〕と述べたことがある。以下では、その補足的な説明をおこなうことによって、変形板甲冑の位置づけをより明確にするよう努めたい。

以前、「純粋に戦闘を目的とした実用武具としての設計によるものとは認めがたい属性、その実現のために生産性が犠牲にされていると考えられる属性」〔阪口 2000：p.40〕として、装飾性を定義した。しかし、この用語では装飾性を広義に解釈しすぎているきらいがあり、不適当と考えるにいたった。そこで、より包括的なイメージをもたせるため、ここでは「意匠性」と修正することにしたい〔阪口 2015：p.291〕［第1章］。これをふまえると、以前に三角板革綴短甲の変遷を検討するに際して限定的に示した、甲冑の設計を規定する要素〔阪口 1998：p.28〕について、「甲冑の設

計は、技術段階による規制の中で、生産性・機能性という要素と意匠性という要素との比重によって規定される」と整理することが可能である[(10)]。すなわち、甲冑の変遷において、技術的視点からの検討のみでは説明の困難な部分について、設計を規定する要素として意匠性を付加することにより、整合的に説明しようとするものである。

たとえば、中期前葉に長方板革綴短甲と三角板革綴短甲が併行して生産されたことの解釈として、長方板革綴短甲を生産性・機能性重視仕様、三角板革綴短甲を意匠性重視仕様ととらえることにより、両形式の関係を生産性・機能性と意匠性に対する比重の差に置き換えて説明することができる。また、帯金式甲冑の成立期に出現し、方形板革綴から三角板革綴へ、さらに三角板鋲留へと変化をたどる襟付短甲は、特徴的な形態や鉄板使用枚数の多さから考えて、意匠性の比重が非常に高い仕様であると評価できよう。

このように、甲冑の設計を規定する要素の一つとして意匠性を想定することにより、技術的視点とはまた異なった視点から、第1章でも述べたとおり、甲冑生産の変遷を以下のように4段階に分けて把握することができる〔阪口 2000：p.40 一部改変〕。

第Ⅰ段階　おもに生産性と機能性によって設計が規定されている段階。

第Ⅱ段階　設計規定要素に新たに意匠性が加わる段階。帯金式甲冑の成立期に相当する。襟付短甲の出現、三角板系甲冑の成立、鉄製付属具の出現などが特徴的な事象である。

第Ⅲ段階　設計規定要素に占める意匠性の比重が最大に達する段階。鋲留技法導入期に相当する。変形板甲冑の生産、眉庇付冑・革製衝角付冑・金銅装甲冑・小札威甲の出現などが特徴的な事象である。

第Ⅳ段階　設計規定要素に占める意匠性の比重が小さくなり、生産性の比重が大きくなる段階。帯金式甲冑においては、横矧板系甲冑への収斂が特徴的な事象である。

ここでは、鋲留技法導入期に相当する第Ⅲ段階に注目する。第Ⅱ段階においては、まず三角板革綴襟付短甲、次いで等角系三角板革綴短甲が意匠性重視仕様であったことと比較して、第Ⅲ段階は眉庇付冑に代表される金銅装甲冑や変形板甲冑などが加わり、格段に意匠性重視仕様が充実している。一方で横矧板鋲留短甲という、帯金式甲冑の枠組のなかでは究極ともいえる生産性・機能性重視仕様も出現しており、意匠性が重視される一方で、そのバリエーションの拡大も生じている。かつて、甲冑にもっとも意匠性が重視された時期が「たまたま」鋲留技法導入期に重なっていたと述べたことがあるが〔阪口 2000：註20〕、こうしたバリエーション拡大の状況に加え、前項でみた鋲留技法導入の契機とその背景〔内山 2001：p.68、橋本達 1995：p.25〕を考慮するならば、この見解には修正が必要である。すなわち、甲冑の意匠性を重視し、そのバリエーションを拡大させるという為政者の政治的意図によって外来系甲冑が必要とされ、それを生産することが可能な甲冑工人の渡来が実現した結果、鋲留技法が日本列島の在来系甲冑の生産に導入されることとなった、と考えるべきであろう。

変形板甲冑は、そうした状況のなかで、導入後まもない鋲留技法を駆使しつつ、あるいは鋲留製品の構造を取り入れながらも、どちらかといえばそれまでの革綴甲冑の生産によって蓄積されてきた鍛造技術、地板成形技術、組上技術を駆使することによって生産された、在来工人主体の意匠性

重視仕様の製品ということができよう。

第4節　鋲留技法導入期の実像

　本章では、鋲留技法導入期をめぐる研究史を渉猟し、これまでに提示されてきた論点を四つに集約した。それぞれの論点について先学の見解の整理と吟味を試み、その蓄積の上に若干ながら新たに考察を継ぎ足した部分もある。要約するならば、以下のようになろう。

　鋲留技法導入期の時間幅は、須恵器編年のTK73型式併行期のなかに収まり、その絶対年代は5世紀第2四半期でも前半頃と考えられる。鋲留技法をはじめとする新技術の系譜の淵源は、上記の時期に金官加耶地域を影響下においていたとされる新羅地域に求められる可能性がある。

　鋲留技法は、為政者の政治的意図のもと、外来系甲冑の生産を目的として渡来甲冑工人が組織されたことを契機に導入された。渡来工人を中心に外来系組織が編成される一方で、在来系組織にも技術指導者として渡来工人が配置され、在来系甲冑に新技術が導入されていったとみられる。日本列島への導入当初の鋲留技法は、あくまでも単位系甲冑のための連接技法であったが、割付系甲冑への使用が開始されると同時に、新たに生産の効率化に適した連接技法としての変容をも開始した。

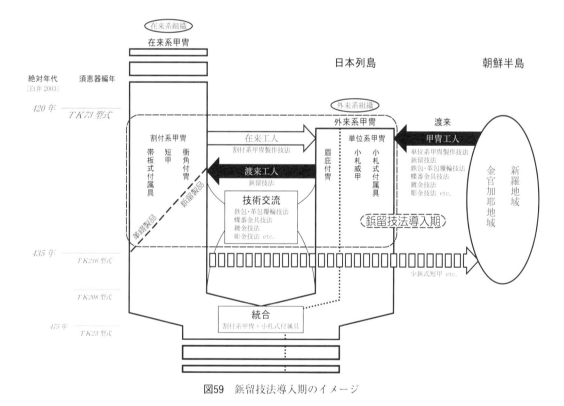

図59　鋲留技法導入期のイメージ

鋲留技法導入期にみられる変形板甲冑は、甲冑の意匠性を重視し、そのバリエーションを拡大させる政治的意図のもと、新来の鋲留技法を使用し、鋲留製品の構造を取り入れながら、それまでに培われた革綴甲冑生産の技術を駆使することにより生産された、在来工人主体の意匠性重視仕様の製品とみることができる。

　本章で以上のように構想した鋲留技法導入期のイメージを図示し、総括とする［図59］。従来よりも具体的なイメージを提示し、より実像に近づくことができたものと考える。

　このような鋲留技法導入期を経て、縦矧板革綴短甲の生産開始以来、設計系統および生産量を拡大させてきた帯金革綴甲冑生産は終焉を迎える。その一方で、朝鮮半島からの甲冑工人を組織することによって大規模に改変され、再編成された甲冑生産組織は、鋲留帯金甲冑と小札式甲冑を主力製品として、ますます生産量の拡大を推進していくこととなる。

註
（1）三角板革綴襟付短甲については、その後、大阪府豊中大塚古墳例により、その出現が鋲留技法導入期をさかのぼることが明らかとなり、さらに大阪府交野東車塚古墳例により中期初頭にまでさかのぼることが示された。また、奈良県上殿古墳出土の方形板革綴襟付短甲の復元的検討が進み、襟付短甲の形態の出現は前期にまでさかのぼることが確実となった［第6・7章］。
（2）内山敏行氏により、「Ⅰa式（鋲留短甲の最古形式）からⅡa式に続く属性が、中間のⅠb式に見られないことが多い」こと、「横矧板鋲留短甲はⅠa式からⅡa式に変化し、中間のⅠb式を経ない」ことから、「Ⅰa式は最古段階からⅠb式並行期まで続くはず」であり、「横矧板鋲留短甲がⅠa式の最初から現れたかどうかは未確定である」との指摘がなされている〔内山 2000：p.299〕。また、この指摘に従うならば、鉄包覆輪技法の出現もまた最古段階までさかのぼる確証は得られていないこととなる。
　　滝沢氏による新案〔滝沢 2015〕が公刊された現在、上述の議論はもはや積極的な意味を喪失しているが、研究史上の経緯を示すことを重視し、提示しておく。
（3）近年、この指摘に対して、「衝角付冑の型式的な変遷観と短甲の系統差」の検討に基づき、「短甲・衝角付冑・眉庇付冑・頸甲ともほぼ同時に鋲留技法が導入された」とする見解が提示されている〔川畑 2016：p.55〕。
（4）滝沢氏による新案では、初現型式であるSBⅠ-1式・SBⅠ-2式の存続時間幅である「第1段階」はTK73型式〜TK216型式に併行すると整理している〔滝沢 2015：p.42〕。
（5）先行論文の後、七観古墳の1913年出土遺物および1947年・1952年出土遺物について再検討を実施したが、築造時期を5世紀第2四半世紀とみる見解は動かない〔上野ほか 2012、阪口編 2014〕。
（6）滝沢氏による新案においても、「鋲留短甲の出現時期を5世紀第1四半世紀から第2四半世紀にかかる頃と想定」している〔滝沢 2015：p.45〕。
（7）鋲留技法導入後も革綴短甲の生産が継続したことについては、鈴木一有氏が詳論している。その顕著な事例である三角板革綴襟付短甲の生産については、武装としての「伝統性の認識」が存在したことを想定している〔鈴木 2008a：p.724〕。
（8）日本列島では、奈良県円照寺墓山1号墳で出土している。
（9）古谷毅氏による概念規定では、眉庇付冑（縦矧細板鋲留・小札鋲留）は「組合系甲冑」に相当する〔古谷 1996：pp.63, 77、阪口 2001：註2〕。
（10）この場合、「三角形という図像とその配列に対するこだわり」〔阪口 1998：p.28〕は、意匠性を重視した行為に包括されるものと考える。

終　章　革綴短甲生産の展開と特質

第1節　本章の目的

　第Ⅱ部では縦矧板革綴短甲・方形板革綴短甲・長方板革綴短甲・三角板革綴短甲の変遷をたどり、第8章では鋲留技法導入期の様相を整理した。すなわち、綴第1技法による革綴短甲生産の開始から終焉までを、主要形式ごとに詳細に通覧したこととなる。これはまた、古墳時代甲冑の成立・展開期を、全般的に検討してきたと換言することもできよう。

　本章では、あらためて通時的に革綴短甲生産の展開を追い、生産体制の変遷を論じるとともに、技術と意匠という二つの視点からその画期を指摘する［図61］。これらの作業を通じて革綴短甲生産の特質に論及し、本書の総括としたい。

第2節　革綴短甲生産の展開

（1）帯無革綴甲冑Ⅰ群の生産体制

　日本列島における鉄製短甲の初現形式は、縦矧板革綴短甲である。その出現時期は朝鮮半島における鉄製板甲の出現時期と大きな時間差はなく、東アジアにおける鉄板づくりの甲の偏在性〔橋本達2013：p.336〕も考慮するならば、おそらくは連動した現象といえよう。この時期の両地域の製品にみられる技術内容を比較すると、朝鮮半島の方がバリエーションの幅が広いことから、「朝鮮半島から日本列島への技術的波及」が想定される〔橋本達2013：p.340〕。しかしながら、日本列島における縦矧板革綴短甲は3例、朝鮮半島における縦長板革綴板甲は1例と資料が少ない。また、日本列島における初現例と評価しうる大丸山古墳例には十分な検討が及んでおらず、それに次ぐと想定しうる奥の前1号墳例も未報告の状況にあるため、鉄製甲冑生産開始期における朝鮮半島と日本列島の技術交流の具体相には、いまだ不明瞭な点が多い。型式学的検討によって縦矧板革綴短甲の変遷を推定することは可能ではあるが、そこから系統立ったスムーズな生産状況を想定できるわけではない。先学が示しているように〔橋本達1996：pp.286-287〕、製品の稀少性・多様性をみる限り、小規模で試行錯誤的な生産状況を想定するのが穏当であろう［第5章］。

　鉄製甲冑の出現後まもなく、朝鮮半島では連接技法の主流は鋲留（釘結）技法へと移り、日本列島では綴第1技法が定着する。また、朝鮮半島では縦長板の使用が継続するのに対し、日本列島では紫金山古墳例を直接的な祖型として方形板革綴短甲が生み出される。また、朝鮮半島の板甲は襟

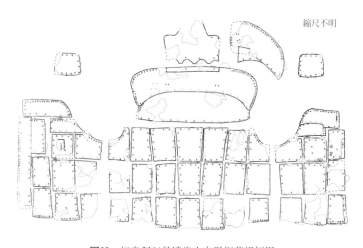

縮尺不明

図60 福泉洞64号墳出土方形板革綴短甲

部や側頸板を備えるのに対し、日本列島の短甲はそうした造作を加えず、フォルムの相違は明瞭である。朝鮮半島の釜山福泉洞64号墳出土の方形板革綴短甲は、襟部や側頸板を後補している［図60］。日本列島で生産された方形板革綴短甲が、朝鮮半島において、かの地に一般的な甲のフォルムへと改装されたものと考えられる。このように視認性の高い相違には、両地域それぞれの武装に対するアイデンティティが反映されていると考えられよう〔橋本達 2013：pp.345-346〕。このように、両地域の甲冑生産体制は技術面でも意匠面でもそれぞれの道を歩みはじめる。

縦矧板革綴短甲・方形板革綴短甲に代表される帯無革綴甲冑Ⅰ群は、研究史上において個性的・無規格的な側面が強調されることが多かったが、その地板形態および地板配置の変化に着目することによって、型式組列を措定することができる。さらに、そこから長方板革綴短甲・三角板革綴短甲に代表される帯金革綴甲冑Ⅰ群へと継続していく設計原理および組立工程の変化を読み取ることも可能である。このことは、とりもなおさず、出現や変遷の過程で有機質製甲や朝鮮半島南部からの影響を受けつつも、古墳時代前期の日本列島において、帯無革綴甲冑Ⅰ群の生産が一貫した技術系譜のもとでおこなわれたことを追認することでもある〔阪口 2009：p.11・2010：p.315〕。このような生産状況は、続く中期に盛行する帯金式甲冑生産の胎動とみなしうるものである［第6章］。

こうした状況から、帯無革綴甲冑Ⅰ群の生産は、各地で分散的におこなわれていたものではなく、限定的な範囲において、組織的な管理のもとでおこなわれていたと考えられよう。これを「短甲製作範型を保有した一定範囲内での」「小規模個別的製作」〔橋本達 1998：p.63〕とみるにとどめず、いまだ生産量は小規模であったとはいえ、中期における一元的生産体制〔野上 1968：p.20、小林謙 1974a：p.52・1974b：p.38〕の萌芽的な体制として、積極的に評価したい。

（2）帯金革綴甲冑Ⅰ群の生産体制

これまで、中期の帯金式甲冑の生産体制については、一元的生産体制との評価のもと、その内実についてはあまり活発に検討されることはなく、地板形式ごとに「工人」や「工人集団」などが対応するものとして、漠然とイメージされてきた感がある。しかし近年では、地板形式に限らず、ほかの点をも含めた属性のまとまりをみいだし、「系統」差を抽出する研究が、鋲留短甲〔滝沢 2008、川畑 2015・2016〕や衝角付冑・眉庇付冑〔川畑 2015・2016〕について提示されている。

鋲留短甲の「系統」について、川畑氏は「開閉構造・蝶番金具の形態ごとに部材の配置方式や覆

輪技法がある程度まとまること」、それぞれのまとまりにおいて「変遷が追究でき一定期間にわたって生産が継続したと考えられること」を示し、このまとまりが「系統」を反映している可能性が高いとする。さらに、「系統」が成立した背景として「工房差」の可能性を想定し、一部の「系統」については工房内での「流派の差のようなもの」の存在も推定している〔川畑 2015：p.221〕。

このような「系統」の認識のもと、鋲留技法導入期に成立する眉庇付冑は、「生産の比較的初期において、系統の多系化・生産工房数の拡大がおこなわれた」〔p.186〕という。在来系甲冑である短甲・衝角付冑についても、眉庇付冑と近しい段階に多系化、すなわち「複数の生産工房の併存」、「技術的格差を持つ各工房での造り分け」〔p.230〕といった状況が指摘されている。

本書では、帯金式甲冑のうち帯金革綴甲冑Ⅰ群、さらにそのなかでも帯金革綴短甲を検討したにすぎないが〔第7章〕、地板形式については「設計系統」という概念を準備し、「工人」や「工人集団」などとは一線を画して論じた。三角板革綴短甲を検討する過程では、地板構成による分類と前胴地板配置の類型に明瞭な相関関係がみられず、錯綜した様相を呈していることを指摘し、前胴地板配置の類型が「一人の工人による製作機会」というレベルでの差異に対応する可能性を考えた。

こうした状況からは、三角板革綴短甲の前胴地板配置に限らず、帯金式甲冑の設計段階〔第4章〕における地板割付の差異は、「工人」や「工人集団」、ひいては「工房」などの差異に一対一で対応するものではなく、あくまでも「設計」であり、それを製作する工人は地板形式ごとに厳密に編成されていたわけではないことが示唆される。製作効率上の要請から、特定の工人が結果的に特定の地板形式に専従するかたちとなることはありえたであろうが、そのときどきの生産状況に応じて柔軟に対処したと考える方が妥当であろう。

長方板革綴短甲と三角板革綴短甲の特徴をあわせもつ三角板革綴短甲TⅢ式・DⅢ式が存在する背景などは、こうした生産体制を想定することによって、より整合的に理解しうる。一元的生産体制のもと、地板形式ごとに工人、工人集団や工房が存在するといったイメージではなく、工人の差配も含めて設計段階・製作段階を一元的に管理し、複数の設計系統の製品を生産する体制であったと考えたい。

ここに想定した生産体制は、川畑氏が指摘するところの「多系化」が志向される以前の姿として理解することができるだろう[1]。

（3）鋲留技法導入期前後の生産体制

鋲留技法導入期には、在来工人による帯金革綴甲冑Ⅰ群の生産体制〔前項〕に朝鮮半島南部からの渡来工人の参画という施策が実施されることによって、生産体制の再編成が推進された。渡来工人を中心とする外来系甲冑の生産組織（外来系組織）が新たに編成される一方で、在来工人の生産組織（在来系組織）にも技術指導者として渡来工人が配置され、在来系甲冑に鋲留技法などが導入されていくというかたちで、生産体制が刷新されたのであろう〔第8章〕。この生産体制の再編成にあたって志向され、達成されたのが「多系化」であると考えられる。

外来系組織が編成された背景として、甲冑の意匠性を重視し、そのバリエーションを拡大させるために外来系甲冑を必要とするという「為政者の政治的意図」〔橋本達 1995：p.25〕を想定してい

古墳時代前期

甲冑の時期区分	I 期	短甲の定型化
生産体制	一元的生産の萌芽的体制 〔萌芽期〕 ○小規模（限定的範囲） ○組織的な管理	〔確立期〕 ○設計段階・製作段階を一元的管理 ○複数の設計系統の製品を生産
製品	希少・多様（試行錯誤的）　　　　　　　　　　　　多様（形式模索的）	定型的

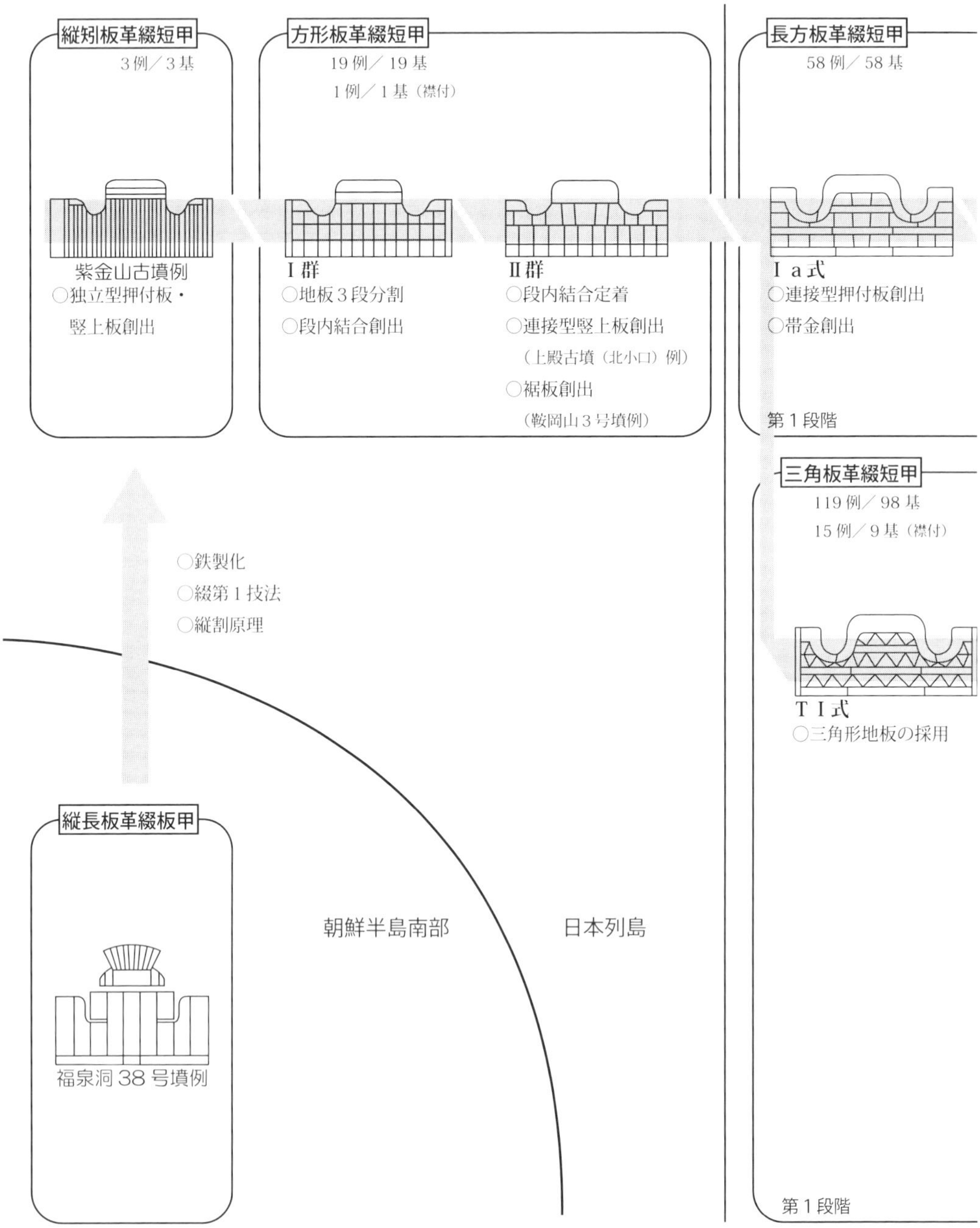

縦矧板革綴短甲
3例／3基

紫金山古墳例
○独立型押付板・竪上板創出

方形板革綴短甲
19例／19基
1例／1基（襟付）

I群
○地板3段分割
○段内結合創出

II群
○段内結合定着
○連接型竪上板創出
（上殿古墳（北小口）例）
○裾板創出
（鞍岡山3号墳例）

長方板革綴短甲
58例／58基

I a式
○連接型押付板創出
○帯金創出

第1段階

三角板革綴短甲
119例／98基
15例／9基（襟付）

T I式
○三角形地板の採用

○鉄製化
○綴第1技法
○縦割原理

縦長板革綴板甲

福泉洞38号墳例

朝鮮半島南部　　　　日本列島

第1段階

図61　革綴短甲生産の成立と展開

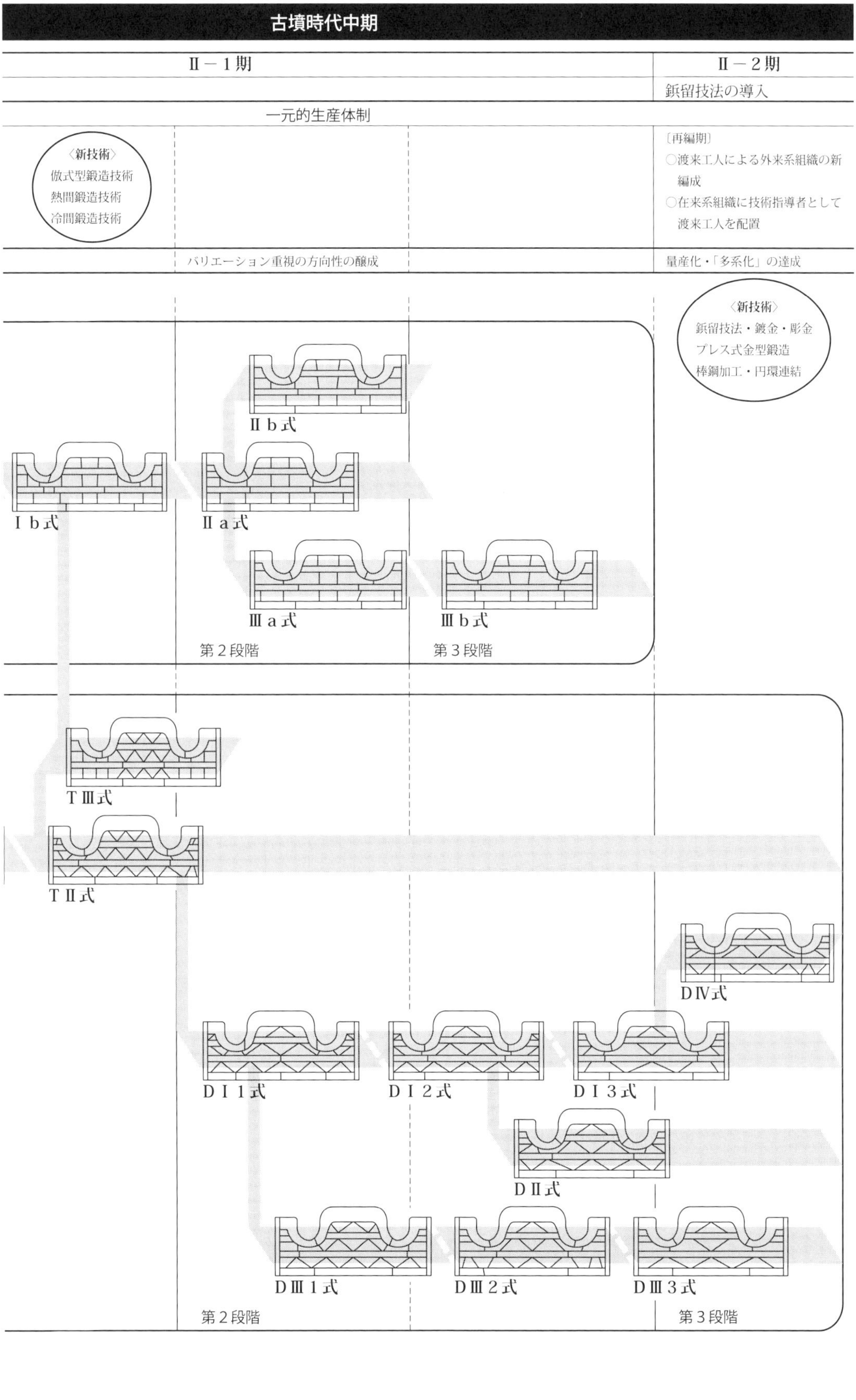

終 章 革綴短甲生産の展開と特質 205

古墳時代中期	
Ⅱ－1期	Ⅱ－2期
	鋲留技法の導入
一元的生産体制	

〈新技術〉
倣式型鍛造技術
熱間鍛造技術
冷間鍛造技術

〔再編期〕
○渡来工人による外来系組織の新編成
○在来系組織に技術指導者として渡来工人を配置

バリエーション重視の方向性の醸成　　　量産化・「多系化」の達成

〈新技術〉
鋲留技法・鍍金・彫金
プレス式金型鍛造
棒鋼加工・円環連結

Ⅰb式　　Ⅱa式　　Ⅱb式
　　　　　Ⅲa式　　Ⅲb式

第2段階　　　　　第3段階

TⅢ式
TⅡ式

DⅣ式

DⅠ1式　DⅠ2式　DⅠ3式
　　　　DⅡ式
DⅢ1式　DⅢ2式　DⅢ3式

第2段階　　　　　第3段階

る。この意図に込められた方向性は、バリエーション重視とみられる三角板革綴短甲の地板構成・配置の実相をふまえるならば、鋲留技法の導入を起動するかたちで突然に採択されたものではなく、三角板革綴短甲の成立以降、その生産期間を通じて継続的に醸成されたものと考えられる。多量副葬・埋納事例が顕現する時期にもあたる鋲留技法導入期には、長方板革綴短甲の生産は終息し、三角板革綴短甲の生産量が大幅に拡大する。短甲生産量を拡大するにあたり、生産性・機能性重視仕様と評価しうる長方板革綴短甲ではなく、意匠性重視仕様と評価しうる三角板革綴短甲が主要形式として選択された点に、政権中枢による甲冑に対する意匠性重視とバリエーション拡大という方向性への確固とした「政治的意図」を読み取ることができるだろう［第7章］。

　一元的生産体制は、「為政者による政治的意図」のもとに管理され、その意図にそうかたちで展開したこと、とくに三角板革綴短甲の成立段階から鋲留技法導入期にかけては意匠性重視とバリエーション拡大という「政治的意図」に基づいて発展したことを指摘しておきたい。

第3節　革綴短甲生産の画期

（1）技術からみた画期

　前節では、あらためて革綴短甲生産の展開を通時的にたどった。革綴短甲生産に投入された製作技術からみた場合、帯金式甲冑成立期における連接型竪上板・押付板の採用［第6章］にうかがわれる鍛造技術の発達、鋲留技法導入期におけるさまざまな新技術の導入［第8章］の2点に、大きな画期性を指摘できる。

　より技術史的な表現を用いるならば〔阪口 2013：pp.155-156〕、帯金式甲冑成立期には、倣式型鍛造技術の導入〔塚本 1993 b：p.25〕、鍛接剤の開発や沸かしによる鍛接などの熱間鍛造技術の習熟、熱処理技術を駆使した鍛金という冷間鍛造技術の習得〔古瀬 2000：p.93-101〕がなされた。

　鋲留技法導入期には、鋲留技法のほか、鍍金・彫金などの金工技術、プレス式金型鍛造・棒鋼加工・円環連結などの鍛冶技術が導入された〔塚本 1993 a：p.173・1993 b：p.26〕。

（2）意匠からみた画期

　意匠性という視点から甲冑生産の変遷を4段階に区分する案については、すでに述べた［第1章・第8章］。革綴短甲の生産期間に限定した場合、技術からみた場合と同様に、やはり帯金式甲冑成立期と鋲留技法導入期を画期と評価することができる。

　帯金式甲冑成立期は、おもに生産性と機能性によって設計が規定されていた第Ⅰ段階から、設計規定要素に新たに意匠性が加わる第Ⅱ段階への移行期に相当する。襟付短甲の創出・定着、三角板系甲冑の開発、鉄製付属具の整備などが特徴的な事象である。

　鋲留技法導入期は、第Ⅱ段階から、設計規定要素に占める意匠性の比重が最大に達する第Ⅲ段階への移行期に相当する。変形板甲冑・革製衝角付冑・金銅装甲冑の限定的生産、眉庇付冑の創出、小札威甲の導入などが特徴的な事象である。

第4節　革綴短甲生産の特質

　ここまで、革綴短甲生産の展開とその画期について、あらためて整理を試みた。それをふまえて、本節では革綴短甲生産の特質に言及したい。
　生産体制の展開に関しては、その成立当初の古墳時代前期後半から、限定的な範囲において組織的な管理のもとで運営され、中期の一元的生産体制へと発展したと考えられることが重要である。これは、鉄製甲冑が軍事的・政治的重要性と技術的先進性という二つの特性を備えているがゆえと考えられる。このような生産体制の安定的ともいえる展開過程からは、その管理主体についても、入れ替わることなく一貫していた可能性が高いと考えられよう。中期における一元的生産体制の管理主体が古市・百舌鳥古墳群を奥津城とする政権中枢の勢力であるとすれば、前期後半における生産体制成立期の管理主体はその前身となる勢力であったと想定することができる。その実態については「甲冑を対象とした研究」に基づく本書の射程外であるが、この想定そのものが政治史研究の一つの材料となりうるであろう。
　生産体制の実態については、革綴短甲の各属性について可能な限り精細な分析を試みたが、積極的に複数の工人集団や工房の存在を想定することは難しい。鋲留技法導入期における生産体制の再編成にともなって達成された「多系化」〔川畑 2015〕の前段階のありようとして、整合的といえる。
　また、革綴短甲生産において、技術からみた画期と意匠からみた画期が一致することにも注意しておきたい。少なくとも鋲留技法導入期については、「為政者の政治的意図」〔橋本達 1995：p. 25〕によって意匠面でのバリエーションの拡充が企図された結果として、朝鮮半島南部からの渡来工人により新技術が導入されたという流れは明らかにしえたと考える。一方、帯金式甲冑成立期においても、甲冑形式の統一を企図した政権中枢が、既存の工人に新たな技術の習熟をうながしたり、新規の工人を育成するなどの介入をしたことは十分に考えられる。そうした際に、直接的な導入ではなくとも、朝鮮半島南部における製品や技術を参照することにより生産体制を強化したことを想定することもできるだろう。いずれの画期についても、その前後を比較すると生産量が著しく増大していることもまた、政権中枢による関与をうかがわせる。
　ここまで述べてきたことをふまえ、革綴短甲生産の特質を次の二点にまとめる。第一は、前期後半以降、政権中枢の強力な関与によって管理され、段階的に拡充された点である。第二は、そうでありながらも複数の工人集団や工房といった生産単位をみいだしうるほどには生産体制が複雑化をとげなかった点である。とくに第一の点については、研究史上においても論じ尽くされてきた感のあることではあるが、「甲冑を対象とした研究」〔第1章〕を追究した結果として、あらためて強調しておきたい。
　これもまた、たびたび言及されてきたことではあるが、このような生産体制のありようからは、政権中枢にとって革綴短甲はたんなる武具ではなく、政治性を帯びた特別な器物であったことがうかがえる。本書の射程外ではあるが、その分布傾向からも、政権中枢が革綴短甲を戦略的に各地の

有力者に配布していたことは確かであろう。

　本書は革綴短甲のみの検討にとどまるものではあるが、上述のような革綴短甲の政治性を斟酌するならば、よりニュートラルな名称といえる「板甲」ではなく、あえて特別な意味を込めつつ「短甲」という名称の使用を続けることにも、一定の意味があると考える［序章］。

第5節　今後の課題

　本章では、第Ⅰ部で示した甲冑研究の枠組のもと、第Ⅱ部および第8章で論じた革綴短甲の変遷とそれにまつわる諸相をふまえ、革綴短甲生産の開始から終焉にいたるまでの生産体制の変遷をたどった。また、その画期について、技術および意匠という二つの視点から言及し、最後に、総括として革綴短甲生産の特質に論及した。

　本書は、「甲冑を対象とした研究」を掲げ、革綴短甲そのものに精細な分析を加えることを意識し、その変遷と生産体制に絞って検討を進めたものである。そのため、甲冑研究という分野に限定したとしても、射程外とせざるをえなかった論点をきわめて多く残している。

　近年、顕著な研究成果が蓄積されている鋲留短甲や衝角付冑・眉庇付冑をはじめとして、第Ⅰ部で扱った範囲全体に「甲冑を対象とした研究」を広げ、検討を進める必要がある。そうした作業を経て、ようやく「甲冑を材料とした研究」や、ほかの器物との比較検討なども可能となる。これらについてはすべて今後の課題としたい。

註
（1）川畑氏は、おもに鋲留短甲を分析対象としていた段階では「長方形系統」の祖型として五ヶ山B2号墳例や鞍塚古墳例、「胴一連系統」の祖型として新沢千塚139号墳例、「長釣壺系統」の祖型として下開発茶臼山9号墳例を提示していた〔川畑 2015：p.222〕が、革綴短甲にまで分析対象の幅を広げた後は、綴第1技法を使用するすべての革綴短甲を「胴一連短甲（系統）」に帰属させている〔川畑 2016：p.36〕。

参考・引用文献

[日本語文]

青木繁夫・小沢正実　1974「長瀞西古墳出土短甲の保存修理と復原模造について」『MUSEUM』No. 285　美術出版社　pp. 10-18

穴沢咊光・馬目順一　1973「北燕・馮素弗墓の提起する問題―日本・朝鮮考古学との関連性―」『月刊 考古学ジャーナル』No. 85　ニュー・サイエンス社　pp. 6-12

網谷克彦　1989「向山1号墳の調査」『考古学研究』第35巻第4号　考古学研究会　p. 36

石井清司・有井広幸（編）　1997『瓦谷古墳群』京都府遺跡調査報告書第23冊　京都府埋蔵文化財調査研究センター

石部正志　1981「508号墳」『新沢千塚古墳群』奈良県史跡名勝天然記念物調査報告第39冊　奈良県教育委員会　pp. 92-100

一瀬和夫　1998「鉄のかたち」『平成10年度春季特別展　近つ飛鳥工房　人とかたち過去・未来』大阪府立近つ飛鳥博物館図録15　大阪府立近つ飛鳥博物館　pp. 78-81

一瀬和夫・地村邦夫　1998「古墳・飛鳥のかたちをつくる［かたちのプロセス］より」『平成10年度春季特別展　近つ飛鳥工房　人とかたち過去・未来』大阪府立近つ飛鳥博物館図録15　大阪府立近つ飛鳥博物館　pp. 87-108

今尾文昭　1984「古墳祭祀の画一性と非画一性―前期古墳の副葬品配列から考える―」『橿原考古学研究所論集』第6　吉川弘文館　pp. 111-166

磐田市埋蔵文化財センター　1989『安久路2・3号墳の写真集』　磐田市教育委員会

宇垣匡雅・高畑富子（編）　2004『正崎2号墳　『正崎2・4号古墳』復刻　甲冑の整理・保存報告』山陽町文化財調査報告第1集　山陽町教育委員会

内山敏行　1994「古墳時代後期の朝鮮半島系冑」『研究紀要』第1号　栃木県文化振興事業団埋蔵文化財センター　pp. 143-165

内山敏行　1998「鉄製品生産の展開」『第44回埋蔵文化財研究集会　中期古墳の展開と変革―5世紀における政治的・社会的変化の具体相（1）―』　埋蔵文化財研究会　pp. 305-320

内山敏行　2000「東国の甲冑」『大塚初重先生頌寿記念考古学論集』　東京堂出版　pp. 295-316

内山敏行　2001a「古墳時代後期の朝鮮半島系冑（2）」『研究紀要』第9号　とちぎ生涯学習文化財団埋蔵文化財センター　pp. 175-186

内山敏行　2001b「外来系甲冑の評価」『古代武器研究』Vol. 2　古代武器研究会　pp. 62-69

内山敏行　2006「古墳時代後期の甲冑」『古代武器研究』Vol. 7　古代武器研究会　pp. 19-28

内山敏行　2008a「古墳時代の武具生産―古墳時代中期甲冑の二系統を中心に―」『地域と文化の考古学Ⅱ』　六一書房　pp. 379-392

内山敏行　2008b「小札甲の変遷と交流―古墳時代中・後期の縅孔2列小札とΩ字型腰札―」『王権と武器と信仰』　同成社　pp. 708-717

内山敏行・穴沢咊光　2002「伝愛媛県川上神社古墳出土甲冑の検討」『遺跡』第39号　遺跡発行会　pp. 117-130

内山敏行・岡安光彦　1997「下伊那地方の初期の馬具」『信濃』第49巻第4・5号　信濃史学会　pp. 41-50

梅原末治・古賀徳義・下林繁夫　1925「熊本県下にて発掘せられたる主要なる古墳の調査（第1回）　上益城郡小坂の大塚古墳」『熊本県史跡名勝天然紀念物調査報告』第2冊　熊本県　pp.166-188

大賀克彦　2002「凡例 古墳時代の時期区分」『小羽山古墳群 小羽山丘陵における古墳の調査』清水町埋蔵文化財発掘調査報告書Ⅴ　清水町教育委員会　pp.1-20

大賀克彦　2013「前期古墳の築造状況とその画期」『前期古墳からみた播磨―徹底討論 前期古墳編年と社会動向―』第13回播磨考古学研究集会実行委員会　pp.61-96

大塚初重　1959「大和政権の形成　武器武具の発達」『世界考古学大系』第3巻　日本Ⅲ　古墳時代　平凡社　pp.67-87

大坪州一郎　2011「京都府精華町　鞍岡山3号墳の調査」『考古学研究』第58巻第1号　考古学研究会　pp.100-102

大洞真白・松下知世　2010『王塚古墳範囲確認発掘調査（第1～3次）報告書』八幡市埋蔵文化財発掘調査報告書第54集　八幡市教育委員会

小川良祐　1980「挂甲」『埼玉 稲荷山古墳』　埼玉県教育委員会　pp.68-71, 81

奥野和夫・小川暢子　2000『交野東車塚古墳』調査編交野市埋蔵文化財調査報告1999―Ⅰ　交野市教育委員会

小田木治太郎・藤原郁代（編）　2010『東大寺山古墳の研究―初期ヤマト王権の対外交渉と地域間交流の考古学的研究―』平成19～21年度科学研究費補助金（基盤研究（B））研究成果報告書　東大寺山古墳研究会／天理大学／天理大学附属天理参考館

小野山節　1987「武器・武具と馬具」『世界考古学大系』日本編補遺　天山舎　pp.139-148

片桐孝浩（編）　2002「原間6号墳」『四国横断自動車道建設に伴う埋蔵文化財発掘調査報告』第42冊 原間遺跡Ⅱ　香川県教育委員会・香川県埋蔵文化財調査センター・日本道路公団・香川県土木部　pp.80-121

片山祐介　2006「林畔1号墳出土短甲について―定型短甲の型式学的再検討―」『長野県考古学会誌』113号　長野県考古学会　pp.17-40

加藤一郎　2010「茶すり山古墳出土甲冑の特徴および構成とその意義」『史跡 茶すり山古墳』総括編　兵庫県文化財調査報告第383冊　兵庫県教育委員会　pp.469-479

上中町教育委員会　1992『向山1号墳』　上中町教育委員会

川西宏幸　1983「中期畿内政権論―古墳時代政治史研究―」『考古学雑誌』第69巻第2号　日本考古学会　pp.1-35

河野一隆　1998「副葬品生産・流通システム論―付・威信財消費型経済システムの提唱―」『第44回埋蔵文化財研究集会 中期古墳の展開と変革―5世紀における政治的・社会的変化の具体相（1）―』埋蔵文化財研究会　pp.41-74

河野一隆　1999「古墳時代倭国王権の構造―畿内首長墓系譜変化の対外契機―」　日本史研究会発表資料

河野一隆　2000a「坊主塚古墳」『新修 亀岡市史』資料編 第1巻 考古　pp.110-119

河野一隆　2000b「東アジアにおける厚葬墓の誕生」『第5回加悦町文化財シンポジウム 弥生王墓の誕生―弥生社会の到達点―』加悦町教育委員会　pp.99-111

河野一隆・野島永　2000「表象としての鉄器副葬」『第7回鉄器文化研究集会 表象としての鉄器副葬』鉄器文化研究会　pp.3-5

河野正訓　2013「山口市天神山1号墳出土の武具」『考古学雑誌』第97巻第2号　日本考古学会　pp.29-58

川畑純　2011「衝角付冑の型式学的配列」『日本考古学』第32号　日本考古学協会　pp.1-31

川畑純　2014「古墳時代中期における甲冑の配布と入手の一様相」『古代武器研究』Vol.10　古代武器研究会／山口大学人文学部考古学研究室　pp.15-26

川畑　純　2015『武具が語る古代史 古墳時代社会の構造転換』プリミエ・コレクション60　京都大学学術出版会

川畑　純　2016『甲冑編年の再構築に基づくモノの履歴と扱いの研究』平成24〜27年度科学研究費（学術研究助成基金助成金（若手研究（B））研究成果報告書　奈良文化財研究所

岸本直文　2011「古墳編年と時期区分」『古墳時代史の枠組み』古墳時代の考古学１　同成社　pp. 34-44

北野耕平　1963「中期古墳の副葬品とその技術史的意義―鉄製甲冑における新技術の出現―」『近畿古文化論攷』　吉川弘文館　pp. 163-184

北野耕平　1969「五世紀における甲冑出土古墳の諸問題」『考古学雑誌』第54巻第4号　日本考古学会　pp. 1-20

北野耕平　1976『河内野中古墳の研究』大阪大学文学部国史学研究室報告第2冊　大阪大学文学部国史研究室

北野耕平　1985「新家古墳・川西古墳」『富田林市史』第1巻　富田林市役所　pp. 406-413

北野耕平　2005「野中古墳と襟付短甲」『百舌鳥古墳群と黒姫山古墳』　堺市博物館　pp. 106-113

京都大学総合博物館　1997『王者の武装―5世紀の金工技術―』京都大学総合博物館春季企画展示図録　京都大学総合博物館

京都大学文学部考古学研究室　1993『紫金山古墳と石山古墳』京都大学文学部博物館図録第6冊　京都大学文学部博物館

楠元哲夫　1988「5号墳」『野山遺跡群Ⅰ』奈良県史跡名勝天然記念物調査報告第56冊　奈良県教育委員会　pp. 171-191

考古学研究会　1995「研究報告についての討議」『考古学研究』第42巻第3号　考古学研究会　pp. 67-74

児玉真一（編）　2005『若宮古墳群Ⅲ―月岡古墳―』吉井町文化財調査報告書第19集　吉井町教育委員会

後藤守一　1937「上野国碓氷郡八幡村大字剣崎字長瀞西古墳」『古墳発掘品調査報告』帝室博物館学報第9冊　帝室博物館　pp. 22-28

小林謙一　1974a「甲冑製作技術の変遷と工人の系統（上）」『考古学研究』第20巻第4号　考古学研究会　pp. 48-68

小林謙一　1974b「甲冑製作技術の変遷と工人の系統（下）」『考古学研究』第21巻第2号　考古学研究会　pp. 37-49

小林謙一　1975「弓矢と甲冑の変遷」『古墳と国家の成立ち』古代史発掘6　講談社　pp. 98-111

小林謙一　1988「古代の挂甲」『歴史学と考古学』高井悌三郎先生喜寿記念論集　真陽社　pp. 269-284

小林謙一　1990「歩兵と騎兵」『古墳時代の工芸』古代史復元7　講談社　pp. 141-152

小林謙一　1991「二子山北墳・南墳出土の甲冑をめぐって」『宇治二子山古墳発掘調査報告』宇治市文化財調査報告書第2冊　宇治市教育委員会　pp. 152-160

小林謙一　1995「古墳時代における初期の甲冑」『文化財論叢Ⅱ』奈良国立文化財研究所創立40周年記念論文集　同朋舎出版　pp. 57-63

小林謙一　2000「古墳時代甲冑の源流を探る―日本と伽耶―」『日韓古代における埋葬法の比較研究』平成9年度〜11年度科学研究費補助金（基盤研究（A）（2））研究成果報告書　奈良国立文化財研究所　pp. 22-28

小林謙一　2002「古墳時代甲冑の系譜と木甲」『文化財論叢Ⅲ』奈良文化財研究所学報第65冊　奈良文化財研究所　pp. 77-84

小林行雄　1950「古墳時代における文化の伝播（下）」『史林』第33巻第4号　史学研究会　pp. 64-80

小林行雄　1959「たんこう　たんかふ　短甲」『図解 考古学辞典』　東京創元社　pp. 635-636

小林行雄　1962「鉄盾考」『朝鮮学報』第24輯　朝鮮学会　pp. 19-31

小林行雄　1964「結合」『続 古代の技術』　塙書房　pp. 11-99

小林行雄　1965「神功・応神紀の時代」『朝鮮学報』第36輯　天理大学出版部　pp. 25-47

小林行雄　1982「古墳時代の短甲の源流」『帝塚山考古学研究所設立記念 日・韓古代文化の流れ』　帝塚山考古学研究所　pp. 21-33

小松　譲　2017「汐井川古墳群出土三角板革綴短甲の型式学的検討とその意義」『西九州自動車道建設に係る文化財調査報告書（18）　汐井川古墳群』佐賀県文化財調査報告書第215集　佐賀県教育委員会　pp. 101-118

近藤好和　1985「文献記載の挂甲に関する一試考」『史学研究集録』第10号　國學院大學日本史学専攻大学院会　pp. 73-100

崔　鍾圭　1983「瓦質土器の検討と意義」『古代伽耶の検討』古代を考える34　古代を考える会　pp. 1-19

阪口英毅　1998「長方板革綴短甲と三角板革綴短甲—その変遷と特質—」『史林』第81巻第5号　史学研究会　pp. 1-39

阪口英毅　2000「古墳時代中期における甲冑副葬の意義—「表象」をキーワードとして—」『第7回鉄器文化研究集会 表象としての鉄器副葬』　鉄器文化研究会　pp. 31-51

阪口英毅　2001「鉄製甲冑の系譜—基本構造と連接技法の検討を中心に—」『季刊 考古学』第76号　雄山閣出版　pp. 34-38

阪口英毅　2005「紫金山古墳出土武具の再検討」『紫金山古墳の研究—古墳時代前期における対外交渉の考古学的研究—』平成14〜16年度科学研究費補助金（基盤研究（B）（2））研究成果報告書　京都大学大学院文学研究科　pp. 339-346

阪口英毅　2007「学史のなかの「横矧板革綴短甲」」『王権と武器と信仰』　同成社　pp. 697-707

阪口英毅　2008「いわゆる「鋲留技法導入期」の評価」『古代武器研究』Vol. 9　古代武器研究会　pp. 39-51

阪口英毅　2009「前期・中期型甲冑の技術系譜」『月刊 考古学ジャーナル』No. 581　ニュー・サイエンス社　pp. 7-11

阪口英毅　2010「帯金式甲冑の成立」『遠古登攀』遠山昭登君追悼考古学論集 『遠古登攀』刊行会　pp. 305-320

阪口英毅　2012「鉄製品」『講座 日本の考古学』8 古墳時代下　青木書店　pp. 124-147

阪口英毅　2013「甲冑」『副葬品の型式と編年』古墳時代の考古学4　同成社　pp. 111-124

阪口英毅　2014「襟付短甲の諸問題」『野中古墳と「倭の五王」の時代』大阪大学総合学術博物館叢書10　大阪大学出版会　pp. 66-67

阪口英毅　2015「三角板革綴短甲の特質再論—五條猫塚古墳例の検討から—」『五條猫塚古墳の研究』総括編　奈良国立博物館　pp. 289-302

阪口英毅　2017a「甲冑研究の動向—2010年代を中心に—」『月刊 考古学ジャーナル』No. 701　ニュー・サイエンス社　pp. 5-9

阪口英毅　2017b「中期古墳編年と甲冑研究」『中国四国前方後円墳研究会第20回研究集会 中期古墳研究の現状と課題Ⅰ〜広域編年と地域編年の離齬〜発表要旨集・資料集』　中国四国前方後円墳研究会　pp. 47-60

阪口英毅（編）　2005『紫金山古墳の研究—古墳時代前期における対外交渉の考古学的研究—』平成14〜16年度科学研究費補助金（基盤研究（B）（2））研究成果報告書　京都大学大学院文学研究科

阪口英毅（編）　2006『小野王塚古墳 出土遺物保存処理報告書』小野市文化財調査報告第17集　小野市教育委員会

阪口英毅（編）　2010『雲部車塚古墳の研究』兵庫県立考古博物館研究紀要第3号　兵庫県立考古博物館

阪口英毅（編）　2014『七観古墳の研究—1947年・1952年出土遺物の再検討—』平成19〜21年度科学研究費

　　　　　　補助金（若手研究（B））・平成22〜24年度科学研究費補助金（若手研究（A））研究成果報告書
　　　　　　京都大学大学院文学研究科
佐藤啓介　2000「「表象」の基礎構造について」『第７回鉄器文化研究集会　表象としての鉄器副葬』　鉄器文
　　　　　　化研究会　pp.167-178
佐藤小吉・末永雅雄　1930「円照寺墓山１号古墳調査」『奈良県史跡名勝天然記念物調査報告』第11冊　奈
　　　　　　良県教育委員会　pp.1-106
澤田秀実　2004「竪矧板革綴短甲について」『前方後円墳時代の首長ネットワークに関する多角的研究』平
　　　　　　成12年度〜平成15年度科学研究費補助金（基盤研究Ｃ一般）研究成果報告書　倉林眞砂斗　pp.38
　　　　　　-42
柴田常惠　1915「第二百號塚」『宮崎県児湯郡西都原古墳調査報告』　宮崎県　pp.93-97
清水和明　1988「挂甲の基礎的考察」『関西大学考古学等資料室紀要』第５号　関西大学考古学等資料室
　　　　　　pp.86-99
清水和明　1990a「挂甲と付属具」『斑鳩藤ノ木古墳　第一次調査報告書』　斑鳩町教育委員会　pp.43-82
清水和明　1990b「挂甲」『斑鳩藤ノ木古墳　第一次調査報告書』　斑鳩町教育委員会　pp.362-375
清水和明　1993a「挂甲―製作技法の変遷からみた挂甲の生産―」『第33回埋蔵文化財研究集会　甲冑出土古
　　　　　　墳にみる武器・武具の変遷』第Ⅰ分冊　埋蔵文化財研究会　pp.13-27
清水和明　1993b「七観古墳」『第33回埋蔵文化財研究集会　甲冑出土古墳にみる武器・武具の変遷』第Ⅲ分
　　　　　　冊　近畿編　埋蔵文化財研究会　pp.120-127
清水和明　1993c「挂甲の技術」『月刊　考古学ジャーナル』No.366　ニュー・サイエンス社　pp.27-30
清水和明　1995「古墳時代中期の甲冑製作技術に関する一考察」『考古学の世界』第10号　学習院考古学会
　　　　　　pp.1-23
清水和明　1996「東アジアの小札甲の展開」『古代文化』第48巻第４号　古代学協会　pp.1-18
清水和明・高橋　工　1998「古墳時代の外来系甲冑資料について―福岡県塚堂古墳と熊本県楢崎山５号墳出
　　　　　　土甲冑―」『大阪市文化財協会研究紀要』創刊号　大阪市文化財協会　pp.33-50
白井克也　2003「馬具と短甲による日韓交差編年―日韓古墳編年の並行関係と暦年代―」『土曜考古』第27
　　　　　　号　土曜考古学研究会　pp.85-114
白石太一郎　1974「城山第２号墳」『馬見丘陵における古墳の調査』奈良県史跡名勝天然記念物調査報告第
　　　　　　29冊　奈良県教育委員会　pp.75-84
末永雅雄　1930「武装具の調査（１）―短甲冑各部の名称の仮定―」（「円照寺墓山１号古墳調査」）『奈良県
　　　　　　史跡名勝天然記念物調査報告』第11冊　奈良県教育委員会　pp.20-23
末永雅雄　1934『日本上代の甲冑』　岡書院
末永雅雄　1944『増補　日本上代の甲冑』　創元社
末永雅雄　1981『増補　日本上代の甲冑』本文篇・図版篇　木耳社
末永雅雄（編）　1991『盾塚　鞍塚　珠金塚古墳』　由良大和古代文化研究協会
末永雅雄・伊東信雄　1979『挂甲の系譜』　雄山閣出版
菅谷文則　1978「池ノ内５号墳」『磐余・池ノ内古墳群』奈良県史跡名勝天然記念物調査報告第28冊　奈良
　　　　　　県教育委員会　pp.56-87
杉井　健・上野祥史（編）　2012『マロ塚古墳出土品を中心にした古墳時代中期武器武具の研究』国立歴史
　　　　　　民俗博物館研究報告第173集　国立歴史民俗博物館
杉本　宏（編）　1991『宇治二子山古墳発掘調査報告』宇治市文化財調査報告書第２冊　宇治市教育委員会
杉山富雄（編）　2002『鋤崎古墳―1981〜1983年調査報告―』福岡市埋蔵文化財調査報告書第730集　福岡市
　　　　　　教育委員会

鈴木一有　1995「千人塚古墳の研究（１）―衝角付冑について―」『浜松市博物館館報』Ⅶ　浜松市博物館　pp. 37-46

鈴木一有　1996「三角板系短甲について―千人塚古墳の研究（２）―」『浜松市博物館館報』Ⅷ　浜松市博物館　pp. 23-41

鈴木一有　1999a「鳥装の武人」『国家形成期の考古学』大阪大学考古学研究室10周年記念論集　大阪大学考古学研究室　pp. 487-502

鈴木一有　1999b「遠江における後期古墳の副葬品にみる階層性」『第３回三河考古合同研究会資料　三河の後期古墳を考えるⅡ』　三河古墳研究会　pp. 12-15

鈴木一有　2002a「鋤崎古墳の鉄製品が提起する諸問題」『鋤崎古墳―1981～1983年調査報告―』福岡市埋蔵文化財調査報告書第730集　福岡市教育委員会　pp. 120-121

鈴木一有　2002b「鉄製武器・武具における型式学的研究の視座」『第２回考古学技術研究会　考古学における認識と実測』　考古学技術研究会　pp. 11-23

鈴木一有　2004「下開発茶臼山９号墳出土甲冑の検討」『下開発茶臼山古墳群Ⅱ―第３次発掘調査報告書―』　辰口町教育委員会　pp. 119-126

鈴木一有　2005「中八幡古墳出土短甲をめぐる問題」『中八幡古墳資料調査報告書』　池田町教育委員会　pp. 77-91

鈴木一有　2008a「古墳時代の甲冑にみる伝統の認識」『王権と武器と信仰』　同成社　pp. 718-729

鈴木一有　2008b「前胴長方形分割の三角板短甲」『森町円田丘陵の古墳群　第二東名建設事業に伴う埋蔵文化財発掘調査報告書　森町―３』第１分冊　静岡県埋蔵文化財調査研究所調査報告第186集　静岡県埋蔵文化財調査研究所　pp. 271-283

鈴木一有　2009「中期型冑の系統と変遷」『月刊 考古学ジャーナル』No. 581　ニュー・サイエンス社　pp. 12-16

鈴木一有　2010「古墳時代後期の衝角付冑」『待兼山考古学論叢Ⅱ―大阪大学考古学研究室20周年記念論集―』　大阪大学考古学友の会　pp. 503-523

鈴木一有　2012「武器・武具」『古墳時代研究の現状と課題』下　同成社　pp. 107-127

鈴木一有　2013「百舌鳥古墳群の武器武具に見る特質」『漆黒の武具・白銀の武器』堺市文化財講演会録第６集　pp. 71-110

鈴木一有　2014a「野中古墳の築造時期と陪冢論」『野中古墳と「倭の五王」の時代』大阪大学総合学術博物館叢書10　大阪大学出版会　pp. 57-65

鈴木一有　2014b「七観古墳出土遺物からみた鋲留技法導入期の実相」『七観古墳の研究―1947年・1952年出土遺物の再検討―』平成19～21年度科学研究費補助金（若手研究（B））・平成22～24年度科学研究費補助金（若手研究（A））研究成果報告書　pp. 353-380

鈴木一有　2015「狐塚古墳出土短甲をめぐる問題」『狐塚古墳』　浜松市教育委員会　pp. 60-63

鈴木一有　2017「志段味大塚古墳と５世紀後半の倭王権」『埋蔵文化財調査報告書77　志段味古墳群Ⅲ―志段味大塚古墳の副葬品―』名古屋市文化財調査報告94　名古屋市教育委員会　pp. 175-186

鈴木一有（編）　1999『五ヶ山Ｂ２号墳』　浅羽町教育委員会

清喜裕二　2010「三角板鋲留異形衝角付冑をめぐるいくつかの問題」『雲部車塚古墳の研究』兵庫県立考古博物館研究紀要第３号　兵庫県立考古博物館　pp. 129-138

関川尚功　1984「奈良県下出土の初期須恵器」『橿原考古学研究所紀要 考古学論攷』第10冊　奈良県立橿原考古学研究所　pp. 37-74

宋　桂鉉　1993「伽耶出土の甲冑」『伽耶と古代東アジア』　新人物往来社　pp. 185-198

高田貫太　2006「５、６世紀の日朝交渉と地域社会」『考古学研究』第53巻第２号　考古学研究会　pp. 24-

高田健一（編）　2013『古郡家1号墳・六部山3号墳の研究―出土品再整理報告書―』　鳥取県
高田康成　1996「円満寺山古墳出土の鉄鏃について―古墳築造年代に関する一考察―」『美濃の考古学』創刊号　「美濃の考古学」刊行会　pp. 88-94
高橋克壽　1993「4世紀における短甲の変化」『紫金山古墳と石山古墳』京都大学文学部博物館図録第6冊　京都大学文学部博物館　pp. 120-125
高橋克壽・永江寿夫（編）　2015『若狭　向山1号墳』　若狭町
高橋　工　1987「大塚古墳出土甲冑の編年的位置」『摂津豊中　大塚古墳』豊中市文化財調査報告第20集　豊中市教育委員会　pp. 141-149
高橋　工　1991「甲冑製作技術に関する若干の新視点」『盾塚　鞍塚　珠金塚古墳』　由良大和古代文化研究協会　pp. 295-312
高橋　工　1993「革綴甲冑の技術」『月刊　考古学ジャーナル』No. 366　ニュー・サイエンス社　pp. 17-21
高橋　工　1995「東アジアにおける甲冑の系統と日本―特に5世紀までの甲冑製作技術と設計思想を中心に―」『日本考古学』第2号　日本考古学協会　pp. 139-160
滝沢　誠　1986「武具八幡古墳」『武者塚古墳　武者塚古墳・同2号墳・武具八幡古墳の調査』　新治村教育委員会　pp. 56-70
滝沢　誠　1988「長野県松本市桜ヶ丘古墳の再調査」『信濃』第40巻第10号　信濃史学会　pp. 17-30
滝沢　誠　1990「狐塚古墳出土の短甲」『茨城県史研究』第64号　茨城県教育財団歴史館史料部県史編さん室　pp. 45-56
滝沢　誠　1991「鋲留短甲の編年」『考古学雑誌』第76巻第3号　日本考古学会　pp. 16-61
滝沢　誠　1994「甲冑出土古墳からみた古墳時代前・中期の軍事編成」『日本と世界の考古学―現代考古学の展開―』　雄山閣出版　pp. 198-215
滝沢　誠　1995「第41回総会研究報告要旨　古墳時代における軍事組織の形成過程」『考古学研究』第41巻第4号　考古学研究会　pp. 27-28
滝沢　誠　1996「大仙古墳前方部石室出土の甲冑について」『考古学雑渉』西野元先生退官記念論文集　西野元先生退官記念会　pp. 159-167
滝沢　誠　1999「甲冑類の編年的位置と性格」『五ヶ山B2号墳』　浅羽町教育委員会　pp. 85-92
滝沢　誠　2001「多田大塚古墳群出土の短甲をめぐって」『静岡県の前方後円墳』個別報告編　静岡県内前方後円墳発掘調査等事業報告書その2　静岡県教育委員会　pp. 61-67
滝沢　誠　2008『古墳時代中期における短甲の同工品に関する基礎的研究』平成17年度～平成19年度科学研究費補助金（基盤研究（C））研究成果報告書　静岡大学人文学部
滝沢　誠　2015『古墳時代の軍事組織と政治構造』　同成社
辰巳和弘　1994「純金製三角飾り板と冠帽」『団子塚9号墳出土遺物保存処理報告書』　袋井市教育委員会／元興寺文化財研究所　pp. 165-172
伊達宗泰　1966「和爾上殿古墳」『奈良県史跡名勝天然記念物調査報告』第23冊　奈良県教育委員会
田中晋作　1981「武器の所有形態からみた古墳被葬者の性格」『ヒストリア』第93号　柳原書店　pp. 1-21
田中晋作　1988「『摂津豊中大塚古墳』」『古代学研究』第116号　古代学研究会　pp. 34-38
田中晋作　1991「武具」『古墳時代の研究』第8巻　古墳Ⅱ　副葬品　雄山閣出版　pp. 39-55
田中晋作　1993a「武器の所有形態からみた常備軍成立の可能性について（上）―百舌鳥・古市古墳群を中心に―」『古代文化』第45巻第8号　古代学協会　pp. 13-21
田中晋作　1993b「武器の所有形態からみた常備軍成立の可能性について（下）―百舌鳥・古市古墳群を中心に―」『古代文化』第45巻第10号　古代学協会　pp. 14-23

田中晋作　1995「古墳時代中期における軍事組織について」『考古学研究』第41巻第4号　考古学研究会　pp. 96-103

田中晋作　1998 a「金銅装甲冑の出現」『日本古代史 争乱の最前線』別冊歴史読本　新人物往来社　pp. 132-139

田中晋作　1998 b「筒形銅器について」『網干善教先生古稀記念 考古学論集』上巻　網干善教先生古稀記念会　pp. 495-518

田中晋作　2001 a『百舌鳥・古市古墳群の研究』　学生社

田中晋作　2001 b「古墳時代における鉄製甲冑の出現」『季刊 考古学』第76号　雄山閣出版　pp. 65-69

田中晋作　2003「鉄製甲冑の変遷」『考古資料大観』第7巻 弥生・古墳時代 鉄・金銅製品　小学館　pp. 187-193

田中新史　1975「五世紀における短甲出土古墳の一様相—房総出土の短甲とその古墳を中心として—」『史館』第5号　市川ジャーナル　pp. 80-103

田中新史　1978「御嶽山古墳出土の短甲」『考古学雑誌』第64巻第1号　日本考古学会　pp. 28-44

田中新史　1995「古墳時代中期前半の鉄鏃（一）」『古代探叢Ⅳ』滝口宏先生追悼考古学論集　早稲田大学出版部　pp. 247-308

田中英世・菊池健一　1990『千葉市古山遺跡』　阿彌陀寺／千葉市文化財調査協会

田辺昭三　1981『須恵器大成』　角川書店

田村隆太郎・鈴木一有　2008「文殊堂11号墳」『森町円田丘陵の古墳群 第二東名建設事業に伴う埋蔵文化財発掘調査報告書 森町—3』静岡県埋蔵文化財調査研究所調査報告第186集　静岡県埋蔵文化財調査研究所　pp. 97-124

塚本敏夫　1993 a「馬具—近畿— 初期馬具から見た渡来系工人の動向と五世紀の鉄器生産体制」『第34回埋蔵文化財研究集会 古墳時代における朝鮮系文物の伝播』 埋蔵文化財研究会関西世話人会　pp. 171-185

塚本敏夫　1993 b「鋲留甲冑の技術」『月刊 考古学ジャーナル』No. 366　ニュー・サイエンス社　pp. 22-26

塚本敏夫　1997「長持山古墳出土挂甲の研究」『王者の武装—5世紀の金工技術—』京都大学総合博物館春季企画展示図録　京都大学総合博物館　pp. 64-87

塚本敏夫　2010「雲部車塚古墳出土三角板鋲留異形衝角付冑の復元製作」『雲部車塚古墳の研究』兵庫県立考古博物館研究紀要第3号　兵庫県立考古博物館　pp. 167-172

塚本敏夫　2012「甲冑の復元製作」『よみがえる古代の煌き—副葬品にみる今城塚古墳の時代—』 高槻市立今城塚古代歴史館　pp. 20-21

辻田淳一郎（編）　2015『山の神古墳の研究—「雄略朝」期における地域社会と人制に関する考古学的研究：北部九州を中心に—』日本学術振興会科学研究費基盤研究（B）成果報告書　九州大学大学院人文科学研究院考古学研究室

都出比呂志　1991「日本古代の国家形成論序説—前方後円墳体制の提唱—」『日本史研究』第343号　日本史研究会　pp. 5-39

都出比呂志　1999「首長系譜変動パターン論序説」『古墳時代首長系譜変動パターンの比較研究』平成8年度〜平成10年度科学研究費補助金（基盤B・一般2）研究成果報告書　大阪大学文学部　pp. 5-16

鄭 澄元・申 敬澈　1983『東莱福泉洞古墳群Ⅰ』釜山大学校博物館遺跡調査報告第5輯　釜山大学校博物館

徳江秀夫（編）　1999『綿貫観音山古墳Ⅱ 石室・遺物編』（財）群馬県埋蔵文化財調査事業団発掘調査報告書第255集　群馬県教育委員会／群馬県埋蔵文化財調査事業団

中屋克彦（編）　2005『史跡 雨の宮古墳群』　鹿西町教育委員会

奈良県立橿原考古学研究所　1990『斑鳩藤ノ木古墳　第一次調査報告書』　斑鳩町・斑鳩町教育委員会
西嶋剛広　2012「熊本地域出土鋲留短甲の検討編年的位置付けと配布の背景」『マロ塚古墳出土品を中心にした古墳時代中期武器武具の研究』国立歴史民俗博物館研究報告第173集　国立歴史民俗博物館　pp. 381-410
西田　弘・鈴木博司・金関　恕　1961「新開古墳」『滋賀県史跡調査報告』第12冊　滋賀県教育委員会　pp. 34-57
西谷真治・置田雅昭　1988『ニゴレ古墳』京都府弥栄町文化財調査報告第5集　弥栄町教育委員会
野上丈助　1968「古墳時代における甲冑の変遷とその技術史的意義」『考古学研究』第14巻第4号　考古学研究会　pp. 12-43
野上丈助　1970「横矧板形式の短甲と付属小札について」『考古学雑誌』第56巻第2号　日本考古学会　pp. 1-9
野上丈助　1975「甲冑製作技法と系譜をめぐる問題点・上」『考古学研究』第21巻第4号　考古学研究会　pp. 34-58，83
野上丈助　1991「日韓古墳出土甲冑の系譜について」『論集武具』　学生社　pp. 5-27
野上丈助（編）　1991『論集　武具』　学生社
野島　永　2000「表象の概念についての凡例」『第7回鉄器文化研究集会　表象としての鉄器副葬』　鉄器文化研究会
橋本清一・小林謙一・伊賀高弘　1994「古墳時代前期の鉄製甲冑の復原―京都府木津町瓦谷古墳出土の小札革綴冑・方形板革綴短甲―」『考古学と自然科学』第27号　日本文化財科学会　pp. 35-58
橋本達也　1995「古墳時代中期における金工技術の変革とその意義―眉庇付冑を中心として―」『考古学雑誌』第80巻第4号　日本考古学会　pp. 1-33
橋本達也　1996「古墳時代前期甲冑の技術と系譜」『雪野山古墳の研究』考察篇　八日市市教育委員会　pp. 255-292
橋本達也　1998「竪矧板・方形板革綴短甲の技術と系譜」『青丘学術論集』第12集　韓国文化研究振興財団　pp. 47-76
橋本達也　1999a「甲冑」『野毛大塚古墳』第1分冊　本文篇　世田谷区教育委員会　pp. 135-152
橋本達也　1999b「野毛大塚古墳出土甲冑の意義」『野毛大塚古墳』第1分冊　本文篇　世田谷区教育委員会　pp. 282-295
橋本達也　1999c「盾の系譜」『国家形成期の考古学』大阪大学考古学研究室10周年記念論集　大阪大学考古学研究室　pp. 471-486
橋本達也　2002a「鋤崎古墳出土短甲の意義」『鋤崎古墳―1981～1983年調査報告―』福岡市埋蔵文化財調査報告書第730集　福岡市教育委員会　pp. 127-129
橋本達也　2002b「九州における古墳時代甲冑―総論にかえて―」『月刊　考古学ジャーナル』No. 496　ニュー・サイエンス社　pp. 4-7
橋本達也　2003「有機質製甲冑・盾・靫・胡籙・弓」『考古資料大観』第7巻　弥生・古墳時代　鉄・金銅製品　小学館　pp. 194-199
橋本達也　2004「永浦4号墳出土副葬品の意義―甲冑・鉄鏃を中心として―」『永浦遺跡群―第1次・2次調査― 福岡県古賀市鹿部所在遺跡の調査報告書』古賀市文化財調査報告書第35集　古賀市教育委員会　pp. 153-168
橋本達也　2005「古墳時代中期甲冑の出現と中期開始論―松林山古墳と津堂城山古墳から―」『待兼山考古学論集―都出比呂志先生退任記念―』　大阪大学考古学研究室　pp. 539-556
橋本達也　2009「古墳時代甲冑の形式名称―「短甲」・「挂甲」について―」『月刊　考古学ジャーナル』No. 581

　　　　　　　　　ニュー・サイエンス社　pp. 27-30
橋本達也　2010「古墳時代中期甲冑の終焉とその評価―中期と後期を分かつもの―」『待兼山考古学論集Ⅱ
　　　　―大阪大学考古学研究室20周年記念論集―』　大阪大学考古学友の会　pp. 481-501
橋本達也　2012a「甲冑の部位名称について」『マロ塚古墳出土品を中心にした古墳時代中期武器武具の研
　　　　究』国立歴史民俗博物館研究報告第173集　国立歴史民俗博物館　pp. 69-73
橋本達也　2012b「古墳時代甲冑研究の現状」『マロ塚古墳出土品を中心にした古墳時代中期武器武具の研
　　　　究』国立歴史民俗博物館研究報告第173集　国立歴史民俗博物館　pp. 565-608
橋本達也　2013「古墳・三国時代の板甲の系譜」『技術と交流の考古学』　同成社　pp. 336-347
橋本達也　2014a「野中古墳における甲冑の大量埋納と倭政権の武装」『野中古墳と「倭の五王」の時代』
　　　　大阪大学総合学術博物館叢書10　大阪大学出版会　pp. 52-56
橋本達也　2014b「古墳時代甲冑研究史抄」『古墳時代甲冑集成』　大阪大学大学院文学研究科　pp. 1-7
橋本達也　2014c「甲冑研究文献一覧」『古墳時代甲冑集成』　大阪大学大学院文学研究科　pp. 9-24
橋本達也　2014d「中期甲冑の表示する同質性と差異性―変形板短甲の意義―」『七観古墳の研究―1947
　　　　年・1952年出土遺物の再検討―』平成19～21年度科学研究費補助金（若手研究（B））・平成22～
　　　　24年度科学研究費補助金（若手研究（A））研究成果報告書　京都大学大学院文学研究科　pp. 251
　　　　-272
橋本達也　2014e「古墳時代前期甲冑の形式・系譜・年代論」『中国四国前方後円墳研究会第17回研究集会
　　　　前期古墳編年を再考する―広域編年再構築の試み―　発表要旨集・資料集』　中国四国前方後円墳
　　　　研究会　pp. 91-99
橋本達也　2015a「古墳時代中期の武器・武具生産」『中期古墳とその時代―5世紀の倭王権を考える―』
　　　　季刊考古学・別冊22　雄山閣　pp. 99-110
橋本達也　2015b「甲冑からみた蓮山洞古墳群と倭王権の交渉」『友情의考古学』故孫明助先生追慕論文集
　　　　故孫明助先生追慕論文集刊行委員会　pp. 641-656
橋本達也・鈴木一有　2014『古墳時代甲冑集成』　大阪大学大学院文学研究科
初村武寛　2010「古墳時代中期における小札式付属具の基礎的検討―付属具を構成する小札の用途と装着部
　　　　位―」『洛北史学』第12号　洛北史学会　pp. 92-118
初村武寛　2011「古墳時代中期における小札甲の変遷」『古代学研究』第192号　古代学研究会　pp. 1-19
初村武寛　2015「日本列島における導入期小札甲の構造と副葬の背景」『研究紀要』第19集　由良大和古代
　　　　文化研究協会　pp. 1-36
林　大智　2004「鉄製品からみた古墳群の位置付けについて」『八里向山遺跡群―八里台住宅団地造成事業
　　　　に係る埋蔵文化財発掘調査報告書―』　小松市教育委員会　pp. 309-314
坂　　靖　2012「複合工房」『時代を支えた生産と技術』古墳時代の考古学5　同成社　pp. 171-181
坂　　靖　2018「畿内の鉄器生産遺跡と甲冑」『古墳時代中期における甲冑生産組織の研究―「型紙」と製
　　　　作工程の分析を中心として―』平成26年度～29年度科学研究費助成事業基盤研究（B）研究成果
　　　　報告書　奈良県立橿原考古学研究所　pp. 37-40
樋口隆康・岡崎　敬・宮川　徙　1961「和泉国七観古墳調査報告」『古代学研究』第27号　古代学研究会
　　　　pp. 1-24
平野隆之　2008「横矧板鋲留短甲の型式学的位置付け―使用鋲数と地板の形状に関する一考察―」『高丸・
　　　　友田遺跡群　岡垣町大字糠塚所在遺跡の調査』岡垣町文化財発掘調査報告書第27集　岡垣町教育委
　　　　員会　pp. 228-232
広瀬和雄　1991「前方後円墳の畿内編年」『前方後円墳集成』中国・四国編　山川出版社　pp. 24-26
福尾正彦　1987「眉庇付冑の系譜―その出現期を中心に―」『東アジアの考古と歴史』下　岡崎敬先生退官記

　　　　　念論集　同朋舎　pp. 135-167
福尾正彦　2003「日本と朝鮮半島の鉄製甲冑―短甲を中心に―」『東アジアと日本の考古学』Ⅲ　交流と交易　
　　　　　同成社　pp. 149-179
福尾正彦　2013「短甲（小鉄板）」『津堂城山古墳―古市古墳群の調査研究報告Ⅳ―』藤井寺市文化財調査報
　　　　　告第33集　藤井寺市教育委員会　pp. 224-225
福永伸哉　1998『古墳時代政治史の考古学的研究―国際的契機に着目して―』平成7〜9年度科学研究費補
　　　　　助金（基盤研究C）研究成果報告書　大阪大学文学部
福永伸哉・杉井　健（編）　1996『雪野山古墳の研究』　八日市市教育委員会
藤井利章　1982「津堂城山古墳の研究」『藤井寺市史紀要』第3集　藤井寺市　pp. 1-64
藤井陽輔　2018「帯金式甲冑研究の現状と課題」『古代武器研究』Vol. 14　古代武器研究会　pp. 21-34
藤田和尊　1984「頸甲編年とその意義」『関西大学考古学研究紀要』4　関西大学文学部考古学研究室　pp. 55
　　　　　-72
藤田和尊　1985「日韓出土の短甲について―福泉洞一〇号墳・池山洞三二号墳出土例に関連して―」『末永
　　　　　先生米寿記念　献呈論文集』乾　奈良明新社　pp. 1645-1655
藤田和尊　1988「古墳時代における武器・武具保有形態の変遷」『橿原考古学研究所論集』第8　吉川弘文
　　　　　館　pp. 425-527
藤田和尊　1991「甲冑相からの検討―陪冢と小形古墳―」『盾塚　鞍塚　珠金塚古墳』　由良大和古代文化研究
　　　　　協会　pp. 271-293
藤田和尊　1993「甲冑の保有形態」『月刊 考古学ジャーナル』No. 366　ニュー・サイエンス社　pp. 11-16
藤田和尊　1995「古墳時代中期における軍事組織の実態―松木武彦氏の批判文に応えつつ―」『考古学研
　　　　　究』第41巻第4号　考古学研究会　pp. 78-95
藤田和尊　1996「親衛隊と衛兵の武装」『室宮山古墳範囲確認調査報告』御所市文化財調査報告書第20集　
　　　　　御所市教育委員会　pp. 46-57
藤田和尊　2006『古墳時代の王権と軍事』　学生社
藤田和尊　2012「中期型甲冑におけるセット関係の認識」『莵原Ⅱ』森岡秀人さん還暦記念論文集　莵原刊
　　　　　行会　pp. 519-530
藤田和尊　2015「戦訓と中期型甲冑」『河上邦彦先生古稀記念献呈論文集』　河上邦彦先生古稀記念会　
　　　　　pp. 479-484
藤原郁代　2010「東大寺山古墳出土の革製短甲」『東大寺山古墳の研究―初期ヤマト王権の対外交渉と地域
　　　　　間交流の考古学的研究―』平成19〜21年度科学研究費補助金（基盤研究（B））研究成果報告書　
　　　　　東大寺山古墳研究会／天理大学／天理大学附属天理参考館　pp. 391-394
古瀬清秀　2000「古墳時代前半期における鉄鍛冶技術」『製鉄史論文集』　たたら研究会　pp. 91-116
古谷　毅　1988「京都府久津川車塚古墳出土の甲冑―いわゆる"一枚錣"の提起する問題―」『MU-
　　　　　SEUM』No. 445　ミュージアム出版　pp. 4-17
古谷　毅　1990「古墳時代甲冑研究の方法と課題（例会報告）」『考古学雑誌』第76巻第1号　日本考古学会　
　　　　　pp. 117-118
古谷　毅　1996「古墳時代甲冑研究の方法と課題」『考古学雑誌』第81巻第4号　日本考古学会　pp. 58-85
古谷　毅　1997「古墳文化編年論と型式学」『考古学雑誌』第82巻第3号　日本考古学会　pp. 48-63
古谷　毅　2005「15号墳出土の方形板革綴短甲の構造と特徴」『稲童古墳群』行橋市文化財調査報告書第32
　　　　　集　行橋市教育委員会　pp. 268-275
古谷　毅　2006「方形板革綴短甲の基礎的研究（1）」『東京国立博物館紀要』第41号　東京国立博物館　
　　　　　pp. 101-171

古谷　毅　2012 a「鍛造製品の製作工程・技術・技法とその名称について」『マロ塚古墳出土品を中心にした古墳時代中期武器武具の研究』国立歴史民俗博物館研究報告第173集　国立歴史民俗博物館　pp. 73-82

古谷　毅　2012 b「帯金式甲冑の製作技術」『マロ塚古墳出土品を中心にした古墳時代中期武器武具の研究』国立歴史民俗博物館研究報告第173集　国立歴史民俗博物館　pp. 353-379

朴天秀　2007『加耶と倭　韓半島と日本列島の考古学』講談社選書メチエ398　講談社

保坂和博　1999「武具」『山梨県史』資料編 2　原始・古代 2　考古（遺構・遺物）　山梨県　pp. 266-274

埋蔵文化財研究会　1993 a『第33回埋蔵文化財研究集会　甲冑出土古墳にみる武器・武具の変遷』第Ⅰ分冊　発表要旨　韓国・茨城・長野・和歌山・愛媛・熊本　埋蔵文化財研究会

埋蔵文化財研究会　1993 b『第33回埋蔵文化財研究集会　甲冑出土古墳にみる武器・武具の変遷』第Ⅱ分冊　九州、中国、四国編　埋蔵文化財研究会

埋蔵文化財研究会　1993 c『第33回埋蔵文化財研究集会　甲冑出土古墳にみる武器・武具の変遷』第Ⅲ分冊　近畿編　埋蔵文化財研究会

埋蔵文化財研究会　1993 d『第33回埋蔵文化財研究集会　甲冑出土古墳にみる武器・武具の変遷』第Ⅳ分冊　中部以東編　埋蔵文化財研究会

増田精一　1969「金属工芸」『日本の考古学』Ⅴ　古墳時代　下　河出書房新社　pp. 80-101

松木武彦　1991「前期古墳副葬鏃の成立と展開」『考古学研究』第37巻第 4 号　考古学研究会　pp. 29-58

松木武彦　1992「古墳時代前半期における武器・武具の革新とその評価—軍事組織の生成に関する一試考—」『考古学研究』第39巻第 1 号　考古学研究会　pp. 59-84

松木武彦　1994「古墳時代の武器・武具および軍事組織研究の動向」『考古学研究』第41巻第 1 号　考古学研究会　pp. 94-104

松木武彦　1995「考古資料による軍事組織研究の現状と展望」『展望　考古学』考古学研究会40周年記念論集　考古学研究会　pp. 149-153

松木武彦　1996「日本列島の国家形成」『国家の形成　人類学・考古学からのアプローチ』　三一書房　pp. 233-276

松木武彦　2007『日本列島の戦争と初期国家形成』　東京大学出版会

松木武彦　2010「古墳時代中期短甲の変遷とその背景」『待兼山考古学論叢Ⅱ—大阪大学考古学研究室20周年記念論集—』　大阪大学考古学友の会　pp. 465-480

松木武彦・和田　剛・寺村裕史（編）　2014『天狗山古墳』　岡山大学考古学研究室・天狗山古墳発掘調査団

松永博明・髙橋　工・藤原郁代　1986「後出古墳群Ⅰ」『奈良県遺跡調査概報』1985年度（第 2 分冊）　奈良県立橿原考古学研究所　pp. 145-163

松崎友理　2015 a「山の神古墳出土小札甲の構造」『山の神古墳の研究—「雄略朝」期前後における地域社会と人制に関する考古学的研究：北部九州を中心に—』日本学術振興会科学研究費基盤研究（B）成果報告書　九州大学大学院人文科学研究院考古学研究室　pp. 269-282

松崎友理　2015 b「山の神古墳出土小札甲の復元」『山の神古墳の研究—「雄略朝」期前後における地域社会と人制に関する考古学的研究：北部九州を中心に—』日本学術振興会科学研究費基盤研究（B）成果報告書　九州大学大学院人文科学研究院考古学研究室　pp. 331-334

松永博明　1990「高山古墳群」『奈良県遺跡調査概報』1989年度（第 2 分冊）　奈良県立橿原考古学研究所　pp. 31-35

三浦俊明（編）　2004『下開発茶臼山古墳群Ⅱ—第 3 次発掘調査報告書—』　辰口町教育委員会

右島和夫　1988「鶴山古墳出土遺物の基礎調査Ⅲ」『群馬県立歴史博物館調査報告書』第 4 号　群馬県立博物館　pp. 85-101

宮崎隆旨　1983「文献からみた古代甲冑覚え書―「短甲」を中心として―」『関西大学考古学研究室開設三十周年記念 考古学論叢』　関西大学　pp. 321-350

宮崎隆旨　2006「令制下の史料からみた短甲と挂甲の構造」『古代武器研究』Vol. 7　古代武器研究会　pp. 6-18

村井嵓雄　1966「千葉県木更津市大塚山古墳出土遺物の研究」『MUSEUM』No. 189　美術出版社　pp. 2-17

森下章司　1997「武器と馬具」『王者の武装―5世紀の金工技術―』京都大学総合博物館春季企画展展示図録　京都大学総合博物館　pp. 48-55

森下章司　2005「前期古墳副葬品の組合せ」『考古学雑誌』第89巻第1号　日本考古学会　pp. 1-31

森本　徹　2012「襟付短甲の副葬様相」『館報』15　大阪府立近つ飛鳥博物館　pp. 47-60

モンテリウス／濱田耕作訳　1932『考古学研究法』　岡書院

柳田康雄・副島邦弘　1971「若八幡宮古墳」『今宿バイパス関係埋蔵文化財調査報告』第2集　福岡県教育委員会　pp. 7-43

柳本照男　1993「古墳時代における武装具研究の現状と課題」『月刊 考古学ジャーナル』No. 366　ニュー・サイエンス社　pp. 2-5

柳本照男　2005「3、4世紀の甲冑」『季刊 考古学』第90号　雄山閣　pp. 47-50

柳本照男（編）　1987『摂津豊中 大塚古墳』豊中市文化財調査報告第20集　豊中市教育委員会

山口譲治・吉留秀敏・渡辺芳郎（編）　1989『老司古墳』福岡市埋蔵文化財調査報告書第209集　福岡市教育委員会

山中英彦（編）　2005『稲童古墳群―福岡県行橋市稲童所在の稲童古墳群調査報告―』行橋市文化財調査報告書第32集　行橋市教育委員会

横須賀倫達　2005「勿来金冠塚古墳出土遺物の調査Ⅰ―古墳の概要と竪矧広板革綴式衝角付冑―」『福島県立博物館紀要』第19号　福島県立博物館　pp. 43-76

横須賀倫達　2006「勿来金冠塚古墳出土遺物の調査Ⅱ―玄室出土馬具・武具類―」『福島県立博物館紀要』第20号　福島県立博物館　pp. 23-46

横須賀倫達　2007「勿来金冠塚古墳出土遺物の調査Ⅲ―装身具類・土器類・武具類（追加）と古墳の評価―」『福島県立博物館紀要』第21号　福島県立博物館　pp. 1-26

横須賀倫達　2009「後期型鉄冑の系統と系譜」『月刊 考古学ジャーナル』No. 581　ニュー・サイエンス社　pp. 17-21

横山浩一　1985「型式論」『岩波講座 日本考古学』1　研究の方法　岩波書店　pp. 43-78

吉村和昭　1988「短甲系譜試論―鋲留技法導入以後を中心として―」『橿原考古学研究所紀要 考古学論攷』第13冊　奈良県立橿原考古学研究所　pp. 23-39

吉村和昭　2015「西都原古墳群の甲冑」『西都原古墳群総括報告書』平成24～26年度西都原古墳群基礎調査報告　宮崎県教育委員会　pp. 115-130

吉村和昭・奥山誠義　2016「西都原4号地下式横穴墓出土の短甲について」『宮崎県立西都原考古博物館研究紀要』第12号　宮崎県立西都原考古博物館　pp. 11-50

吉岡康暢　1972「柴垣古墳群」『羽咋市史』原始・古代編　羽咋市　pp. 486-510

吉田二良・伊達宗泰　1981「139号墳」『新沢千塚古墳群』奈良県史跡名勝天然記念物調査報告第39冊　奈良県教育委員会　pp. 370-383

吉田珠己・藤井淳弘（編）　2005『史跡心合寺山古墳整備事業報告書』八尾市文化財調査報告52　八尾市教育委員会

李　賢珠　2008「三国時代の甲冑」『日韓の武具』　宮崎県立西都原考古博物館　pp. 56-90

李　賢珠　2014「三国時代における札甲製作技術の受容と展開」『古代武器研究』Vol. 10　古代武器研究会

　　　　　　　　／山口大学人文学部考古学研究室　　pp. 43-66
若杉智宏　2014「小型鰭付円筒埴輪考」『七観古墳の研究―1947年・1952年出土遺物の再検討―』平成19～
　　21年度科学研究費補助金（若手研究（B））・平成22～24年度科学研究費補助金（若手研究（A））
　　研究成果報告書　pp. 307-320
和田晴吾　1987「古墳時代の時期区分をめぐって」『考古学研究』第34巻第2号　考古学研究会　pp. 44-55

[韓国語文]

金　赫　中　2009「영남지방 출도 종장판갑의 분포와 의미」『嶺南考古学』第49号　嶺南考古学会　pp. 5-51
　　（「嶺南地方出土縦長板甲の分布と意味」）
金　赫　中（編）　2015『갑주, 전사의 상징』国立金海博物館（『甲冑、戦士の象徴』）
宋　楨　植　2003『加耶・新羅의 縱長板甲 研究―構造復元을 중심으로―』釜山大学校大学院 文学碩士学位
　　論文　（『加耶・新羅の縦長板甲研究―構造復元を中心に―』）
宋　楨　植　2012「가야 종장판갑의 장식적 요소와 상징적 의미」『양동리、가야를 보다』国立金海博物館
　　pp. 168-187（「加耶縦長板甲の装飾的要素と象徴の意味」『良洞里, 加耶より』）
鄭　澄　元・申　敬　澈　1983『東萊福泉洞古墳群Ⅰ』釜山大学校博物館遺跡調査報告第5輯　釜山大学校博物
　　館
李　賢　珠（編）　2010『韓國의 古代甲冑』福泉博物館學術研究叢書　福泉博物館（『韓国の古代甲冑』）
이현주・이유진・정주희・김혁중　2011『東萊福泉洞古墳群―第5次発掘調査 38号墳―』福泉博物学術研
　　究叢第35冊　福泉博物館

甲冑・古墳・遺跡報告文献　（都府県別・都府県内五十音順）

[岩手県]

上田蝦夷森1号墳　室野秀文・八木光則・似内啓邦・藤岡光男・菊池与志和・津嶋知弘・三浦陽一・神原雄一郎・黒須康之・太田代由美子　1997『上田蝦夷森古墳・太田蝦夷森古墳群　発掘調査報告書』　盛岡市教育委員会

[福島県]

勿来金冠塚古墳　横須賀倫達　2005「勿来金冠塚古墳出土遺物の調査Ⅰ―古墳の概要と竪矧広板革綴式衝角付冑―」『福島県立博物館紀要』第19号　福島県立博物館　pp. 43-76

　　　　横須賀倫達　2006「勿来金冠塚古墳出土遺物の調査Ⅱ―玄室出土馬具・武具類―」『福島県立博物館紀要』第20号　福島県立博物館　pp. 23-46

　　　　横須賀倫達　2007「勿来金冠塚古墳出土遺物の調査Ⅲ―装身具類・土器類・武具類（追加）と古墳の評価―」『福島県立博物館紀要』第21号　福島県立博物館　pp. 1-26

四穂田古墳　菊地芳朗・横須賀倫達・佐藤　啓・高橋　満・香内　修・大栗行貴　2014『四穂田古墳』中島村文化財調査報告書第7集　中島村教育委員会

[茨城県]

北椎尾天神塚古墳　宮内良隆・川崎純徳　1999『茨城県真壁町　北椎尾天神塚古墳』　真壁町教育委員会

　　　　川崎純徳　2001『北椎尾天神塚古墳とその時代』ふるさと真壁文庫 No.3　真壁町歴史民俗資料館

　　　　真壁町史編さん委員会　2005「北椎尾天神塚古墳」『真壁町史料』考古資料編Ⅴ　真壁町　pp. 109-128、180-198

常陸狐塚古墳　西宮一男　1969『常陸狐塚』　岩瀬町教育委員会

　　　　滝沢　誠　1990「狐塚古墳出土の短甲」『茨城県史研究』第64号　茨城県教育財団歴史館史料部県史編さん室　pp. 45-56

　　　　橋本達也　1998「竪矧板・方形板革綴短甲の技術と系譜」『青丘学術論集』第12集　韓国文化研究振興財団　pp. 47-76

武具八幡古墳　滝沢　誠　1986「武具八幡古墳」『武者塚古墳　武者塚古墳・同2号墳・武具八幡古墳の調査』　新治村教育委員会　pp. 56-70

[栃木県]

上田浅間塚古墳　君島利行（編）　1992『第6回企画展　みぶの古墳　掘り起こされた古墳の記録を訪ねて』　壬生町歴史民俗資料館

佐野八幡山古墳　前澤輝政　1955「佐野市八幡山古墳調査概報」『古代』第16号　早稲田大学考古学会　pp. 1-10

　　　　戸田有二　1984「八幡山古墳」『佐野市史』資料編1　原始・古代・中世　佐野市　pp. 93-96

益子天王塚古墳　山田琴子・持田大輔　2010「益子天王塚古墳出土遺物の調査（3）―衝角付冑―」『早稲

田大学會津八一記念博物館研究紀要』第11号　早稲田大学會津八一記念博物館　pp. 97-111

山田琴子　2012「益子天王塚古墳出土遺物の調査（5）―挂甲―」『早稲田大学會津八一記念博物館研究紀要』第13号　早稲田大学會津八一記念博物館　pp. 135-149

［群馬県］

赤堀茶臼山古墳　後藤守一　1933『上野国佐波郡赤堀村今井茶臼山古墳』帝室博物館学報第6冊　帝室博物館

　　東京国立博物館　1983「佐波郡赤堀村大字今井字毒島995　茶臼山古墳」『東京国立博物館図版目録』古墳遺物篇（関東Ⅱ）　便利堂　pp. 227-239

金井東裏遺跡　杉山秀宏・桜岡正信・友廣哲也・徳江秀夫　2014「群馬県渋川市金井東裏遺跡の発掘調査概要」『日本考古学』第38号　日本考古学協会　pp. 79-90

　　大木紳一郎・石田　真・宮下　寛・杉山秀宏ほか　2017『金井東裏遺跡甲着装人骨等詳細調査報告書』　群馬県教育委員会

十二天塚古墳　志村　哲　1989「十二天塚古墳の築造年代について―採集遺物からみた築造年代の分析―」『群馬県史研究』第29号　群馬県史編さん委員会　pp. 1-24

鶴山古墳　右島和夫　1988「鶴山古墳出土遺物の基礎調査Ⅲ」『群馬県立歴史博物館調査報告書』第4号　群馬県立博物館　pp. 85-101

長瀞西古墳　後藤守一　1937「上野国碓氷郡八幡村大字剣崎字長瀞西古墳」『古墳発掘品調査報告』帝室博物館学報第9冊　帝室博物館　pp. 22-28

　　青木繁夫・小沢正実　1974「長瀞西古墳出土短甲の保存修理と復原模造について」『MUSEUM』No. 285　美術出版社　pp. 10-18

　　東京国立博物館　1983「高崎市剣崎町長瀞西組出土品」『東京国立博物館図版目録』古墳遺物篇（関東Ⅱ）　便利堂　pp. 129-131

　　黒田　晃　1999「剣崎長瀞西古墳」『新編 高崎市史』資料編1 原始古代Ⅰ　高崎市　pp. 553-557

綿貫観音山古墳　徳江秀夫（編）　1999『綿貫観音山古墳Ⅱ 石室・遺物編』（財）群馬県埋蔵文化財調査事業団発掘調査報告書第255集　群馬県教育委員会／群馬県埋蔵文化財調査事業団

［埼玉県］

埼玉稲荷山古墳　埼玉県立さきたま資料館　1980『埼玉 稲荷山古墳』　埼玉県教育委員会

［千葉県］

大寺山洞穴第1洞　岡本東三（編）　1996『千葉県館山市大寺山洞穴第3・4次発掘調査概報』　千葉大学文学部考古学研究室

　　岡本東三（編）　1997『館山市大寺山洞穴遺跡発掘調査報告書』　千葉県文化財保護協会

鎌取遺跡　上守秀明・出口雅人（編）　1993『千葉東南部ニュータウン18―鎌取遺跡―』千葉県文化財センター調査報告第222集　住宅・都市整備公団／千葉県文化財センター

祇園大塚山古墳　村井嵓雄　1966「千葉県木更津市大塚山古墳出土遺物の研究」『MUSEUM』No. 189　美術出版社　pp. 2-17

　　白井久美子・山口典子（編）　2002『千葉県古墳時代関係資料』千葉県史編さん資料　千葉県

手古塚古墳　杉山晋作　1973「千葉県木更津市手古塚古墳の調査速報」『古代』第56号　早稲田大学考古学会　pp. 30-33

　　　　　　　　　渡邉智信（編）　2001『千葉県文化財センター研究紀要』21　千葉県文化財センター
古山遺跡　田中英世・菊池健一　1990『千葉市古山遺跡』　阿彌陀寺／千葉市文化財調査協会
八重原1号墳　杉山晋作・田中新史　1989「八重原1号墳の調査」『古墳時代研究Ⅲ―千葉県君津市所在八
　　　　　　　　重原1号墳・2号墳の調査―』　古墳時代研究会　pp.11-42

[東京都]
野毛大塚古墳　寺田良喜・三浦淑子（編）　1999『野毛大塚古墳』　世田谷区教育委員会
御嶽山古墳　田中新史　1978「御嶽山古墳出土の短甲」『考古学雑誌』第64巻第1号　日本考古学会　pp.28
　　　　　　　-44

[新潟県]
牡丹山諏訪神社古墳　荒木瑞葉・木村帆高・塩野寛人・郷　尚之・角掛文也・石塚知亜希・石井卓海・横山
　　　　　　　　　　奈津子・岩渕浩大・潤間なつみ・安部慎平・三ツ井裕子・齋藤瑞穂・高井紅音・塩野寛人・
　　　　　　　　　　卜部厚志・渡部　俊・竹原弘展・橋本博文　2017「牡丹山諏訪神社古墳第3次発掘調査報
　　　　　　　　　　告」『新潟大学考古学研究室調査研究報告』17　新潟大学人文学部　pp.23-48

[富山県]
谷内21号墳　伊藤隆三（編）　1992『谷内21号墳』小矢部市埋蔵文化財調査報告書第35冊　小矢部市教育委
　　　　　　　員会

[石川県]
雨の宮1号墳　中屋克彦（編）　2005『史跡 雨の宮古墳群』　鹿西町教育委員会
後山無常堂古墳　宮下幸夫　1989「後山無常堂古墳の調査」『後山無常堂古墳・後山明神3号墳 発掘調査報
　　　　　　　　　告書』　小松市教育委員会　pp.6-36
柴垣円山1号墳　吉岡康暢　1972「柴垣古墳群」『羽咋市史』原始・古代編　羽咋市　pp.486-510
下開発茶臼山9号墳　三浦俊明（編）　2004『下開発茶臼山古墳群Ⅱ―第3次発掘調査報告書―』　辰口町教
　　　　　　　　　　育委員会
八里向山F7号墳　津田隆志・林　大智　2004「古墳時代中期」『八里向山遺跡群―八里台住宅団地造成事
　　　　　　　　　業に係る埋蔵文化財発掘調査報告書―』　小松市教育委員会　pp.241-340
和田山2号墳　河村好光　1997「和田山2号墳」『加賀能美古墳群』　寺井町／寺井町教育委員会　pp.76-84

[福井県]
石舟山古墳　松井政信・浅野良治・橋本英将　2005『石舟山古墳・鳥越山古墳・二本松山古墳 平成13年～
　　　　　　　平成15年度町内遺跡範囲確認調査報告書』　松岡町教育委員会／永平寺町教育委員会
天神山7号墳　樟本立美　1990「天神山古墳群」『福井市史』資料編1 考古　福井市　pp.311-343
　　　　　　　　阪口英毅　2017「天神山7号墳出土甲冑の基礎的検討」『福井天神山古墳群再考 シンポジウム
　　　　　　　　資料集』　天神山古墳群研究会　pp.65-76
二本松山古墳　斎藤　優　1979『改訂 松岡古墳群』　松岡町教育委員会
　　　　　　　　斎藤　優　1986「二本松山古墳」『福井県史』資料編13 考古　福井県　pp.249-251，338-341
　　　　　　　　松井政信・浅野良治・橋本英将　2005『石舟山古墳・鳥越山古墳・二本松山古墳 平成13年～
　　　　　　　　平成15年度町内遺跡範囲確認調査報告書』　松岡町教育委員会／永平寺町教育委員会
　　　　　　　　鈴木一有　2005「中八幡古墳出土短甲をめぐる問題」『中八幡古墳資料調査報告書』　池田町教

法土寺22号墳　月輪　泰・櫛部正典（編）　2003『法土寺遺跡Ⅱ　一般国道416号道路改良工事（国道改修）に伴う調査』福井県埋蔵文化財調査報告第63集　福井県教育委員会

饅頭山1号墳　田邊朋宏　2012「足羽山古墳群―饅頭山1・2号墳・山頂古墳の調査―」『福井市古墳発掘調査報告書Ⅰ』　福井市教育委員会　pp. 90-112

向山1号墳　網谷克彦　1989「向山1号墳の調査」『考古学研究』第35巻第4号　考古学研究会　p. 36

　　　　　福井県立若狭歴史民俗資料館　1991『特別展　躍動する若狭の王者たち―前方後円墳の時代』福井県立若狭歴史民俗資料館

　　　　　上中町教育委員会　1992『向山1号墳』　上中町教育委員会

　　　　　高橋克壽・永江寿夫（編）　2015『若狭　向山1号墳』　若狭町

［山梨県］

大丸山古墳　仁科義男　1931「大丸山古墳」『山梨県史跡名勝天然紀念物調査報告』第5輯　山梨県　pp. 52-77

　　　　　末永雅雄　1934『日本上代の甲冑』　岡書院

　　　　　保坂和博　1999「武具」『山梨県史』資料編2　原始・古代2　考古（遺構・遺物）　山梨県　pp. 266-274

　　　　　茂木雅博（編）　2007『甲斐大丸山古墳―埋葬施設の調査―』　博古研究会

かんかん塚古墳　小林広和・里村晃一　1979『甲斐茶塚古墳』風土記の丘埋蔵文化財調査報告書第1集　山梨県教育委員会

　　　　　初村武寬　2010「古墳時代中期における小札式付属具の基礎的検討―付属具を構成する小札の用途と装着部位―」『洛北史学』第12号　洛北史学会　pp. 92-118

［長野県］

有明山将軍塚古墳　木下正史・越智俊夫・村井良平・野中麗奈・竹内由香里　2002「有明山将軍塚古墳の調査」『更埴市内前方後円墳範囲確認調査報告書―有明山将軍塚古墳・倉科将軍塚古墳―』　更埴市教育委員会　pp. 13-46

倉科将軍塚2号墳　木下正史・立神史香・松井一晃・矢島宏雄・土屋哲樹・竹内由香里・村井良平・村田淳・小出泰弘・宮沢浩司・滝沢　誠　2002「倉科将軍塚古墳の調査」『更埴市内前方後円墳範囲確認調査報告書―有明山将軍塚古墳・倉科将軍塚古墳―』　更埴市教育委員会　pp. 47-129

　　　　　服部哲則　2006「倉科将軍塚古墳2号墳出土短甲復元にともなう調査研究」『Archaeo-Clio』第7号　東京学芸大学考古学研究室　pp. 133-137

桜ヶ丘古墳　原　嘉藤・金谷克巳・大場磐雄　1966「桜ヶ丘古墳」『信濃浅間古墳』　本郷村教育委員会　pp. 29-40

　　　　　滝沢　誠　1988「長野県松本市桜ヶ丘古墳の再調査」『信濃』第40巻第10号　信濃史学会　pp. 17-30

　　　　　内堀　団（編）　2003『長野県松本市　桜ヶ丘古墳　再整理報告書』松本市文化財報告 No. 170　松本市教育委員会

土口将軍塚古墳　土口将軍塚古墳調査会　1987『長野県史跡土口将軍塚古墳―重要遺跡確認緊急調査―』長野市教育委員会／更埴市教育委員会

七瀬双子塚古墳　岩崎長思　1926「飯綱堂双子塚」『長野県史跡名勝天然紀念物調査報告』第5輯　長野県

　　　　　　　　　　学務課　pp. 77-83
　　　　　　　小野勝年　1953「下高井地方の考古学的調査」『下高井』長野県埋蔵文化財発掘調査報告　長
　　　　　　　　　　野県教育委員会　pp.69-242
　　　　　　　土屋　積　1982「七瀬双子塚古墳」『長野県史』考古資料編　全1巻（2）主要遺跡（北・東
　　　　　　　　　　信）　長野県史刊行会　pp. 293-296
林畔1号墳　片山祐介　2006「林畔1号墳出土短甲について」『長野県考古学会誌』113号　長野県考古学会
　　　　　　　　　　pp. 17-40

［岐阜県］
国府亀塚古墳　松本　優・横幕大祐　2007「亀塚古墳」『国府町史』考古・指定文化財編　国府町史刊行委
　　　　　　　　　　員会　pp. 175-200
中八幡古墳　横幕大祐（編）　2005『中八幡古墳資料調査報告書』　池田町教育委員会
長良龍門寺1号墳　栖崎彰一　1962『岐阜市長良龍門寺古墳』岐阜市文化財調査報告書第1輯　岐阜市教育
　　　　　　　　　　委員会
　　　　　　　稲川由利子　2005「龍門寺1号墳出土短甲の復元」『岐阜市歴史博物館研究紀要』第17号　岐
　　　　　　　　　　阜市歴史博物館　pp. 17-26
　　　　　　　稲川由利子・吉田生物研究所　2011「龍門寺1号墳出土武具の再処理・復元報告」『岐阜市歴
　　　　　　　　　　史博物館研究紀要』第20号　岐阜市歴史博物館　pp. 11-40
船来山98号墳　吉田英敏（編）　1999『船来山古墳群』　糸貫町教育委員会／本巣町教育委員会（船来山古墳
　　　　　　　　　　群発掘調査団）

［静岡県］
安久路2号墳　磐田市埋蔵文化財センター　1989『安久路2・3号墳の写真集』　磐田市教育委員会
安久路3号墳　磐田市埋蔵文化財センター　1989『安久路2・3号墳の写真集』　磐田市教育委員会
各和金塚古墳　平野吾郎・植松章八・岩井克允　1981『各和金塚古墳　測量調査報告書』　掛川市教育委員会
土器塚古墳　竹内直文（編）　2002『土器塚古墳　確認調査報告書』　磐田市教育委員会
五ヶ山B2号墳　鈴木一有（編）　1999『五ヶ山B2号墳』　浅羽町教育委員会
松林山古墳　後藤守一・内藤政光・高橋　勇　1939『静岡県磐田郡松林山古墳発掘調査報告』　静岡県磐田
　　　　　　　　　　郡御厨村郷土教育研究会
　　　　　　　橋本達也　2005「古墳時代中期甲冑の出現と中期開始論―松林山古墳と津堂城山古墳から―」
　　　　　　　　　　『待兼山考古学論集―都出比呂志先生退任記念―』　大阪大学考古学研究室　pp. 539-556
千人塚古墳　鈴木敏則　1998「千人塚古墳」『千人塚古墳，千人塚平・宇藤坂古墳群』　浜松市教育委員会
　　　　　　　　　　pp. 9-54
細江狐塚古墳　鈴木一有（編）　2015『狐塚古墳』　浜松市教育委員会
林2号墳　田村隆太郎・鈴木一有　2008「林2号墳」『森町円田丘陵の古墳群　第二東名建設事業に伴う埋蔵
　　　　　　　　　　文化財発掘調査報告書　森町―3』静岡県埋蔵文化財調査研究所調査報告第186集　静岡県埋
　　　　　　　　　　蔵文化財調査研究所　pp. 180-204
南沼上3号墳　天石夏実　1995「南沼上古墳群」『ふちゅ～る』No. 3　平成5年度静岡市文化財年報　静岡
　　　　　　　　　　市教育委員会　pp. 24-27
文殊堂11号墳　田村隆太郎・鈴木一有　2008「文殊堂11号墳」『森町円田丘陵の古墳群　第二東名建設事業に
　　　　　　　　　　伴う埋蔵文化財発掘調査報告書　森町―3』静岡県埋蔵文化財調査研究所調査報告第186集
　　　　　　　　　　静岡県埋蔵文化財調査研究所　pp. 97-124

[三重県]

石山古墳　京都大学文学部考古学研究室　1993『紫金山古墳と石山古墳』京都大学文学部博物館図録第6冊　京都大学文学部博物館

　　　　　筒井正明（編）　2005『第24回三重県埋蔵文化財展 石山古墳』　三重県埋蔵文化財センター

近代古墳　豊田祥三　2006「附編　近代古墳発掘調査報告」『天童山古墳群発掘調査報告―附編　近代古墳発掘調査報告―』三重県埋蔵文化財調査報告275　三重県埋蔵文化財センター　pp. 137-174

わき塚1号墳　森　浩一・森川櫻男・石部正志・田中英夫・堀田啓一　1973「三重県わき塚古墳の調査」『古代学研究』第66号　古代学研究会　pp. 14-37

　　　　　舘　邦典　2005「わき塚1号墳」『上野市史』考古編　伊賀市　pp. 308-315

[滋賀県]

安土瓢箪山古墳　梅原末治　1938「安土瓢箪山古墳」『滋賀県史跡調査報告』第7冊　滋賀県

　　　　　高橋克壽　1993「4世紀における短甲の変化」『紫金山古墳と石山古墳』京都大学文学部博物館図録第6冊　京都大学文学部博物館　pp. 120-125

泉塚越古墳　林　修平・細川修平　2012『古代甲賀の首長と副葬品―塚越古墳出土遺物調査報告―』甲賀市史編纂叢書第8集　甲賀市教育委員会

大塚越古墳　京都大学総合博物館　1997「大塚越古墳」『王者の武装―5世紀の金工技術―』京都大学総合博物館春季企画展展示図録　京都大学総合博物館　pp. 98-99

北山古墳　重田　勉　1998『虎御前山遺跡―東浅井郡虎姫町所在―』（仮）虎御前山教育キャンプ場整備事業に伴う試掘調査報告書　滋賀県教育委員会／滋賀県文化財保護協会

　　　　　中川正人　1999「北山古墳出土鉄製短甲の製作技法について」『平成11年度春季特別展　寧處に遑あらず―古墳時代の戦乱―』　滋賀県立安土城考古博物館　pp. 91-92

新開1号墳　西田　弘・鈴木博司・金関　恕　1961「新開古墳」『滋賀県史跡調査報告』第12冊　滋賀県教育委員会　pp. 34-57

椿山古墳　小林行雄　1957「滋賀県栗太郡椿山古墳」『日本考古学年報』5　昭和27年度　誠文堂新光社　p. 8

真野1号墳　栗本政志（編）　2016『真野遺跡発掘調査報告書Ⅱ』大津市埋蔵文化財調査報告書100　大津市教育委員会

南山田所在古墳　東京国立博物館　1988「草津市南山田町字大市出土品」『東京国立博物館図版目録』古墳時代遺物篇（近畿Ⅰ）　東京美術　pp. 95-96

雪野山古墳　福永伸哉・杉井　健（編）　1996『雪野山古墳の研究』　八日市市教育委員会

[京都府]

青塚古墳　堤圭三郎　1964「青塚古墳発掘調査概要」『埋蔵文化財発掘調査概報』1964　京都府教育委員会　pp. 20-26

　　　　　小泉裕司・渕内美智子・三辻利一・犬木　努・近藤麻美　2012『城陽市埋蔵文化財調査報告書』第64集　城陽市教育委員会

　　　　　川畑　純　2016「青塚古墳の副葬品と久津川古墳群」『山城の二大古墳群―乙訓古墳群と久津川古墳群―』　京都府立山城郷土資料館　pp. 58-65

　　　　　川畑　純　2017「青塚古墳出土の鉄製品」『城陽市埋蔵文化財調査報告書』第72集　城陽市教育委員会　pp. 22-25

石不動古墳　梅原末治　1955「八幡石不動古墳」『京都府文化財調査報告』第21冊　京都府教育委員会　pp. 21-35

	小野山節　1968「綴喜郡八幡町八幡荘・石不動古墳」『京都大学文学部博物館考古学資料目録』第2部　京都大学文学部　pp.124-126
今林6号墳	福島孝行・壱岐一哉・古川　匠・三好　玄　2001「今林古墳群」『京都府遺跡調査概報』第97冊　京都府埋蔵文化財調査研究センター　pp.52-84
宇治二子山北墳	杉本　宏（編）　1991『宇治二子山古墳発掘調査報告』宇治市文化財調査報告書第2冊　宇治市教育委員会
産土山古墳	梅原末治　1940「竹野村産土山古墳の調査（上）」『京都府史蹟名勝天然紀念物調査報告』第20冊　京都府　pp.81-95
	梅原末治　1955「竹野郡竹野産土山古墳の調査（下）」『京都府文化財調査報告』第21冊　京都府教育委員会　pp.81-96
	河野一隆・野島　永　1993「産土山古墳」『第33回埋蔵文化財研究集会　甲冑出土古墳にみる武器・武具の変遷』第Ⅲ分冊　近畿編　埋蔵文化財研究会　pp.54-57
瓦谷1号墳	橋本清一・小林謙一・伊賀高弘　1994「古墳時代前期の鉄製甲冑の復原―京都府木津町瓦谷古墳出土の小札革綴冑・方形板革綴短甲―」『考古学と自然科学』第27号　日本文化財科学会　pp.35-58
	石井清司・有井広幸（編）　1997『瓦谷古墳群』京都府遺跡調査報告書第23冊　京都府埋蔵文化財調査研究センター
私市円山古墳	鍋田　勇・大崎康文・高野陽子・石崎善久　1989「私市円山古墳」『京都府遺跡調査概報』第36冊　京都府埋蔵文化財調査研究センター　pp.3-79
岸ヶ前2号墳	門田誠一（編）　2001『園部岸ヶ前古墳群発掘調査報告書』　佛教大学
久津川車塚古墳	梅原末治　1920『久津川古墳研究』　関信太郎
	東京国立博物館　1988「城陽市平川出土品」『東京国立博物館図版目録』古墳遺物篇　近畿Ⅰ　東京美術　pp.162-168
	古谷　毅　1988「京都府久津川車塚古墳出土の甲冑―いわゆる"一枚錣"の提起する問題―」『MUSEUM』No.445　ミュージアム出版　pp.4-17
	樋口隆康・小泉裕司　1999「久津川車塚古墳」『城陽市史』第3巻　城陽市　pp.100-125
鞍岡山3号墳	大坪州一郎　2011「京都府精華町　鞍岡山3号墳の調査」『考古学研究』第58巻第1号　考古学研究会　pp.100-102
	大江克己・植村明男・西山要一・村川俊明　2012「京都府精華町鞍岡山3号墳出土短甲の構造復元」『日本文化財科学会第29回大会研究発表要旨集』　日本文化財科学会第29回実行委員会事務局　pp.226-227
黄金塚2号墳	戸原純一　1976「巨幡墓の境界線崩壊防止工事の立会調査」『書陵部紀要』第27号　宮内庁書陵部　pp.92-96
	伊達宗泰（編）　1997『黄金塚2号墳の研究』花大考研報告10　花園大学文学部考古学研究室
芝ヶ原11号墳	近藤義行　1986「芝ヶ原10号・11号墳発掘調査概報」『城陽市埋蔵文化財調査報告書』第15集　城陽市教育委員会　pp.27-48
将軍塚東南所在古墳	岩井夢堂　1908「京都東山将軍塚付近の古墳発掘について（第一回）」『考古界』第7篇第4号　考古学会　pp.160-167
	岩井夢堂　1908「京都東山将軍塚付近古墳発掘について（第二回、完結）」『考古界』第7篇第5号　考古学会　pp.222-230
園部垣内古墳	森　浩一・寺沢知子（編）　1990『園部垣内古墳』同志社大学文学部考古学研究報告第6冊　同志社大学文学部文化学科考古学研究室

椿井大塚山古墳　樋口隆康（編）　1997『昭和28年 椿井大塚山古墳発掘調査報告』京都府山城町埋蔵文化財調査報告書第20集　山城町

　　　　　　　　中島　正（編）　1999『椿井大塚山古墳』京都府山城町埋蔵文化財調査報告書第21集　山城町教育委員会

鳥居前古墳　杉原和雄　1970「鳥居前古墳発掘調査概要」『埋蔵文化財発掘調査概報』1970　京都府教育委員会　pp. 47-67

　　　　　　福永伸哉（編）　1987『鳥居前古墳』大山崎町埋蔵文化財調査報告書第6集　大山崎町教育委員会

　　　　　　福永伸哉（編）　1990『鳥居前古墳―総括編―』大阪大学文学部考古学研究報告第1冊　大阪大学文学部考古学研究室

　　　　　　河野一隆・野島　永　1993「鳥居前古墳」『第33回埋蔵文化財研究集会 甲冑出土古墳にみる武器・武具の変遷』第Ⅲ分冊 近畿編　埋蔵文化財研究会　pp. 101-102

　　　　　　古閑正浩　2011「鳥居前古墳第4次調査報告」『大山崎町埋蔵文化財調査報告書』第42集―平成22年度国庫補助事業調査報告―　大山崎町教育委員会　pp. 1-13

　　　　　　古閑正浩　2011「鳥居前古墳第5次調査報告」『大山崎町埋蔵文化財調査報告書』第42集―平成22年度国庫補助事業調査報告―　大山崎町教育委員会　pp. 14-26

　　　　　　古閑正浩　2012「鳥居前古墳第6次調査報告」『大山崎町埋蔵文化財調査報告書』第43集―平成23年度国庫補助事業調査報告―　大山崎町教育委員会　pp. 10-20

ニゴレ古墳　西谷真治・置田雅昭　1988『ニゴレ古墳』京都府弥栄町文化財調査報告第5集　弥栄町教育委員会

聖塚古墳　阪口英毅・下垣仁志・諫早直人・河野正訓・川畑　純・金　宇大・土屋隆史・新宮領奏絵　2013「綾部市聖塚古墳出土遺物報告―京都大学総合博物館所蔵資料―」『古代学研究』第197号　古代学研究会　pp. 37-46

坊主塚古墳　河野一隆　2000「坊主塚古墳」『新修 亀岡市史』資料編 第1巻 考古　pp. 110-119

美濃山王塚古墳　京都大学総合博物館　1997「八幡大塚古墳」『王者の武装―5世紀の金工技術―』京都大学総合博物館春季企画展展示図録　京都大学総合博物館　pp. 100-105

　　　　　　　　大洞真白・松下知世　2010『王塚古墳範囲確認発掘調査（第1～3次）報告書』八幡市埋蔵文化財発掘調査報告書第54集　八幡市教育委員会

妙見山古墳　梅原末治　1922「大枝村妙見山古墳ノ調査」『京都府史跡勝地調査会報告』第3冊　京都府　pp. 51-66

　　　　　　梅原末治　1955「向日町妙見山古墳」『京都府文化財調査報告』第21冊　京都府教育委員会　pp. 48-73

　　　　　　京都大学文学部考古学研究室向日丘陵古墳群調査団　1971「京都向日丘陵の前期古墳群の調査」『史林』第54巻第6号　史学研究会　pp. 116-139

　　　　　　近藤喬一・都出比呂志（監修）　2004『向日丘陵の前期古墳』開館20周年記念特別展示図録　向日市文化資料館

［大阪府］

和泉黄金塚古墳　末永雅雄・島田　暁・森　浩一　1954『和泉黄金塚古墳』日本考古学報告第5冊　綜芸社

　　　　　　　　白石耕治（編）2005『大阪府和泉市 和泉黄金塚古墳 発掘調査報告書―国庫補助事業による範囲確認調査―』和泉市教育委員会

茨木将軍山古墳　小林行雄　1956「茨木市将軍山古墳調査概報」『日本考古学協会彙報』別篇6　日本考古

　　　　　　　　　　学協会　pp.13-14

　　　　　　　堅田　直　1968『茨木市将軍山古墳　石室移築報告』考古学シリーズ3　帝塚山大学考古学研究室

　　　　　　　廣瀬　覚（編）　2005『将軍山古墳群Ⅰ―考古学資料調査報告集1―』新修茨木市史史料集8　茨木市

　　　　　　　若杉智宏（編）　2008『将軍山古墳群Ⅱ―考古学資料調査報告集2―』新修茨木市史史料集12　茨木市

岡本山A3号墳　森田克行　1985「岡本山A3号墳」『昭和56・57・58年度高槻市文化財年報』　高槻市教育委員会　pp.7-8

　　　　　　　中西裕樹・西本幸嗣（編）　2006『高槻市立しろあと歴史館秋季特別展　三島古墳群の成立―初期ヤマト政権と淀川―』　高槻市立しろあと歴史館

御獅子塚古墳　豊中市教育委員会社会教育課文化係　1990『御獅子塚古墳』　豊中市教育委員会

　　　　　　　柳本照男　2005「御獅子塚古墳」『新修　豊中市史』第4巻　考古　豊中市　pp.305-317

交野東車塚古墳　奥野和夫・小川暢子　2000『交野東車塚古墳』調査編　交野市埋蔵文化財調査報告1999―Ⅰ　交野市教育委員会

亀井古墳　寺川史郎・尾谷雅彦（編）　1980『亀井・城山』寝屋川南部流域下水道事業長吉ポンプ場築造工事関連埋蔵文化財発掘調査報告書　大阪文化財センター

川西古墳　北野耕平　1985「新家古墳・川西古墳」『富田林市史』第1巻　富田林市役所　pp.406-413

久米田貝吹山古墳　南部裕樹（編）　2013『久米田古墳群発掘調査報告1―貝吹山古墳の調査―』岸和田市埋蔵文化財調査報告書11　岸和田市教育委員会

　　　　　　　南部裕樹（編）　2016『久米田古墳群発掘調査報告』立命館大学文学部学芸員課程研究報告第19冊　立命館大学文学部

久米田風吹山古墳　虎間英喜（編）　2014『久米田古墳群発掘調査報告2―風吹山古墳・無名塚古墳・持ノ木古墳の調査―』岸和田市埋蔵文化財調査報告書12　岸和田市教育委員会

　　　　　　　南部裕樹（編）　2016『久米田古墳群発掘調査報告』立命館大学文学部学芸員課程研究報告第19冊　立命館大学文学部

鞍塚古墳　末永雅雄（編）　1991『盾塚　鞍塚　珠金塚古墳』　由良大和古代文化研究協会

黒姫山古墳　末永雅雄・森　浩一　1953『河内黒姫山古墳の研究』大阪府文化財調査報告書第1輯　大阪府教育委員会

心合寺山古墳　吉田野乃（編）　2001『史跡心合寺山古墳発掘調査概要報告書―史跡整備に伴う発掘調査の概要―』八尾市文化財調査報告45／史跡整備事業調査報告2　八尾市教育委員会

　　　　　　　吉田珠己・藤井淳弘（編）　2005『史跡心合寺山古墳整備事業報告書』八尾市文化財調査報告52　八尾市教育委員会

紫金山古墳　京都大学文学部考古学研究室　1993『紫金山古墳と石山古墳』京都大学文学部博物館図録第6冊　京都大学文学部博物館

　　　　　　　阪口英毅（編）　2005『紫金山古墳の研究―古墳時代前期における対外交渉の考古学的研究―』平成14〜16年度科学研究費補助金（基盤研究（B）（2））研究成果報告書　京都大学大学院文学研究科

七観古墳　末永雅雄　1933「七観古墳とその遺物」『考古学雑誌』第23巻第5号　考古学会　pp.21-36

　　　　　　　樋口隆康・岡崎　敬・宮川　徙　1961「和泉国七観古墳調査報告」『古代学研究』第27号　古代学研究会　pp.1-24

　　　　　　　上野祥史・阪口英毅・清水和明・鈴木一有・高橋　工　2012「大阪府七観古墳1913年出土遺物

　　　　　　　　の研究」『マロ塚古墳出土品を中心にした古墳時代中期武器武具の研究』国立歴史民俗博物館研究報告第173集　国立歴史民俗博物館　pp. 237-350

　　　　　　阪口英毅（編）　2014『七観古墳の研究―1947年・1952年出土遺物の再検討―』平成19～21年度科学研究費補助金（若手研究（B））・平成22～24年度科学研究費補助金（若手研究（A））研究成果報告書　京都大学大学院文学研究科

忍岡古墳　梅原末治　1937「河内四条畷村忍岡古墳」『近畿地方古墳墓の調査　二　上野國總社二子山古墳の調査』日本古文化研究所報告第4冊　日本古文化研究所　pp. 2-12

珠金塚古墳　末永雅雄（編）　1991『盾塚　鞍塚　珠金塚古墳』　由良大和古代文化研究協会

　　　　　　藤井陽輔・米田文孝　2013「珠金塚古墳北槨出土三角板鋲留短甲の保存修理と再検討」『関西大学博物館紀要』第19号　関西大学博物館　pp. 1-14

　　　　　　藤井陽輔・米田文孝　2016「珠金塚古墳南槨出土三角板鋲留短甲の保存修理と再検討」『関西大学博物館紀要』第22号　関西大学博物館　pp. 21-37

盾塚古墳　末永雅雄（編）　1991『盾塚　鞍塚　珠金塚古墳』　由良大和古代文化研究協会

玉手山3号墳　岸本直文　2005「玉手山3号墳の発掘調査」『玉手山古墳群の研究Ⅴ―総括編―』　柏原市教育委員会　pp. 7-18

玉手山6号墳　関西大学考古学研究室（村津弘明）　1960「玉手山古墳調査概報」『史泉』第20・21合併号　関西大学史学会　pp. 71-74

　　　　　　嶋田　暁　1960「大阪府玉手山古墳群の発掘」『考古学研究』第7巻第3号　考古学研究会　p. 42

　　　　　　安村俊史　2004「玉手山6号墳」『玉手山古墳群の研究Ⅳ―副葬品編―』　柏原市教育委員会　pp. 7-10

津堂城山古墳　藤井利章　1982「津堂城山古墳の研究」『藤井寺市史紀要』第3集　藤井寺市　pp. 1-64

　　　　　　橋本達也　2005「古墳時代中期甲冑の出現と中期開始論―松林山古墳と津堂城山古墳から―」『待兼山考古学論集―都出比呂志先生退任記念―』　大阪大学考古学研究室　pp. 539-556

　　　　　　山田幸弘（編）　2013『津堂城山古墳―古市古墳群の調査研究報告Ⅳ―』藤井寺市文化財調査報告第33集　藤井寺市教育委員会

堂山1号墳　三木　弘（編）　1993・1994『堂山古墳群』大阪府文化財調査報告書第45輯　大阪府教育委員会

豊中大塚古墳　柳本照男（編）　1987『摂津豊中　大塚古墳』豊中市文化財調査報告第20集　豊中市教育委員会

長持山古墳　小林行雄　1962「長持山古墳の調査」『大阪府の文化財』　大阪府教育委員会　pp. 63-65

　　　　　　塚本敏夫　1997「長持山古墳出土挂甲の研究」『王者の武装―5世紀の金工技術―』京都大学総合博物館春季企画展示図録　京都大学総合博物館　pp. 64-87

鍋塚古墳　井藤　徹　1966「鍋塚古墳発掘調査概要」『大阪府文化財調査概要』1965・1966年度　大阪府教育委員会　pp. 1-7

庭鳥塚古墳　河内一浩（編）　2010『庭鳥塚古墳発掘調査報告（羽曳野市内の前期古墳の調査）』羽曳野市埋蔵文化財調査報告書66　羽曳野市教育委員会

野中古墳　北野耕平　1976『河内野中古墳の研究』大阪大学文学部国史研究室研究報告第2冊　大阪大学文学部国史研究室

　　　　　　高橋照彦・中久保辰夫（編）　2014『野中古墳と「倭の五王」の時代』大阪大学総合学術博物館叢書10　大阪大学出版会

　　　　　　高橋照彦・中久保辰夫・橋本達也・三好裕太郎・竹内裕貴　2018「大阪府野中古墳出土品の再

検討」『大阪大学大学院文学研究科紀要』第58巻　大阪大学大学院文学研究科　pp. 1-100

百舌鳥大塚山古墳　森　浩一　2003「失われた時を求めて―百舌鳥大塚山古墳の調査を回顧して―」『堺市博物館報』第22号　堺市博物館　pp. 1-19

樋口吉文　2003「館収蔵・百舌鳥大塚山古墳出土の資料について」『堺市博物館報』第22号　堺市博物館　pp. 24-32

百舌鳥陵南遺跡　中村　浩（編）　1975『百舌鳥陵南遺跡発掘調査概要―堺市百舌鳥陵南町所在―』大阪府文化財調査概要1974―13　大阪府教育委員会

上原真人（編）　1993「陵南北遺跡」「百舌鳥陵南遺跡」『木器集成図録』近畿原史篇（解説）　奈良国立文化財研究所史料第36冊　奈良国立文化財研究所　pp. 287-288

内本勝彦（編）　1994「百舌鳥陵南遺跡発掘調査概要報告―百舌鳥西之町1丁RN―6地点―」『堺市文化財調査概要報告』第45冊　堺市教育委員会

野田芳正（編）　1996「百舌鳥陵南遺跡発掘調査概要報告―堺市百舌鳥本町1丁RN7地点―」『堺市文化財調査概要報告』第57冊　堺市教育委員会

山中田1号墳　樋口めぐみ　2005「山中田1号墳の短甲」『河内に眠る王たち』八尾市立歴史民俗資料館　p. 31

[兵庫県]

沖田11号墳　塚本敏夫・尾崎　誠・橋本英将・管野成則・谷本　進　2012「分離・合体可能な甲冑の復元と展示」『日本文化財科学会第29回大会研究発表要旨集』日本文化財科学会第29回実行委員会事務局　pp. 274-275

小野王塚古墳　阪口英毅（編）　2006『小野王塚古墳 出土遺物保存処理報告書』小野市文化財調査報告第17集　小野市教育委員会

北大塚古墳　高野政昭　1996「北大塚古墳」『加古川市史』第4巻 史料編Ⅰ　加古川市　pp. 252-255

雲部車塚古墳　阪口英毅（編）　2010『雲部車塚古墳の研究』兵庫県立考古博物館研究紀要第3号　兵庫県立考古博物館

クワンス塚古墳　森　幸三　2013「クワンス塚古墳」『玉丘古墳群Ⅳ　クワンス塚古墳（第2次・第3次）陪冢1号墳（第1次・第2次）逆古墳（第1次・第2次）』加西市埋蔵文化財報告72　加西市教育委員会

茶すり山古墳　岸本一宏（編）　2010『史跡 茶すり山古墳』兵庫県文化財調査報告第383冊／一般国道483号北近畿豊岡自動車道春日和田山道路Ⅱ建設に伴う埋蔵文化財発掘調査報告書―Ⅶ　兵庫県教育委員会

年ノ神6号墳　長濱誠司（編）　2002『年ノ神古墳群―山陽自動車道建設事業に伴う埋蔵文化財調査報告ⅩⅩⅩⅥ―』兵庫県文化財調査報告第234冊　兵庫県教育委員会

西求女塚古墳　安田　滋（編）　2004『西求女塚古墳 発掘調査報告書』神戸市教育委員会

[奈良県]

斑鳩大塚古墳　北野耕平　1958「斑鳩大塚古墳」『奈良県史跡名勝天然記念物調査抄報』第10輯　奈良県教育委員会　pp. 43-54

豊島直博（編）　2015『斑鳩大塚古墳発掘調査報告書Ⅰ』奈良大学考古学研究調査報告書第19冊　奈良大学文学部文化財学科

豊島直博・間所克仁（編）　2016『斑鳩大塚古墳発掘調査報告書Ⅱ』奈良大学考古学研究調査報告書第20冊　奈良大学文学部文化財学科

	豊島直博・土屋博史（編） 2017『斑鳩大塚古墳発掘調査報告書Ⅲ』奈良大学考古学研究調査報告書第21冊　奈良大学文学部文化財学科
池殿奥5号墳	楠元哲夫　1988「5号墳」『野山遺跡群Ⅰ』奈良県史跡名勝天然記念物調査報告第56冊　奈良県教育委員会　pp. 171-191
池ノ内5号墳	菅谷文則　1978「池ノ内5号墳」『磐余・池ノ内古墳群』奈良県史跡名勝天然記念物調査報告28冊　奈良県教育委員会　pp. 56-87
市尾今田1号墳	今尾文昭（編）　1983「高取町市尾今田古墳群発掘調査概報」『奈良県遺跡調査概報』1981年度（第2分冊）　奈良県立橿原考古学研究所　pp. 439-451
	今尾文昭　1993「市尾今田1号墳」『第33回埋蔵文化財研究集会　甲冑出土古墳にみる武器・武具の変遷』第Ⅲ分冊　近畿編　埋蔵文化財研究会　pp. 364-366
市尾今田2号墳	今尾文昭（編）　1983「高取町市尾今田古墳群発掘調査概報」『奈良県遺跡調査概報』1981年度（第2分冊）　奈良県立橿原考古学研究所　pp. 439-451
	今尾文昭　1993「市尾今田2号墳」『第33回埋蔵文化財研究集会　甲冑出土古墳にみる武器・武具の変遷』第Ⅲ分冊　近畿編　埋蔵文化財研究会　p. 367
上殿古墳	伊達宗泰　1966「和爾上殿古墳」『奈良県史跡名勝天然記念物調査報告』第23冊　奈良県教育委員会
	高橋　工　1987「大塚古墳出土甲冑の編年的位置」『摂津豊中　大塚古墳』豊中市文化財調査報告第20集　豊中市教育委員会　pp. 141-149
	橋本達也　1998「竪矧板・方形板革綴短甲の技術と系譜」『青丘学術論集』第12集　韓国文化研究振興財団　pp. 47-76
後出2号墳	松永博明・高橋　工・藤原郁代　1986「後出古墳群Ⅰ」『奈良県遺跡調査概報』1985年度（第2分冊）　奈良県立橿原考古学研究所　pp. 145-163
	松永博明・吉村和昭・西藤清秀　2003「2号墳」『後出古墳群』奈良県史跡名勝天然記念物調査報告第61冊　奈良県立橿原考古学研究所　pp. 15-42
円照寺墓山1号墳	佐藤小吉・末永雅雄　1930「円照寺墓山1号古墳調査」『奈良県史跡名勝天然記念物調査報告』第11冊　奈良県教育委員会　pp. 1-106
円照寺墓山2号墳	伊達宗泰　1968「円照寺墓山第2号墳」『奈良市史』考古編　吉川弘文館　pp. 368-376
鴨都波1号墳	御所市教育委員会　2001『鴨都波1号墳　調査概報』　学生社
黒塚古墳	奈良県立橿原考古学研究所（岡林孝作・水野敏典・奥山誠義（編））　2018『黒塚古墳の研究』八木書店
五條大墓古墳	末永雅雄　1934『日本上代の甲冑』　岡書院
	古谷　毅　2006「方形板革綴短甲の基礎的研究（1）」『東京国立博物館紀要』第41号　東京国立博物館　pp. 101-171
五條猫塚古墳	網干善教　1962『五条猫塚古墳』奈良県史跡名勝天然記念物調査報告書第20冊　奈良県教育委員会
	吉澤　悟・川畑　純・初村武寛（編）　2013『五條猫塚古墳の研究』写真図版編　奈良国立博物館
	吉澤　悟・川畑　純・初村武寛（編）　2014『五條猫塚古墳の研究』報告編　奈良国立博物館
	吉澤　悟・川畑　純・初村武寛（編）　2015『五條猫塚古墳の研究』総括編　奈良国立博物館
コナベ古墳外周溝	木下　亘・水野敏典　1998「奈良市法華寺町佐紀・盾列古墳群、松林苑発掘調査概報」『奈良県遺跡調査概報』1997年度（第1分冊）　奈良県立橿原考古学研究所
	坂　　靖（編）　2013『5世紀のヤマト～まほろばの世界～』奈良県立橿原考古学研究所附属

	博物館特別展図録第79冊　奈良県立橿原考古学研究所附属博物館
薩摩 5 号墳	北山峰生　2014『薩摩遺跡Ⅰ―高取バイパス建設に伴う調査報告書 4 ―』奈良県立橿原考古学研究所調査報告第116冊　奈良県立橿原考古学研究所
高山 1 号墳	松永博明　1990「高山古墳群」『奈良県遺跡調査概報』1989年度（第 2 分冊）　奈良県立橿原考古学研究所　pp. 31-35
タニグチ 1 号墳	河上邦彦・西藤清秀（編）　1996『タニグチ古墳群（付　タニグチ墳墓群）発掘調査報告』高取町文化財調査報告第17冊　高取町教育委員会
東大寺山古墳	小田木治太郎・藤原郁代（編）2010『東大寺山古墳の研究―初期ヤマト王権の対外交渉と地域間交流の考古学的研究―』平成19～21年度科学研究費補助金（基盤研究（B））研究成果報告書　東大寺山古墳研究会／天理大学／天理大学附属天理参考館
富雄丸山古墳	久野邦雄・泉森　皎　1973『富雄丸山古墳』奈良県文化財調査報告書第19集　奈良県教育委員会
	八賀　晋　1982「富雄丸山古墳出土遺物」『富雄丸山古墳　西宮山古墳　出土遺物』　京都国立博物館　pp. 1-28
	今尾文昭　1983「富雄丸山古墳」『大和考古資料目録』第11集　前期古墳資料（1）　奈良県立橿原考古学研究所　pp. 1-16
南郷角田遺跡	坂　靖　1996「南郷角田地区の調査」『南郷遺跡群Ⅰ』奈良県史跡名勝天然記念物調査報告第69冊　奈良県立橿原考古学研究所　pp. 18-59
新沢千塚139号墳	吉田二良・伊達宗泰　1981「139号墳」『新沢千塚古墳群』奈良県史跡名勝天然記念物調査報告第39冊　奈良県教育委員会　pp. 370-383
新沢千塚166号墳	伊達宗泰　1981「166号墳」『新沢千塚古墳群』奈良県史跡名勝天然記念物調査報告第39冊　奈良県教育委員会　pp. 230-233
	橿原市教育委員会　1988『史跡新沢千塚古墳群保存整備報告』　橿原市教育委員会
新沢千塚500号墳	網干善教・伊達宗泰・森　浩一・山田良三・猪熊兼勝・堀田啓一・寺沢知子・菅谷文則　1981「500号墳（茶臼山古墳）」『新沢千塚古墳群』奈良県史跡名勝天然記念物調査報告第39冊　奈良県教育委員会　pp. 23-78
新沢千塚508号墳	石部正志　1981「508号墳」『新沢千塚古墳群』奈良県史跡名勝天然記念物調査報告第39冊　奈良県教育委員会　pp. 92-100
兵家 6 号墳	楠元哲夫・伊藤勇輔　1978「6 号墳の調査」『北葛城郡当麻町兵家古墳群』奈良県史跡名勝天然記念物調査報告第37冊　奈良県教育委員会　pp. 75-109
兵家12号墳	伊藤勇輔　1978「12号墳の調査」『北葛城郡当麻町兵家古墳群』奈良県史跡名勝天然記念物調査報告第37冊　奈良県教育委員会　pp. 130-152
藤ノ木古墳	奈良県立橿原考古学研究所　1990『斑鳩藤ノ木古墳　第一次調査報告書』　斑鳩町／斑鳩町教育委員会
	奈良県立橿原考古学研究所　1993『斑鳩藤ノ木古墳　第二・三次調査報告書』　奈良県立橿原考古学研究所
別所城山 2 号墳	白石太一郎　1974「城山第 2 号墳」『馬見丘陵における古墳の調査』奈良県史跡名勝天然記念物調査報告第29冊　奈良県教育委員会　pp. 75-84
	白石太一郎　1974「城山第 2 号墳出土の札甲」『馬見丘陵における古墳の調査』奈良県史跡名勝天然記念物調査報告第29冊　奈良県教育委員会　pp. 110-113
	船山政志　1993「香芝市別所城山 2 号墳出土札甲の復元的研究」『ふたかみ』1　1992（平成 4 ）年度香芝市二上山博物館年報・紀要　香芝市二上山博物館　pp. 83-96

ベンショ塚古墳　森下浩行　1991「ベンショ塚古墳の調査」『奈良市埋蔵文化財調査概要報告書』平成2年度　奈良市教育委員会　pp.109-112

室ネコ塚古墳　藤田和尊　1985「位置と環境」『奈良県御所市室 巨勢山境谷10号墳発掘調査報告』御所市文化財調査報告書第4集　御所市教育委員会　pp.1-6

室宮山古墳　秋山日出雄・網干善教　1959『室大墓』奈良県史跡名勝天然記念物調査報告第18冊　奈良県教育委員会

　　　　　　千賀　久　1995『古代葛城の王 王をささえた技術者集団』奈良県立橿原考古学研究所附属博物館特別展図録第46冊　奈良県立橿原考古学研究所附属博物館

　　　　　　木許　守（編）　1996『奈良県御所市室宮山古墳範囲確認調査報告』御所市文化財調査報告書第20集　御所市教育委員会

　　　　　　藤田和尊・木許　守（編）　1999『台風7号被害による室宮山古墳出土遺物』御所市文化財調査報告書第24集　御所市教育委員会

［和歌山県］

寺内63号墳　関西大学文学部考古学研究室　1972「寺内63号墳」『和歌山市における古墳文化—晒山、総網寺谷古墳群・楠見遺跡調査報告—』関西大学文学部考古学研究第4冊　関西大学文学部考古学研究室　pp.65-75

前山A17号墳　田澤金吾　1921「第十七号墳」『和歌山県史跡調査報告第一（岩橋千塚第一期調査）』和歌山県史跡名勝天然記念物調査会報告書第1輯　和歌山県　p.4

［鳥取県］

上ノ山古墳　佐々木古代文化研究室　1964「上ノ山古墳」『福岡古墳群 鳥取県西伯郡淀江町福岡古墳群調査概要』佐々木古代文化研究室記録第3　稲葉書房　pp.97-126

古郡家1号墳　髙田健一（編）　2013『古郡家1号墳・六部山3号墳の研究—出土品再整理報告書—』鳥取県

倭文6号墳　山田真宏　2004「倭文6号墳」『鳥取市 倭文所在城跡・倭文古墳群姫鳥線整備促進関連事業に係る倭文所在城跡、倭文2〜9号墳の発掘調査』鳥取市文化財団　pp.42-58

　　　　　　髙田健一（編）　2018『鳥取市 倭文6号墳出土遺物の研究　出土品再整理報告書』鳥取市文化財調査報告書第25集　鳥取市教育委員会

湯山6号墳　久保穣二朗（編）　1978『湯山6号墳発掘調査報告書』福部村文化財報告書　福部村教育委員会

［島根県］

丹花庵古墳　大谷晃二・林　健亮・松本岩雄・宮本正保　1998「丹花庵古墳の測量調査」『古代文化研究』第6号　島根県古代文化センター　pp.57-88

中山B−1号墳　三宅博士・松本岩雄・前島己基　1977『中山古墳群発掘調査概報』石見町教育委員会

　　　　　　橋本達也　1998「竪矧板・方形板革綴短甲の技術と系譜」『青丘学術論集』第12集　韓国文化研究振興財団　pp.47-76

毘売塚古墳　大谷晃二・清野孝之　1996「安来市毘売塚古墳の再検討」『島根考古学会誌』第13集　島根考古学会　pp.33-51

［岡山県］

奥の前1号墳　　倉林眞砂斗・山田俊輔・澤田秀実　2000「奥の前1号墳〈油木高塚古墳〉」『美作の首長墳―墳丘測量調査報告―』美作地方における前方後円墳秩序の構造的研究Ⅰ　吉備人出版　pp. 78-88

倉林眞砂斗（編）　2004『前方後円墳時代の首長ネットワークに関する多角的研究』平成12年度～平成15年度科学研究費補助金（基盤研究Ｃ一般）研究成果報告書　倉林眞砂斗

佐野山古墳　　近藤義郎　1986「佐野山古墳」『岡山県史』第18巻 考古資料　岡山県　p. 357

近藤義郎　1987「佐野山古墳」『総社市史』考古資料編　総社市　pp. 170-174

正崎2号墳　　宇垣匡雅・高畑富子（編）　2004『正崎2号墳『正崎2・4号古墳』復刻 甲冑の整理・保存報告』山陽町文化財調査報告第1集　山陽町教育委員会

随庵古墳　　鎌木義昌・間壁忠彦・間壁葭子　1965『総社市 随庵古墳』　総社市教育委員会

千足古墳　　安川　満　2000「伝・千足古墳出土遺物」『造山第2号墳　付伝・千足古墳出土遺物』　岡山市教育委員会　pp. 89-98

西田和浩（編）　2015『千足古墳―第1～第4次発掘調査報告書―』　岡山市教育委員会

月の輪古墳　　近藤義郎（編）　1960『月の輪古墳　岡山県久米郡柵原町飯岡』　月の輪古墳刊行会

天狗山古墳　　松木武彦・和田　剛・寺村裕史（編）　2014『天狗山古墳』　岡山大学考古学研究室／天狗山古墳発掘調査団

伝岡山市三門町岩井出土　　藤原郁代　2006「岡山市三門周辺の古墳から出土した甲冑」『天理参考館報』第19号 2005年度　天理大学出版部　pp. 75-91

旗振台古墳　　鎌木義昌　1962「旗振台古墳」『岡山市史』古代編　岡山市役所　pp. 148-160

［広島県］

亀山1号墳　　桑原隆博（編）　1983『亀山遺跡―第2次発掘調査概報―』　広島県教育委員会

［山口県］

赤妻古墳　　弘津史文　1928「周防国赤妻古墳並茶臼山古墳」『考古学雑誌』第18巻第4号　聚精堂　pp. 20-40

古賀真木子　1997『赤妻古墳』山口市埋蔵文化財調査報告第67集　山口市教育委員会

天神山1号墳　　山口市教育委員会社会教育課　1979『天神山古墳』山口市埋蔵文化財調査報告第8集　山口市教育委員会

河野正訓　2013「山口市天神山1号墳出土の武具」『考古学雑誌』第97巻第2号　日本考古学会　pp. 29-58

［徳島県］

大代古墳　　原　芳伸・栗林誠治・藤川智之・湯浅利彦　2005「大代古墳」『四国横断自動車道建設に伴う埋蔵文化財発掘調査報告』本文編〈第1分冊〉　徳島県埋蔵文化財センター調査報告書第62集　徳島県教育委員会／徳島県埋蔵文化財センター／日本道路公団　pp. 989-1146

恵解山2号墳　　末永雅雄・森　浩一　1966『眉山周辺の古墳―恵解山古墳群 節句山古墳群―』徳島県文化財調査報告書第9集　徳島県教育委員会

国高山古墳　　阿部里司　1987「国高山古墳」『阿南市史』第1巻 原始・古代・中世編　阿南市　pp. 112-116

橋本達也　2002「四国における古墳時代前・中期の鉄製品」『論集 徳島の考古学』　徳島考古学論集刊行会　pp. 531-544

［香川県］

相作馬塚古墳　梶原慎司・高上　拓（編）　2017『相作馬塚古墳Ⅱ』高松市埋蔵文化財調査報告第185集　高松市教育委員会／株式会社日進堂

岩崎山1号墳　香川県史跡名勝天然紀念物調査会　1930「岩崎山古墳」『香川県史跡名勝天然紀念物調査報告』第5　香川県　pp.23-54

　　　　　　　樋口隆康　2002「岩崎山第1号古墳」『岩崎山第4号古墳・快天山古墳発掘調査報告書』　津田町教育委員会／綾歌町教育委員会　pp.35-40

津頭東古墳　文責不明　1983「津頭古墳群」『新編　香川叢書』考古篇　新編香川叢書刊行企画委員会　pp.458-463

　　　　　　斉藤賢一　1983「津頭東古墳」『香川県史』資料編　考古　香川県　pp.244-245, 640

原間6号墳　片桐孝浩（編）　2002「原間6号墳」『四国横断自動車道建設に伴う埋蔵文化財発掘調査報告』第42冊　原間遺跡Ⅱ　香川県教育委員会／香川県埋蔵文化財調査センター／日本道路公団／香川県土木部　pp.80-121

［愛媛県］

唐子台79号墳　正岡睦夫　1978「愛媛県今治市桜井雉之尾丘陵の古墳出土遺物」『古代学研究』第86号　古代学研究会　pp.26-32

日吉山所在古墳　正岡睦夫　2001「愛媛県今治市日吉山古墳出土の短甲―愛媛県内出土の武具―」『古文化談叢』第47集　九州古文化研究会　pp.67-82

［福岡県］

石塚山古墳　長嶺正秀・高橋　章（編）　1988『石塚山古墳発掘調査概報―福岡県京都郡苅田町所在古墳の調査報告―』苅田町文化財調査報告書第9集　苅田町教育委員会

　　　　　　長嶺正秀（編）　1996『豊前石塚山古墳』郷土誌かんだ9号（特集号）　苅田町／かんだ郷土史研究会

稲童15号墳　小田富士雄・大賀克彦・古谷　毅　2005「稲童15号墳」『稲童古墳群―福岡県行橋市稲童所在の稲童古墳群調査報告―』行橋市文化財調査報告書第32集　行橋市教育委員会　pp.73-88

　　　　　　古谷　毅　2006「方形板革綴短甲の基礎的研究（1）」『東京国立博物館紀要』第41号　東京国立博物館　pp.101-171

　　　　　　吉村和昭（編）　2018『古墳時代中期における甲冑生産組織の研究―「型紙」と製作工程の分析を中心として―』平成26年度～29年度科学研究費助成事業基盤研究（B）研究成果報告書　奈良県立橿原考古学研究所

稲童21号墳　山中英彦・大澤元裕・大賀克彦・宇野慎敏・村山佳代子・石山　勲・桃崎祐輔・片岡宏二・伊藤吕広　2005「稲童21号墳」『稲童古墳群―福岡県行橋市稲童所在の稲童古墳群調査報告―』行橋市文化財調査報告書第32集　行橋市教育委員会　pp.92-154

勝浦井ノ浦古墳　川述昭人　1977「10号墳」『新原・奴山古墳群　宗像郡津屋崎町大字勝浦所在古墳群の調査』福岡県文化財調査報告書第54集　福岡県教育委員会　pp.34-37

上高宮古墳　田中幸夫　1938「官幣大社宗像神社辺津宮と祭祀遺跡」『考古学雑誌』第28巻第1号　吉川弘文館　pp.46-55

　　　　　　岡崎　敬　1979「宗像地域の展開と宗像大神」『宗像沖ノ島』本文　宗像大社復興期成会　pp.452-480

久戸6号墳　酒井仁夫（編）　1979『久戸古墳群　宗像郡宗像町大字河東所在古墳群の調査』宗像町文化財調

	査報告書第 2 集　宗像町教育委員会
雀居遺跡	松村道博・小畑弘己・本田光子・布目順郎　1995『雀居遺跡 3』福岡市埋蔵文化財調査報告書第407集　福岡市教育委員会
笹原古墳	舟山良一（編）　1985『笹原古墳 福岡県大野城市大城 4 丁目所在古墳調査報告』大野城市文化財調査報告書第15集　大野城市教育委員会
鋤崎古墳	杉山富雄（編）　2002『鋤崎古墳─1981〜1983年調査報告─』福岡市埋蔵文化財調査報告書第730集　福岡市教育委員会
竹並古墳	小田富士雄・石松好雄　1964「九州古墳甲冑地名表」『九州考古学』第23号　九州考古学会　pp. 2-9
塚堂古墳	児玉真一（編）　1990『若宮古墳群Ⅱ─塚堂古墳・日岡古墳─』吉井町文化財調査報告書第 6 集　吉井町教育委員会
月岡古墳	児玉真一（編）　2005『若宮古墳群Ⅲ─月岡古墳─』吉井町文化財調査報告書第19集　吉井町教育委員会
堤当正寺古墳	松尾　宏（編）　2000『堤当正寺古墳』甘木市文化財調査報告書第49集　甘木市教育委員会
永浦 4 号墳	甲斐孝司（編）　2004『永浦遺跡群─第 1 次・2 次調査─ 福岡県古賀市鹿部所在遺跡の調査報告書』古賀市文化財調査報告書第35集　古賀市教育委員会
奴山正園古墳	佐々木隆彦（編）　2013『奴山正園古墳 福岡県福津市津屋崎大字奴山字正園所在古墳の調査』福津市文化財調査報告書第 6 集　福津市教育委員会
花耸 1 号墳	宮田浩之　2001「花耸古墳群」『小郡市史』第 4 巻 資料編 原始・古代　小郡市　pp. 456-460
羽根戸南 E─11号墳	久住猛雄　2001「E─11号墳」『羽根戸南古墳群　第 3 次調査 前方後円墳 3 基を含む 4 世紀〜 7 世紀の古墳群の報告』福岡市埋蔵文化財調査報告書第661集　福岡市教育委員会　pp. 42-46
原 1 号墳	木下　修　1976「Ⅲ 原古墳群の調査　3.1号墳」『山陽新幹線関係埋蔵文化財調査報告』第 2 集　春日市・筑紫郡那珂川町所在遺跡群の調査　福岡県教育委員会　pp. 22-27
ビワノクマ古墳	鏡山　猛　1959「福岡県行橋市琵琶隈古墳」『日本考古学年報』8　誠文堂新光社　pp. 111-112
	行橋市歴史資料館　2001『平成13年度特別展 豊の国からのメッセージ 行橋の埋蔵文化財』行橋市教育委員会
	山口裕平（編）　2013『ビワノクマ古墳』行橋市文化財調査報告書第47集　行橋市教育委員会
宮司井手ノ上古墳	橋口達也（編）　1991『宮司井手ノ上古墳─福岡県宗像郡津屋崎町所在古墳の調査報告─』津屋崎町文化財調査報告第 7 集　津屋崎町教育委員会
山の神古墳	辻田淳一郎（編）　2015『山の神古墳の研究─「雄略朝」期における地域社会と人制に関する考古学的研究：北部九州を中心に─』日本学術振興会科学研究費基盤研究（B）成果報告書　九州大学大学院人文科学研究院考古学研究室
百合ヶ丘16号墳	山中英彦・片岡宏二・小嶋　篤・橋本達也　2013「16号墳」『百合ヶ丘古墳群』苅田町文化財調査報告書第45集　苅田町教育委員会　pp. 55-68
老司古墳	山口譲治・吉留秀敏・渡辺芳郎（編）　1989『老司古墳』福岡市埋蔵文化財調査報告書第209集　福岡市教育委員会
若八幡宮古墳	柳田康雄・副島邦弘　1971「若八幡宮古墳」『今宿バイパス関係埋蔵文化財調査報告』第 2 集　福岡県教育委員会　pp. 7-43

［佐賀県］

熊本山古墳　　木下之治・小田富士雄　1967「熊本山船型石棺墓」『佐賀県文化財調査報告書』第16集　佐賀県教育委員会　pp. 27-47

　　　　　　　橋本達也　1998「竪矧板・方形板革綴短甲の技術と系譜」『青丘学術論集』第12集　韓国文化研究振興財団　pp. 47-76

汐井川２号墳　　小松　譲（編）　2017『西九州自動車道建設に係る文化財調査報告書（18）　汐井川古墳群』佐賀県文化財調査報告書第215集　佐賀県教育委員会

夏崎古墳　　船井向洋　2006「夏崎古墳」『伊万里市史』原始・古代・中世　伊万里市　pp. 280-292

西分円山古墳　　橋本達也　2004「永浦４号墳出土副葬品の意義―甲冑・鉄鏃を中心として―」『永浦遺跡群―第１次・２次調査―福岡県古賀市鹿部所在遺跡の調査報告書』古賀市文化財調査報告書第35集　古賀市教育委員会　pp. 153-168

［熊本県］

江田船山古墳　　本村豪章　1991「古墳時代の基礎研究稿―資料篇（Ⅱ）―」『東京国立博物館紀要』第26号　東京国立博物館　pp. 9-282

　　　　　　　西田道世（編）　2007『菊水町史』江田船山古墳編　和水町

小坂大塚古墳　　梅原末治・古賀徳義・下林繁夫　1925「熊本県下にて発掘せられたる主要なる古墳の調査（第１回）　上益城郡小坂の大塚古墳」『熊本県史跡名勝天然紀念物調査報告』第２冊　熊本県　pp. 166-188

塚原将軍塚古墳　　三島　格　1965「塚原古墳群」『城南町史』　城南町史編纂会　pp. 87-101

　　　　　　　松本健郎　1983「塚原古墳群をめぐる二・三の問題」『上の原遺跡Ⅰ』熊本県文化財調査報告第58集　熊本県教育委員会　pp. 211-222

伝左山古墳　　福原岱郎・本多忠綱　1898「肥後国玉名郡繁根木村の古墳及び発見品」『考古学会雑誌』第２編第４号　考古学会　pp. 30-35

　　　　　　　梅原末治・古賀徳義・下林繁夫　1925「熊本県下にて発掘せられたる主要なる古墳の調査（第１回）　玉名郡繁根木の古墳」『熊本県史跡名勝天然紀念物調査報告』第２冊　熊本県　pp. 80-89

　　　　　　　西嶋剛広　2012「熊本地域出土鋲留短甲の検討　編年的位置付けと配布の背景」『マロ塚古墳出土品を中心にした古墳時代中期武器武具の研究』国立歴史民俗博物館研究報告第173集　国立歴史民俗博物館　pp. 381-410

　　　　　　　荒木隆宏（編）　2013『伝左山古墳出土品図録』玉名市立歴史博物館こころピア資料集成第８集　玉名市立歴史博物館こころピア

楢崎山５号墳　　清水和明・高橋　工　1998「古墳時代の外来系甲冑資料について―福岡県塚堂古墳と熊本県楢崎山５号墳出土甲冑―」『大阪市文化財協会研究紀要』創刊号　大阪市文化財協会　pp. 33-50

　　　　　　　松崎友理・美濃口紀子　2010「熊本県内における古墳時代の挂甲に関する研究」『熊本博物館館報』No.22（2009年度報告）　熊本市立熊本博物館　pp. 52-75

三角鬼塚古墳　　米倉秀紀・三山　茂・林田奈生子　1985「鬼塚古墳」『宇土半島古墳群分布調査報告（郡浦・戸馳西地区）』三角町文化財調査報告第４集　三角町教育委員会　pp. 21-27

　　　　　　　西嶋剛広　2009「天草北部島嶼域出土甲冑の検討」『八代海沿岸地域における古墳時代在地墓制の発達過程に関する基礎的研究』2006年度～2008年度科学研究費補助金（基盤研究Ｃ）研究成果報告書　熊本大学文学部　pp. 195-205

マロ塚古墳　　　杉井　健・上野祥史（編）　2012『マロ塚古墳出土品を中心にした古墳時代中期武器武具の研究』国立歴史民俗博物館研究報告第173集　国立歴史民俗博物館

［大分県］
臼塚古墳　　　佐藤蔵太郎　1928「臼塚」『史跡名勝天然紀念物調査報告』第6輯　大分県史跡名勝天然紀念物調査会　pp. 127-130
　　　　　　　高橋　徹（編）　1980『宝剣山古墳　佐伯市向渡町所在古墳調査報告』　佐伯市教育委員会
葛原古墳　　　小田富士雄・賀川光夫・真野和夫・小倉正五　1975「葛原古墳」『宇佐市史』上巻　宇佐市史刊行会　pp. 148-154
　　　　　　　小倉正五・佐藤良二郎　1989「葛原古墳再考」『古文化談叢』第20集（下）　九州古文化研究会　pp. 113-127
御陵古墳　　　賀川光夫・小田富士雄　1968『御陵古墳緊急発掘調査』大分県文化財調査報告第24輯　大分県教育委員会
枇杷ノ木古墳　小野山節　1968「別府市朝見枇把ノ木・古墳」『京都大学文学部考古学資料目録』第2部　日本歴史時代　京都大学文学部　p. 265
岬古墳　　　　香々地町誌刊行会　1979『香々地町誌』　香々地町誌刊行会
　　　　　　　真野和夫　1990「入江先生を偲んで―香々地町岬古墳出土遺物―」『おおいた考古』第3集　大分県考古学会　pp. 5-9

［宮崎県］
上ノ坊2号墳　橋本達也　2004「永浦4号墳出土副葬品の意義―甲冑・鉄鏃を中心として―」『永浦遺跡群―第1次・2次調査―　福岡県古賀市鹿部所在遺跡の調査報告書』古賀市文化財調査報告書第35集　古賀市教育委員会　pp. 153-168
　　　　　　　高浦　哲　2011「延岡の古墳と上多々良遺跡の比較検討」『上多々良遺跡　岡富古川土地区画整理事業に伴う埋蔵文化財発掘調査報告書』延岡市文化財報告書第45集　延岡市教育委員会　pp. 205-234
　　　　　　　甲斐貴充　2012「上ノ坊遺跡」『蒼き海路を統べるもの～古墳時代前半の日向海岸部～』　宮崎県立西都原考古博物館　p. 9
木脇塚原A号地下式横穴墓　田中　茂　1977「国富町塚原地下式横穴A号出土遺物―長方板革綴衝角付冑他―」『宮崎考古』第3号　宮崎考古学会　pp. 14-21
西都原4号地下式横穴墓　茂山　護・山中悦雄・徳永孝一（編）　1983『宮崎県総合博物館収蔵資料目録』考古・歴史資料編　宮崎県総合博物館
　　　　　　　東　憲章　2007「4号地下式横穴墓の調査と整備」『西都原173号墳　西都原4号地下式横穴墓　西都原111号墳』特別史跡西都原古墳群発掘調査報告書第6集　宮崎県教育委員会　pp. 29-38
　　　　　　　吉村和昭　2015「西都原古墳群の甲冑」『西都原古墳群総括報告書』平成24～26年度西都原古墳群基礎調査報告　宮崎県教育委員会　pp. 115-130
　　　　　　　吉村和昭・奥山誠義　2016「西都原4号地下式横穴墓出土の短甲について」『宮崎県立西都原考古博物館研究紀要』第12号　宮崎県立西都原考古博物館　pp. 11-50
　　　　　　　吉村和昭　2017「波状列点文を施す金銅装蝶番金具―西都原4号地下式横穴墓出土横矧板革綴短甲補遺―」『宮崎県立西都原考古博物館研究紀要』第13号　宮崎県立西都原考古博物館　pp. 13-22

西都原170号墳　関保之助　1915「第百十一号塚」『宮崎県児湯郡西都原古墳調査報告』　宮崎県　pp. 87-92

　　　　　　　犬木　努（編）　2010『西都原Ⅱ―169号墳・170号墳発掘調査報告（遺物編）―』大阪大谷大学博物館報告書第56冊　大阪大谷大学博物館

　　　　　　　吉村和昭　2015「西都原古墳群の甲冑」『西都原古墳群総括報告書』平成24～26年度西都原古墳群基礎調査報告　宮崎県教育委員会　pp. 115-130

西都原207号墳　柴田常恵　1915「第二百号塚」『宮崎県児湯郡西都原古墳調査報告』　宮崎県　pp. 93-97

　　　　　　　吉村和昭　2015「西都原古墳群の甲冑」『西都原古墳群総括報告書』平成24～26年度西都原古墳群基礎調査報告　宮崎県教育委員会　pp. 115-130

下那珂馬場古墳　有馬義人・柳沢一男　2000「下那珂馬場古墳」『前方後円墳集成』補遺編　山川出版社　p. 457

島内地下式横穴墓ST-62　中野和浩　2001「ST―62」『島内地下式横穴墓群』えびの市埋蔵文化財調査報告書第29集　えびの市教育委員会　pp. 104-105

浄土寺山古墳　鳥居龍蔵　1935『上代の日向延岡』　鳥居人類学研究所

六野原8号地下式横穴墓　瀬之口伝九郎・石川恒太郎　1944「八代村六野原ニ於ケル地下式古墳　第8号墳」『六野原古墳調査報告』宮崎県史跡名勝天然紀念物調査報告第13輯　宮崎県　pp. 39-44

　　　　　　　茂山　護・山中悦雄（編）　1983「考古史料編」『宮崎県総合博物館収蔵資料目録』考古・歴史史料編　宮崎県総合博物館　pp. 1-151

　　　　　　　吉村和昭（編）　2018『古墳時代中期における甲冑生産組織の研究―「型紙」と製作工程の分析を中心として―』平成26年度～29年度科学研究費助成事業基盤研究（B）研究成果報告書　奈良県立橿原考古学研究所

［鹿児島県］

岡崎15号墳　稲村博文（編）　1999『上小牧遺跡　岡崎15号墳』串良町埋蔵文化財発掘調査報告書8　串良町教育委員会

　　　　　　橋本達也　2008「岡崎15号墳の調査」『大隅串良　岡崎古墳群の研究』鹿児島大学総合研究博物館研究報告 No. 3　鹿児島大学総合研究博物館　pp. 179-188

神領10号墳　橋本達也（編）　2015『大隅大崎　神領10号墳の研究Ⅰ』鹿児島大学総合研究博物館研究報告 No. 8　鹿児島大学総合研究博物館

唐仁大塚古墳　橋本達也　2006「唐仁大塚古墳考」『鹿児島考古』第40号　鹿児島県考古学会　pp. 76-91

〈大韓民国〉（カナダラ順）

九政洞古墳　최성애・석병철・류시현・김혁중　2006『慶州　九政洞　古墳』国立慶州博物館學術調査報告第18冊　国立慶州博物館

大成洞1号墳　申敬澈・金宰佑（編）　2010『金海大成洞古墳群Ⅳ』慶星大學校博物館研究叢書第14輯　慶星大學校博物館

大成洞88号墳　송원영・심재용・이선미・이유진・김은경・백진선・전민정・김병호　2015『金海　大成洞古墳群―85호분～91호분―』博物館學術叢書第15冊　大成洞古墳博物館

道項里13号墳　禹枝南・崔鍾圭・金賢・李承一　2000『道項里・末山里遺跡』慶南考古學研究所遺跡発掘調査報告書　慶南考古學研究所

栗下B-1号墳　이영주・하지호・김은희・박소은・이성현　2008『金海　栗下里　遺跡Ⅰ』慶南發展研究院歷史文化センター調査研究報告書第70冊　경남발전연구원역사문화센터／한국토지공사경남지역본부

ペノルリ3号墳　이정호・이수진・기진화・윤효남　2015『신안 안좌면 읍동・배널리 고분군』 동신대학교문화박물관

福泉洞4号墳　申敬澈・宋桂鉉　1985「東萊福泉洞4号墳과 副葬遺物」『伽倻通信』第11・12合輯号　伽耶通信編輯部　pp. 57-79

福泉洞10・11号墳　鄭澄元・申敬澈　1983『東萊福泉洞古墳群Ⅰ』釜山大學校博物館遺跡調査報告第5輯　釜山大學校博物館

福泉洞38号墳　이현주・이유진・정주희・김혁중　2011『東萊福泉洞古墳群―第5次發掘調査 38号墳―』福泉博物館學術研究叢書第35冊　福泉博物館

福泉洞42号墳　釜山大學校博物館　1990「東萊福泉洞古墳群第3次調査概報」『嶺南考古學』第7号　嶺南考古學會　pp. 113-150

福泉洞64号墳　鄭澄元・李在賢・林志暎・全玉年・董眞淑　1996『東萊福泉洞古墳群Ⅲ―제4차 발굴조사 57号, 60号―』釜山大學校博物館研究叢書第19輯　釜山大學校博物館

　　　　　　金赫中（編）　2015『갑주, 전사의상징』 国立金海博物館

福泉洞69号墳　鄭澄元・李在賢・林志暎・全玉年・董眞淑　1996『東萊福泉洞古墳群Ⅲ―제4차 발굴조사 57号, 60号―』釜山大學校博物館研究叢書第19輯　釜山大學校博物館

福泉洞86号墳　宋桂鉉・洪潽植・李海蓮／坂井 隆・申英秀・太田博之・杉山秀宏（訳）　1996「東萊福泉洞古墳群第5次発掘調査概報」『韓国の前方後円形墳』早稲田大学韓国考古学術調査研修報告　雄山閣出版　pp. 129-182

　　　　　　송정식・이유진　2008「복천동 86호분 종장판갑의 구조와 특징―부산지역 정치체의 독자성에 대한 변론―」『박물관연구논집』14　부산박물관

三溪洞杜谷72号墳　金赫中（編）　2015『갑주, 전사의상징』 国立金海博物館

雁洞古墳　林永珍・呉東㬢・姜銀珠　2015『高興 吉頭里 雁洞古墳』전남대학교박물관학술총서100　全南大學校博物館

野幕古墳　이상준・조상순・권택장・오동선・이건용・김민선　2014『高興 野幕古墳 発掘調査報告書』 국립나주문화재연구소

蓮山洞M3号墳　홍보식・박정욱　2014『蓮山洞M3號墳―연산동 고총고분군 2차 조사―』부산박물관 학술연구총서 제41집　釜山博物館／釜山廣域市 蓮堤區

蓮山洞M8号墳　김재우・김혁중・김병호・김혜민　2014『蓮山洞M8號墳―1987년도 조사―』부산박물관학술연구총서 제45집　釜山博物館／慶星大學校博物館／釜山廣域市 蓮堤區

玉田68号墳　趙榮濟・柳昌煥　1995「68號墳」『陝川玉田古墳群ⅤM10・M11・M18號墳』慶尚大學校博物館調査報告第13輯　慶尚大學校博物館　pp. 45-57

外島1号墳　殷和秀・崔相宗　2001「附録　海南 北日面一帶 地表調査報告」『海南方山里長鼓峰古墳試掘調査報告書』國立光州博物館學術叢書第38冊　國立光州博物館　pp. 79-123

林堂EⅠ号墳　鄭永和・金龍星・黃宗鉉・金大煥　2000『慶山 林堂地域 古墳群Ⅴ―造永EⅠ号墳―』學術調査報告第35冊　嶺南大學校博物館／한국토지공사

林堂7B号墳　鄭永和・金龍星・金大煥・安柄權・金鉉珍　2005『慶山 林堂地域 古墳群Ⅷ―林堂7号墳―』學術調査報告第48冊　嶺南大學校博物館／한국토지공사

草堂洞A-1号墓　이성주・박영구・강선욱・윤광민・전미영・문정식　2011『江陵 草堂洞古墳群』 江陵原州大學校博物館

天 馬 塚　金元龍・尹武炳・金基雄・秦弘燮・崔永禧・任東権・金裕善・趙在明・趙錬琇・陸英洙・金相容・李康淳・金泰淳・梁慶麟　1974『天馬塚 發掘調査報告書』 文化広報部文化財管理局

　　　　　류정한・이영훈　2014『天馬, 다시 날다』 국립경주박물관

下三政115号墳　이한주・김진경・윤민비・박중혁・윤정현・김방효・송혜련・김동민　2014『蔚山下三亭古墳群Ⅶ』學術調査報告書第289冊　韓國文化財財團／韓國水資源公社

皇南大塚南墳　金正基・金東賢・崔秉鉉・朴永福・李鍾宣・尹根一・趙由典・申昌秀・金裕善・金台淳・梁慶麟・鄭汝奎・張信堯・金相溶・金遠澤・尹東錫・趙在明・俞炳一　1994『皇南大塚（南墳）發掘調査報告書』　文化財管理局 文化財研究所

　　　함순섭・김현희・윤상덕・이양수・이학준・김용성　2010『황금의 나라　신라의 왕릉　황남대총』　국립중앙박물관

皇南里（皇南洞）109号墳　齋藤　忠　1937『慶州星南里第百九號墳 皇吾里第十四號墳調査報告』昭和九年度古蹟調査報告第1冊　朝鮮總督府

中華人民共和国

馮素弗墓　遼寧省博物館　2015『北燕馮素弗墓』　文物出版社

報告文献の収集にあたり、下記の方々のご協力をいただきました。深く感謝申し上げます。

　　岩戸晶子　鈴木一有　西嶋剛広　橋本達也　吉井秀夫　金赫中

挿図出典一覧

図 1 〔末永 1934〕p.21　第 6 図
図 2 〔橋本達 2012〕p.71　図41
図 3 〔田中・菊池 1990〕p.60　第56図、p.61　第57図　縮尺改変
図 4 　1 〔末永編 1991〕p.83　第59図　　2 〔鈴木 1999 a〕p.497　図 8 － 3 　いずれも縮尺改変
図 5 〔栗本編 2016〕p.53　図56　縮尺改変
図 6 〔橋本達 1999 a〕p.151　第92図　加筆・縮尺改変
図 7 〔田中晋 1991〕pp.44-45　表 1 　加筆
図 8 　1 〔奥野・小川 2000〕p.38　第31図、p.41　第33図
　　　 2 〔鈴木編 1999〕p.45　図38、p.49　図40、p.52　図43
　　　 3 〔樋口ほか 1961〕p.14　第15図　　4 〔西田ほか 1961〕p.46　第22図
　　　 5 〔村井 1966〕p.6　図 5 、p.7　図 6 　　6 〔河野一 2000 a〕p.113　図109　いずれも縮尺改変
図 9 〔楠元 1988〕折り込み　図214　縮尺改変
図10 　1 〔柳田・副島 1971〕折り込み　第14図　　2 〔松永ほか 1986〕p.151　図 6
　　　 3 〔楠元 1988〕p.184　図213　いずれも縮尺改変
図11 　1 〔阪口編 2005〕pp.203-204　第108図　　2 〔大坪 2011〕p.102　図 5
　　　 3 〔京都大学総合博物館 1997〕p.100　写真123　　4 〔徳江編 1999〕pp.111-112　第66図
　　　 5 〔阪口編 2006〕p.43　第29図　　6 〔柳本編 1987〕p.88　第87図
　　　 7 〔柳本編 1987〕折り込み　第85図　　8 〔吉村・奥山 2016〕p.23　図12
　　　 9 〔阪口編 2010〕p.64　第34図　　10 〔阪口編 2006〕p.53　第33図
　　　11 〔山中ほか 2005〕p.112　第71図　　12 〔杉井・上野編 2012〕p.222　図139
　　　13 〔柳本編 1987〕p.93　第91図　　14 〔阪口編 2006〕p.58　第38図、p.59　第39図
　　　15 〔北野 1976〕p.119　第65図　　16 〔山口ほか 1989〕p.146　図117
　　　17 〔阪口編 2005〕p.208　第112図　　18 〔阪口編 2006〕p.57　第37図
　　　19 〔西田ほか 1961〕p.47　第24図　　20 〔宇垣・高畑編 2004〕p.75　第63図
　　　21 〔松木ほか編 2014〕p.88　図47　　22 〔西田ほか 1961〕p.49　第26図
　　　23 〔末永編 1991〕p.40　第31図　　24 〔山口ほか編 1989〕p.146　図117
　　　25 〔滝沢 1986〕p.67　第31図　　26 〔徳江編 1999〕p.114　第70図
　　　27 〔福永・杉井編 1996〕p.115　Fig.78　　28 〔白石 1974〕p.80　第62図
　　　29 〔京都大学総合博物館 1997〕p.5　写真 3 　　30 〔辻田編 2015〕p.113　図 2 － 73
　　　31 〔奈良県立橿原考古学研究所 1990〕p.369　図254　　32 〔徳江編 1999〕p.152　第100図
　　　33 〔徳江編 1999〕pp.155-156　第102図　　34 〔京都大学総合博物館 1997〕p.81　写真107
　　　35 〔佐藤・末永 1930〕p.32　挿図第10　いずれも縮尺改変
図12 〔小林行 1964〕p.22　図 2 、〔吉村 1988〕p.37　第 3 図
　　　〔阪口 2005〕p.343　第198図　いずれも一部改変・再構成
図13 〔塚本 1993 b〕p.22　図 1 、p.24　図 3 　一部改変
図14 〔松崎 2015〕p.272　図 2 　一部改変

図15　〔阪口 2013〕p.115　図2　一部改変
図16　筆者作成
図17　〔末永 1934〕p.84　第37図
図18　〔吉村 1988〕p.33　第2図
図19　〔梅原・古賀・下林 1925〕p.267　図版第31〔1〕
図20　〔梅原・古賀・下林 1925〕p.272　図版第36〔1〕
図21　〔柴田 1915〕「二百号塚　遺物排列」
図22　〔小林謙 1975〕p.107　図200　加筆・縮尺改変
図23　〔阪口 2013〕p.118-119　図3　一部改変
図24　〔川畑 2016〕p.56　第20図　縮尺改変
図25　〔鈴木 2004〕p.122　図104
図26　1　〔阪口編 2005〕pp.203-204　第108図　縮尺改変
　　　2　〔保坂 1999〕p.270　第1-145図
図27　〔一瀬・地村 1998〕p.92　写真25
図28　〔阪口編 2005〕p.206　第110図　縮尺改変
図29　〔이현주ほか 2011〕p.87　表2
図30　〔阪口編 2005〕p.208　第112図　縮尺改変
図31　〔阪口編 2005〕p.208　第112図　縮尺改変
図32　〔高橋克 1993〕p.125　図184　一部改変
図33　1　〔阪口編 2005〕pp.203-204　第108図　　2　〔高橋克 1993〕p.123　図183
　　　3　〔山中編 2005〕pp.78-80　第48～50図　配置再構成
　　　4　〔阪口編 2006〕p.43　第29図　　いずれも縮尺改変
図34　〈実　測　図〉〔伊達 1966〕p.43　第11図上　縮尺改変
　　　〈展開模式図〉〔橋本達 1998〕p.55　図3-2　縮尺改変
図35　〔大坪 2011〕p.102　図5
図36　〔宋槙植 2012〕p.182　図面4　日本語訳
図37　筆者作成　福泉洞38号墳出土縦長板革綴板甲の展開模式図は宋槙植氏による〔宋槙植 2003〕。
図38　上段　〔鈴木 1996〕p.33　第7図　縮尺改変
図39　筆者作成
図40　1　〔髙田編 2013〕pp.52-53　図39・40　　2　〔杉山編 2002〕pp.96-98　図77～79
　　　3　〔阪口編 2006〕pp.44-45　第30図　　いずれも縮尺改変
図41　4　〔河野正 2013〕p.35　第5図　　5　〔杉本編 1991〕折り込み　第48図
　　　6　〔高橋克・永江編 2015〕p.107　図71、p.109　図73　いずれも縮尺改変
図42　筆者作成
図43　筆者作成
図44　1　〔京都大学総合博物館 1997〕p.23　写真43　　2　〔高橋克・永江編 2015〕p.99　図65、p.101
　　　　図67
　　　3　〔石部 1981〕p.99　第60図　　いずれも縮尺改変
図45　4　〔吉田・藤井編 2005〕pp.136-137　第57・58図　　5　〔三浦編 2004〕pp.50-51　図46
　　　6　〔片桐編 2002〕pp.103-104　第66図　　7　〔後藤 1937〕p.24　挿図第12　いずれも縮尺改変
図46　8　〔鈴木編 1999〕pp.45-46　図38　　9　〔田村・鈴木 2008〕pp.110-111　第101図
　　　10　〔高橋克・永江編 2015〕p.103　図68、p.105　図70

　　　　11　〔西谷・置田 1988〕pp.20-21　挿図7・8　いずれも縮尺改変
図47　筆者作成
図48　筆者作成
図49　筆者作成
図50　〔北野 1976〕p.111　第58図　縮尺改変
図51　左　〔藤田 2006〕p.37　第4図　　右　〔藤田 2006〕p.59　第6図
図52　〔藤田 2006〕p.39　第5図
図53　〔杉本編 1991〕p.69　第45図　配置角度・縮尺改変
図54　〔阪口編 2014〕p.31　第20図　一部抜粋
図55　〔阪口編 2014〕p.383　第188図　一部抜粋
図56　〔橋本達 1995〕p.6　第2図
図57　〔鄭澄元・申敬澈 1983〕pp.115-116　第8図　縮尺改変
図58　〔阪口編 2014〕p.87　第61図　縮尺改変
図59　筆者作成
図60　〔金赫中編 2015〕p.201
図61　筆者作成

あとがき

　本書は、2016年1月8日に京都大学大学院に提出し、2016年5月23日に博士（文学）の学位を授与された学位論文「古墳時代甲冑成立・展開期の基礎的研究」をもとに、その後の研究成果を加えるなどして改訂したものである。審査いただいた吉井秀夫先生、吉川真司先生、村上由美子先生にあつくお礼申し上げたい。

　各章のもととなった論文の初出は下記のとおりであるが、いずれもその後の出土例の増加や研究動向をふまえて、大幅に改稿している。なお、序章・第4章・終章は新稿である。

第1章　「古墳時代中期における甲冑副葬の意義―「表象」をキーワードとして―」『第7回鉄器文化研究集会　表象としての鉄器副葬』鉄器文化研究会　2000年　pp.31-51

第2章　「鉄製甲冑の系譜―基本構造と連接技法の検討を中心に―」『季刊　考古学』第76号　雄山閣　出版　2001年　pp.34-38

　　　　「学史のなかの「横矧板革綴短甲」」『王権と武器と信仰』同成社　2007年　pp.697-707

第3章　「甲冑」『副葬品の型式と編年』古墳時代の考古学4　同成社　2013年　pp.111-124

　　　　「中期古墳編年と甲冑研究」『中国四国前方後円墳研究会第20回研究集会　中期古墳研究の現状と課題Ⅰ～広域編年と地域編年の乖離～発表要旨集・資料集』　中国四国前方後円墳研究会　2017年　pp.47-60

第5章　「紫金山古墳出土武具の再検討」『紫金山古墳の研究―古墳時代前期における対外交渉の考古学的研究―』平成14～16年度科学研究費補助金（基盤研究（B）（2））研究成果報告書　京都大学大学院文学研究科　2005年　pp.339-346

第6章　「前期・中期型甲冑の技術系譜」『月刊　考古学ジャーナル』No.581　ニュー・サイエンス社　2009年　pp.7-11

　　　　「帯金式甲冑の成立」『遠古登攀』遠山昭登君追悼考古学論集　『遠古登攀』刊行会　2010年　pp.305-320

第7章　「長方板革綴短甲と三角板革綴短甲―その変遷と特質―」『史林』第81巻第5号　史学研究会　1998年　pp.1-39

　　　　「三角板革綴短甲の特質再論―五條猫塚古墳例の検討から―」『五條猫塚古墳の研究』総括編　奈良国立博物館　2015年　pp.289-302

　　　　「襟付短甲の諸問題」『野中古墳と「倭の五王」の時代』大阪大学総合学術博物館叢書10　大阪大学出版会　2014年　pp.66-67

第8章　「いわゆる「鋲留技法導入期」の評価」『古代武器研究』Vol.9　古代武器研究会　2008年　pp.39-51

ここにいたるまで、小野山節先生、故・山中一郎先生、上原眞人先生、泉拓良先生からは、さまざまにご指導とご鞭撻を賜った。京都大学埋蔵文化財研究センター（現・文化財総合研究センター）に勤務以来、清水芳裕さん、千葉豊さん、伊藤淳史さん、冨井眞さんには、たいへんお世話になっている。高橋克壽さん、森下章司さん、吉田広さん、堀大輔さんをはじめとする京都大学考古学研究室の諸先輩、同期の村木二郎さん、多くの後輩のみなさんと調査研究をともにするなかで、さまざまな励ましや刺激を受け、考古学を続けてくることができた。古墳時代の甲冑を研究するにあたっては、小林謙一さん、田中晋作さん、故・藤田和尊さん、古谷毅さん、塚本敏夫さん、高橋工さん、清水和明さん、吉村和昭さん、内山敏行さんから、多大な学恩をいただいている。とりわけ、橋本達也さんと鈴木一有さんのお二人の背中を追いかけるようにして研究してきたことを強く自覚している。各地の古墳の発掘調査や整理作業に従事する機会に恵まれ、たいへん多くの方々のお世話になっているが、なかでも学生時代以来、都出比呂志先生、和田晴吾先生、中井正幸さん、梅本康広さんからは懇切なご教導をいただいている。とてもすべての方々のご芳名を記すことはできないが、これまでにお世話になった方々に心より感謝申し上げたい。

　本書にかかわる資料調査などでは、上記の方々のほか、下記の方々および機関にひとかたならぬお世話になった。記して謝意を表したい。卒業論文作成時以来の長期にわたるため、遺漏のあることをおそれる。なお、市町村合併などにより機関名が変更されている場合、現在の名称によった。

青村光夫	網谷克彦	荒川　史	井浦　一	池ノ上宏	泉谷博幸	伊藤隆三
稲川由利子	今西　淳	今福利恵	岩戸晶子	上杉彰紀	上野祥史	宇野昭男
卜部行弘	大川　操	大谷晃二	大坪州一郎	大野壽子	大谷宏治	大塚初重
岡田　諭	小川暢子	尾崎　誠	甲斐孝司	加古千恵子	樫田　誠	梶原慎司
片桐孝浩	可児通宏	菅野真広	北山峰生	木下　亘	木許　守	倉林眞砂斗
栗本政志	車崎正彦	幸泉満夫	甲元眞之	古閑正浩	小嶋　篤	小浜　成
小林　啓	小松　譲	澤田秀実	重田　勉	下濱貴子	白石太一郎	菅原雄一
菅谷文則	杉山晋作	角早季子	高上　拓	髙田健一	田坂嘉則	立花　聡
田中和宏	田中勝弘	田邊朋宏	田村隆太郎	壇　佳克	千賀　久	辻田淳一郎
續伸一郎	寺田良喜	戸根比呂子	朝重嘉朗	豊田祥三	虎間英喜	永江寿夫
中川正人	長津宗重	中野和浩	長濱誠司	中村博司	新納　泉	西尾太加二
西嶋剛広	西田和浩	西田　猛	西山要一	橋本清一	坂　靖	東方仁史
樋口吉文	菱田哲郎	平井典子	福島孝行	廣田秀久	渕ノ上隆介	細川金也
増田達彦	松尾　宏	松木武彦	松村知也	水野敏典	宮本佳典	村田忠繁
森下浩行	森田克行	門田誠一	柳本照男	山内千之	山口裕平	山田真宏
山本義孝	横田　宏	横田義章	横幕大祐	吉澤　悟	米田文孝	和田　豊
渡辺智恵美	金　赫中	成　正鏞	李　正鎬	李　陽洙		

朝倉市教育委員会　綾川町教育委員会　池田町教育委員会　市川三郷町教育委員会
今治市教育委員会　今治城　宇治市歴史資料館　えびの市教育委員会　大阪城天守閣
大阪府立近つ飛鳥博物館　大津市教育委員会　大山崎町教育委員会　岡山市教育委員会
岡山大学考古学研究室　小野市教育委員会　小矢部市教育委員会　加賀市教育委員会
香川県埋蔵文化財調査センター　加古川市教育委員会　鹿児島大学総合研究博物館
加西市教育委員会　交野市教育委員会　元興寺文化財研究所　関西大学考古学研究室
木更津市郷土博物館　岸和田市教育委員会　岐阜市歴史博物館　九州大学考古学研究室
九州歴史資料館　京都大学総合博物館　京都府埋蔵文化財調査研究センター
京都府立山城郷土資料館　熊本大学考古学研究室　古賀市教育委員会　国立歴史民俗博物館
御所市教育委員会　小松市教育委員会　堺市博物館　佐賀県立博物館　佐野市郷土博物館
滋賀県立安土城考古博物館　静岡県埋蔵文化財センター　島根県立八雲立つ風土記の丘
精華町教育委員会　世田谷区教育委員会　総社市教育委員会　高槻市立埋蔵文化財調査センター
高松市教育委員会　東京国立博物館　東都文化財保存研究所　豊中市教育委員会
富田林市教育委員会　奈良県立橿原考古学研究所　奈良県立橿原考古学研究所附属博物館
奈良国立博物館　奈良市埋蔵文化財調査センター　延岡市教育委員会　能美市立博物館
浜松市地域遺産センター　兵庫県教育委員会　兵庫県立考古博物館　福井市文化財保護センター
福井市立郷土歴史博物館　福津市教育委員会　袋井市教育委員会　三重県埋蔵文化財センター
宮崎県総合博物館　宮崎市埋蔵文化財センター　山口県立山口博物館　山梨県立考古博物館
八女市岩戸山歴史文化交流館　行橋市教育委員会　吉田生物研究所　若狭町教育委員会
国立金海博物館　東新大学校文化博物館

　筆者の学生時代、考古学の学位論文のイメージといえば、小林行雄先生の『古墳時代の研究』（1961年に青木書店より刊行、1962年に学位取得）であった。考古資料の堅実な分析に立脚しながら、高い次元で「歴史」研究に寄与するものでなければならない、との思いを抱いていた。しかしながら、自身の論文を省みると、甲冑の研究史整理と基礎的な分析に終始しており、「歴史」研究への道のりは遠い。おもに扱った時期や品目にしても、狭い範囲にとどまっており、なおかつ中途半端な感が否めない。現時点におけるこれまでの集大成ではあるが、いずれは筆者による「歴史」研究への一里塚であったといえるよう、今後も研鑽を重ねていきたい。

　本書の出版にあたっては、佐藤涼子さんをはじめ同成社のみなさまに、たいへんお世話になった。とくに、こだわりの強い筆者のさまざまな要望に快くお応えくださった山田隆さんに心よりお礼申し上げる。

　最後に、何かと仕事を優先させてしまう筆者を、なかばあきれながらも、我慢強く、あたたかく支えてくれる家族に、感謝の意とともに本書を捧げたい。

2019（平成31）年2月

阪口英毅

索　引

〔あ行〕

相作馬塚古墳（香川県）　28
青木繁夫　85, 117, 166
青塚古墳（京都府）　4, 140
赤妻古墳（山口県）　141
赤堀茶臼山古墳（群馬県）　140
安久路2号墳（静岡県）　111, 128, 131, 135-136, 167, 177
安久路3号墳（静岡県）　128
安土瓢箪山古墳（滋賀県）　37, 103, 107-110, 112
穴沢咊光　44, 190
雨の宮1号墳（石川県）　103, 109, 112
網谷克彦　180
新井原11号墳（長野県）　186
有明山将軍塚古墳（長野県）　102
有井広幸　106, 108, 111
斑鳩大塚古墳（奈良県）　141
池殿奥5号墳（奈良県）　27-28
池ノ内5号墳（奈良県）　129, 131, 135, 167, 178
石井清司　106, 108, 111
石塚山古墳（福岡県）　102
石不動古墳（京都府）　128, 133, 135
石舟山古墳（福井県）　140
石山古墳（三重県）　91, 102, 118, 128, 131, 135, 167
和泉黄金塚古墳（大阪府）　85, 128, 133, 135, 141, 143, 145, 174-175, 177
意匠　7, 24-27, 29-32, 61-62, 83, 138, 157, 159, 161, 164, 166, 171, 187-188, 196-197, 199, 201-203, 206-208
泉塚越古墳（滋賀県）　140
市尾今田1号墳（奈良県）　28, 141
市尾今田2号墳（奈良県）　141
一瀬和夫　92
一本松古墳（岡山県）　192
伊東信雄　3
稲童古墳群（福岡県）　4
稲童15号墳（福岡県）　103, 107, 109-111, 118-119
稲童21号墳（福岡県）　35, 179

茨木将軍山古墳（大阪府）　102-103, 109
今尾文昭　73
今城塚古墳（大阪府）　79
今林6号墳（京都府）　128, 132, 135, 167
岩崎山1号墳（香川県）　129
上田蝦夷森1号墳（岩手県）　73
上田浅間塚古墳（栃木県）　128
上殿古墳（奈良県）　73, 103, 107-109, 111-113, 116, 118-120, 168-169, 199, 204
上ノ坊2号墳（宮崎県）　83, 142, 179, 196
上野祥史　12, 179, 199
宇治二子山北墳（京都府）　128, 130-131, 133, 135-136, 167, 173-175
後出2号墳（奈良県）　28-29
後山無常堂古墳（石川県）　140
臼塚古墳（大分県）　142
内山敏行　1, 3, 19, 21, 23, 42-45, 60-63, 65-66, 73, 82, 183-184, 187-189, 191, 193, 197, 199
宇野傳三　52
産土山古墳（京都府）　140
梅原末治　52
恵解山2号墳（徳島県）　141, 145, 152, 167, 174-175
江田船山古墳（熊本県）　37, 40, 46-47, 50
円照寺墓山1号墳（奈良県）　4, 12, 29, 35, 40, 55, 62, 163, 168, 170, 180, 195, 199
円照寺墓山2号墳（奈良県）　28
大賀克彦　60, 65, 67, 69-72
大代古墳（徳島県）　129, 131, 135
大塚越古墳（滋賀県）　28, 140, 143-146, 155, 161, 166-167, 178
大塚初重　57, 89-90, 124, 184, 189
大坪州一郎　73, 113-114
大寺山洞穴第1洞（千葉県）　140
大丸山古墳（山梨県）　90-93, 95-96, 107, 109, 119, 201
岡崎15号墳（鹿児島県）　129
岡本山A3号墳（大阪府）　128, 135, 167
岡安光彦　184

小川暢子　179

小川良祐　66

沖田11号墳（兵庫県）　28, 129, 135, 167

置田雅昭　148, 150, 193

奥野和夫　179

奥の前1号墳（岡山県）　92-93, 95-96, 107, 109, 119, 201

小坂大塚古墳（熊本県）　51-53, 129, 135

小沢正実　85, 117, 166

御獅子塚古墳（大阪府）　4, 141, 145, 150-152, 167, 174-175, 179, 190, 196

小田木治太郎　120

小野王塚古墳（兵庫県）　4, 35, 110, 129-132, 135, 167

小野山節　2, 178, 184

〔か行〕

各和金塚古墳（静岡県）　140

風吹山古墳（大阪府）　4, 128, 135, 167

交野東車塚古墳（大阪府）　26, 162, 168, 179, 199

片山祐介　63, 188

勝浦井ノ浦古墳（福岡県）　142

加藤一郎　63, 170

金井東裏遺跡（群馬県）　24

鎌取遺跡（千葉県）　19, 24

上石津ミサンザイ古墳（大阪府）　190

上高宮古墳（福岡県）　129

上ノ山古墳（鳥取県）　141

亀井古墳（大阪府）　141, 174-175

亀山1号墳（広島県）　141

鴨都波1号墳（奈良県）　28, 103, 109, 111-112, 121

唐子台79号墳（愛媛県）　141

川西古墳（大阪府）　51-52

川西宏幸　17

河野一隆　15, 17, 20, 29, 31

川畑純　4, 59, 61, 63, 65-66, 68-69, 72-73, 81-82, 84, 113, 121, 134, 150, 164-167, 176, 179-180, 199, 202-203, 207-208

土器塚古墳（静岡県）　128

瓦谷1号墳　60, 73, 101-103, 107-109, 111-112, 121

かんかん塚古墳（山梨県）　55, 62

祇園大塚山古墳（千葉県）　26, 55, 187

私市円山古墳（京都府）　140, 145, 150, 152, 167, 174-175

岸ヶ前2号墳（京都府）　140, 145, 150, 152, 167, 174-175, 187

岸本直文　67, 70-71

北大塚古墳（兵庫県）　103

北椎尾天神塚古墳（茨城県）　128

北野耕平　2, 17, 51, 168-170, 179, 183-184, 186, 191, 193

北山古墳（滋賀県）　73

木脇塚原A号地下式横穴墓（宮崎県）　142, 174-175

近代古墳（三重県）　179

葛原古墳（大分県）　142

久津川車塚古墳（京都府）　29, 140, 163-164, 179, 187

久戸6号墳（福岡県）　142

国高山古墳（徳島県）　129

熊本山古墳（佐賀県）　103, 107, 109, 111, 118

久米田貝吹山古墳（大阪府）　102

雲部車塚古墳（兵庫県）　4, 29, 35, 46-48, 50-51, 162, 184

鞍岡山3号墳（京都府）　35, 73, 103, 109, 113, 116, 118-121, 165, 204

倉科将軍塚2号墳（長野県）　140, 145, 152, 167

鞍塚古墳（大阪府）　20, 141, 145, 148, 150-152, 159, 167, 174-175, 187, 208

倉林眞砂斗　92

黒塚古墳（奈良県）　102

黒姫山古墳（大阪府）　29, 58, 168, 170, 179

クワンス塚古墳（兵庫県）　141

黄金塚2号（京都府）　102

古賀德義　52

五ヶ山B2号墳（静岡県）　26, 139-140, 145, 148-153, 159, 167, 174-175, 179, 208

国府亀塚古墳（岐阜県）　4, 140, 145, 150, 152, 167, 175

古郡家1号墳（鳥取県）　4, 111, 118-119, 129-132, 135, 167, 177

五條大墓古墳（奈良県）　4, 103, 109

五條猫塚古墳（奈良県）　4, 141, 145, 150, 152-153, 163-164, 167, 174-175, 180, 192

児玉真一　52, 138

コナベ古墳（奈良県）　141

小林謙一　2-3, 17, 25, 43, 50, 58, 60, 80, 90-91, 96, 99, 101, 103-106, 108-109, 112, 121, 123-126, 134-135, 145, 155, 161, 177-178, 183, 186-187, 189, 193, 195,

202

小林行雄　11, 17, 36-37, 42, 49-51, 57, 80, 82, 90, 104-105, 112, 121, 124, 177, 184, 189

御陵古墳（大分県）　142

近藤好和　7

〔さ行〕

西都原170号墳（宮崎県）　142

西都原207号墳（宮崎県）　51, 53-54, 129

西都原4号地下式横穴墓（宮崎県）　35, 46, 49

阪口英毅　1, 3, 8, 10-11, 17, 27, 30-31, 34, 36-39, 42-44, 46, 53, 55, 59-63, 65, 67-70, 72-73, 80, 83-84, 95, 97, 99, 104-107, 113, 119-120, 123, 137, 145, 153, 155, 157, 162, 164, 171, 176-177, 180, 183, 193, 196-197, 199, 202, 206

桜ヶ丘古墳（長野県）　4, 128, 135, 167, 174-175

雀居遺跡（福岡県）　169

笹原古墳（福岡県）　142

薩摩5号墳（奈良県）　141

佐藤啓介　15, 30

佐野八幡山古墳（栃木県）　85, 140, 143, 145, 155, 167

佐野山古墳（岡山県）　129, 135, 167

澤田秀実　92-93, 99

汐井川2号墳（佐賀県）　142-143, 145, 155, 167, 178

心合寺山古墳（大阪府）　141, 145, 147, 150, 152, 156, 167

紫金山古墳（大阪府）　4, 8, 35, 40, 89-93, 95-99, 101, 107, 109-110, 112, 119, 201, 204

七観古墳（大阪府）　4, 26, 29, 58, 83, 128, 135, 140, 162-163, 167-168, 175, 179, 184-186, 190-193, 195-196, 199

倭文6号墳（鳥取県）　29

忍岡古墳（大阪府）　102

柴垣円山1号墳（石川県）　85, 128, 131, 135, 167

芝ヶ原11号墳（京都府）　128, 135

柴田常恵　53

島内地下式横穴墓ST—62（宮崎県）　29

清水和明　3, 17, 37-38, 43-44, 65-66, 82, 179, 183

下開発茶臼山9号墳（石川県）　4, 77, 85, 140, 145, 147, 150, 152, 167, 208

下那珂馬場古墳（宮崎県）　142

下林繁夫　52

十二天塚古墳（群馬県）　128

珠金塚古墳（大阪府）　141, 162-164, 175, 184, 187

将軍塚東南所在古墳（京都府）　140

正崎2号墳（兵庫県）　35

浄土寺山古墳（宮崎県）　40, 129, 178

松林山古墳（静岡県）　128

白井克也　190-191, 198

新開1号墳（滋賀県）　26, 29, 35, 40, 46, 128, 131, 135, 138, 140, 145, 150, 152, 167, 174-175, 179, 185-186, 191-193, 196

神領10号墳（鹿児島県）　142

随庵古墳（岡山県）　179

末永雅雄　2-3, 7-8, 10-11, 36, 47, 49, 51-53, 55, 57, 75, 77, 85, 90, 105, 177

菅谷文則　178

鋤崎古墳（福岡県）　129-132, 135, 167, 177

杉本宏　174

鈴木一有　1, 3-4, 17, 19, 23, 31, 61-64, 67, 69-72, 76-77, 80, 82, 84, 104, 116, 126-127, 130-131, 134, 138, 141, 145, 150, 152, 154-157, 169-170, 177, 179, 188, 193, 195, 199

清喜裕二　162

関川尚功　191

千足古墳（岡山県）　141

千人塚古墳（静岡県）　4, 125, 140, 145, 150, 152, 167

園部垣内古墳（京都府）　90, 103, 107-109, 111-112, 119

〔た行〕

高田貫太　192

高田康成　132

高橋克壽　3, 17, 44, 60, 62, 90-92, 96, 99, 102, 105-108, 111, 116, 121, 123, 159, 177-178, 180

高橋工　3, 17, 33, 37, 42-44, 51, 60, 73, 75, 80-82, 94, 99, 101-104, 106, 120, 125-126, 169-170, 177, 179, 183, 187, 191-192, 194

高山1号墳（奈良県）　141, 145, 148, 152, 163-164, 167, 178

滝沢誠　3-4, 17, 58, 61, 63, 65, 68, 80-82, 84, 106, 123, 127-128, 134, 150-151, 162, 179, 187, 189-190, 194, 199, 202

竹並古墳（福岡県）　142

盾塚古墳（大阪府）　35, 40, 118, 129, 131, 135, 141, 145, 148, 150, 152, 160, 167, 174-175, 177

伊達宗泰　120, 148

田中晋作　3-4, 17, 25, 30-32, 60-62, 80, 99, 104, 125, 177, 187, 193
田中新史　17, 19, 31, 58, 63, 81, 186, 189, 194
田辺昭三　64, 69
タニグチ1号墳（奈良県）　103, 108-109, 112, 118
玉手山3号墳（大阪府）　102
玉手山6号墳（大阪府）　102
丹花庵古墳（島根県）　141
地村邦夫　92
茶すり山古墳（兵庫県）　129, 132, 135-136, 167-170, 174-175
津頭東古墳（香川県）　129
塚本敏夫　3, 17, 32, 37-38, 43, 55, 66, 75, 78-79, 81-82, 85, 117, 138, 178, 193, 206
塚原将軍塚古墳（熊本県）　129, 178
塚堂古墳（福岡県）　40, 46, 49-50, 190
月岡古墳（福岡県）　4, 29, 40, 51-52, 138, 142, 163-164, 190, 192
月の輪古墳（岡山県）　46, 129, 137, 174-175, 178
堤当正寺古墳（福岡県）　28, 142, 145, 148, 150-152, 167, 175, 187
都出比呂志　17
津堂城山古墳（大阪府）　139, 141
椿井大塚山古墳（京都府）　40, 102
椿山古墳（滋賀県）　128
鶴山古墳（群馬県）　128, 131, 135, 167
手古塚古墳（千葉県）　99
寺内63号墳（和歌山県）　141
伝岡山市三門町岩井（岡山県）　129
天狗山古墳（岡山県）　35, 40, 77
伝左山古墳（熊本県）　142
天神山1号墳（山口県）　4, 129-131, 133, 135, 167, 174-175
天神山7号墳（福井県）　46, 128, 131, 135-136, 167, 174-175
唐仁大塚古墳（鹿児島県）　67, 129
東大寺山古墳（奈良県）　73, 104
堂山1号墳（大阪府）　141, 145, 148, 150, 152, 156, 167
徳江秀夫　44
土口将軍塚古墳（長野県）　140
年ノ神6号墳（兵庫県）　141, 145, 148, 152, 162, 167, 174-175

富雄丸山古墳（奈良県）　99
豊中大塚古墳（大阪府）　35, 126, 128, 135, 141, 163, 167-168, 174-175, 179, 199
鳥居前古墳（京都府）　140

〔な行〕
永浦4号墳（福岡県）　31, 63, 196
永江寿夫　178, 180
長瀞西古墳（群馬県）　85, 140, 144-145, 147-148, 152-153, 167
中八幡古墳（岐阜県）　18, 138, 188
長持山古墳（大阪府）　35, 40, 75, 79
中屋克彦　106, 108
中山B―1号墳（島根県）　103, 107, 109, 111, 118
長良龍門寺1号墳（岐阜県）　4, 58, 85, 128, 132, 135, 167, 174-175, 178
夏崎古墳（佐賀県）　196
七瀬双子塚古墳（長野県）　128
鍋塚古墳（大阪府）　128
楢崎山5号墳（熊本県）　40, 55, 62
南郷角田遺跡（奈良県）　19, 23-24
新沢千塚126号墳（奈良県）　192
新沢千塚139号墳（奈良県）　141, 144-145, 148, 150, 152-153, 156, 167, 174-175, 179, 208
新沢千塚166号墳（奈良県）　46, 55, 103, 109, 120
新沢千塚500号墳（奈良県）　103, 107, 109, 111-112, 131
新沢千塚508号墳（奈良県）　126, 141, 143-146, 159, 166-167
ニゴレ古墳（京都府）　140, 144-145, 148-153, 167, 174-175, 193
西小山古墳（大阪府）　196
西嶋剛広　81
西谷真治　148, 150, 193
西分円山古墳（佐賀県）　19-20, 196
西求女塚古墳（兵庫県）　102
二本松山古墳（福井県）　139, 174
庭鳥塚古墳（大阪府）　99
奴山正園古墳（福岡県）　142
野上丈助　2, 11, 17, 25, 32, 37-38, 51, 58, 60-61, 67, 83, 85, 90-91, 104-105, 121, 123-126, 138, 155, 159, 176-177, 179, 183, 185, 187, 189, 193, 195, 202
野毛大塚古墳（東京都）　19, 21, 128, 131, 134-136, 140, 167, 174-175

野島永　15, 30
野中古墳（大阪府）　29, 35, 40, 163, 168-170, 179, 185, 190

〔は行〕
橋口達也　178
橋本清一　3, 106, 108
橋本達也　1, 3-4, 7-11, 16-17, 19, 23, 26, 31, 36-37, 42-44, 51, 59-64, 66, 70, 73, 80, 83, 89, 91-92, 94-96, 99, 101-109, 111-113, 116-117, 120-121, 123, 130, 134-135, 139, 145, 162, 170-171, 177, 180, 183, 187-190, 192-193, 195-197, 201-203, 207
旗振台古墳（岡山県）　46, 129
初村武寛　36, 45, 55, 61, 65-67, 70, 82
花靐1号墳（福岡県）　142
羽根戸南E-11号墳（福岡県）　142
濱田耕作　57
林大智　32
林2号墳（静岡県）　28, 179
原1号墳（福岡県）　142
坂靖　23
聖塚古墳（京都府）　4
常陸狐塚古墳（茨城県）　103, 109
姫路宮山古墳（兵庫県）　192
毘売塚古墳（島根県）　141
兵家6号墳（奈良県）　141
兵家12号墳（奈良県）　129, 135, 167, 174-175
鋲留技法導入期　6-7, 9, 15, 25, 32, 63, 83, 127, 138, 148, 155, 157-158, 160, 164, 171, 183-191, 194-199, 201, 203, 206-207
日吉山所在古墳（愛媛県）　129, 135, 167
平野隆之　63
広瀬和雄　60, 65, 67, 69-72
枇杷ノ木古墳（大分県）　142
ビワノクマ古墳（福岡県）　102
福尾正彦　17, 103-104, 139
福永伸哉　17
武具八幡古墳（茨城県）　35, 40
藤井利章　139
藤井陽輔　11
藤田和尊　2-4, 17, 21, 58, 60-61, 65-66, 104, 126, 134-135, 145, 162, 164, 171-177, 180
藤ノ木古墳（奈良県）　35, 37, 40

藤原郁代　106, 120-121
船木山98号墳（岐阜県）　103, 109, 111, 118
古瀬清秀　206
古谷毅　3, 6, 17-18, 34, 58, 64, 66, 75-82, 85, 91, 101, 104, 106, 108, 131, 135-136, 145, 177, 183, 186-187, 193, 199
古山遺跡（千葉県）　19, 24
別所城山2号墳（奈良県）　35, 40, 102
変形板　17, 25-26, 29, 32, 40, 70-71, 83, 171, 188, 195-197, 199, 206
ベンショ塚古墳（奈良県）　29, 141, 145, 148, 150-152, 167
坊主塚古墳（京都府）　26
法土寺22号墳（福井県）　12
保坂和博　90
細江狐塚古墳（静岡県）　4, 46, 128, 135, 167
牡丹山諏訪神社古墳（新潟県）　67

〔ま行〕
前山A17号墳（和歌山県）　141
益子天王塚古墳（栃木県）　38
増田精一　80, 177
松木武彦　3-4, 8, 17, 32, 59-60, 99
松崎友理　38-39, 66, 75
真野1号墳（滋賀県）　4, 19-20
馬目順一　190
マロ塚古墳（熊本県）　35, 75, 85
饅頭山1号墳（福井県）　140
美濃山王塚古墳（京都府）　35, 40, 55, 62, 128, 135, 140
右島和夫　3, 18, 66, 175
岬古墳（大分県）　129, 131, 135, 167
三角鬼塚古墳（熊本県）　142
御嶽山古墳（東京都）　31, 186
南沼上3号墳（静岡県）　140
南山田所在古墳（滋賀県）　140
宮崎隆旨　7
宮司井手ノ上古墳（福岡県）　28, 142-143, 145, 167, 178
妙見山古墳（京都府）　102
向山1号墳（福井県）　4, 128, 130-131, 133, 135, 138, 140, 143-146, 148-149, 152-153, 159-160, 163-164, 167, 178, 193
六野原8号地下式横穴墓（宮崎県）　142, 174
室ネコ塚古墳（奈良県）　141

室宮山古墳（奈良県）　141
百舌鳥大塚山古墳（大阪府）　29, 140, 162-164, 168, 179
森下章司　3, 17, 32, 111-112, 162, 171, 187-188, 195
森本徹　171
文殊堂11号墳（静岡県）　140, 144-145, 148-149, 152-153, 167
モンテリウス　57

〔や行〕
八重原1号墳（千葉県）　179
八里向山F7号墳（石川県）　28-29
谷内21号墳（富山県）　128, 131, 135, 140, 143, 145, 155, 160, 167, 174-175, 178
柳本照男　99, 103-104
山中田1号墳（大阪府）　141, 143, 145, 155, 167
山の神古墳（福岡県）　35
雪野山古墳（滋賀県）　35, 102
湯山6号墳（鳥取県）　141, 195
百合ヶ丘16号墳（福岡県）　142
横須賀倫達　44-45, 61-62
横山浩一　11
吉田二良　148
吉村和昭　3, 36-37, 49-50, 53-54, 58, 61, 63, 70, 80-81, 123, 125-126, 187, 194
四穂田古墳（福島県）　67

〔ら行〕
陵南遺跡　23
老司古墳（福岡県）　35, 40, 142, 145, 152, 167

〔わ行〕
若杉智宏　190
若八幡宮古墳（福岡県）　28, 103, 107-109, 111-112
披上鑷子塚古墳（奈良県）　192
わき塚1号墳（三重県）　128, 135-136, 167, 174-175
綿貫観音山古墳（群馬県）　35, 40
和田晴吾　67, 70-71
和田山2号墳（石川県）　29
和田山5号墳（石川県）　174
原間6号墳（香川県）　141, 145, 147-148, 152-153, 167, 175, 179

〔大韓民国の遺跡名・人名〕（カナダラ順）
九政洞古墳（慶州市）　93, 95, 99
金赫中　4
大成洞1号墳（金海市）　102-103, 107
大成洞88号墳（金海市）　102-103, 107
道項里13号墳（咸安郡）　142
栗下B―1号墳（金海市）　142
朴天秀　192
ペノルリ3号墳（新安郡）　142
福泉洞4号墳（釜山広域市）　139, 142
福泉洞10・11号墳（釜山広域市）　191-192, 194
福泉洞21・22号墳（釜山広域市）　192
福泉洞38号墳（釜山広域市）　42, 93-98, 102-103, 107, 119, 204
福泉洞42号墳（釜山広域市）　42, 94-95, 102
福泉洞64号墳（釜山広域市）　102-103, 107, 202
福泉洞69号墳（釜山広域市）　42, 94-95, 102
福泉洞86号墳（釜山広域市）　42, 94-95, 102
三渓洞杜谷72号墳（金海市）　129, 142
宋桂鉉　60, 103-104
宋槙植　42, 93-96, 99, 103, 117-118
雁洞古墳（高興郡）　129
野幕古墳（高興郡）　142, 179, 196
蓮山洞M3号墳（釜山広域市）　168-170
蓮山洞M8号墳（釜山広域市）　129
玉田68号墳（陝川郡）　31, 142
外島1号墳（海南郡）　142
李賢珠　3, 93, 99, 103, 121
林堂7B号墳（慶山市）　192
林堂EⅠ号墳（慶山市）　102
草堂洞A―1号墓（江陵市）　192
天馬塚（慶州市）　192
崔鍾圭　99
下三政115号墳（蔚山広域市）　129, 178
皇南大塚南墳（慶州市）　192
皇南里109号墳（慶州市）　190

〔中華人民共和国の遺跡名〕
馮素弗墓（遼寧省北票市）　190

古墳時代甲冑の技術と生産

■著者略歴■

阪口　英毅（さかぐち　ひでき）
1971年　和歌山県橋本市生まれ
1999年　京都大学大学院文学研究科博士後期課程中退
1999年　京都大学埋蔵文化財研究センター助手
2001年　京都大学大学院文学研究科助手
現　在　京都大学大学院文学研究科助教　博士（文学）

〔主要著作〕
『紫金山古墳の研究』　京都大学大学院文学研究科　2005年（編著）
『小野王塚古墳　出土遺物保存処理報告書』　小野市教育委員会　2006年（編著）
『雲部車塚古墳の研究』　兵庫県立考古博物館　2010年（編著）
『前期古墳解明への道標　紫金山古墳』　新泉社　2011年
『講座　日本の考古学』8（古墳時代 下）　青木書店　2012年（共著）
『副葬品の型式と編年』古墳時代の考古学4　同成社　2013年（共著）
『七観古墳の研究』　京都大学大学院文学研究科　2014年（編著）
『考古学資料目録　エジプト出土資料』　京都大学総合博物館　2016年（編著）

2019年3月12日発行

著　者　阪口英毅
発行者　山脇由紀子
印　刷　亜細亜印刷㈱
製　本　協栄製本㈱
発行所　東京都千代田区飯田橋4-4-8　㈱同成社
　　　　（〒102-0072）東京中央ビル
　　　　TEL 03-3239-1467　振替 00140-0-20618

Ⓒ Sakaguchi Hideki 2019. Printed in Japan
ISBN 978-4-88621-805-6 C 3021